El presente libro es una versión facsimilar de la [illegible] original de El Colegio de México, que ha sido rescatada mediante un trabajo profesional de escaneo para mantener la obra en circulación.

ESPAÑA Y EL IMPERIO DE MAXIMILIANO. FINANZAS, DIPLOMACIA, CULTURA E INMIGRACIÓN

CENTRO DE ESTUDIOS HISTÓRICOS

ESPAÑA Y EL IMPERIO DE MAXIMILIANO
Finanzas, diplomacia, cultura e inmigración

Clara E. Lida, compiladora

Presentación de Andrés Lira

EL COLEGIO DE MÉXICO

972.07
E77

España y el imperio de Maximiliano : finanzas, diplomacia, cultura e inmigración / Clara E. Lida, compiladora ; presentación de Andrés Lira.-- México : El Colegio de México, Centro de Estudios Históricos, 1999.
362 p. ; 22 cm.

ISBN 968-12-0942-7

1. México-Historia-Intervención europea, 1861-1867. 2. México-Relaciones exteriores-España-Historia-1861-1867. 3. España-Relaciones exteriores-México-Historia-1861-1867. 4. Finanzas públicas-México-Historia-Siglo XIX. 5. Deuda pública-México-Historia-Siglo XIX. 6. Cultura-México-Siglo XIX. 7. Españoles en México-Historia-Siglo XIX. 8. Intelectuales españoles-México-Historia-Siglo XIX. I. Lida, Clara E., comp.

Diseño de la portada: María Luisa Martínez Passarge,
sobre una caricatura aparecida en *La Orquesta*,
México, 21 de mayo de 1862.

Primera edición, 1999

ISBN 968-12-0942-7 (versión original)
978-968-120-942-1 (versión facsimilar)

Impreso en México/*Printed in Mexico*

ÍNDICE

PRESENTACIÓN

Como presentación —que es lo que gentilmente me han pedido— cumplen con acierto las páginas que Clara Lida escribió dando cuenta del panorama historiográfico, de esfuerzos emprendidos hace tiempo, no continuados como debió ser y retomados ahora en este libro para conjugar en diversos tiempos históricos (el de la historia política y diplomática y el de la historia social y cultural) la presencia de España y de los españoles en el México del segundo Imperio, con sus antecedentes y consecuentes. No habría, pues, qué agregar fuera de la recomendación al lector para que se adentre en el libro.

Sin embargo, la lectura de los trabajos reaviva percepciones compartidas por quienes tenemos que vérnosla con la historiografía mexicana relativa al siglo XIX. Se advierte, claro está, el alejamiento y la oposición a España como el precio de la afirmación nacionalista; sólo que a la postre ese precio, a fuerza de continuar pagándolo, resultó demasiado alto, pues nos llevó a desconocer realidades propias de nuestra historia. No considerar positivamente a Europa en general, a España y a Francia en particular —cuya influencia es palpable en documentos oficiales, en la prensa periódica y en multitud de manifestaciones de la vida cotidiana—, llevó a elaborar imágenes distorsionadas y a suponer rasgos originales y exclusivos ahí donde había manifestaciones de una historia común. Cuando en pleno auge conmemorativo de la Constitución de 1857 y de La Reforma (así, con mayúsculas) se cantaban las excelencias y originalidades del liberalismo mexicano, José Miranda pronunció dos conferencias, una sobre "El liberalismo español hasta mediados del siglo XIX"[1] y otra sobre "El liberalismo mexicano y el liberalismo europeo",[2] que vinieron a situar en perspectiva más amplia y con señalamientos más precisos los resultados hasta entonces alcanzados en un estudio ambicioso y abundantemente documentado, como era *El liberalismo mexicano*, cuyos dos primeros tomos aparecieron en 1957 y 1958 (el tercero no se publicaría hasta 1961).[3] Diez años más tarde, en 1968, apareció el libro de Charles A. Hale, *Mexican Liberalism in the Age of Mora, 1821-1853* y pasados otros veinte, en 1989, *The Transformation of Liberalism in Late Nineteenth-Century Mexico*, que traducidos al castellano se han convertido en apoyo obligado

[1] Se publicó en *Historia Mexicana*, VI:2, 22, 161-200.

[2] Apareció en *Historia Mexicana*, VIII:4, 32, 512-523.

[3] REYES HEROLES, Jesús (1957-1961): *El liberalismo mexicano*. México: Universidad Nacional Autónoma de México, 3 vols. T. I: *Los orígenes*; t. II: *La sociedad fluctuante*; t. III: *La integración de las ideas*.

para el estudio del siglo XIX mexicano.[4] Estas obras han hecho ver la continuidad y la complejidad del pensamiento político y la relación con Europa, la importancia de España en la política liberal del último tercio del siglo XIX y han servido para levantar el entredicho que en nombre de una supuesta pureza del dogma liberal se había impuesto al porfiriato.

Pese a esos logros, o quizá por ellos, se hacen patentes tanto los vacíos temporales como los temáticos, pues se ha dado preferencia a las cuestiones político-ideológicas y siguen quedando fuera de la perspectiva de largo alcance años tan importantes como los del último gobierno de Antonio López de Santa Anna, tratados por Carmen Vázquez Mantecón en un buen estudio monográfico,[5] y el segundo Imperio, hasta hace poco marginado como parte de la historia nacional.[6] De ahí la importancia de esta apreciación sobre *España y el Imperio de Maximiliano.*

Los estudios se han ordenado partiendo de la historia diplomática para llegar a la social, pasando por la de las diversas manifestaciones culturales. Se nos antoja invertir el orden para comentar las percepciones de testigos e historiadores.

Cuando Lucas Alamán se refirió a la sociedad novohispana en los momentos en que se desató la insurgencia, describió la afluencia constante de inmigrantes españoles y la forma en que se relacionaban y arraigaban en la sociedad al casarse con hijas de familias criollas de buena posición.[7] No por limitada aquella visión, pues se refiere a grupos selectos, deja de tener gran interés como manifestación de un sistema de redes que funcionaba desde mucho antes y que, a juzgar por relatos y evidencias de inmigrantes españoles del siglo XX, siguió y sigue actuando pese a cambios mayores.

Los sacudimientos del siglo XIX y lo que significó la presencia de los españoles en los momentos críticos que anteceden a la intervención y al Imperio de Maximiliano se perciben bien en los trabajos aquí reunidos; de las semblanzas del apéndice al estudio de los que se registraron como habitantes de la ciudad de México se da un paso comparable al que en su momento dio Justo Sierra cuando establecía el contraste entre los españoles y españolas

[4] HALE, Charles A. (1968): *Mexican Liberalism in the Age of Mora, 1821-1853*. New Haven y Londres: Yale University Press. [*El liberalismo mexicano en la época de Mora (1821-1853)*. Trad. de Sergio Fernández y Francisco González Aramburu. México: Siglo XXI Editores, 1972]. HALE, Charles A. (1989): *The Transformation of Liberalism in Late Nineteenth-Century*. Princeton: Princeton University Press. [*La transformación del liberalismo mexicano a fines del siglo XIX*. Trad. de Purificación Jiménez. México: Vuelta, 1991.]

[5] VÁZQUEZ MANTECÓN, Carmen (1986): *Santa Anna y la encrucijada del Estado. La dictadura (1853-1855)*. México: Fondo de Cultura Económica.

[6] PANI BANO, Erika (1988): "Para nacionalizar el Segundo Imperio. El imaginario político de los imperialistas". México: El Colegio de México (tesis de doctorado).

[7] Véase ALAMÁN, Lucas (1972): *Historia de Méjico*. México: Ediorial Jus, 3ª ed., I, 14-28, y en particular, 15-19.

notables por su cultura y buen trato y el común denominador del inmigrante. Lo interesante es advertir cómo la presencia del inmigrante español, recurrente y permanente en la historia social, salta aquí y allá en los momentos de la historia política.

Justo Sierra —a quien por razones de índole familiar y política podemos ver junto a los españoles del porfiriato— hizo una caracterización de los inmigrantes, diferenciando a la minoría excepcional, urbana y culta, de la mayoría analfabeta, endurecida en el trato con las clases ínfimas de pequeñas y grandes poblaciones y de haciendas e ingenios en el medio rural.

> A las terribles explosiones de odio de la guerra de independencia y de los años de la expulsión —dice recapitulando para destacar la importancia de la actuación del general Prim en 1861—, había sucedido un *statu quo* de rencor perpetuamente rumiado y que se explica bien dadas las ocupaciones de colonos españoles tenderos o estafadores en la hacienda y empeñeros o ladrones en la ciudad. El antiespañolismo social en México, es igual al antisemitismo social en Polonia y Rusia: análogas sus causas. Por eso fue un acto político de maravillosa trascendencia el del general Prim, porque si no cambió el sentimiento unánime de la antigua Nueva España, sí lo transformó dentro del núcleo director de la revolución reformista.[8]

Tal vez esas palabras escritas en 1906 puedan parecernos una exageración, sobre todo después de la catástrofe demográfica y moral que trajo consigo la Segunda Guerra Mundial; pero resulta comprensible en la visión de esos días y todavía en los posteriores a la Revolución, como lo constató Alfonso Reyes, representante del gobierno del presidente Álvaro Obregón en España, cuando a las reclamaciones de los súbditos españoles afectados por el reparto agrario se sumaba la acusación por algunos crímenes diciendo que, al menor pretexto, en México se reemprende "la matanza sistemática de españoles".[9]

Aquella sensación ingrata y recurrente no impedía el aprecio y el gusto por los españoles y por lo español en las manifestaciones de gozo cotidianas. Parientes más o menos cercanos, cantares españoles, como "La petenera", recordada y transcrita por Guillermo Prieto y por Antonio García Cubas,[10] pa-

[8] SIERRA, Justo (1956): *Juárez, su obra y su tiempo*. Ed. anotada por Arturo Arnaiz y Freg. México: Universidad Nacional Autónoma de México, 242-243. (Obras Completas del Maestro Justo Sierra, XVIII.)

[9] Véase GARCIADIEGO, Javier (1998): "Alfonso Reyes. Cosmopolitismo diplomático y universalismo literario", en *Escritores en la diplomacia mexicana*. México: Secretaría de Relaciones Exteriores, 200-201.

[10] Véase PRIETO, Guillermo (1969): *Memorias de mis tiempos*. México: Editorial Patria, 6ª ed., 242; GARCÍA CUBAS, Antonio (1978): *El libro de mis recuerdos*. México: Editorial Patria, 7ª ed., 419.

ra no entrar en lo que, refiriéndose a manifestaciones más o menos culteranas, se dice en este libro sobre el canon español en la pretendida cultura nacional.

La prensa periódica requiere trato pormenorizado, se manifiesta en diversas dimensiones y lugares. A lo tratado aquí por Jacqueline Covo, que recoge la prensa en París, habría que agregar, por ejemplo la cantidad de escritos de españoles reproducidos en periódicos mexicanos, algunos de ellos propiedad de españoles; también la presencia de periodistas o, mejor, de publicistas españoles en la historiografía del siglo XIX, precisamente en la época de la que trata este libro, como el recordado Niceto de Zamacois y el más joven, Enrique de Olavarría y Ferrari, quien, si no se ocupó de la historia política del segundo Imperio, sí realizó la interpretación del periodo que va de la república federal a la dictadura de Santa Anna.[11] La prensa nos hace ver cómo auténticas manifestaciones públicas de aquella sociedad fueron, en buena parte, elaboradas por españoles arraigados en México, pero, como tales, diferenciados en aquella sociedad excluyente a la que había que acercar una y otra vez a España, superando así recelos nacionalistas —por demás comprensibles en aquel ambiente.

En efecto, si nos acercamos a la historia y a la argumentación política, hallamos que entre los protagonistas de aquella época, el acudir a la experiencia española anterior y posterior a la insurgencia y a la declaración de independencia fue una necesidad, un medio para justificar lo que los gobiernos mexicanos hacían al enfrentar las dificultades del presente.

El caso más interesante, por su relación con personajes y hechos del segundo Imperio, es el de Manuel Payno. Antes, en plena guerra de Reforma, don Manuel elaboró una *Colección de leyes, decretos, circulares y providencias relativas a la desamortización eclesiástica, a la nacionalización de los bienes de corporaciones y a la reforma de la legislación civil que tenía relación con el culto y la Iglesia*,[12] que introdujo con unos "Apuntes históricos sobre la reforma social en España y México", destacando, primero, antecedentes en los que la acción de los cristianísimos y católicos monarcas al controlar a la Iglesia fue plenamente justificada y, después, el paralelismo en los regímenes legales como proceso general, adviertiendo de paso las características propias de la sociedad mexicana. Según Payno, si la desamortización y la nacionalización se justificaban —pues era indispensable poner la riqueza estancada en las manos muertas a disposición de quien la hiciera provechosa y, por otra parte, entregar el control de la sociedad al gobierno democráticamente constituido—, no era legítimo olvidarse de que esos bienes ahora sacados a

[11] OLAVARRÍA Y FERRARI, Enrique de (1821-1855): *México independiente*, en RIVA PALACIO Vicente (coord.): *México a través de los siglos*, t. IV. México-Barcelona: Ballescá y Espasa, S. I.

[12] Dos volúmenes publicados en México por la Imprenta de J. Abadiano en 1861. Existe una edición facsimilar publicada por la Secretaría de Hacienda y Crédito Público en 1972.

la pública almoneda eran, al fin y al cabo, el ahorro de generaciones de mexicanos y no había por qué proceder con la precipitación con que se hacía, favoreciendo no el provecho del pueblo, sino la ambición de voraces especuladores extranjeros.[13]

El desenlace de la intervención y el segundo Imperio daría a Payno más evidencias de ese argumento, pero su visión no se resolvió en un alejamiento de España. El reclamo nacionalista estaba en los límites del entendimiento histórico.

Es necesario llamar la atención sobre ese y otros ejemplos de comprensión ofrecidos por protagonistas de aquella época (el de Vicente Riva Palacio, para mencionar otro también notable), con el fin de ahondar en los temas sugeridos en este libro.

Andrés Lira
Enero de 1999

[13] Véase LIRA, Andrés (1997): "Propiedad e interpretación histórica en la obra de Manuel Payno", en Margo GLANTZ, coord.: *Del Fistol a la Linterna. Homenaje a Tomás de Cuéllar y a Manuel Payno en el Centenario de su muerte*. México, Universidad Nacional Autónoma de México, 123-133. Se reprodujo en SERRANO MIGALLÓN, Fernando, coord. (1998): *Homenaje a Rafael Segovia*. México: El Colegio de México, 45-54.

EL SEGUNDO IMPERIO: UN PARTEAGUAS EN LAS RELACIONES HISPANO-MEXICANAS

Clara E. Lida

Bien sabemos que el estudio de las relaciones entre España y México en el siglo XIX, en sus diversas y plurales manifestaciones, ha sido un capítulo muy menor en la historiografía contemporánea de ambos países. Las escasas publicaciones existentes se han dirigido, sobre todo, hacia las relaciones diplomáticas de un país con el otro en la primera mitad del siglo XIX. Menor ha sido el interés por las relaciones sociales, culturales, intelectuales y económicas hispano-mexicanas, un tanto desdeñadas por los historiadores, como si la ruptura entre la época virreinal y la independiente hubiera cortado de cuajo los vínculos entre ambos países. Es cierto, en cambio, que desde hace algunos años sabemos más, por ejemplo, sobre ciertos aspectos de la historiografía decimonónica escrita por los españoles que radicaron en México y sobre las influencias ideológicas de liberales y conservadores españoles en el pensamiento político mexicano, aunque, en términos generales, el interés por estos temas sigue siendo escaso. En los últimos lustros se ha prestado especial atención al flujo poblacional de los españoles hacia México (y al que sale de México, si se toman en cuenta los estudios sobre las expulsiones de peninsulares al comenzar la vida independiente). Sin embargo, nuestro conocimiento en este campo se centra más en el periodo final del siglo XIX y de comienzos del XX —el porfiriato— que en todas las décadas anteriores, aunque existen ya algunos estudios esporádicos sobre el asunto.[1]

De lo anterior resulta evidente que el campo de las relaciones diplomáticas y políticas es el que más interés ha despertado. Éste despuntó en la década de 1920, gracias al esfuerzo de Genaro Estrada, quien al acercarse a la labor diplomática del general Juan Prim en México dio a conocer una importante compilación documental hasta entonces inédita.[2] Ese primer paso continuó de manera más sistemática a partir de la llegada a México de los intelectuales republicanos exiliados a raíz de la guerra civil española. En

[1] En algunos de estos temas destacan: DELGADO, 1950 y 1990; SOTO ESTRADA, 1988; FIGUEROA ESQUER, 1996; HALE, 1968 y 1989; MATUTE, 1992; FALCÓN, 1996; *En busca*, 1996; *El surgimiento*, 1997; SIMS, 1990; LIDA, comp., 1994.

[2] ESTRADA, 1925.

efecto, en la década de 1940, El Colegio de México inició el proyecto de compilar los documentos diplomáticos del archivo de la Embajada de España en este país, pero, por desgracia, este trabajo quedó inconcluso. Los cuatro tomos que se publicaron con el título general de *Relaciones diplomáticas hispano-mexicanas* estuvieron a cargo de Javier Malagón Barceló, con la colaboración de Luis Nicolau d'Olwer, Enriqueta Lopezlira y José María Miquel i Vergés, y cubren los años de 1839 a 1848, aunque originalmente se proyectaba abarcar el resto del siglo hasta la pérdida de Cuba por España en 1898.[3] Más recientemente, la Secretaría de Relaciones Exteriores de México publicó, en su colección «Archivo Histórico Diplomático Mexicano», diversas compilaciones parciales de los documentos que sobre cuestiones españolas se encuentran en su acervo; sin embargo, este proyecto no ha tenido continuidad ni ha logrado un acercamiento al tema semejante al que se había propuesto el proyecto original de El Colegio de México. En otras palabras, contamos con publicaciones parciales de los documentos emitidos por las instancias oficiales mexicanas y españolas, pero en ninguno de los países existe todavía un esfuerzo sistemático —ni, menos aún, un intento de colaboración entre ambos— para compilar esta información. Por otra parte, en los pocos casos en los que se examinan los vínculos entre España y México el tema se ha enfocado desde una sola de las dos orillas, y se han centrado, especialmente, en el periodo que va de la Independencia y sus antecedentes al final de la década de 1840.

Dentro de este limitado conjunto historiográfico, el periodo que abarca la Intervención tripartita de España, Francia e Inglaterra y el Imperio de Maximiliano ha sido particularmente ignorado en lo que se refiere a las relaciones entre México y España, entendidas éstas como un intercambio mutuo entre ambos países en diversos aspectos. Basta examinar las completas bibliografías existentes hasta hace unos años para constatar que incluso el supuesto interés despertado por las relaciones diplomáticas hispano-mexicanas durante la década de 1860 había sido casi nulo.[4] Posiblemente la mayor excepción se dio en 1949, cuando J. M. Miquel i Vergés publicó su personal visión sobre Prim en España y en México, para la cual consultó también los documentos de la Embajada de España en México.

[3] En este contexto, en las décadas de 1940 y 1950 se publicaron estudios de Carlos Bosch García, J. M. Miquel i Vergés y Luis Nicolau d'Olwer relacionados con la diplomacia hispano-mexicana durante el periodo posterior a la Independencia. Véase la bibliografía de ULLOA ORTIZ, 1966, en *Historia Mexicana*. Es muy necesaria y resultaría muy útil una revisión historiográfica y bibliográfica, semejante a la que realizó esa revista, que examinara las aportaciones realizadas en los últimos treinta años.

[4] Por ejemplo, véanse las bibliografías recogidas por ULLOA, 1966, y DE LA TORRE y GÓMEZ CAMACHO, 1966.

Este vacío se ha comenzado a llenar recientemente por historiadores que escriben desde México. Así contamos ya con un sólido estudio basado en documentos de España y México sobre el papel que desempeñó el general Juan Prim frente a la "cuestión mexicana", vinculada con la deuda reclamada por España, y su participación central en la intervención hispano-anglo-francesa de 1861-1862.[5] Asimismo, se han explorado los archivos diplomáticos de España para indagar los aspectos generales de la política española durante la Intervención y el Imperio.[6] En lo que se refiere a otros aspectos de la relación entre ambos países, se han realizado algunos acercamientos a la presencia de colonos europeos en México, incluyendo a los españoles, durante los intentos de colonización agrícola promovidos por los gobiernos mexicanos desde Comonfort hasta el Imperio.[7] En el último lustro se inició también la investigación sistemática de los negocios e intereses financieros de los españoles en México, sobre los cuales se han publicado ya algunos estudios parciales.[8] Ahora bien, la simple enumeración de estos temas revela, sin duda, que la atención prestada a este asunto, aunque pionera, ha sido relativamente escasa y sirve de señalamiento para apreciar cuánto queda todavía por hacer. En realidad, se podría afirmar que el estudio de los contactos, los intercambios y las relaciones entre España y México es un campo todavía virgen que, dada la riqueza de temas y problemas por explorar, requiere de mayor atención.[9]

El libro que hoy publicamos se inserta en este contexto. Desde luego, nuestro propósito no ha sido llenar esta vasta laguna, sino estudiar cómo se vinculó España con ese momento crítico de la historia del siglo XIX mexicano, marcado por la triple invasión extranjera y la imposición de un príncipe austriaco con el apoyo de las poderosas armas francesas, y surcado por una larga guerra civil y otra de liberación. No es redundante subrayar que si la Intervención tripartita y el segundo Imperio fueron un parteaguas en la historia republicana de México, también lo fueron en el ámbito de las relaciones hispano-mexicanas. Para examinar este cambio de signo, pero también las

[5] Pi-Suñer, 1991, tesis doctoral inédita, traducida al catalán en 1992 ; en 1996 se convirtió en un nuevo libro, después de una cuidadosa revisión y ampliación. Véase, de esta misma autora, su compilación documental sobre España y la República restaurada, 1985.

[6] Falcón, 1996, se apoya en fuentes españolas y sigue varias de las pistas que exploró Pi-Suñer en su tesis doctoral, y luego en sus libros, en 1992 y 1996.

[7] Existe una tesis inédita de Shields, 1958; González Navarro, 1960, y vol. I, 1993.

[8] En Lida, comp., 1994, veánse las colaboraciones de Pi-Suñer, Cerutti y Blázquez Domínguez; Cerutti , 1995.

[9] Véase un ejemplo reciente en Pani Bano, 1998, cap. III, quien realizó una primera exploración del impacto del pensamiento español moderado y del conservador en los llamados imperialistas mexicanos.

continuidades, nos hemos detenido en ciertos aspectos específicos que abarcan tanto lo financiero y diplomático, como lo político, cultural y poblacional. No es casual, entonces, que en este volumen se insista en que la variedad de intereses en juego en estos años semeja las cambiantes imágenes de un caleidoscopio ni que insistamos en contrapuntear las rupturas y continuidades que caracterizaron las relaciones hispano-mexicanas en esta época. Ojalá que en el futuro otros estudios exploren más y profundicen en el complejo abanico de temas presentes que abordamos en este libro.

I

Los estudios que se incluyen en la primera parte de este volumen examinan desde la perspectiva hispano-mexicana —es decir, desde las dos orillas y a partir de fuentes de ambos países— diversas facetas del segundo Imperio y de las raíces económicas y políticas que llevaron a España, Gran Bretaña y Francia a intervenir en los asuntos internos de México para cobrar la enorme deuda contraída por la nueva nación. En este sentido, sin duda el "eterno problema de la deuda", cómo lo llama Antonia Pi-Suñer Llorens, es el eje alrededor del cual, al mediar el siglo, giraron las relaciones entre México y sus acreedores europeos, especialmente España, así como las tensiones internacionales entre todos los actores del problema.

El detallado trabajo de Pi-Suñer que encabeza este volumen trata con especial atención el asunto de la deuda y de las reclamaciones españolas contra México y muestra cómo un problema que se arrastraba desde hacía varias décadas, en 1861 se convirtió en la chispa que encendería el polvorín diplomático y llevaría a la larga crisis de la Intervención y el Imperio, a partir del momento en que el gobierno de Benito Juárez decretó la suspensión de los pagos internacionales. Con diestro manejo de las complejidades del tema, Pi-Suñer muestra cómo alrededor de este eje se entrelazaron las intrigas, la política y las pugnas de intereses variados, tanto en México como en la propia España (por no mencionar la Francia napoleónica, tan rápidamente dispuesta a sacar la mayor ventaja expansionista de este conflicto, ni la Gran Bretaña, que con la Convención de Londres instrumentó su presencia en la Intervención). La deuda española y las reclamaciones resultaron una verdadera caja de Pandora pues desataron una variedad de conflictos financieros, políticos, diplomáticos y militares que, a su vez, sirvieron de catalítico para la movilización de una opinión pública nacional e internacional.

En este contexto, Agustín Sánchez Andrés analiza, con base en una extensa documentación recogida en los archivos de España y de México, las difíciles relaciones internacionales entre ambos países. Su estudio no se limita sólo a un punto de vista bilateral, sino que abarca el complejo panorama de los diversos intereses y conflictos multinacionales en los que estas relaciones se insertaban. En otras palabras, Sánchez Andrés ha realizado un novedoso estudio de la diplomacia hispano-mexicana entre 1861 y 1867, tanto en el ámbito de los intereses políticos de España y de su contraparte mexicana como en el contexto más amplio de las pugnas que se desarrollaban en el Caribe hispánico, especialmente en Cuba, entre los Estados Unidos y España. Además, el autor examina las tensiones que involucraban a los Estados Unidos, durante la guerra de Secesión, con uno u otro bando dentro de México y con los países europeos que intentaban poner pie en América aprovechando la crisis norteamericana. De esta manera, en términos internacionales, los asuntos de México contribuyeron a definir la postura y los intereses de todas las partes envueltas en el conflicto.

Además de las reacciones financieras, diplomáticas y militares, la Intervención y el segundo Imperio también suscitaron un amplio interés político entre los diversos sectores en la península ibérica, no siempre partidarios del gobierno en turno. Jacqueline Covo desentraña la forma en que, durante el último periodo del reinado de Isabel II, un grupo progresista exiliado en París se ocupó y preocupó por los asuntos de España y de México —así como por los de Francia, aunque de manera más velada—, desde las páginas de *El Eco Hispano-americano*. Como bien lo demuestra Covo, seguramente éste fue el periódico de filiación española que de manera más cercana y plural informó sobre los asuntos mexicanos y examinó, paso a paso, las tensiones y enfrentamientos de la década de 1860.

La lúcida lectura del conflicto mexicano que realiza J. Covo a través de *El Eco* convierte a este periódico en el hilo conductor que permite explorar las posturas de los diversos grupos de interés relacionados con México. Este periódico sirve de foro tanto para las opiniones y noticias dadas por otras publicaciones como para las abundantes cartas de lectores que representan diferentes sectores del conflicto mexicano; lo anterior permite conocer puntos de vista españoles y mexicanos muy disímiles respecto de la diplomacia e intervención europea en México. En este sentido, *El Eco* es un gran mosaico de opiniones y de información diversa cuyo complejo discurso descifra Jacqueline Covo. El resultado es un acercamiento novedoso a la cuestión mexicana a través de un espectador español privilegiadamente situado en el corazón del poderío napoleónico.

Este estudio sobre *El Eco* y los dos primeros permiten también comprender mejor la diversidad ideológica y política de la España de Isabel II y desechar la visión monolítica que ha prevalecido respecto a la diplomacia española de estos años. En efecto, éste es un momento en el que se manifiestan cada vez más claramente los conflictos entre los sectores más destacados de la época isabelina: los moderados conservadores, representados por Ramón Narváez, los liberales moderados o unionistas, encabezados por Leopoldo

O'Donnell, y los progresistas retraídos en la oposición.[10] A estos últimos se vinculó el propio Juan Prim al regresar de México y con ellos conspiró contra la Reina —junto con los nuevos grupos demócratas e incluso republicanos que se hallaban al margen de la legalidad. La quiebra final del orden isabelino llegaría a España poco después de la derrota de Maximiliano en México, con el triunfo de la Revolución antiborbónica de septiembre de 1868.

II

Si las primeras tres colaboraciones que aparecen en este libro se centran en el dramático escenario hispano-mexicano e internacional, en cambio, las que conforman la segunda parte nos presentan rupturas y continuidades en contextos menos conflictivos —aunque tampoco exentos de tensión—, en los cuales se examinan las relaciones entre ambos países desde los aspectos cultural y poblacional, es decir, inmigratorio. Los dos temas nos permiten apreciar, a la vez, los acercamientos y las distancias presentes en los ámbitos más cotidianos de la vida mexicana en su relación con España.

En general, al hablar del México de la segunda mitad del siglo XIX, ha sido un lugar común sostener el afrancesamiento cultural del país debido a la fuerte influencia que Francia ejerció sobre la sociedad mexicana en general y sobre el segundo Imperio en particular. Hasta ahora poco se había hecho por verificar cuán cierta y cuán extensa había sido esta influencia o por examinar cuán dominante era. Sin embargo, el agudo examen que realiza Erika Pani de la vida artística e intelectual mexicana, en los años del gobierno de Maximiliano, demuestra que, si bien el peso de la cultura francesa era innegable, lo que dominaba en México, a pesar de la ocupación extranjera y de las influencias urbanísticas y cortesanas de París y de Viena, era una fuerte tradición española. Pani revela que la mayor pugna intelectual y artística giró alrededor del intento por precisar el perfil cultural de México, y se dio entre quienes mantenían como referencia común la cultura heredada de la antigua metrópoli y quienes sostenían la necesidad imperiosa de crear una identidad nacional mexicana al margen de España.

Hasta los años del Imperio, el conflicto entre ambas posturas se puede resumir en la gran disyuntiva que —para retomar el título de E. Pani— se planteaba entre "cultura nacional y canon español". Pero, durante el Imperio, a esta disyuntiva se sumó la peculiar visión de Maximiliano, quien, en un arranque de sincretismo mítico, se pretendía, a la vez, heredero de los antiguos imperios mesoamericanos y de la grandeza imperial de los Reyes Católicos y Carlos I, en tanto que rechazaba los trescientos años virreinales por su

[10] Tomás Villarroya, 1991.

supuesto oscurantismo. Sin embargo, paradójicamente, para adornar la vida de su corte, Maximiliano recurrió más de una vez a artistas y escritores peninsulares que se insertaron sin dificultad en la vida cultural de la capital y participaron activamente en ella, suscitando, incluso, importantes polémicas periodísticas e historiográficas sobre las raíces y el perfil de la cultura en México, como fue el caso de Anselmo de la Portilla y el de Niceto de Zamacois, por ejemplo.

Posiblemente se pueda aventurar que este momento fue un parteaguas significativo, tanto en la valoración y definición de lo mexicano como contrapuesto a lo hispánico, cuanto en la búsqueda de sincretismos que permitieran integrar una u otra postura a la idea de modernidad y de progreso cultural y material provenientes, sobre todo, de Europa. Esto explicaría por qué esta búsqueda de una identidad nacional en contacto con una modernidad externa llegó a su punto culminante en el periodo que va del porfiriato a la época posrevolucionaria.[11] Un análisis de este largo proceso demostraría, sin duda, que muchas de sus raíces se encuentran en los años de 1860, en el conflicto entre el canon normativo hispánico, el cuestionamiento crítico del joven nacionalismo mexicano y la influencia vigorosa de nuevos modelos internacionales.

En lo que concierne a los aspectos poblacionales de México, los españoles estuvieron presentes en su vida material, social y pública, y participaron tanto en la política, las letras y las artes en general como en los grandes negocios y en el ámbito más cotidiano del mundo de los servicios y del pequeño comercio al menudeo. Ejemplo de esto lo podemos ver en el estudio de Sonia Pérez Toledo sobre la presencia de los inmigrantes españoles en la ciudad de México durante los años del Imperio, así como en el "Apéndice" preparado por Adriana Gutiérrez Hernández sobre las personalidades más destacadas del momento. Es cierto que este sobresaltado periodo no fue el más favorable para fomentar la afluencia de inmigrantes al país, pero lo que sí podemos afirmar ahora, gracias al estudio de Pérez Toledo, es que, si bien los números absolutos eran pequeños, la población de origen español mantuvo una presencia continua y que, pese a los altibajos políticos, ésta no se interrumpió. Como lo muestra la autora, después de un importante y novedoso cotejo documental, la mayor parte de la población estudiada no se integró a los sectores más favorecidos por la fortuna, sino que se insertó, sobre todo, en los rangos más bajos del mundo del pequeño comercio al menudeo, desde el cual, si las circunstancias resultaban especialmente favorables, los inmigrantes podrían ir ascendiendo muy paulatinamente a los rangos de privilegio que ocupaba la minoría, como se puede observar en el

[11] Aimer Granados García prepara su tesis de doctorado, para El Colegio de México, sobre este tema.

apéndice ya mencionado. Sin embargo, conviene subrayar que las biografías de los españoles más importantes durante el Imperio, que compiló A. Gutiérrez, muestran que en el tercer cuarto del siglo XIX ya existía una gran acumulación de capital y de poder político en manos de varios grandes empresarios peninsulares en México —comerciantes, propietarios, prestamistas—, muchos de ellos vinculados con los asuntos de la deuda, como lo ha señalado A. Pi-Suñer.

Cabe subrayar que en las décadas siguientes esta tendencia se aceleró y acentuó aún más con el surgimiento de los modernos capitalistas españoles (industriales, banqueros, etc.) radicados en México hasta la Revolución, y aun después. Por otra parte, gracias al estudio de Pérez Toledo podemos apreciar cómo esta inmigración por redes de paisanaje y parentesco tuvo hasta los años del segundo Imperio un perfil bastante más cercano al que poseían los españoles de la época virreinal que al que adquirirían después en el porfiriato. De hecho, éste resulta un momento de transición en los patrones de emigración de la Península y de asentamiento en México, cuyo reducido volumen se remontaba a finales del siglo XVIII y primeras décadas del XIX. En cambio, los años posteriores al Imperio de Maximiliano constituyeron un parteaguas, pues señalan el tránsito a formas migratorias más libres y en cadena que se abrían a corrientes nuevas y más numerosas (aunque respecto de la población total guardaran una misma proporción relativa), que correspondían mejor a los grandes trasvases poblacionales de finales del siglo XIX y comienzos del XX. En el caso de México, éstos se vieron alentados por la modernización material del porfiriato y por los cambios paralelos que se produjeron en la propia península ibérica.

III

Al reflexionar sobre el conjunto de nuevos enfoques y nuevas interpretaciones presentes en estos estudios, encontramos una sugerente pluralidad de temas y problemas que hasta ahora habían recibido escasa o nula atención. Gracias a los trabajos de Pi-Suñer, Sánchez y Covo reconocemos cuánto más rico resulta el tratamiento del segundo Imperio visto desde la triple perspectiva hispánica, mexicana e internacional. Así, por ejemplo, no podríamos apreciar las complejidades de la llamada "deuda española" y sus dramáticas consecuencias si no examinamos el complicado entramado de intereses políticos y económicos. Al hacerlo, descubrimos que éstos pasan por una vasta pluralidad de pugnas y conflictos, tanto de origen individual (piénsese en el general Prim y su familia política de origen mexicano; en la rapiña de los grandes especuladores y sus apoderados y administradores; en la desmedida ambición de Napoleón III; en la firmeza republicana de Juárez, o en la menguada figura de Maximiliano) cuanto de carácter colectivo (accionistas y prestamistas en México y en el extranjero, sectores políticos en los diversos países, etc.), que se imbrica directamente con los juegos y rejuegos de los partidos y grupos en España y en México —conservadores, unionistas y progresistas, en la primera; republicanos e imperialistas, en el segundo.

Si bien la diplomacia hispano-mexicana se nos aparece fuertemente atada a estas luchas de intereses, en realidad supera en complejidad el fenómeno puramente binacional para adquirir dimensiones ampliamente multilaterales. Como en un caleidoscopio, la complejidad de la situación multiplica las imágenes: España se preocupa por el Imperio, pero no pierde de vista la República de Juárez; a su vez, éste sabe que en el conflicto con Francia es prudente tratar de romper los restos de la Alianza Tripartita y neutralizar a España y a la Gran Bretaña, aunque su carta principal está en confiar en que la Unión norteamericana derrote a los confederados sureños para poder así recibir apoyo más directo en contra del intervencionismo napoleónico. Por su parte, Maximiliano desconfía de España a sabiendas de que su Imperio no alienta los intereses peninsulares, y espera que la Confederación derrote al Norte y le preste su apoyo en contra de los liberales republicanos. Simultáneamente, España teme la posible recuperación de los Estados Unidos y su expansionismo en las Antillas, especialmente respecto de Cuba, así como la ambición hegemónica de Napoleón III en Centroamérica y el Caribe. En este entramado de influencias, alianzas y tensiones diplomáticas —en las que sin duda hay muchos más actores, como la Gran Bretaña y Austria, por no mencionar a los demócratas y republicanos italianos—, el segundo Imperio y la España isabelina son dos piezas clave que nos permiten entender mejor el gran ajedrez de las relaciones internacionales. Además, los manejos diplomáticos de ambos gobiernos nos sirven de hilo conductor para penetrar en los entretelones de las políticas internas de España y México.

En este gran tablero internacional, también adquiere relieve el papel que desempeña la prensa como conformadora de opinión respecto de la "cuestión mexicana". Si esto es cierto en términos de los intereses nacionales de cada gobierno, no lo es menos en relación con el ámbito internacional, ya que existía una prensa de opinión que trascendía las fronteras de un país y se convertía en una plataforma para debatir asuntos que competían a más de un país y a más de un continente. Ya sabíamos, por ejemplo, de *La América. Crónica Hispano-americana*, publicada en Madrid entre 1857 y 1870, y de la *Revista Española de Ambos Mundos*, que a comienzos de la década de 1850 se imprimía en Madrid y en París. A éstas se suma ahora un periódico muy poco conocido: *El Eco Hispano-americano* (1854-1872), que desde su especial atalaya parisina observaba y comentaba los problemas del mundo iberoamericano, y que en el caso particular que nos atañe deja entrever el complicado abanico de debates que en Francia, España, México y otros países suscitaba la "cuestión mexicana" y cuál era el impacto que ésta ejercía sobre la opinión pública y la política en esas naciones.

Este variado caleidoscopio internacional permite entender el periodo que nos ocupa como un decisivo parteaguas en el ámbito más restringido de las relaciones hispano-mexicanas. Sabemos bien que desde la Independencia de México las relaciones entre ambos países pasaron de la franca hostilidad al paulatino reconocimiento en diciembre de 1836, y que en los dos decenios siguientes hubo altibajos y desencuentros hasta llegar a la ruptura diplomática al iniciarse 1857. A partir de entonces, el acercamiento de los mexicanos antijuaristas con el ala más conservadora del partido moderado en España, y, desde mediados de 1858, también con la gobernante Unión Liberal, marcaron durante una década, en la cual se insertan la Intervención y el conflicto del segundo Imperio, el signo intervencionista, antirrepublicano y antiliberal de la diplomacia isabelina hacia México.

Sólo el pragmatismo político de Prim y de los progresistas y la franca simpatía por Juárez de parte de los demócratas y republicanos españoles presentaron una cierta alternativa a la política exterior española respecto de México. Por eso mismo, el cambio real no sería posible hasta que los fundamentos mismos de la época isabelina se vieran resquebrajados por la Revolución de 1868 (encabezada, entre otros, por Juan Prim), el consiguiente exilio de Isabel II (seguramente consciente de que el trágico fin de Maximiliano también le podría acaecer a ella si no huía de España) y el sexenio democrático que le siguió. Todo ello permitió al nuevo gobierno provisional presidido por el general Prim un acercamiento decisivo al México republicano de Juárez; en 1871, tras el asesinato de Prim y el ascenso al trono español del príncipe italiano Amadeo de Saboya, se produjo finalmente la reanudación de las relaciones diplomáticas entre ambos países.

Con esto se inauguraba una nueva etapa en las relaciones hispano-mexicanas y, aunque los avances en el acercamiento mutuo fueran paulatinos y la resolución definitiva de la gran cuestión de la deuda quedara pendiente hasta 1894 (cuando se renegoció directa y exclusivamente con los acreedores su conversión a deuda interna), el signo político del último cuarto de siglo fue claramente contrario al que había prevalecido en los cincuenta años anteriores. No es aventurado afirmar que en este cambio, los conflictos y las rupturas suscitados durante los años que nos ocupan cierran una época de continua injerencia de España en México y abren una larga etapa, hasta la Revolución, en la que las relaciones entre ambos países se recuperaron y prosperaron sin fracturas en los ámbitos relativamente pacíficos de la diplomacia hispano-mexicana.[12]

[12] Sobre esta cuestión, en las décadas que transcurren entre el porfiriato y la Revolución, véase SÁNCHEZ ANDRÉS, 1999.

Si en política internacional esta época marca un cambio de rumbo, las otras contribuciones a este volumen nos muestran también de manera novedosa las continuidades y los cambios que se produjeron durante el segundo Imperio en otros ámbitos de las relaciones entre México y España. Gracias al estudio de Erika Pani podemos entender cómo los años de 1860 actuaron de gozne entre la etapa posterior a la Independencia, con su incierta búsqueda de una cultura nacional en conflicto con el fuerte ascendiente cultural español que seguía vivo a pesar de la quiebra colonial, y la República restaurada, triunfante en su afirmación nacional y lanzada a la construcción de una cultura propia, desgajada del tronco hispánico, aunque en contacto con las más significativas corrientes intelectuales y artísticas cosmopolitas.

Sabemos que estos procesos fueron lentos y estuvieron surcados por vaivenes e incertidumbres, pero lo cierto es que al enfocar la mirada en el Imperio de Maximiliano observamos con mayor nitidez las continuidades y rupturas que se dieron en México en relación con los moldes tradicionales de una cultura española en lo artístico y castellana en lo literario. La fuerza con la que muchos escritores mexicanos reaccionaban contra estos cánones e intentaban dar forma y expresión original a sus raíces nacionales nos remite, seguramente, a la manifestación de una *Weltanschauung* romántica, con su búsqueda de lo popular y nacional y su rechazo de normas y modelos ajenos e impuestos. Lo paradójico del Imperio surge en el momento en que Maximiliano tercia en este duelo cultural entre lo que podríamos llamar "hispanismo" y "mexicanidad" con un proyecto que pretendía rescatar y exaltar las raíces prehispánicas de su Imperio y reconocer la vitalidad de los indios de México, al mismo tiempo que se proclamaba heredero de los Habsburgo hispánicos.[13] Y todo esto, a la vez que se apoyaba en la colaboración de escritores, artistas y periodistas españoles e hispanistas asentados en México, como el colaborador del Emperador, Anselmo de la Portilla, quien dirigió el *Diario del Imperio*, o el poeta José Zorrilla, nombrado por Maximiliano director del Teatro Nacional. Sin duda, este estudio tendrá la virtud, entre otras, de alentar la exploración de estas visiones a veces opuestas, otras complementarias y otras más sincréticas, para poder desentrañar con mayor rigor el proceso de formación de la cultura —¿o las culturas?— mexicana a lo largo del siglo XIX.

Por su parte, en su estudio sobre la población española durante el Imperio, Sonia Pérez Toledo nos revela este periodo como el momento de culminación de un trasvase migratorio de tipo tradicional y el paso a nuevos perfiles migratorios. Los inmigrantes que estudia Pérez Toledo a través de los registros de extranjería y certificados de nacionalidad, los padrones citadinos, los registros de multas por no matricularse, y las solicitudes de naturalización,

[13] Véase PANI, 1998.

entre otras novedosas fuentes, son, en una proporción abrumadora, jóvenes solteros de escasos recursos. Éstos se vinculaban en un 95 por ciento con el mundo del comercio urbano en sus rangos más bajos, desde los cuales debían ir ascendiendo con los años, el esfuerzo y el apoyo de las redes migratorias preexistentes, basadas en vínculos de parentesco y paisanaje. Como bien se señala en el texto, en su origen geográfico estas redes eran predominantemente vasco-cantábrico-montañesas, pero desde finales del siglo XVIII estaban seguidas muy de cerca por regiones de emigración tradicional, como Andalucía y Extremadura. Es cierto que la región septentrional continuaría expulsando emigrantes hacia México hasta entrado el siglo XX, pero, en cambio, las otras tendrían en adelante una presencia cada vez más escasa después de los años del segundo Imperio. Del mismo modo, a medida que avanzó el porfiriato los índices de masculinidad y soltería también disminuirían.

Si contrastamos los hallazgos de Pérez Toledo con el puntual "Apéndice" biográfico sobre las élites españolas de la época preparado por Adriana Gutiérrez, podremos apreciar el complejo mundo social de los peninsulares en México en la década de 1860. Mientras Pérez Toledo muestra al inmigrante joven y sin fortuna que llega con las manos vacías a trabajar con algún pariente o vecino más acomodado, a la espera de ir ascendiendo social y económicamente a fuerza de trabajos, el apéndice recoge las semblanzas de una treintena de españoles nativos caracterizados por su destacada presencia en el mundo de los negocios, la política, las artes y las letras. Muchos de ellos estuvieron vinculados con los problemas de la deuda como acreedores o prestamistas del gobierno, otros tantos apoyaron la Intervención y el Imperio, mientras que algunos, los menos, expresaron principios liberales y republicanos. Pero fuera cual fuera su postura política o su ocupación, todos ellos pertenecían sin duda alguna a un sector muy privilegiado de la colonia española.

De hecho, una parte de estas élites se distinguió en el comercio, en la minería, la agricultura y la producción manufacturera, lo cual le permitió una fuerte acumulación de capital comercial y el desempeño de un papel dominante como agiotista y acreedora del Estado. Si bien estas actividades dependían directamente de las onerosas deudas contraídas por un Estado carente de liquidez, también implicaban una debilidad potencial ante los cambios de signo político y económico. Esto explicaría por qué con el triunfo de Juárez, el desconocimiento de la deuda y la consiguiente pérdida de cobijo estatal, su éxito como especuladores se vio truncado, marcando el declive del poder económico de quienes no supieran adaptarse a nuevas formas de desarrollo capitalista. En este sentido, podríamos afirmar que el paso del segundo Imperio al porfiriato fue un parteaguas que cerró el ciclo de una economía tradicional y especulativa en manos de antiguos españoles negociantes-agiotistas. A la vez, éste abrió otro, con élites extranjeras modernizadoras, entre las que destacó sobremanera una joven generación nacida en España que, a finales del siglo XIX y comienzos del XX, contribuyó a acelerar el tránsito hacia una expansiva economía capitalista empresarial y financiera que abarcó desde la fundación de grandes industrias hasta la creación de la gran banca mexicana, pasando por la inversión en modernas empresas agrícolas, en el comercio interno y externo, en los ferrocarriles y en empresas navieras. De este modo un importante grupo de empresarios españoles diversificó y multiplicó su capital y al finalizar el siglo se convirtió en uno de los pilares más sólidos del Estado porfirista.[14]

En síntesis, los cinco trabajos y el "Apéndice" que se recogen en este libro tienen elementos comunes que le dan unidad dentro del rico abanico de temas que enfocan. Ante todo se debe insistir en el propósito de examinar los desarrollos comunes o en contrapunto que vincularon a México con España en el segundo tercio del siglo XIX. En este contexto, al enfocar el periodo de la Intervención tripartita y del segundo Imperio se ha podido examinar hasta qué punto este momento no sólo fue crítico para México, sino también para los años finales de la España isabelina, derrotada en su afán de intervención —e, incluso, de hegemonía— en Iberoamérica y condenada dentro de la propia Península a la derrota política a manos de las fuerzas democráticas sublevadas en 1868. (Paradójicamente, habría que agregar que poco después del fracaso expansionista en México, la propia Francia napoleónica sucumbió en su último intento de injerencia internacional cuando pretendió imponer un candidato al trono de España y, en consecuencia, se vio enfrentada al segundo Reich alemán y derrotada en la guerra franco-prusiana de 1870.)

En el complejo caleidoscopio internacional, pero especialmente en el hispano-mexicano, el Imperio de Maximiliano marcó un claro parteaguas. Ningún sector político importante de México volvería a pretender solucionar los problemas internos alentando la intromisión de una potencia extranjera ni, menos aún, buscando establecer una monarquía; la colonia española en México tampoco volvería a esperar que los soldados ibéricos acudieran a resolver sus dificultades financieras o políticas. España nunca volvió a intentar una intervención militar en contra de las naciones americanas. La ocupación y la derrota en Santo Domingo (1861-1865), la guerra del Pacífico contra Perú y Chile (1864-1866) y la expedición española a México de 1861 a 1862 habían puesto fin a la pretendida "política de prestigio" destinada a exaltar la imagen de la nación y del Estado ante el exterior.[15] En realidad, el desprestigio bélico acumulado en la década de 1860, coronado con el comienzo de la

[14] Véase el artículo de MARICHAL, 1999, sobre los grandes empresarios y banqueros españoles en México entre 1880 y 1910.

[15] JOVER ZAMORA, 1991; LÓPEZ-CORDÓN, 1991.

guerra de Diez Años en Cuba (1868-1878), relegaría a España a un lugar muy secundario entre los países expansionistas durante el resto del siglo XIX (que concluiría con la pérdida definitiva de las posesiones insulares en América y Asia). El derrumbe estrepitoso del reinado de Isabel II en 1868 y el final de una época de gobiernos acostumbrados a la diplomacia de los sables, en adelante también cambió el rumbo en el manejo de las relaciones internacionales de España.

En términos culturales, el segundo Imperio y su derrota a manos de los republicanos juaristas sirvieron además de gozne para entornar la puerta contra los elementos hispanistas más tradicionales y abrir paso a nuevas formas de concebir lo mexicano y lo nacional. A partir de entonces quedaba claro que definir una identidad mexicana sería un proceso complejo y largo —hoy todavía inacabado—, pero que ya no podría determinarse exclusivamente en función de uno solo de sus múltiples componentes. Explicar en qué consistía lo hispánico y cómo incidía en una cultura nacional pasaría a ser una preocupación de los intelectuales en México; pero éstos también se dedicarían a comprender lo criollo, lo indígena, lo mestizo e, incluso, lo cósmico mexicano. Lo anterior nos debería obligar a reflexionar hasta qué punto fue posible la comprensión y valoración del otro, y si el intento y los resultados estuvieron surcados por acercamientos o rechazos mutuos; por etnicidades en diálogo o en conflicto.[16]

Seguramente que en estos afanes de distinguir lo mexicano de lo español, lo indio de lo mestizo, lo criollo de lo europeo, los factores poblacionales han desempeñado un papel significativo, no tanto por los números cuanto por su peso cualitativo. Hemos podido examinar cómo el trasvase poblacional de España hacia México fue continuo a lo largo del siglo XIX, aunque de dimensiones escasas, y cómo en la época del segundo Imperio la mayoría de los españoles que residían en la ciudad de México (y sin duda en el resto del país) eran inmigrantes que se insertaban en los rangos inferiores del mundo del salario. Si bien esto no los hacía privilegiados en la colonia española, sin duda los hacía visibles en el comercio urbano y les daba una indudable ventaja sobre indios y mestizos, despojados de todo privilegio; además, los dotaba favorablemente para ascender, aunque fuera lentamente, dentro de la sociedad mexicana. Seguramente éste fue el el camino que siguió la mayoría inmigrante en los lustros que siguieron a la derrota del Imperio, cuando poco a poco fueron obteniendo mayor cohesión social y más ventajas políticas y económicas en el porfiriato.

En cambio, una minoría de la pequeña colonia española en México había gozado de un asombroso poder económico, pero también de una induda-

[16] Sobre el uso del concepto de etnicidad como categoría analítica, véase LIDA, 1997, 18-23, 147-158, *passim*.

ble presencia cultural. Quienes compartían lo primero aprenderían, después del fracaso del segundo Imperio, a acercarse más a las modernas y dinámicas oportunidades de crecimiento material que abría el nuevo Estado mexicano y a alejarse de ruinosas fantasías imperialistas. En cambio, de los pinceles o de las plumas de artistas y letrados saldrían las ideas, los símbolos, los gestos, el discurso que seguiría conformando el imaginario hispanista en México hasta entrado el siglo XX. Éste se caracterizaría por su exaltación de míticos valores castellanos imperiales; el orgullo de indefinidas supremacías culturales y étnicas; la simpatía por el criollismo mexicano, con su defensa del pasado virreinal; cierta mitificación del pasado prehispánico, combinada con el rechazo de la presencia indígena, y una continua pretensión de contar y contabilizar el legado civilizador de España en América. Tal vez esto pueda explicar la reacción de signo radicalmente contrario, pero semejante, de los intelectuales y artistas nacionalistas posrevolucionarios que a su vez dedicaron muchos desvelos para dejar constancia pictórica y escrita de cuanto legó México al mundo.

En conclusión, reiteramos que este libro pretende servir de estímulo para continuar la exploración de los problemas que ya se han señalado y de aliciente para explorar otros. Pero también intenta atraer la atención a la riqueza que supone para el historiador acercarse a una historia nacional a través de enfoques comparados, así como buscar en la complejidad de lo comparativo pistas y guías que eventualmente iluminen mejor los asuntos históricos de cada país. En nuestro caso, estos acercamientos a diversos aspectos de las relaciones hispano-mexicanas durante la época del segundo Imperio han querido demostrar que una visión comparativa que tome en cuenta las dos orillas (y, claro está, abarque fuentes documentales de México y de España, entre otras) puede significar un acercamiento más rico, por más complejo, al estudio de cualquier problema histórico, intelectual.

Por último, deseo agradecer a mi colega y amigo Andrés Lira, presidente de El Colegio de México, su presentación y las reflexiones historiográficas que en ella realiza. Su percepción, que comparto plenamente, de que el siglo XIX mexicano no se puede comprender a cabalidad sin examinar los vínculos con España —y, por extensión, con otros países europeos— queda confirmada en las páginas que siguen. Mención especial merecen Adriana Gutiérrez Hernández, por la confección del índice onomástico, y Rafael Becerra, por sus atinadas correcciones durante el proceso de edición.

México, D. F., agosto de 1999

REFERENCIAS

Bibliografía

Blázquez Domínguez, Carmen

1994 "Empresarios y financieros en el puerto de Veracruz y Xalapa, 1870-1890", en Lida, comp., 121-141.

Cerutti, Mario

1994 "Comerciantes de origen español y el auge de la guerra de Secesión. Entre el Río Bravo y La Habana (1861-1865)", en Lida, comp., 97-120.

1995 *Empresarios españoles y sociedad capitalista en México (1840-1920).* Colombres: Archivo de Indianos, «Cruzar el Charco, 15».

Delgado, Jaime

1950 *España y México en el siglo* XIX. 3 vols. Madrid: Consejo Superior de Investigaciones Científicas, «Instituto Gonzalo Fernández de Oviedo».

1990 *La monarquía en México, 1845-1847.* México: Porrúa.

En busca

1996 *En busca de un discurso integrador de la nación, 1848-1884.* Coord. gral.: Juan Ortega y Medina y Rosa Camelo; coord. del t.: Antonia Pi-Suñer Llorens. México: Universidad Nacional Autónoma de México, «Instituto de Investigaciones Históricas».

El surgimiento

1997 *El surgimiento de la historiografía nacional.* Coord. gral.: Juan Ortega y Medina y Rosa Camelo; coord. del t.: Virginia Guedea. México: Universidad Nacional Autónoma de México, «Instituto de Investigaciones Históricas».

Estrada, Genaro

1925 *Don Juan Prim y Prats y su labor diplomática en México.* México: Secretaría de Relaciones Exteriores.

Falcón, Romana

1996 *Las rasgaduras de la descolonización. Españoles y mexicanos a mediados del siglo xix.* México: El Colegio de México.

Figueroa Esquer, Raúl

1996 *La guerra de corso de México durante la invasión norteamericana, 1845-1848.* México: Instituto Técnico Autónomo de México.

González Navarro, Moisés

1960 *La colonización en México: 1877-1910.* México, s. e.

1993 *Los extranjeros en México y los mexicanos en el extranjero 1821-1970.* Vol. I: *1821-1867.* México: El Colegio de México.

JOVER ZAMORA, José María
1991 "Prólogo", en *La era Isabelina y el sexenio democrático (1834-1874)*, t. XXXIV: *Historia de España Menéndez Pidal*. Madrid: Espasa-Calpe.
LIDA, Clara E.
1997 *Inmigración y exilio. Reflexiones sobre el caso español*. México: El Colegio de México-Siglo XXI Editores.
LIDA, Clara E., comp.
1994 *Una inmigración privilegiada. Comerciantes, empresarios y profesionales españoles en México en los siglos XIX y XX*. Madrid: Alianza América
LÓPEZ-CORDÓN, María Victoria
1991 "La política exterior y la España de ultramar (1834-1874)", en *La era isabelina y el sexenio democrático (1834-1874)*, t. XXXIV: *Historia de España Menéndez Pidal*, Madrid: Espasa-Calpe.
HALE, Charles A.
1968 *Mexican Liberalism in the Age of Mora, 1821-1853*. New Haven: Yale University Press.
1989 *The Transformation of Liberalism in the Late Nineteenth Century Mexico*. Princeton: Princeton University Press.
MARICHAL, Carlos
1999 "De la banca privada a la gran banca. Antonio Basagoiti en México y España, 1880-1911", en *Historia Mexicana*, XLVIII, 4: 192, 767-794.
MATUTE, Álvaro
1992 *Historiografía española y norteamericana sobre México. Coloquios de análisis historiográfico*. Intr., ed. e índice de Álvaro Matute. México: Universidad Nacional Autónoma de México.
MIQUEL I VERGÉS, J. M.
1949 *El general Prim en España y en México*. México: Editorial Hermes.
PANI, Erika
1998 "¿'Verdaderas figuras de Cooper' o 'pobres inditos infelices'? La política indigenista de Maximiliano", en *Historia Mexicana*, XLVII: 187, 3 (enero-marzo), 571-604.
PANI BANO, Erika Gabriela
1998 "Para nacionalizar el segundo Imperio. El imaginario político de los imperialistas". México: Centro de Estudios Históricos de El Colegio de México (tesis doctoral).
PI-SUÑER LLORENS, Antonia
1991 "El general Prim y la cuestión de México". México: Universidad Nacional Autónoma de México (tesis doctoral).
1992 *El general Prim i la "qüestió de Mèxic"*. Barcelona: Generalitat de Catalunya.

1994 "Negocios y política a mediados del siglo XIX", en LIDA, comp., 75-96.
1996 *El general Prim y la cuestión de México*. México: Universidad Nacional Autónoma de México-Secretaría de Relaciones Exteriores.

PI-SUÑER LLORENS, Antonia, comp.
1985 *México y España durante la República restaurada*. México: Secretaría de Relaciones Exteriores, «Archivo Histórico Diplomático Mexicano».

SÁNCHEZ ANDRÉS, Agustín
1999 "La normalización de las relaciones entre España y México durante el porfiriato (1876-1910)", en *Historia Mexicana*, XLVIII, 4: 192, 731-766.

SHIELDS, James C.
1958 "Inmigración y colonización durante el segundo Imperio". México: Universidad Nacional Autónoma de México, Facultad de Filosofía y Letras (tesis doctoral).

SIMS, Harold D.
1990 *The Expulsion of Mexico's Spaniards: 1821-1836*. Pittsburgh: University of Pittsburgh Press.

SOTO ESTRADA, Miguel
1988 *La conspiración monárquica en México, 1845-1846*. México: EOSA.

TOMÁS VILLARROYA, Joaquín
1991 "El proceso constitucional", en *La era isabelina y el sexenio democrático (1834-1874)*, t. XXXIV: *Historia de España Menéndez Pidal*. Madrid: Espasa-Calpe.

TORRE VILLAR, Ernesto de la y Arturo GÓMEZ CAMACHO
1966 "La Intervención francesa", en *Historia Mexicana*, XV, 4 (abril-junio), 580-624.

ULLOA ORTIZ, Berta
1966 "Historia diplomática", en *Historia Mexicana*, XV: 60, 4 (abril-junio), 495-530.

PRIMERA PARTE.
EL CALEIDOSCOPIO INTERNACIONAL

1. EL ETERNO PROBLEMA: DEUDA Y RECLAMACIONES (1861-1868)

Antonia Pi-Suñer Llorens

La guerra de Reforma, que tuvo lugar de 1858 a 1860, agravó aún más el caos financiero en que México se venía debatiendo prácticamente desde los inicios de su vida independiente. Ante la precaria situación del erario, el 19 de julio de 1861, el gobierno de Benito Juárez decretó la suspensión "por el término de dos años de todos los pagos, incluso el de las asignaciones destinadas para la deuda contraída en Londres y para las convenciones extranjeras".[1] Éstas consistían en convenios diplomáticos que el gobierno mexicano había firmado hacía ya varios años con las legaciones de la Gran Bretaña, Francia y España, en los cuales reconocía una serie de adeudos contraídos con súbditos de tales países. Como, desde tiempo atrás, debido a intereses políticos y económicos a los que no cabe referirnos aquí, las tres potencias acariciaban la idea de intervenir en México, los respectivos gobiernos consideraron la suspensión de pagos como un *casus belli*, por lo que no tardaron ni tres meses en organizar una expedición militar tripartita.

Si bien cada uno de estos países tenía ideas distintas sobre el fin último de la intervención,[2] el pretexto que esgrimieron para la operación conjunta fue proteger a sus respectivos súbditos y cobrar las deudas que el gobierno encabezado por Juárez había decidido no pagar. El 31 de octubre de 1861, las tres potencias firmaron la Convención de Londres, en cuyo preámbulo dejaron estipulado que, "colocadas por la arbitraria y vejatoria conducta de las autoridades de la República de Méjico en la necesidad de exigir de las mismas una protección más eficaz para las personas y propiedades de sus súbditos, así como el cumplimiento de las obligaciones que con ellas ha contraído dicha República", habían decidido actuar de manera conjunta.[3] El problema de la deuda y de las reclamaciones europeas en contra del erario mexicano se había convertido así en el pivote de la Intervención tripartita.

En el presente ensayo nos centraremos exclusivamente en el análisis del problema de la deuda y de las reclamaciones españolas en contra del gobierno

[1] VIGIL, 1980, X, 467-468.

[2] PI-SUÑER, 1996, 85-110.

[3] "La Convención de Londres de 31 de octubre de 1861", en VIGIL, 1980, X, 10-11.

mexicano y sólo tocaremos las demandas de las otras dos potencias en los aspectos que coincidan con las formuladas por España. Como veremos, estas reclamaciones venían haciéndose durante casi tres décadas y su solución tampoco se realizó en el periodo que nos ocupa. Es evidente que el telón de fondo del problema fue la laboriosa gestación de México como nación y la lucha de los diferentes grupos de poder para imponer su propio proyecto político-económico y así encauzar al país por la vía del progreso. A partir de 1848 y ante el desastre que fue la guerra con Estados Unidos (1846-1848), las posturas ideológicas fueron haciéndose cada vez más radicales. Los liberales moderados, que asumieron entonces las riendas del poder, se propusieron reconstruir el país y trataron de sanear las finanzas públicas con la indemnización estadounidense. Llevaron a cabo la conversión de la deuda interna, con la cual afectaron los intereses de varios grupos de prestamistas —muchos de ellos españoles— quienes, aferrados a su organización corporativa, trataron de defender sus privilegios y no dudaron en oponerse a las nuevas disposiciones. Los peninsulares recurrieron entonces a la legación de España en México y, abusando de la indefinición del concepto de nacionalidad que prevalecía,[4] hicieron valer sus prerrogativas como españoles y lograron el apoyo oficial de España. Con ello el problema de la deuda, que era básicamente interno, se convirtió en un asunto internacional.

Nuestro análisis atañe, pues, en parte, a las relaciones diplomáticas hispano-mexicanas como contexto del problema financiero, por lo que en algunos momentos las mencionaremos como punto de referencia o remitiremos al ensayo de Agustín Sánchez en este mismo volumen, que da razón de dichas relaciones. Hemos dividido nuestro estudio en forma cronológica y a la vez temática, con el fin de que este complejo problema pueda seguirse con mayor facilidad. En un primer apartado explicamos la forma en que se gestó la cuestión de la deuda y cómo ésta fue la causa principal del distanciamiento, y aun de la ruptura, de las relaciones diplomáticas entre México y España a principos de 1857. Nos detenemos luego a analizar la manera en que Juan Prim, conde de Reus, jefe de las fuerzas expedicionarias españolas que intervinieron en México entre enero y abril de 1862, enfocó el problema y trató de solucionarlo durante los escasos cuatro meses que estuvo en México como representante de España. La tercera parte se centra en los años que transcurrieron entre la retirada del general Prim con las tropas españolas, a finales de abril de 1862, y la presentación de credenciales del nuevo plenipotenciario hispano en México, en marzo de 1865. A lo largo de estos dos años, el gobierno de Isabel II estuvo a la expectativa de los resultados de la intervención francesa en México, mientras nuestro país se debatía en una guerra tanto internacional como civil, lo que impidió la realización de acuer-

[4] PI-SUÑER, 1994, 76-79.

do alguno. Un cuarto apartado se ocupa del periodo 1865-1867 y se detiene a analizar las instrucciones que el ministerio de Estado español dio a Juan Jiménez de Sandoval, marqués de la Ribera, con vistas a llegar a varios acuerdos con el gobierno imperial en los asuntos relacionados con la deuda y las reclamaciones hechas por España. La gestión de Jiménez de Sandoval resultó, en este sentido, un fracaso total, ya que la precaria situación política y financiera del segundo Imperio mexicano impidió que llegara a concretarse arreglo alguno antes de que éste fuera definitivamente derrotado en junio de 1867. Añadimos un epílogo que explica cómo, al triunfo de la causa republicana, el gobierno de Juárez desconoció todos los tratados firmados con Francia, Gran Bretaña y España, por lo cual la cuestión de la deuda y las reclamaciones, motivo básico de la Intervención tripartita en México, quedó en peores condiciones de las que guardaba en 1861. Esta decisión del gobierno juarista marcó el comienzo de nuevas y largas negociaciones que, en el caso de la deuda española, llegaron a un arreglo definitivo treinta años después, durante la presidencia de Porfirio Díaz.

ANTECEDENTES DE LA DEUDA: 1836-1861

La cuestión de la llamada deuda española tuvo su origen en el Tratado de Paz y Amistad firmado por México y España el 28 de diciembre de 1836, por el cual el gobierno de Su Majestad Católica reconoció finalmente la independencia de su antigua colonia. El artículo 7º de este Tratado decía, respecto de la deuda acumulada durante el Virreinato, lo siguiente:

> En atención a que la República Mexicana por ley de 28 de junio de 1824 de su Congreso Nacional ha reconocido voluntaria y espontáneamente como propia y nacional toda deuda contraída sobre su erario por el gobierno español de la Metrópoli y por sus autoridades mientras rigieron la ahora independiente nación mexicana hasta que del todo cesaron de gobernarla en 1821; [...] la República Mejicana y S. M. Católica, por sí y sus herederos y sucesores, de común conformidad, desisten de toda reclamación o pretensión mutua que sobre los expresados puntos pudieran suscitarse y declaran quedar las dos Altas partes contratantes libres y quitas, desde ahora para siempre, de toda responsabilidad en esta parte.[5]

Los dos gobiernos no sólo reconocían como deuda interna mexicana la contraída por el Virreinato sino que desistían de toda reclamación y subrayaban que sus respectivos sucesores deberían actuar de la misma ma-

[5] "Tratado de Paz y Amistad con S. M. La Reina de España", en DÍAZ y MARTINI, comps., 1877, 102-108.

nera. Si bien con este acuerdo parecía que el asunto quedaba arreglado, no resultó ser así, ya que la ley de junio de 1824, que se menciona en el artículo citado, y el Tratado de 1836 se contradecían. Mientras éste estipulaba que México reconocía las deudas contraídas durante los 300 años que había durado el Virreinato, hasta septiembre de 1821, la ley, en cambio, sólo lo hacía hasta el 17 de septiembre de 1810.[6] De lo que no había duda era que México reconocía esta deuda como "propia y nacional", en tanto que España, por su parte, desistía de toda reclamación.

La confusa redacción del Tratado y la indefinición de nacionalidad que prevaleció durante las primeras décadas del México independiente, en cuanto a si ciertos habitantes eran mexicanos o españoles, fueron las causas de numerosos problemas, que se agravaron desde el momento en que entró en funciones la legación de España. En efecto, a partir de marzo de 1840, el primer plenipotenciario español, Ángel Calderón de la Barca, empezó a respaldar las reclamaciones de varios acreedores de origen peninsular; a las que, según el gobierno mexicano, no le correspondía apoyar, pues sólo concernían a la política interna de México. El caso más connotado ocurrió en 1841 cuando la legación reclamó un adeudo que, según ella, era admisible según el Tratado de 1836, pero que había sido desechado por la ley de 1824. El asunto se puso en manos de la Comisión de Legislación del Congreso mexicano, la cual concluyó que el Tratado había dejado sin vigor la ley dictada para el arreglo de la deuda anterior a la Independencia —es decir la de junio de 1824—, "porque según los principios del derecho internacional, un tratado lleva siempre ventaja a las leyes de las potencias contratantes". La Comisión dictaminó que el gobierno debía pagar a los acreedores españoles pero sin la injerencia de la legación, puesto que se trataba de una deuda interna mexicana, y "sin perjuicio de que se procediese en los demás casos conforme a sus particulares circunstancias".[7] Se firmó entonces un *memorandum* en el que el gobierno mexicano reconoció que, efectivamente, el Tratado de 1836 había dejado sin vigor la ley de 1824 y en el que se comprometió a expedir un decreto que hiciese valer esta declaración. Sin embargo, contrariamente a lo convenido, ni se legisló al respecto ni se pagó el adeudo, por lo que en 1843 el nuevo plenipotenciario español, Pedro Pascual de Oliver, reclamó otra vez. Ante la presión ejercida por los acreedores y la necesidad de contar con sus préstamos, el gobierno mexicano, encabezado por Antonio López de Santa Anna, expidió una orden de pago y se comprometió a que "en los casos análogos que se presentasen, se procedería del

[6] El artículo 1º de la ley de 28 de junio de 1824 sobre reconocimiento de deudas públicas decía así: "Se reconocen las deudas contraídas en la nación mexicana por el gobierno de los virreyes hasta 17 de septiembre de 1810." *Cf.* PAYNO, 1862, 108.

[7] LAFRUAGA, 1857, 71.

mismo modo y como si no se hubiese suscitado duda alguna sobre la inteligencia del artículo",[8] sin prestar atención al hecho de que, con tal actitud, la de ceder ante la legación española, se levantaba un precedente.

Dados estos antecedentes, no tardaron en presentarse más acreedores, quienes, apoyados por la legación, lograron que el 17 de julio de 1847 se firmase la primera Convención Diplomática entre México y España sobre las —de ahora en adelante llamadas— reclamaciones españolas. El artículo primero de este documento decía así: "Todas las reclamaciones de la legación de España, bien sea las que están en la actualidad *pendientes*, bien sea las que interpongan los representantes de S. M. *en lo sucesivo*, se pagarán con un fondo que se llamará Fondo de reclamaciones españolas."

Este fondo se integraría con 3% de los derechos de importación en las aduanas marítimas y fronterizas y con él se pagarían todos los créditos que hubiese apoyado la legación de España y reconocido el gobierno mexicano, ya fuera que procedieran "de deudas contraídas sobre las cajas de Nueva España antes de su independencia de la metrópoli[...]", ya que provinieran "de circunstancias posteriores". La administración del fondo estaría a cargo de una Junta de cinco personas nombradas por el ministro de España. Finalmente, el artículo octavo establecía que "los efectos de este convenio no podrán alterarse, suspenderse ni modificarse en ninguna circunstancia ni en tiempo alguno, sino por medio de un acuerdo expreso y formal entre el representante de S. M. C. y el gobierno de la República".[9]

Esta primera Convención española se firmó durante la guerra con los Estados Unidos en uno de los cortos periodos en que Santa Anna actuó como presidente de la República, quien, de hecho, se prestó a dar carácter internacional a la deuda interior. Aunque para México el convenio no tuvo validez pues no fue presentado al Congreso para su aprobación, tal y como lo establecía la Constitución mexicana, España lo consideró como un compromiso adquirido por un gobierno soberano en sus actos, por lo que, a partir de entonces, no cejaría en su insistencia de que se cumpliese.

Las negociaciones respecto a la validez de este convenio, así como la de los firmados con las legaciones de la Gran Bretaña y Francia, se alargaron por más de dos años y en 1850 la cuestión entró en crisis. En efecto, a partir de la firma del Tratado de Guadalupe Hidalgo, en el que se estipulaba que los Estados Unidos pagarían a México una indemnización de 15 millones de pesos por las pérdidas materiales ocasionadas por la guerra, el gobierno de José Joaquín de Herrera se propuso sanear el erario, creyendo que con aquella cantidad podría empezar a liquidar la deuda exterior que se tenía con la Gran Bretaña y parte de la interior que se tenía con agiotistas de varias na-

[8] ARBOLEYA, 1861, 57-58.

[9] "Convención española de 1847", en DÍAZ y MARTINI, comps., 1977, 149-150.

cionalidades. Así, el 14 de octubre de 1850, Manuel Payno, ministro de Hacienda, anunció que se había llegado a un acuerdo con los tenedores de bonos de la deuda de Londres,[10] por lo que resolvía el problema de la deuda externa.

Para arreglar lo que concernía a la deuda interna, de cuyo monto total no se tenía una idea precisa, no sólo por una mala contabilidad sino también porque desde 1834 se habían utilizado los créditos como parte de nuevos préstamos, se pensó consolidarla en un fondo común y empezar a amortizarla con parte de la indemnización estadounidense.[11] Así fue como Payno decretó la Ley de Crédito Público, el 30 de noviembre de 1850. Por ella se suprimían los pagos a los múltiples fondos —cantidades de dinero que se retenían en las aduanas para el pago específico de los adeudos que los distintos gobiernos habían adquirido con sus acreedores— y a las convenciones firmadas por el gobierno de Santa Anna con las legaciones de Francia, Inglaterra y España en 1847. Según la nueva ley, todos estos fondos se consolidaban en uno solo y los capitales y créditos se reducían 50 por ciento. Asimismo estipuló que los acreedores que no se arreglasen con el gobierno en un plazo de 30 días conservarían sus títulos y derechos originales, pero que su deuda quedaría diferida hasta el 1º de enero de 1861.[12]

Varios fueron los grupos de acreedores que se inconformaron con la "Ley Payno", tal y como se le llamó. Entre ellos figuró un grupo de españoles que representaba básicamente los créditos de la Comisión de Acreedores del Camino de Perote a Veracruz y los del Fondo Dotal de Minería. Los primeros, encabezados por el agiotista Lorenzo Carrera, reclamaban los créditos que habían prestado al Consulado de Veracruz, a finales del Virreinato, para la construcción del camino de Perote a aquel puerto. El Consulado se había comprometido a devolver los préstamos con las hipotecas del peaje y de la avería, que era un impuesto sobre las mercancías que entraban por el puerto de Veracruz. Sin embargo, a raíz de la independencia de México y tras la desaparición del Consulado en 1824, los acreedores sólo habían percibido una pequeña cantidad de los intereses causados por los préstamos. En 1827, el gobierno había establecido una "junta de peajes" que se ocuparía de entregar el dinero recolectado a los prestamistas, quienes, a su vez, se comprometieron a conservar el camino de Perote.[13] A partir de aquel momento, los acreedores pasaron por una serie de vicisitudes para cobrar sus créditos, tras agruparse en una comisión para defender sus derechos. En 1842, dicha comisión obtuvo de Santa Anna —seguramente como pago por haberle ayudado

[10] TENENBAUM, 1985, 105-106.
[11] TENENBAUM, 1985, 107.
[12] *Documentos*, 1851.
[13] PAYNO, 1857, 31.

a hacerse de nuevo del poder— la concesión para construir el ferrocarril de Veracruz a San Juan. Convinieron entonces que el financiamiento del proyecto se haría con la recaudación de los peajes y de la avería y que los beneficios otorgados a los acreedores eran el reconocimiento de la deuda del Consulado y el derecho a poseer hipotecados el peaje y la avería.[14] Al término de la guerra con Estados Unidos se vio que los trabajos del ferrocarril habían avanzado muy poco, por lo que el gobierno de Herrera, opuesto a la política de Santa Anna y a sus favoritismos, se propuso cancelar los contratos contraídos por éste, entre ellos el del ferrocarril de Veracruz a San Juan. Los caminos se declararon entonces como propiedad nacional y el gobierno decretó que el producto de los peajes se dedicaría a la compostura y apertura de nuevas vías de comunicación. En octubre de 1850, cuando las hipotecas del peaje y de la avería del antiguo Consulado de Veracruz fueron incluidas como uno de los rubros de la deuda interior, Lorenzo Carrera, apoderado de la Comisión de Acreedores del Camino de Perote a Veracruz, recurrió a la legación española para que ésta lo apoyara en sus reclamaciones, tal como lo veremos más adelante.[15]

Respecto al Fondo Dotal de Minería, el asunto se remontaba al siglo XVIII, cuando se había erigido el Real Tribunal de Minería. Recordemos que en el año de 1783, Carlos III había expedido las *Reales Ordenanzas para la dirección y régimen de gobierno del Importante Cuerpo de la Minería de Nueva España y su Real Tribunal*, por cuyo título 16 se creaba un Fondo Dotal para el Avío de las Minas, formado con dos tercios de real de todas las platas que entrasen en la Real Casa de Moneda de México, y "cualesquiera otras, que en dicho Reino se establecieren o que se remitieren en pasta a los [reinos] de España por cuenta de los particulares sus dueños". Ningún minero quedaría exento de esta contribución y los caudales estarían siempre "al arbitrio y disposición del Cuerpo de Minería", a quien pertenecían, por medio del Real Tribunal de México.[16] En 1784 se creó el Banco de Avío para el fomento de la minería; sin embargo, esta nueva institución hizo algunas inversiones muy poco redituables, por lo que, al cabo de dos años, el virrey Gálvez mandó hacer una investigación financiera del Tribunal. Ésta culminó con la prohibición de que los recursos del Fondo fueran destinados para préstamos.[17] El Fondo fue, pues, un fracaso para el avío de minas, pero en cambio siguió acumulándose y sirvió sobre todo para solventar los gastos corrientes del Tribunal, básicamente el Seminario de Minería, y para donar

[14] CHAPMAN, 1975, 26.

[15] PI-SUÑER, 1994, 90-92.

[16] "Reales Ordenanzas para la dirección y régimen de gobierno del Importante Cuerpo de la Minería de Nueva España y de su Real Tribunal", en GONZÁLEZ, 1996, 360-362.

[17] BRADING, 1971, 226.

y prestar dinero a la Corona. Al decir de Cuauhtémoc Velasco, "desde 1777 hasta 1808, los adeudos del Rey al Tribunal de Minería llegaron a sobrepasar los 3 000 000 de pesos, entre donativos, préstamos no pagados e intereses que el cuerpo abonaba por la hipoteca que tuvo que hacer del Fondo para cubrir las reales exigencias".[18]

Es de sobra conocido que el ramo de minería fue uno de los que más resintieron la guerra de Independencia. Así, en 1817, José Joaquín de Eguía, en su *Memoria sobre la utilidad e influjo de la minería en el Reino*, dijo, respecto al Fondo Dotal de los mineros, que sería ilógico pensar que el Fondo pudiera pagar su deuda, ya que sus ingresos se habían visto sumamente disminuidos por la decadencia en que se encontraba el ramo. Propuso entonces formar un nuevo fondo con aportaciones extraordinarias de los mineros,[19] medida que, una vez consumada la Independencia, no se llevó a cabo. Finalmente, la Constitución de 1824 no reconoció la existencia de tribunales especiales, y el 20 de mayo de 1826 se decretó la extinción del Tribunal. En su lugar se nombró una Junta Provisional, llamada poco después Establecimiento de Minería, para la administración del Fondo Dotal, la liquidación de las deudas y la dirección del Colegio de Minería. Siguiendo a Velasco, sabemos que

> la función de liquidar las cuentas pendientes del antiguo Tribunal, dada al Establecimiento de Minería, no pudo ser cumplida por varias razones: el gobierno no cumplió su compromiso de liquidar en breve los adeudos al Fondo, hubo un sinnúmero de dificultades para recaudar las contribuciones y los acreedores provocaron un gran especulación con los bonos y adeudos.[20]

Ese mismo año (1826), los acreedores del Fondo nombraron al español Francisco Fagoaga, miembro de una de las familias de mineros más ricas de la Nueva España y principal acreedor, como representante suyo ante el Establecimiento de Minería. Fagoaga administró durante nueve años los dineros de dicha institución, pero en 1834 se produjo una división entre los acreedores, tras la cual se eligió como nuevo administrador a Andrés Quintana Roo, quien acusó a Fagoaga de haber especulado con los bonos del Fondo y provocado su depreciación en casi 70 por ciento.[21] De dicha depreciación se aprovecharon otros acreedores, quienes pasaron a ser dueños de créditos mayoritarios, entre ellos el español José María Bassoco.

[18] VELASCO *et al.*, 1988, 75.
[19] VELASCO *et al.*, 1988, 93-122.
[20] VELASCO *et al.*, 1988, 127.
[21] *Informe*, 1834, 24.

Por su parte, tanto el gobierno federal como los estatales tuvieron una marcada tendencia a disponer de los fondos del gremio minero. Después de la guerra con Estados Unidos, durante la cual el gobierno federal había dispuesto de la mitad de las contribuciones al Fondo de Minería, se empezó a discutir en torno al carácter del mismo. En 1849, la Comisión de Crédito Público de la Cámara de Diputados recomendó que desapareciera como tal y que pasara a formar parte de la deuda pública. Los acreedores se inconformaron con esta propuesta y alegaron que éste era un Fondo de particulares y no un impuesto a la minería. Finalmente, la Cámara de Diputados reconoció al Fondo Dotal como patrimonio de los mineros. Sin embargo, Manuel Payno, ministro de Hacienda, decretó, como ya vimos, por la ley de 30 de noviembre de 1850, que el Fondo de Minería quedara incorporado a las rentas de la Federación, no sin antes admitir que los acreedores nombrasen un apoderado que vigilara su administración. Este nombramiento recayó en José María Bassoco,[22] uno de los actores más relevantes del presente estudio.

En cuanto se emitió la "Ley Payno", las legaciones de la Gran Bretaña, Francia y España acusaron al gobierno mexicano de atentar contra las propiedades de sus respectivos súbditos y amenazaron con utilizar la fuerza si no cambiaba su política financiera. En enero de 1851 tomó el poder un nuevo presidente, también liberal moderado, el general Mariano Arista, quien consideró que le convenía más llegar a un acuerdo con las legaciones que a un enfrentamiento con las potencias extranjeras; por ello, a finales de 1851 suscribió nuevos convenios con las representantes de las tres. En lo que se refiere a España se firmó una segunda convención el 14 de noviembre de 1851, que, si bien estaba basada en la de 1847, fue mucho más específica. En ella quedaron incluidas las reclamaciones españolas en contra del gobierno mexicano, tanto las que ya habían sido presentadas por la legación como las que estaban en su archivo hasta el día de la firma del arreglo, ya procedieran "de deudas contraídas sobre las cajas de Nueva España antes de su independencia de la metrópoli", ya provinieran "de circunstancias posteriores". Se daba un año para la presentación de reclamaciones y se estipulaba que el importe total de las reclamaciones liquidadas se entregaría al ministro de España en bonos de la Tesorería al portador con un interés de 3% anual. Finalmente, el artículo duodécimo, causante de los mayores problemas, estipulaba que las reclamaciones comprendidas en este convenio "son únicamente las de origen y propiedad española, mas no aquellas que aunque de origen español han pasado a ser propiedad de ciudadanos de otra nación".[23]

Entre las reclamaciones incluidas en esta Convención se encontraban las de la Comisión de Acreedores al Camino de Perote a Veracruz, cuyo apode-

[22] VELASCO *et al.*, 1988, 129-130.

[23] "Convención española de 1851", en PAYNO, 1862, 110-114.

rado, el español Lorenzo Carrera, se había inconformado con lo decretado por Payno respecto de las hipotecas del peaje y de la avería y había recurrido a la legación para que apoyara sus demandas, como ya vimos anteriormente. El monto de sus reclamaciones era aproximadamente de 1 500 000 pesos, lo cual equivalía a poco menos de la cuarta parte del total de 6 500 000 pesos que comprendía toda la Convención. Los créditos introducidos por Carrera, uno de los agiotistas menos escrupulosos del momento, fueron inmediatamente criticados por la prensa liberal que consideró que no cabían en la Convención porque no cumplían con el artículo duodécimo, pues no habían tenido la continuidad española, es decir, habían pasado por las manos de acreedores mexicanos o aun de otras nacionalidades.[24] A pesar de toda la discusión en torno de estas demandas, la segunda Convención española fue puesta en vías de pago en 1852 y el gobierno de Arista empezó a emitir los bonos que respaldaban la deuda contraída, mismos que circularon como papel moneda.

Sin embargo, debido a la crisis económica y política por la que pasó México a lo largo de aquel año, apenas pudieron pagarse algunas de las reclamaciones apoyadas por la legación. En abril de 1853, Santa Anna se hizo de nuevo del poder y en noviembre de ese mismo año se prestó a firmar una tercera Convención española que concedió a los acreedores de esa nacionalidad, los cuales formaban parte de su grupo de prestamistas, ventajas muy superiores a las obtenidas en la Convención anterior pues, además de 3% de interés anual, se les otorgó 5% de amortización del capital consolidado. Además, el gobierno mexicano se comprometía a separar, para el pago de la deuda, 8% sobre el producto de los derechos de importación que cobraba en las aduanas marítimas. El artículo noveno decía: "Los créditos que hayan sido ya examinados y liquidados con arreglo a la Convención de 1851, aun cuando nada hayan percibido del tesoro de la República, en virtud de las convenciones anteriores, quedan legalmente reconocidos y no podrán ser objeto de nuevas investigaciones."[25] Ello demuestra el poder que tenían los acreedores cuyos créditos habían sido cuestionados a raíz de su introducción en la Convención de 1851. El reglamento que acompañó al nuevo convenio estableció que se nombraba una Junta Menor Permanente, formada por tres acreedores, que se ocuparía de los asuntos que concernían a todos los reclamantes. A la vez se nombró a un Agente General o Comisionado, quien sería el encargado de recibir las asignaciones dadas por el gobierno mexicano. En 1854, el personaje elegido para este cargo fue el ya mencionado Lorenzo Carrera.

[24] Las negociaciones para la aceptación de estos créditos, que fueron muy largas y difíciles, han sido desarrolladas en PI-SUÑER, 1996, 40-52.

[25] "Convención española de 1853", en DÍAZ y MARTINI, comps., 1977, 160-165.

Debido a las facultades omnímodas de que gozaba Santa Anna, la Convención —que fue negociada en México por el marqués de la Ribera, plenipotenciario que conoceremos más adelante ya que años después volvería a fungir como representante de España ante el Imperio de Maximiliano— fue inmediatamente ratificada por el gobierno mexicano y enviada a su Majestad Católica, quien la firmó y elevó a categoría de tratado el 24 de enero de 1854. Este nuevo convenio entró en vigor sólo por unos cuantos meses, pues a partir del levantamiento liberal iniciado en Ayutla en marzo de 1854, el gobierno de Santa Anna gastó todo el dinero del erario en sofocar la rebelión, por lo que dejó de entregar las cantidades estipuladas para el pago de los créditos, algunos de los cuales también habían sido objetados por algunos miembros del propio gabinete del dictador. Al no lograr vencer a los sublevados, finalmente su Alteza Serenísima, tal y como se hizo llamar, abandonó el país en agosto de 1855.

Como era de esperar, el nuevo gobierno liberal, del que formaban parte algunos de los ministros que ya habían colaborado con los gobiernos moderados de 1848 a 1852, no estuvo dispuesto a poner en vías de pago este tercera Convención mientras no se hiciese una exhaustiva revisión de todas las reclamaciones. El argumento aducido era que en dicho convenio habían quedado incluidos créditos que consideraban "ilegítimos", ya que no cumplían con el requisito de ser de origen, continuidad y propiedad españoles. Ante tal postura, Lorenzo Carrera, Agente de la Convención y uno de los acreedores más perjudicados, se trasladó subrepticiamente a Madrid a finales de 1855 para influir en el gobierno de Isabel II y lograr que éste respaldase a los reclamantes,[26] aun a costa de una guerra entre México y España. Mientras tanto, en México, el 12 de abril de 1856, Manuel Payno, de nuevo ministro de Hacienda, había mandado embargar los bienes de varios acreedores españoles argumentando que habían recibido bonos de la Convención de 1853 que no les correspondían, pues sus créditos eran de los considerados ilegítimos. Para llevar a cabo dicha acción, Payno se había basado en una lista elaborada en noviembre de 1855 por el oficial mayor de Hacienda, José Higinio Núñez, a petición del entonces ministro de esta cartera, Guillermo Prieto,[27] cuya política financiera seguía la misma pauta que la de don Manuel. El embargo afectó a algunos españoles cuyos créditos sí cubrían las especificaciones del convenio de 1853, y la medida llevada a cabo por el gobierno de

[26] Pi-Suñer, 1996, 52-84.

[27] "Relación de los créditos que han sido comprendidos en el fondo de la convención española, con infracción del tratado celebrado en 12 de noviembre de 1853", en Payno, 1857, Apéndice I, i-vi; Lafruaga, 1857, 320-332. Cabe señalar que dicha lista sirvió de base, desde 1855, a todos los gobiernos liberales mexicanos para considerar cuáles eran los créditos ilegítimos. Véase "Epílogo", *infra*.

Ignacio Comonfort contribuyó a caldear más los ánimos y a esperar, de un momento a otro, la ruptura de relaciones entre ambos países.

El gobierno español, que durante los años de 1854 a 1856 estuvo en manos de los progresistas, desconcertado ante lo que ocurría en México, había enviado para ese entonces a un nuevo plenipotenciario,[28] Miguel de los Santos Álvarez, quien llegó escoltado por dos buques de guerra y con instrucciones de reclamar el inmediato levantamiento del embargo y el cumplimiento de la Convención. Álvarez pasó a la ciudad de México, en donde se entrevistó con el ministro de Relaciones Exteriores, Luis de la Rosa. Prudentes ambos y coincidiendo en sus ideas políticas, se dieron cuenta de que, de no arreglar el asunto, se desataría una guerra que ninguno de los dos países estaba en condiciones de sostener. Así, el 12 de julio de 1856, firmaron un *memorandum* por el cual el ministro español accedía a retirar los buques y el gobierno mexicano a poner en vías de pago la Convención de 1853, con la condición de que los créditos considerados ilegítimos fuesen minuciosamente revisados. El nuevo Ministerio de Estado español, que ya no estaba en manos de los progresistas, influido por los portavoces de Carrera, desconoció el arreglo a que habían llegado De la Rosa y Álvarez y cesó a este último, quien tuvo que abandonar México al poco tiempo.[29]

La legación española quedó entonces en manos del encargado de negocios Pedro Sorela, a quien el gobierno de Isabel II dio instrucciones de que si había agravio alguno por parte de las autoridades mexicanas, estaba autorizado a cerrar la legación. La ocasión no tardó en presentarse, ya que, en diciembre de aquel mismo año, cinco españoles fueron asesinados en la Hacienda de San Vicente en Chiconcuac, en el distrito de Morelos. Sorela sostuvo que aquellos crímenes habían sido de tipo político y acusó a las tropas al mando del antiguo presidente, general Juan Álvarez, de ser las responsables del homicidio. El encargado de negocios español puso entonces un *ultimatum* al gobierno mexicano para que en un plazo no mayor de ocho días se encontrara y ejecutara a los asesinos y se indemnizase a las familias agraviadas. Como era de esperar, el gobierno de Comonfort no pudo satisfacer lo que exigía Sorela, por lo que la legación española cerró sus puertas en enero de 1857. La ruptura, que se veía venir desde tiempo atrás, era ahora una realidad.

El asunto vino a complicar aún más la precaria situación política del gobierno comonfortista que se arriesgaba a enfrentar una guerra con España, misma que podría llegar a involucrar a otras potencias. Por ello envió inmediatamente a José María Lafragua, su ministro de Gobernación y hombre de confianza, a Madrid con el fin de que tratase el asunto, ya que México no

[28] El plenipotenciario anterior, Juan Antoine y Zayas, había sido cesado por el Ministerio de Estado precisamente por cuestiones relacionadas con la Convención de 1853.

[29] PI-SUÑER, 1996, 72-75.

tenía plenipotenciario ante la corte española desde la caída de Santa Anna. El enviado mexicano se entrevistó varias veces con el ministro de Estado, marqués del Pidal, pero no llegó a acuerdo alguno sobre las condiciones que ponía el gobierno español para permitirle presentar sus credenciales. A finales de junio de 1857, Lafragua abandonó Madrid y se trasladó a París.

Por otra parte, en México, en diciembre de 1857 tuvo lugar el golpe de estado mediante el cual Comonfort desconoció el orden constitucional y dio pie a que los conservadores tomaran el poder. Empezó entonces la guerra civil, llamada de Reforma, durante la cual hubo dos gobiernos: el conservador, encabezado por el general Félix Zuloaga, establecido en la ciudad de México, y el liberal de Benito Juárez, instalado, a partir de principios de 1859, en el puerto de Veracruz. Los dos partidos buscaron el apoyo internacional: los liberales recurrieron al gobierno de James Buchanan en los Estados Unidos; los conservadores tuvieron interés en un acuerdo con España, cuyo gobierno estaba en manos de Leopoldo O'Donnell, que podría ayudarles a través de su Capitanía General en Cuba. Durante casi todo el año de 1859, Juan Nepomuceno Almonte, representante del gobierno conservador mexicano en París, negoció con Alejandro Mon, plenipotenciario español ante la corte de Napoleón III, la reanudación de relaciones. Finalmente, el 26 de septiembre, ambos firmaron el acuerdo conocido como el Tratado Mon-Almonte, por el cual el gobierno de Miguel Miramón, sustituto de Zuloaga, aceptó todas aquellas condiciones que Lafragua, el representante liberal, había considerado inaceptables. Éstas eran: el inmediato castigo por los asesinatos y robos cometidos en contra de los súbditos españoles en México, la indemnización por todos los daños ocasionados y el estricto cumplimiento de la Convención de 1853.[30]

A principios de 1860, último año de la guerra de Reforma, O'Donnell nombró a Joaquín Francisco Pacheco como embajador en México —cargo más alto que el de plenipotenciario—, pues consideró que su prestigio y la labor que tenía que desempeñar lo ameritaban. Al llegar a Veracruz, Pacheco se dio cuenta de que el triunfo de la causa conservadora no era tan obvio como se le había dado a entender en Madrid, pero a pesar de ello no perdió ocasión alguna de apoyar al gobierno de Miramón. Una vez instalado en la ciudad de México, trató de poner en práctica las instrucciones que se le habían dado respecto a la vigencia de la Convención de 1853. Para ello, en septiembre de 1860, convocó a una junta general de acreedores —los cuales apoyaban mayoritariamente a los conservadores mexicanos—, en la que se votó por una nueva Junta Menor permanente y un nuevo Agente General. Los nombramientos recayeron en José María Bassoco —quien, cabe recordar, ya se desempeñaba como Apoderado de los acreedores al Fondo Dotal de

[30] "Tratado Mon-Almonte", en PAYNO, 1862, 126-128.

Minería—, Casimiro Collado y Raimundo Mora. Como Agente General se eligió a Miguel Buch, socio de la casa comercial Agüero González y Compañía y uno de los empresarios españoles de más reconocido prestigio.[31]

Era previsible que con el triunfo de las fuerzas liberales, en enero de 1861, el gobierno de Juárez expulsara a Pacheco acusándolo de haber intervenido en la política del país. Sin embargo, como a México no le convenía otro distanciamiento con España que podría enemistarlo igualmente con las demás potencias europeas, Franciso Zarco, ministro de Relaciones Exteriores, se esmeró en explicar las razones de la expulsión e insistir en que deseaba "estrechar más y más las amistosas relaciones con el gobierno español" y "estaba dispuesto a recibir y a enviar él a su vez" un representante que "obviase y allanase las dificultades pendientes y formulase un acuerdo recíproco, un convenio justo".[32] Se nombró entonces a Juan Antonio de la Fuente como plenipotenciario ante la corte de las Tullerías, dándole además plenos poderes para concluir un arreglo amistoso con España.[33] Sin embargo, cuando De la Fuente llegó a París a fines de julio, el gobierno mexicano había ya decidido suspender por dos años el pago de la deuda extranjera. A los ojos de Europa, esta medida daba al traste con los argumentos conciliatorios de Juárez y servía de pretexto para que se organizase la Intervención tripartita anglo-franco-española, acordada en Londres en octubre de 1861.

Las negociaciones del general Juan Prim: 1861-1862

Llegamos así a los preparativos europeos de esta intervención. En lo que concierne a España, el general Juan Prim y Prats, conde de Reus, fue nombrado a la vez jefe de las fuerzas expedicionarias y ministro plenipotenciario. Con ese doble carácter se embarcó en Cádiz a finales de noviembre de 1861. En las instrucciones escritas que le dio el gobierno de Isabel II se le indicó que, en lo concerniente a la deuda, debía exigir "el exacto cumplimiento del Tratado firmado en París en 26 de Septiembre de 1859 por los Señores Mon y Almonte que comprende la fiel ejecución del Tratado de 12 de noviembre de 1853 para el pago de los créditos españoles, indebidamente suspendido por el gobierno mejicano". Además, se le dijo que México debía pagar a los acreedores españoles los réditos vencidos desde que "violenta e inconsideradamente" se había suspendido el pago estipulado. Se le señaló que como "no era fácil conocer a cuánto ascendían dichos réditos", el gobierno calcu-

[31] *Apuntes*, 1869, 70 y 74.

[32] Francisco Zarco al Ministerio de Estado, Ciudad de México, 21.II.1861, en ARRANGOIZ, 1974, 444-448.

[33] Expediente personal de Juan Antonio de la Fuente, en AHSRE, L-E-1153.

laba que "no eran menos de diez millones de reales", por lo que esta suma tendría que hacerse efectiva antes de firmar cualquier otro convenio. En cuanto a la manera de obtener el dinero, se le instruyó que, "acordada ahora la intervención de las aduanas, y la distribución de sus productos entre los acreedores de las tres naciones, V. E. deberá procurar que se destine una cantidad determinada del producto mismo al pago de los créditos atrasados, hasta que se llegue a establecer la nivelación indispensable y justa entre todos los tenedores de créditos".[34] Cabe señalar que, en efecto, "la aduana de Veracruz, cuyos productos se exageraban [*sic*] considerablemente en Europa", tal y como lo afirmara Rivera Cambas, "había llegado a ser motivo constante de codicia por parte de los gobiernos europeos acreedores de México, pues consideraban que los pondría en aptitud de pagarse en poco tiempo sus grandes reclamaciones".[35]

La intervención de la aduana de Veracruz

Siguiendo las instrucciones dadas por su gobierno, cabía esperar que la primera acción realizada por Prim fuera ocupar las aduanas del Golfo de México. Sin embargo, cuando llegó a México, a principios de enero de 1862, con el ejército expedicionario a su mando, junto con las fuerzas francesas y británicas, se encontró con que varios contingentes españoles, enviados por el capitán general de Cuba, general Francisco Serrano,[36] se les habían adelantado y tomado el puerto de Veracruz y su aduana. Ésta había sido intervenida desde el 20 de diciembre de 1861 y su administrador era ahora un español de nombre Flaquer.[37] Prim, a su vez, nombró como cónsul de España en Veracruz a Balbino Cortés, a quien encargó tenerlo informado de todo el movimiento de la aduana. Asimismo, en una de las primeras conferencias habidas entre los comisarios de las potencias aliadas, se decidió nombrar a sendos agentes encargados de recibir y repartir, por parte del administrador español, las sumas que correspondían al pago de los adeudos de cada uno de los tres países.

[34] "Instrucciones del gobierno de Su Majestad Católica al Sr. Marqués de los Castillejos, General en Jefe de las fuerzas expedicionarias que se envían a Méjico y Representante de S. M. en las Negociaciones que tengan lugar con el Gobierno de aquella República", Madrid, 17.XI.1861, en AMAE, leg. H-2550.

[35] RIVERA CAMBAS, 1987, 1, 639.

[36] Serrano había obedecido las órdenes giradas por O'Donnell en septiembre de 1861 y no titubeó en adelantarse a Prim, una vez conocido el nombramiento de éste al frente de las tropas españolas. *Cf.* PI-SUÑER, 1996, 112-118.

[37] PAYNO, 1981, 11. Según este autor, Flaquer duró en su cargo hasta que la aduana fue devuelta a las autoridades mexicanas el 12 de mayo de 1862.

No es nuestro propósito referirnos a la gestión diplomática del conde de Reus, de la que nos hemos ocupado con detalle en otro estudio.[38] Pero en lo concerniente al problema de la deuda y de las reclamaciones españolas, nos interesa señalar que el 19 de febrero de 1862 Prim firmó con el general Manuel Doblado, ministro de Relaciones Exteriores del gobierno mexicano, los famosos Preliminares de la Soledad, en los que se estipuló que México estaba dispuesto a firmar tratados con los tres países aliados para formalizar todas las reclamaciones que éstos presentasen, y que las negociaciones se iniciarían en Orizaba en el mes de abril.[39] Una de las condiciones básicas de dicho acuerdo era la devolución de la aduana de Veracruz, por lo que el conde de Reus entabló negociaciones confidenciales con el gobierno mexicano para que ésta le fuera devuelta a México.[40] A finales de febrero, en su decimocuarta conferencia, los comisarios europeos acordaron entregarla bajo dos condiciones. La primera consistía en que el gobierno juarista aceptase que, además del administrador mexicano, se nombrase un interventor por cada una de las tres potencias, que podrían ser sus respectivos cónsules en Veracruz. La segunda condición era que el gobierno de Juárez reiniciase los pagos de la deuda tal como estaba antes de la ley del 17 de julio;[41] es decir, cada potencia recibiría la cantidad asignada en su respectiva convención, lo que significaba, nada menos, que los aliados obtendrían cerca de 80% de los derechos de importación cobrados en las aduanas mexicanas. A pesar de haber llegado a este arreglo con el gobierno juarista, los comisarios decidieron no entregar la aduana pues no estuvieron de acuerdo con un decreto que dicho gobierno acababa de promulgar, según el cual también los extranjeros debían pagar la contribución extraordinaria de 2% sobre los capitales, impuesta para la defensa del país. La negociación de esta medida se alargó durante todo el mes de marzo y los primeros días de abril,[42] por lo que su resultado ya no pudo influir en la entrega de la aduana por parte de las potencias intervencionistas.

En efecto, el 9 de abril sobrevino el rompimiento entre los representantes de los tres países firmantes de la Convención de Londres y la subsecuente retirada de las fuerzas españolas y británicas, mientras las francesas avanzaron hacia la ciudad de México en una abierta guerra contra el gobierno juarista. El general Prim abandonó el territorio mexicano a finales de abril, no sin antes dar instrucciones al secretario de la expedición española, Juan Antonio López de Ceballos, quien ahora fungiría como representante oficioso de

[38] PI-SUÑER, 1996.

[39] "Preliminares de la Soledad", en TAMAYO, 1965, V, 752-759; VIGIL, 1981, X, 37.

[40] Manuel Doblado al conde de Reus, Jalapa, 24.II.1862, en TAMAYO, 1971, VI, 13.

[41] Conde de Reus a Manuel Doblado, Veracruz, 26.II.1862, en TAMAYO, 1971, VI, 17.

[42] "Efemérides de Benito Juárez", en TAMAYO, 1965, I, 334. Manuel Doblado al conde de Reus, 20.III.1862, en TAMAYO, 1971, VI, 125.

España en México, sobre la forma en que debería manejar las cuestiones pendientes con México.

En cuanto a la aduana de Veracruz, pasó a manos de los conservadores mexicanos y el nombramiento de sus funcionarios respondió a recomendaciones de las autoridades francesas. A partir de la retirada de Prim, el cónsul español Balbino Cortés tendría la obligación de informar a López de Ceballos de todo lo referente al movimiento de aquella aduana. Tal como había sido acordado por lo comisarios de las potencias intervencionistas, los fondos existentes fueron depositados en "la caja de las tres llaves", de las que tendría copia cada uno de los cónsules de Francia, la Gran Bretaña y España.[43] Uno de los deberes del administrador de la aduana sería entregar, mensualmente y por duplicado, a cada uno de los cónsules "un estado auténtico y detallado de todas las operaciones de la misma".[44]

Hacia un nuevo tratado

El 12 de abril, tan pronto el ministro mexicano Manuel Doblado tuvo conocimiento de la ruptura entre los aliados, comunicó al conde de Reus y a sir Charles Wyke, el plenipotenciario británico, que estaba dispuesto a firmar nuevos tratados con ellos "para satisfacer todas las reclamaciones justas de aquellas naciones".[45] Prim contestó inmediatamente que tanto él como el ministro inglés aceptaban su propuesta, por lo que lo invitaban a encontrarse en Orizaba.[46] Sin embargo, frente al avance de las fuerzas francesas, el plenipotenciario español optó por evacuar aquella plaza antes de verse atrapado en la guerra entre México y Francia y , por lo tanto, no tuvo la oportunidad de entrevistarse con el ministro de Relaciones mexicano. Sin embargo no olvidó la cuestión del tratado y dejó en manos de López de Ceballos "dos ejemplares" firmados y sellados, que debía entregar a Doblado en la ciudad de México. El enviado español llegó a la capital el 12 de mayo e inmediatamente entregó el sobre al Ministro, quien le dijo que no había sacrificio que no estuviese dispuesto a hacer en prueba de su gratitud para con Prim.[47]

[43] Juan Antonio López de Ceballos a Ministerio de Estado, ciudad de México, 11.IV.1862, en AMAE, leg. H-2552.

[44] Norberto Ballesteros a Ministerio de Estado, ciudad de México, 18.XI.1862, en AMAE, leg. H-2552.

[45] Manuel Doblado a comisarios aliados, ciudad de México, 12.IV.1862, en AHEEM-Colmex, rollo 2, 1862-1864.

[46] Juan Prim y Prats a Manuel Doblado, Orizaba, 13.IV.1862, en TAMAYO, 1971, VI, 251.

[47] Juan Antonio López de Ceballos a Ministerio de Estado, ciudad de México, 18.V.1862, en ESTRADA, 1925, 147-149; TAMAYO, 1971, VI, 529-531.

El proyecto firmado por el conde de Reus en Orizaba el 19 de abril constaba de ocho artículos y era muy gravoso para el gobierno mexicano. En lo referente a la deuda y las reclamaciones, el artículo tercero establecía que la Convención del 12 de noviembre de 1853 "volvería a regir como si nunca se hubiera dejado de cumplir",[48] con lo cual el general catalán seguía fielmente las instrucciones que se le habían dado antes de salir de Madrid. Al decir de López de Ceballos, Doblado leyó el proyecto con suma atención y le comunicó que sólo rechazaba el artículo en que se estipulaba que el gobierno mexicano debía pagar los gastos de la expedición española y que no tendría la menor dificultad en aceptar las demás concesiones, si bien era preciso suavizar los términos "por medio de una redacción hábil que las hiciese aceptables al público mejicano".[49] Le propuso entonces que él escribiría un nuevo proyecto que examinarían juntos y al que López de Ceballos podría hacer sus observaciones. El ministro mexicano presentó así otra versión en la que los 8 artículos del proyecto de Prim se convirtieron en 22.[50] Los apartados 13 al 21 se ocupaban de la forma en que se normalizaría el cumplimiento de la Convención de 1853. El decimotercero, en particular, decía:

> El Tratado o Convención de 12 de noviembre de 1853 volverá a regir como si nunca hubiera dejado de cumplirse; pero el Excmo. Señor Conde de Reus queda facultado para excluir de los créditos en ella comprendidos los que a su juicio sean ilegítimos y se hayan introducido con daño de los legítimos; sin perjuicio de que los primeros sean atendidos por el Gobierno de Méjico conforme a su naturaleza y con arreglo a justicia.

El general Doblado, por lo tanto, adjudicaba a Prim la facultad de excluir las reclamaciones que él considerase ilegítimas. Seguía con ello las instrucciones que el presidente Juárez le había enviado, a principios de abril, para llegar a un acuerdo con los comisarios de España e Inglaterra, indicándole a la vez que, "en cuanto a la revisión de los créditos que deben comprenderse en la Convención española, se estipulará que se haga ya sea por una comisión compuesta de mexicanos y españoles, ya por el General Prim o, en último caso, por el mismo Gobierno de su Majestad Católica".[51]

[48] "Proyecto de Tratado que Prim propuso al gobierno de México", Orizaba, IV.1862, en TAMAYO, 1971, VI, 286.

[49] Juan Antonio López de Ceballos a Ministerio de Estado, ciudad de México, 18.V.1862, en AMAE, leg. H-2549, desp. 30.

[50] "Borrador del proyecto de Convenio entre México y España", VI.1862, en AMAE, leg. H-2550.

[51] "Instrucciones al Sr. Ministro de Relaciones Don Manuel Doblado, para entrar en arreglos con los señores comisarios de España e Inglaterra, sobre las reclamaciones que hagan contra el Gobierno mexicano", ciudad de México, 15.IV.1862, en TAMAYO, 1971, VI, 266.

El que se le atribuyese al conde de Reus la facultad de excluir los créditos que él considerase ilegítimos pensamos que podría explicarse por la actitud que el general catalán había asumido respecto de la cuestión hispano-mexicana desde el discurso pronunciado en el Senado español en diciembre de 1858. En aquella ocasión había mostrado ser un buen conocedor del asunto y estar de acuerdo con el gobierno liberal mexicano en cuanto a no reanudar las liquidaciones de los reclamaciones amparadas por la Convención de 1853 mientras no se hiciese una revisión minuciosa de las mismas.[52] Nuestro argumento podría ser reforzado por el hecho de que Lorenzo Carrera, cuyos créditos eran de los que estaban mayoritariamente en cuestión, tan pronto supo que el general Prim venía al frente de las tropas intervencionistas españolas, escribió desde Valencia al Ministerio de Estado diciendo que el Conde "llevaba la intención decidida de descartar sus créditos de la Convención".[53]

En otro estudio hemos analizado cuáles eran los intereses económicos familiares del general Prim en México, mismos que le habían hecho interesarse en las cuestiones financieras mexicanas, oponerse a las intrigas de Carrera en Madrid y solicitar el mando de la expedición española a México. Su posición respecto de los créditos "ilegítimos" seguramente también influyó para que, ya en nuestro país, Prim mostrara su disposición a entrar en pláticas con el gobierno juarista y firmara los Preliminares de la Soledad, que eran un explícito reconocimiento del gobierno liberal, aun arriesgando los compromisos que había adquirido con su propio gobierno y el de Francia.[54]

Por todo esto podría ser factible que Prim, en alguna nota confidencial que desconocemos o en la entrevista que tuvo el 22 de marzo en Orizaba con Jesús Terán, ministro de Justicia, y José González Echeverría, ministro de Hacienda y tío carnal de su esposa, se hubiese prestado, a petición del gobierno mexicano, a adjudicarse el derecho a decidir cuáles eran los créditos aceptables y cuáles no. Esta hipótesis podría verse apoyada por el hecho de que las instrucciones dadas a Doblado para entrar en negociaciones con Wyke y Prim, a las que nos referimos más arriba, fueron firmadas por el mismo Terán pocos días después de la entrevista con Prim.[55]

En cuanto a los créditos "legítimos", el proyecto de convenio presentado por Doblado establecía que, para su pago, se seguiría destinando la misma cuota retenida de los productos de aduanas "que a esta atención se aplicaba cuando aquella Convención estaba en pleno vigor", es decir, 8 por ciento. Los

[52] Pi-Suñer, 1996, 102-104.

[53] Lorenzo Carrera a Ministerio de Estado, Valencia, III.1862, en AMAE, leg. H-2545.

[54] Pi-Suñer, 1996, 158-160.

[55] "Instrucciones al Sr. Ministro de Relaciones Don Manuel Doblado, para entrar en arreglos con los señores comisarios de España e Inglaterra, sobre las reclamaciones que hagan contra el Gobierno mexicano", ciudad de México, 15.IV.1862, en Tamayo, 1971, VI, 266.

artículos 14 al 18 detallaban minuciosamente la manera de realizar los pagos, especificando que todo debía hacerse de la misma forma en que se hacía con los acreedores británicos, con cuyo plenipotenciario se estaba negociando también un nuevo tratado.[56] En lo que respecta a los intereses acumulados por el atraso en los pagos, el proyecto de Doblado estipulaba que, como éstos alcanzaban una suma considerable,

> el cálculo de su importe se hará por la Comisión mixta de que trata el Artículo 3 de este Tratado, y para su pago se expedirán órdenes contra el Tesoro de los Estados Unidos en la forma prescrita en el Artículo 9. Si el empréstito que se espera realizar en aquella República no tuviera efecto, se pagarán los intereses de que trata el presente Artículo con los bienes y en la forma que se designa en el Artículo 10.

Este artículo decía que si no llegaba a verificarse el préstamo que se esperaba de los Estados Unidos, entonces "se convertiría en dinero efectivo para el pago de las reclamaciones españolas la parte correspondiente de los mismos bienes que se han consignado a los Estados Unidos en el Tratado que con su gobierno ha celebrado el de la República Mejicana, y se encargará la conversión o venta de los bienes indicados a una Comisión que nombrará el Gobierno de Méjico".[57]

Cabe aclarar que el proyecto de convenio presentado por Doblado a López de Ceballos se basaba en el Tratado que el ministro mexicano había firmado el 6 de abril con Thomas Corwin, plenipotenciario de los Estados Unidos ante el gobierno mexicano, por medio del cual México obtendría un préstamo de 11 millones de dólares, cantidad que le permitiría pagar las reclamaciones europeas.[58] Dicho préstamo implicaba para nuestro país la hipoteca de "todos los terrenos públicos que hasta ahora no se hayan vendido y toda la propiedad de mano muerta nacionalizada de que aún no se haya dispuesto y todos los bonos, pagarés e hipotecas que resultan de las ventas hechas hasta el día por el gobierno mexicano y que aún no hayan sido pagados y que pertenecen al gobierno de los Estados Unidos Mexicanos". El vecino del norte daría los dos primeros millones quince días después de la ratificación del Tratado por parte de su gobierno y luego entregaría medio

[56] En este sentido cabe recordar que Doblado se encontraba negociando con Wyke un nuevo convenio sobre la deuda inglesa, mismo que llevó el nombre de Tratado Wyke-Doblado y que se firmó el 28 de abril en Puebla, pero que no fue ratificado por la corte de Saint James. "Tratado Wyke-Doblado", en GRAJALES, 1974, I, 191-201.

[57] "Borrador del proyecto de Convenio entre México y España", VI.1862, en AMAE, leg. H-2549.

[58] FUENTES MARES, 1972, 174.

millón mensualmente hasta cubrir la suma estipulada.[59] Finalmente este Tratado, "uno de los más leoninos de la historia de las relaciones entre México y los Estados Unidos",[60] fue rechazado por el gobierno norteamericano y, por lo tanto, el dinero con que contaba el gobierno mexicano para el pago de las reclamaciones europeas nunca se materializó.

Regresemos ahora a las negociaciones que realizaron López de Ceballos y Doblado para llegar a un acuerdo acerca del tratado entre México y España. Lo que más preocupaba al primero era que se igualase a España con la Gran Bretaña en cuanto a las estipulaciones, pero, sobre todo, que se dejase al criterio individual del general Prim, y no al de su gobierno, la exclusión de los créditos "ilegítimos". Es por eso por lo que el delegado español presentó un tercer proyecto de convenio en el que excluyó dicha claúsula.[61] A su vez, el ministro mexicano llevó a cabo nuevos cambios y accedió a que si el gobierno de Isabel II "consideraba irregular el artículo 13º", que el Senado español quedase facultado para resolver si debía o no excluirse alguno de los créditos de la Convención de 1853. López de Ceballos envió esta última versión al Ministerio de Estado el 25 de junio de 1862.[62] Para entonces, en Madrid, el gobierno de O'Donnell ya había tomado la decisión de no llevar adelante las negociaciones iniciadas por el conde de Reus, por lo que se escribió al representante oficioso que desistiera de todo convenio con México, puesto que "el general Doblado y el gobierno de que forma parte no tiene la disposición que había anunciado de satisfacer cumplidamente las reclamaciones del gobierno de la Reina".[63] Finalmente, en septiembre, se ordenó a López de Ceballos que cesara toda negociación con los liberales mexicanos pues el gobierno español no podría celebrar tratado alguno, ya que "no estando roto el convenio de Londres, no podía separar su causa de la de los gobiernos amigos".[64] Esta Real Orden nos muestra cuán indeciso estaba el gobierno de Isabel II respecto de la retirada de las fuerzas españolas encabezadas por el general Prim y de dar a o no su apoyo a la vigencia de la Convención de Londres.

[59] "Tratado Corwin-Doblado" en TAMAYO, 1971, VI, 188-191.

[60] TERRAZAS, 1990, 82.

[61] Juan Antonio López de Ceballos a Ministerio de Estado, ciudad de México, 11.VI.1862, en AMAE, leg. H-2549. desp. 35.

[62] Juan Antonio López de Ceballos a Ministerio de Estado, ciudad de México, 25.VI.1862, en AMAE, leg. H-2549.

[63] Ministerio de Estado a Juan Antonio López de Ceballos, Madrid, 24.VII.1862, en AMAE, leg. H-2549.

[64] Ministerio de Estado a Juan Antonio López de Ceballos, Madrid, 17.IX.1862, en AMAE, leg H-2549.

Entre la retirada del conde de Reus y la llegada del marqués de la Ribera (1862-1865)

En su ensayo sobre las relaciones diplomáticas hispano-mexicanas en los años que nos ocupan, Agustín Sánchez explica cómo "la cuestión de Méjico" fue la causante de varias crisis ministeriales españolas a lo largo de 1862 e, incluso, de la caída, a finales de febrero de 1863, de Leopoldo O'Donnell, presidente del Consejo de Ministros.[65] Es evidente que el carácter dubitativo de éste y, en el fondo, el sometimiento de su gobierno a los dictados de Napoleón III, hacía difícil que España tuviera una política independiente, por lo que se llegó a rumorar, en aquellos meses, que ese país ofrecía enviar de nuevo tropas a México.[66] Tras la caída de O'Donnell, Manuel Pando Fernández de Pinedo, marqués de Miraflores, quedó al frente del gobierno español a la vez que fungió como ministro de Estado. El nuevo presidente del Consejo de Ministros se mostró menos "afrancesado" que su antecesor e insistió siempre en una política neutral hacía México. Así, instruyó a Norberto Ballesteros, antiguo cónsul general en México y ahora encargado de la correspondencia en la legación, de no comprometer los intereses de España y de no tomar parte activa, "ni directa ni indirecta", en los asuntos mexicanos.[67]

Mientras tanto también en México las cosas habían cambiado. El país se encontraba inmerso en la guerra contra la ocupación francesa que apoyaba el proyecto monárquico. A finales de mayo de 1863, el gobierno de Juárez, en cuyo seno había, además, una gran inestabilidad política debido a las diferencias entre liberales "puros" y moderados, se había visto obligado a abandonar la ciudad de México. En ella quedó instalado, de momento, el Supremo Poder Conservador, encabezado por Juan Nepomuceno Almonte, uno de los personajes que más habían influido en la corte de las Tullerías para que se llevara a cabo la intervención francesa y se instaurara una monarquía en México. Por su parte, López de Ceballos había sido llamado a España y, como ya dijimos, Ballesteros quedó encargado de la correspondencia con Madrid, en la cual dio cuenta, de 1863 a principios de 1865, de lo que acontecía tanto del lado intervencionista como del juarista, siempre con un gran desprecio hacia este último, lo que más bien estorbó la política "neutral" buscada por el gobierno de Su Majestad Católica.

[65] Véase, en este mismo volumen, el estudio de Agustín Sánchez.

[66] "Cuestión de Mejico", expediente elaborado por el Ministerio de Estado, Madrid, 15.VI.1863, en AMAE, leg. H-1654.

[67] Ministerio de Estado a Norberto Ballesteros, Madrid, 6.X.1863, en AMAE, leg. H-2551.

Los fondos retenidos en las aduanas de Veracruz y otras

Para explicar la forma en que se manejó el asunto de la deuda y de las reclamaciones españolas durante este periodo, es preciso remontarnos de nuevo a los acontecimientos que tuvieron lugar después de la retirada de las tropas intervencionistas al mando del general Prim a finales de abril de 1862, particularmente en relación con la entrega de la aduana de Veracruz.

Ésta fue cedida a las autoridades conservadoras mexicanas el 12 de mayo y su administración puesta en manos de Felipe Ituarte, recomendado por Almonte.[68] A pesar del traspaso y según lo acordado en las últimas conferencias de los comisarios de las tres potencias, la aduana siguió intervenida por los cónsules de Francia, la Gran Bretaña y España: respectivamente, Jules Doazan, Eneas Giffard y Balbino Cortés.[69] Sin embargo, tras la derrota francesa en Puebla, el 5 de mayo de 1862, llegaron a México más contingentes al mando del general Elías Forey y los franceses se hicieron prácticamente dueños de la parte oriental del país. Doazan fue entonces tomando primacía sobre sus colegas y consiguió que se le nombrara administrador de la aduana, lo que provocó que el cónsul español se quejara de que el francés "quería excluir a España de la intervención que debía de tener en la aduana".[70] Empero, al quedar instituida la Regencia, en julio de 1863, Doazan tuvo que entregar la administración a una autoridad imperial mexicana. Así empezó una nueva etapa, que duró hasta el 31 de octubre de 1866, fecha en que el gobierno de Maximiliano, presionado por los arreglos financieros con Francia, como veremos más adelante, aceptó que la administración pasara otra vez a manos francesas.[71]

En relación con el periodo trancurrido entre el 12 de mayo de 1862 y el 30 de junio de 1864 sabemos que los cónsules de Inglaterra, Francia y España siguieron interviniendo, con mayor o menor preponderancia, aquella aduana y que, a partir del 1º de julio de 1864, el recién establecido gobierno imperial dispuso que fuesen los agentes de las respectivas convenciones los que se encargasen del cobro de su deuda.[72] En el caso específico de la Convención española, lo que nos interesa aclarar es lo concerniente a los fondos que le fueron asignados. Contamos para ello con tres fuentes, dos de las cuales parecen coincidir y la tercera discrepar. Las dos primeras son: la relación sobre

[68] PAYNO, 1981, 11. En lo que respecta a las finanzas en tiempos de la Intervención y el segundo Imperio, la única fuente de primera mano de la que tenemos conocimiento es esta obra de Manuel Payno.

[69] Norberto Ballesteros a Ministerio de Estado, 18.XI.1862, en AMAE, leg. H-2552. Cada uno de los cónsules recibía un sueldo de 500 pesos. *Cf.* PAYNO, 1981, 14.

[70] Balbino Cortés a Ministerio de Estado, Veracruz, 12.XI.1862, en AMAE, leg. H-2552.

[71] PAYNO, 1981, 14-15.

[72] Balbino Cortés a Ministerio de Estado, Veracruz, 22.VIII.1864, en AMAE, leg. H-2552.

las finanzas del Imperio de Maximiliano,[73] elaborada por Manuel Payno en 1868, y las notas enviadas por los representantes españoles, en la ciudad de México y el puerto de Veracruz, al Ministerio de Estado. La tercera consiste en un folleto escrito por José María Bassoco en 1869 para difundir el mal trato que los distintos gobiernos liberales mexicanos habían dado a él y a sus compañeros acreedores.[74]

Según Payno, se había hecho un primer pago a la Convención de 1853 durante la administración española de aquella aduana que, como vimos, duró del 20 de diciembre de 1861 al 11 de mayo de 1862.[75] Durante la siguiente administración, que operó del 12 de mayo de 1862 al 31 de julio de 1863, señala Payno, "tampoco se hizo entonces ninguna variación en la Ordenanza de las aduanas y los fondos designados para las deudas extranjeras se separaban oficialmente de las liquidaciones aunque no se entregaban sino mucho después a los agentes".[76] Como don Manuel no da cifra alguna del dinero aplicado a la Convención española, todo parece indicar que, durante esta etapa, efectivamente los fondos no se entregaron. En cambio, en lo que respecta a las cuentas que van de agosto de 1863 a noviembre de 1866, es decir, desde el momento en que tomó la aduana la administración imperial hasta que lo hizo de nuevo la francesa, Payno señala que el Agente de la Convención española recibió 785 575.13 pesos de la aduana de Veracruz.[77]

Las notas enviadas por los representantes españoles en la ciudad de México y el puerto de Veracruz al Ministerio de Estado corraboran lo señalado por Payno. Así sabemos que Ballesteros informó a Madrid, a mediados de julio de 1863, que el plenipotenciario francés, Alphonse Dubois de Saligny, le había dicho que en la aduana de Veracruz había varios fondos para el pago de las convenciones extranjeras y que convendría hacer una liquidación de acuerdo con lo que correspondía a cada una. Señaló entonces que había conseguido tener conocimiento de todas las operaciones que se practicaban en aquella aduana y que en lo sucesivo se harían los repartos mensualmente, lo que contribuiría a que "el papel de la deuda aumente de valor".[78] Efectivamente, de mediados de agosto de 1863 a julio de 1864, Balbino Cortés, cónsul español en Veracruz, dio cuenta a Madrid de las libranzas y del dinero en metálico que entregaba a Ramón Grinda, agente delegado en Veracruz

[73] PAYNO, 1981.

[74] *Apuntes*, 1869.

[75] PAYNO, 1981, 23.

[76] PAYNO, 1981, 12.

[77] PAYNO, 1981, 55. Esta fuente indica que la cantidad entregada al Agente de la Convención inglesa fue de 1 777 504.01 pesos. Si bien esta cantidad cubría una pequeña parte de lo que se debía, representaba más del doble de lo que se dio a los acreedores de la Convencion española.

[78] Norberto Ballesteros a Ministerio de Estado, ciudad de México, 20.VII.1863, en AMAE, leg. H-2552.

por Miguel Buch, quien era el Agente General de la Convención española y vivía en la ciudad de México. En agosto de 1864, Cortés informó a Madrid que el gobierno imperial había dispuesto que a partir del primero de julio cesara la intervención de los tres cónsules en la aduana de Veracruz y que los agentes se encargasen directamente del cobro de los derechos de importación que se separaban para sus respectivas convenciones,[79] por lo que dejó de dar cuenta al respecto.

Si bien hasta ahora la única aduana a la que hemos hecho referencia es la de Veracruz, recordemos que al firmar la Convención de Londres el 31 de octubre de 1861, las potencias intervencionistas habían acordado ocupar todas las aduanas de los puertos del Golfo de México para cobrar las deudas. En cuanto a la de Veracruz, hemos visto cómo la escuadra española la tomó desde el 20 de diciembre de aquel mismo año. Al cabo de dos años, en agosto de 1863, las autoridades francesas finalmente declararon "el bloqueo efectivo de las costas del Golfo desde un punto situado diez leguas al sur de la desembocadura del río Bravo hasta Campeche inclusive",[80] por lo que las aduanas de Tampico, Tuxpan, Tabasco y Campeche fueron ocupadas por las fuerzas intervencionistas. Una vez que estas aduanas estuvieron en poder del Imperio, sus administradores destinaban parte de los fondos al pago de la Convención española.

Respecto a la de Tampico, Cortés informó a Madrid haber dado a Grinda una cantidad que abarcaba los ingresos de agosto de 1863 a abril de 1864.[81] Por su cuenta, Payno dejó asentada la cantidad de dinero que, procedente de esta aduana, se había entregado al Agente de la Convención española desde el 17 de agosto de 1863 hasta el 30 de junio de 1866,[82] fecha en que fue tomada por el ejército juarista. También dio cuenta de las asignaciones hechas en Tuxpan, Tabasco y Campeche, así como de las realizadas en aquellos puertos que fueron cayendo en manos de las fuerzas imperialistas: Sisal, en Yucatán, y San Blas, Manzanillo, Mazatlán y Guaymas en las costas del Pacífico. Si bien no tenemos informes españoles sobre lo recaudado en estas aduanas, el escrito de Payno muestra que, en efecto, se separó el 8% asignado a la Convención española y, por lo que hemos visto hasta aquí, puede concluirse que tanto el gobierno de la Regencia como el imperial hicieron varios pagos a la Convención española.

En contradicción con lo expuesto en las fuentes que acabamos de analizar, José María Bassoco negó en su folleto *Apuntes sobre la Convención española formados en 1859 y 1868*, publicado en junio de 1869, que se hubiese hecho

[79] Las cantidades entregadas por Cortés a Grinda de agosto de 1863 a agosto de 1864 pueden consultarse en AMAE, leg. H-2552.

[80] VIGIL, 1980, X, 97. Al respecto, véase también RIVERA CAMBAS, 1987, II, 327-328.

[81] Balbino Cortés a Ministerio de Estado, Veracruz, 16.VII.1864, en AMAE, leg. H-2552.

[82] PAYNO, 1981, 78.

pago alguno a la Convención española desde mediados de 1858 hasta abril de 1864.[83] Como veremos más adelante, Bassoco reaccionó airado en contra de lo dispuesto por el gobierno de Juárez al restaurarse la República en 1867 sobre la inexistencia de la Convención de 1853,[84] lo que nos hace dudar de la veracidad de lo asentado por él, sobre todo si lo contrastamos con las fuentes arriba analizadas.

El gobierno español a la expectativa: un nuevo agente diplomático

A partir de la retirada de las tropas españolas en abril de 1862, el gobierno de Isabel II estuvo muy pendiente de lo que ocurría en México. A raíz del asedio de la ciudad de Puebla por las tropas francesas, a principios de marzo de 1863, el Ministerio de Estado decidió que si el asunto se resolvía a favor de los intervencionistas o bien de los juaristas, España no podía quedarse al margen de los acontecimientos. Por ello, en mayo de 1863, Madrid nombró como nuevo agente diplomático ante el gobierno mexicano a Facundo Goñi, quien debería quedarse en La Habana en espera de saber qué fuerzas se instalaban en la ciudad de México para luego presentar sus credenciales ante el nuevo gobierno *de facto*.[85]

Si bien no hemos encontrado las instrucciones que se le dieron a Goñi, conocemos el informe que sobre ellas hizo Jacinto Albistur,[86] director de la División de Política del Ministerio de Estado, a petición del marqués de Miraflores, miembro del partido moderado, quien fungía entonces a la vez como presidente del Consejo de Ministros y ministro de Estado. Aunque las instrucciones nunca se pusieron en práctica, pues Goñi nunca vino a México, vale la pena detenernos en ellas ya que, en lo relativo a la Convención de 1853, son muy ilustrativas de las diferentes maneras en que el asunto era visto en el seno del propio Ministerio de Estado español.

Lo primero que apuntó Albistur fue que "faltaría a mi deber, faltaría a la confianza con la que me honra V. E., faltaría a mi conciencia misma si no dijera que en mi opinión el exigir la ejecución estricta y puntual del Tratado firmado por el marqués de la Ribera en 1853 para el arreglo de las reclamaciones españolas y confirmado por el Tratado Mon-Almonte, es exigir una cosa injusta e imposible". Recurriendo a los mismos conceptos que habían

[83] *Apuntes*, 1869, 61. José María Bassoco era presidente de la Junta Menor de la Convención española y uno de los acreedores cuyos créditos habían sido considerados "ilegítimos".

[84] Véase *infra:* "Epílogo".

[85] Para más detalles, véase el estudio de Agustín Sánchez que aparece en este mismo volumen.

[86] "Informe de la Dirección de Política sobre las instrucciones a Facundo Goñi", Madrid, 20.V.1863, en AMAE, leg. H-1654.

utilizado en 1858 y 1859 el general Prim y Miguel de los Santos Álvarez, Albistur afirmaba en su informe de manera vehemente:

> V. E. no sabe, V. E. no puede saber los torcidos caminos que ha seguido este negocio de las reclamaciones españolas en México. V. E. no sabe que abusando de la buena fé y del celo de los representantes de S. M. en México y corrompiendo a empleados de la República se introdujeron en la Convención española créditos que no eran españoles, y que acaso no eran legítimos. Que los interesados en tales créditos, perjudicando a los legítimos acreedores han percibido dividendos. Que consiguieron que del fondo destinado a pagar sus créditos, salieran gruesas cantidades destinadas a subvencionar periódicos en Madrid y a crear una opinión contraria a toda revisión. Que ese malhadado negocio ha producido la ruina, el descrédito y aun la muerte de algunos Ministros de España en México que merecían mejor suerte.

Albistur tenía muy claro que ignorar "la iniquidad de estos tristes negocios" había sido la "causa primordial de las complicaciones que después han surgido para nosotros en México". Para reforzar su postura, recordó al marqués de Miraflores varios pasajes de las instrucciones que Calderón Collantes había dado a Pacheco en 1860 al enviarlo como embajador a México. En aquella ocasión, el ministro de Estado había insistido en que el gobierno de Isabel II no podía consentir que se anulase ni modificase la Convención de 1853, "ya que se habían creado demasiados intereses a su sombra y sobre todo porque muchos de los bonos creados a consecuencia de sus estipulaciones eran títulos al portador, negociables en toda la República". Sin embargo, continuaba Calderón Collantes, al gobierno de Su Majestad Católica no correspondía amparar créditos evidentemente ilegítimos, si por desgracia existían algunos de esta procedencia incluidos en la Convención. Por lo que,

> a pesar de la energía y perserverancia con que el Gobierno se ha opuesto a todo lo que pudiera debilitar la fuerza de la Convención y a abrir la puerta a largas e interminables discusiones sobre la legitimidad de los créditos ya reconocidos todavía quiere que, en casos muy especiales y en circunstancias determinadas, cuya apreciación deja a la ilustración de V. E., oiga las reclamaciones que se le presenten y dé cuenta a este Ministerio de los fundamentos en que se apoyan. Por ello sin anunciarlo al gobierno mexicano deberá V. E. investigar escrupulosa y profundamente si en realidad son fundadas las quejas que se han formulado y si la dignidad del Gobierno de S. M. exige que se dé un testimonio público y solemne de severidad y de justicia.[87]

[87] Citado en el "Informe" de Albistur acerca de las instrucciones dadas por Calderón Collantes a Pacheco.

Estas instrucciones de Calderón Collantes apoyaban pues la tesis de Albistur, quien continuó comentando en su "Informe" al marqués de Miraflores que "tarde reconoció el gobierno de Su Majestad que en la Convención pudieran hallar abrigo créditos indebidos", que "muchos males se hubieran evitado si antes se hubieran reconocido", pero que al fin ello se había hecho y que, después de esto, la Dirección de Política no creía que el ánimo del ministro fuese reclamar la estricta observancia del Tratado de 1853. Ya que, insistía Albistur,

> *V. E. no puede querer que el Gobierno español reclame la consumación de una gran injusticia. V. E. no puede querer que se atienda más a la legalidad, que no debe ser más que la fórmula de la justicia, que a la legalidad misma* [sic]. *V. E., cuyo juicio es tan recto, cuyas miras son tan elevadas, no puede creer que la dignidad y el decoro de la nación exijan el sostenimiento de una gran iniquidad,* cuya consignación en las estipulaciones internacionales entre España y México significa el triunfo de los amaños y la corrupción sobre los principios de justicia.[88]

Albistur proponía, por lo tanto, que, en lo referente al Tratado de 1853, se modificasen las instrucciones dadas a Goñi, ya fuese siguiendo las que se habían dado a Pacheco o "siguiendo las que la conocida rectitud de V. E. le dicte". El jefe de la Dirección de Política, Albistur, terminó su informe diciendo que creía "imposible el buen éxito de toda misión a México mientras el agente diplomático no esté autorizado para modificar la ejecución de dicho Tratado y facultado para prestarse a la revisión de algunos créditos". No cabe duda, pues, de que Albistur estaba inconforme con las instrucciones que el Ministerio de Estado daba a Goñi.[89]

Como dijimos más arriba, el "Informe" de Jacinto Albistur nos parece muy interesante, ya que las ideas de este personaje, que servía a un gobierno moderado como el de Miraflores, coinciden con las de los progresistas españoles sobre el asunto de la Convención de 1853 y la necesidad de revisar los créditos incluidos en ella. Hemos visto cómo desde Miguel de los Santos Álvarez, en 1856, hasta el general Prim, en 1862, y aun en su momento Calderón Collantes[90] —a quien desde luego no podemos incluir entre los

[88] "Informe de la Dirección de Política sobre las instrucciones a Facundo Goñi", Madrid, 20.V.1863, en AMAE, leg. H-1654. Subrayado en el original.

[89] No sabemos si en efecto las instrucciones a Goñi se cambiaron en el sentido señalado por Albistur, ni tampoco podemos afirmar que el marqués de Miraflores tuviera una política tan distinta hacia México en comparación con la de los gobiernos que lo antecedieron y sucedieron, como lo afirma FALCÓN, 1997, 252-253.

[90] Juan Nepomuceno Almonte a Manuel Díez de Bonilla, 25.VI.1859, en PEÑA Y REYES, 1925, 86-88. En dicha nota, Almonte da cuenta de la conversación que tuvo con el general Prim,

progresistas!— creyeron en la posibilidad de que se hubiesen introducido créditos "ilegítimos" y de que el gobierno de Isabel II estaba siendo injusto con el mexicano al exigir la estricta observancia de la Convención.

Esta simpatía por el gobierno liberal mexicano es evidente en el "Informe" de Albistur. Cabe recordar que este diplomático había fungido como ministro plenipotenciario del gobierno español ante los Estados del Río de la Plata en la década de 1850 y había mostrado una gran sensibilidad hacia la América hispana. Era, además, colaborador del periódico *La América*, cuya postura liberal destacaba en medio de una opinión pública bastante conservadora y muy reticente a aceptar que había habido progreso alguno en las antiguas colonias americanas. Albistur había publicado, de septiembre a diciembre de 1859, una serie de artículos, titulada "Del porvenir político y social de la América del Sur", en la que mostraba una notable comprensión del mundo hispanoamericano y abogaba por una buena relación entre España y sus antiguas colonias, basada en el "respeto a las instituciones de gobierno que unas y otras se diesen".[91] Ya entonces se había mostrado impresionado por el régimen republicano que regía a dichos países, augurándoles un futuro prometedor. Como era de esperar, en 1861-1862 se manifestó en contra de la intervención en México y mostró ser un buen conocedor de la cuestión mexicana, por lo que responsabilizó a España de los males que aquejaban a su antigua colonia.[92] Si bien no sabemos más acerca de Albistur, es evidente que sus ideas eran similares a las de los progresistas y aun de los demócratas españoles que apoyaron a los gobiernos liberales mexicanos y que luego conspiraron en España para derrocar a la monarquía borbónica en 1868.

Las gestiones del marqués de la Ribera (1865-1867)

Como hemos visto, Facundo Goñi nunca llegó a México a presentar sus credenciales y Norberto Ballesteros siguió como representante oficioso del gobierno de Isabel II en México. A principios de junio de 1863, la ciudad de México fue ocupada por las fuerzas francesas mientras Benito Juárez, acompañado de su gabinete y de la Comisión Permanente del Congreso,

---

en la que éste le explicaba cómo había hecho ver a Calderón Collantes la necesidad de revisar los créditos. Según lo reportado por Almonte, Collantes habría contestado que, una vez firmado un nuevo tratado con México y tras el reinicio de las relaciones hispano-mexicanas, "se prestaría el Gobierno Español a tomar en consideración las razones que México tuviese por conveniente exponer para que se sujetasen a un nuevo examen los créditos que le pareciesen indebidamente introducidos en la Convención". Pensamos que esta postura del ministro de Estado explicaría las instrucciones que luego dio a Pacheco en 1860.

[91] Pi-Suñer, 1989, 42.

[92] *La América*, Madrid, 8.III.1862.

iniciaba su retirada hacia el norte del país, enarbolando la legalidad republicana. Mientras tanto, en la capital se establecía la Regencia en espera de la llegada de Maximiliano, proclamado emperador de México. En España se seguía con interés lo que acontecía en nuestro país, si bien los problemas de su propia política interna le impedían asumir una postura decidida. El marqués de Miraflores dimitió en enero de 1864 y poco después su lugar fue ocupado por Alejandro Mon, quien, recordemos, había sido el signatario, junto con el mexicano Juan Nepomuceno Almonte, del famoso Tratado Mon-Almonte firmado en París en septiembre de 1859. Como bien lo explica Agustín Sánchez, el gobierno de Madrid tardó en reconocer el segundo Imperio mexicano, y de hecho no ratificó el reconocimiento hasta que Francisco Facio, el plenipotenciario nombrado por Maximiliano, llegó a Madrid en agosto de 1864.[93] A fines de septiembre, el gobierno español, presidido ahora por Ramón Narváez, quien, si bien era menos afrancesado que Mon, era más conservador y aun podría calificarse de intervencionista,[94] designó a Juan Jiménez de Sandoval, marqués de la Ribera, como ministro en México. El nuevo plenipotenciario se embarcó hacia Veracruz en diciembre y llegó a la ciudad de México a principios de enero de 1865; poco después, el 1º de marzo, presentó sus credenciales y a partir de entonces intentó cumplir con las instrucciones que le había dado su gobierno.

La elección del marqués de la Ribera como enviado español ante el segundo Imperio no fue fortuita. Jiménez de Sandoval había ocupado el mismo cargo en México en 1853 y principios de 1854 durante el último gobierno santannista y, como lo señalamos en su momento, había sido el negociador de la Convención firmada el 12 de noviembre de 1853 en la ciudad de México y ratificada en Madrid como Tratado el 6 de febrero de 1854. Por ello, en las instrucciones[95] que le dio el gobierno de Isabel II se hizo hincapie en el conocimiento que tenía de la cuestión mexicana, cuyo meollo era básicamente la deuda y las reclamaciones españolas. Este asunto, decía el Ministerio de Estado, era "el más importante a la par que el más complicado y difícil" de los que tendría que afrontar.[96]

A Jiménez de Sandoval se le señaló que las reclamaciones que tenía que enfrentar debería resolverlas por separado, pues eran éstas de diversa índole. Lo primero que tendría que atender era la inmediata puesta en vigor de la

[93] Véase el estudio de Agustín Sánchez en este mismo volumen.

[94] En este sentido cabe recordar que la conspiración monarquista en México llevada a cabo entre 1845 y 1846 se hizo con la anuencia del entonces también presidente del Consejo de Ministros, Ramón Narváez. *Cf.* SOTO, 1988, y DELGADO, 1990.

[95] "Instrucciones al marqués de la Ribera", Madrid, 30.XI.1864, en AMAE, leg. H-1654.

[96] Es de llamar la atención que estas palabras sean tan similares a las expresadas por el progresista Miguel de los Santos Álvarez en el folleto que escribió en 1859, en el que dejó dicho que "la cuestión de Méjico es el más grande y más preñado de consecuencias y más peligroso

Convención de 1853, lo que, según las "Instrucciones", no debía representar ningún problema para el gobierno imperial, puesto que esta Convención había sido ratificada por el Tratado Mon-Almonte, cuya validez no se podía poner en duda y menos por "el Imperio en cuyos actos ejerce tan principal influencia el general Almonte". Había otro asunto relacionado con el convenio de 1853, la revisión de los créditos, respecto al cual se le señalaba que seguramente se le haría alguna indicación para modificar "aquel pacto solemne", por lo que las instrucciones insistían en que no omitiera

> medio ni esfuerzo alguno para conseguir que se desista de todo propósito de alterar las estipulaciones del Tratado de 1853. A su sombra se han creado demasiados intereses para que ahora pueda afectárseles en sentido alguno sin peligro de lastimarlos y V. E. sabe muy bien que muchos de los bonos emitidos en virtud de dicho Tratado son ya títulos al portador negociables en todas las plazas de México, lo cual se opone a que admitamos una revisión general de las reclamaciones a que aquél se refiere, según se solicitó en otro tiempo por el Gobierno de la República. Un acto de esta clase produciría una perturbación difícil, si no imposible, de remediar y sería además manantial permanente de dificultades y conflictos.

La postura del gobierno de Narváez no podía ser más clara; tampoco más opuesta a la que había sugerido Albistur en su momento.

Si bien el marqués de la Ribera conocía a fondo el problema de la Convención de 1853, tendría que enfrentar muchas otras reclamaciones que serían nuevas para él. La primera serie estaba formada por aquellas que no habían sido incluidas en la Convención de 1853 cuando, según Madrid, tendrían que haberlo sido. En las "Instrucciones" se le indicaba que, respecto de estas reclamaciones, debería atenerse al artículo quinto del Tratado Mon-Almonte, que establecía "el método que ha de seguirse para la liquidación".[97] De entre estas reclamaciones, las más importantes eran las del Fondo Dotal de Minería, que representaban intereses de connotados españoles. El segundo tipo de demandas eran aquellas que procedían de los daños y perjuicios causados a los súbditos españoles durante el periodo en que estuvieron interrumpidas las relaciones entre España y México, es decir entre 1857 y

---

asunto internacional que Su Majestad y la España han tenido hace muchos años". ÁLVAREZ, 1859, 82.

[97] Este artículo estipulaba: "Los Gobiernos de México y España convienen en que la suma o valor de las indemnizaciones de que tratan los artículos anteriores, se determine de común acuerdo con los Gobiernos de Francia y de Inglaterra, que han manifestado hallarse dispuestos a aceptar este encargo, se desempeñarán por sí, o por sus representantes, teniendo en cuenta los datos que presenten los interesados, y oyendo a los respectivos Gobiernos." *Cf.* PAYNO, 1862, 127.

1859, lapso al que había puesto fin la firma del Tratado Mon-Almonte. En relación con tales reclamaciones, al marqués de la Ribera se le indicó que iniciase "su arreglo sobre bases equitativas, con presencia de los documentos justificativos que habrán de presentar los interesados, cuyas peticiones deben ser examinadas por una Comisión mixta que será la que verifique las respectivas liquidaciones". También se le especificó que, en caso de que hubiese diferencias en el seno de esta Comisión, debería consultar al Ministerio de Estado.

Un tercer tipo de reclamaciones eran "las procedentes de atropellos y abusos de fuerza cometidos contra los súbditos de S. M. durante el periodo del mando de Juárez hasta el establecimiento del actual gobierno de Méjico", periodo que transcurrió entre 1861 y 1863. Según el Ministerio de Estado, el pago de dichas reclamaciones correspondía, de acuerdo con el derecho de gentes, a "la Suprema Autoridad que ha llegado a regir definitivamente en aquel país". El marqués de la Ribera tenía que lograr que el Imperio admitiera este principio y a la vez debía preparar los expedientes para la correspondiente indemnización. Respecto de esto último, se le indicaba que toda demanda debía cumplir con tres requisitos: el reclamante tenía que ser español, los daños tenían que haber sido comprobados, y ajenos a cualquier acto de intervención en las cuestiones internas de México, ya que "el gobierno de Su Majestad vería con el más profundo desagrado que aparecieran patrocinados por el Representante de Su Majestad intereses pertenecientes a individuos que por su conducta irregular y por haber tenido una activa participación en las cuestiones políticas del país hubiesen desmerecido la protección del Gobierno de Su Majestad".

Después de hacerle todas esta indicaciones, cuyo cumplimiento dependía evidentemente de la capacidad de pago del gobierno imperial, el Ministerio de Estado señaló a su plenipotenciario que el gobierno de Isabel II estaba consciente de las graves dificultades que "la angustiosa situación del tesoro mejicano ofrecerá al Gobierno Imperial para satisfacer atenciones preferentes, relacionadas con el mantenimiento del órden público, elemento fundamental para que consoliden las actuales instituciones". Por ello, el cumplimiento de las obligaciones aceptadas en los tratados de 1853 y 1859 habría "de subordinarse a las circunstancias del erario mejicano dando V. E. mayor o menor energía a sus reclamaciones según comprenda que es mayor o menor la posibilidad de resolverlos". Sin embargo, esta consideración debería cesar en el momento en que no se tratara de la misma manera, para el pago de sus créditos, a los reclamantes españoles que a los de cualquier otro país, "puesto que los derechos de que se encuentran asistidos unos y otros son cuando menos iguales".[98]

[98] "Instrucciones al marqués de la Ribera", Madrid, 30.XI.1864, en AMAE, leg. H-1654.

Tan pronto como el marqués de la Ribera entró en funciones, se dio cuenta de que las instrucciones que se le habían dado sobre los problemas que tendría que atender se quedaban cortas respecto de la realidad a la que se enfrentaba. Conforme fue recibiendo y enterándose de todas las reclamaciones que había en la legación, informó al Ministerio de todos los pasos dados para tratar de resolverlas. Para explicar la forma en que el plenipotenciario manejó las diversas peticiones hemos optado por dividir el análisis en cuatro subapartados en las páginas siguientes. En primer lugar haremos un recuento de los diversos tipos de reclamaciones que tuvo que atender. Nos ocuparemos después del asunto de la Convención de 1853 que, como hemos visto, también estaba ligado a los fondos retenidos en las aduanas. En un tercer apartado nos referiremos al problema del Fondo Dotal de Minería, ya que esta reclamación fue una de las que el gobierno de Isabel II consideraba prioritarias. Finalmente seguiremos los pasos que dio el plenipotenciario para lograr la firma de una nueva convención que incluyera todas las reclamaciones posteriores al Tratado Mon-Almonte, es decir, aquellas que abarcaban desde 1860 hasta los años del Imperio.

Las diversas reclamaciones

Una vez instalado en México, el plenipotenciario informó a Madrid que había recibido de Veracruz cinco cajas que contenían el archivo de la legación. En él se encontraban los expedientes de las reclamaciones pendientes. Inmediatamente empezó a revisarlos, ya que, según sus propias palabras, "es lo que más apremia por la impaciencia en que están los interesados, a fin de empezar a trabajar en su favor". Entre estas demandas encontró unas "que estaban más o menos bien documentadas", otras que "formaban expedientes muy voluminosos y complicadísimos por las circunstancias que los motivaron" y algunas otras que importaban "sumas enormes". Sabía, además, que estaban por llegar muchas otras reclamaciones que habían recibido los distintos cónsules españoles en el Imperio. Al darse cuenta de los numerosos casos y de lo exorbitante de las demandas que debería atender, comunicó a Madrid sus temores: "[...] estos negocios nos van a dar mucho que hacer porque la marcha adoptada por el Gobierno imperial no es en mi opinión la que debiera para poder inspirar toda la confianza que su crédito ha menester".[99]

En efecto, a su llegada, el plenipotenciario se encontró con que el gobierno de Maximiliano había creado, desde septiembre de 1864, una junta

[99] Marqués de la Ribera a Ministerio de Estado, ciudad de México, 27.III.1865, en AHEEM-Colmex, caja 207, desp.31.

cuya labor consistía en calcular a cuánto ascendía la deuda interior. Según lo informó el Marqués a Madrid, sabemos que esta Junta registraba y conservaba los expedientes no sólo de los créditos ya reconocidos que no habían sido pagados, sino también de las reclamaciones, incluidas las de los extranjeros. Además de descartar aquellos créditos que a su parecer no estaban suficientemente comprobados, la Junta rechazaba las reclamaciones que procedían de la época posterior a la salida del gobierno de Juárez de la capital —el 30 de mayo de 1863—, ya que el gobierno imperial había declarado que no reconocía ni podía hacer responsable al país de las deudas contraídas desde aquella fecha por los agentes juaristas. Desde un principio, el representante español consideró que el registro que estaba llevando a cabo la Junta era "una operación ociosa" en la que se perdía un tiempo infinito, pues, para él, una reclamación "mientras no está reconocida y aceptada no es un verdadero crédito que pueda figurar en el debe". Por otro lado, apuntaba, el registro no impedía que las reclamaciones de los extranjeros fuesen luego examinadas y calificadas por una comisión mixta y el resultado de esta investigación aprobado por los dos gobiernos, lo que representaba doble trabajo y una enorme pérdida de tiempo. El marqués de la Ribera explicó al Ministerio de Estado que había expresado sus dudas sobre la utilidad del registro al ministro mexicano de Negocios Extranjeros, José Fernando Ramírez, pero ante la defensa que éste había hecho de la manera en que se estaba manejando la cuestión de las reclamaciones, dudaba que el Imperio prescindiese del registro, ya que ello "ofrecía al gobierno la ventaja inmensa de diferir el arreglo definitivo de las reclamaciones posteriores al Tratado de 1853".[100] Si tomamos en cuenta que Jiménez de Sandoval envió esta nota a escasos veinte días de haber iniciado su labor en México, vemos que, por un lado, se sentía muy agobiado por la empresa que tenía adelante y que, por otro, se percataba de la poca disposición de las autoridades imperiales para entablar negociaciones.

Entre las reclamaciones a las que más se refirió Juan Jiménez de Sandoval se encontraban las de los acreedores de la Convención de 1853, representados por su Junta Menor Permanente, formada por José María Bassoco, Raimundo Mora y Casimiro Collado, y por su Agente, Miguel Buch. Lo que pedían, básicamente, era que les pusieran al corriente de sus réditos —o sea, que les pagasen los intereses atrasados "hasta su nivelación"— y que los trataran de igual manera que a los acreedores ingleses y franceses, reteniendo una mayor cantidad de rentas de las aduanas.[101] A la par de esta constante reclamación,

[100] Marqués de la Ribera a Ministerio de Estado, ciudad de México, 27.III.1865, en AHEEM-Colmex, caja 207, desp.31.

[101] Marqués de la Ribera a Ministerio de Estado, ciudad de México, 18.IV.1865, en AMAE, leg. H-1552, desp. 47.

hubo otra que también ocupó la atención del plenipotenciario español: la de los acreedores al Fondo Dotal de Minería, presentada por su Junta Menor, formada por Miguel Buch, José María Bassoco y Francisco Guati. Como vemos, los actores del drama eran casi los mismos.

Aparte de este tipo de reclamaciones muy específicas, hubo un sinnúmero de otras basadas en diversas causas, en las que nos detendremos tanto para mostrar su diversidad como su dificultad para llegar a un arreglo. Por ejemplo, algunos súbditos españoles se quejaron de que sus reclamaciones no habían sido liquidadas por la Junta Liquidataria de la Convención de 1853, por lo que pedían que ésta se reuniese de nuevo para revisarlas. Así, Ramón Menchaca y Francisco Espriu, vecinos de Tepic, solicitaban que se reuniese nuevamente la Junta Liquidataria, cuyos trabajos habían sido suspendidos por el gobierno mexicano en 1856.[102] Este asunto, si bien tenía que ver con la Convención de 1853, no podía mezclarse con el de las reclamaciones de los acreedores de la misma, pues eran dos problemas distintos. Sólo queremos dejar apuntado que, para julio de 1865, el gobierno imperial informó al plenipotenciario español que el Emperador, con "el deseo de cultivar las buenas relaciones que existen entre este Imperio y aquel Reino", había aceptado que

> se reuniese la Junta Liquidataria compuesta por las mismas personas que la componían para que continuase la liquidación, examen, etc., no sólo de esos créditos [los de Menchaca y Espriu] sino de otros de súbditos españoles que se hallen en iguales circunstancias, introduciéndose después los que fuesen legalmente admitidos, al fondo de la Convención como lo fueron en su época los demás de su clase.[103]

Agobiado por tantas demandas, Jiménez de Sandoval ya no se refirió a la reunión de esta Junta Liquidataria, por lo cual sospechamos que los deseos del gobierno imperial se quedaron sólo en el papel.

Otras reclamaciones que llegaron de forma constante se referían a exacciones causadas por el estado de lucha civil en que vivía el país desde hacía casi un década. Es evidente que una de las consecuencias de la guerra fue una serie de vejaciones a la sociedad, ya fuese por parte de las tropas y autoridades juaristas o francesas e imperiales, de las que no escaparon los españoles. Fue por ello por lo que el marqués de la Ribera informó con insistencia al Ministerio de Estado que sus compatriotas eran víctimas constantes "de los excesos de la tropa, o de los exagerados e injustificables castigos

[102] Marqués de la Ribera a Ministerio de Estado, ciudad de México, 19.VII.1865, en AMAE, leg. H-1655, desp. 79.

[103] José Fernando Ramírez a marqués de la Ribera, ciudad de México, 14.VII.1865, en AHEEM-Colmex, rollo 207, anexo a desp. 79.

impuestos por algunos Jefes militares, con pretexto de imponer a las poblaciones y obligarlas por el terror a mostrarse más simpáticas hacia el imperio".[104] Como ejemplo daba el de Pío Bermejillo, rico hacendado y minero español quien se había inconformado contra la imposición arbitraria de una multa de 10 000 pesos por parte de Van der Smissen, coronel del ejército imperial. Éste lo había acusado de colaborar con las tropas juaristas por haberles dado la misma cantidad cuando habían pasado por sus minas en Michoacán. Bermejillo explicaba en su reclamación que si había dado aquel dinero a los liberales era porque lo habían forzado, pero ahora se quejaba de que el trato que había recibido por parte del coronel belga era mucho peor.[105]

A su vez, los señores Mariano Mendieta, Ubaldo Blanco y Montero Pérez protestaban porque el prefecto político de San Luis Potosí había embargado veinticinco de sus carros para servicio del ejército francés, "señalándoseles un pago diario que ni alcanza para el mantenimiento de sus carros". El marqués de la Ribera explicó a Madrid que ya había dirigido, "con fuerza", siete notas al respecto al Ministerio de Negocios Extranjeros mexicano, el cual no había dado contestación. Por su parte, Manuel Mendoza Cortina y Faustino Sobrino, "propietarios de dos de las principales fábricas de hilado del Imperio, y no obstante su representación y mantener en sus fábricas diariamente más de 600 personas", se quejaban de que la autoridad militar les exigía "127 pesos fuertes como parte que les correspondía de una multa impuesta al pueblo donde estaban sus fábricas porque allí había sido asesinado un zuavo".[106]

La legación recibió además innumerables reclamaciones que respondían a exacciones ocurridas veinticinco años antes y que no habían tenido respuesta por parte de las autoridades mexicanas. Así por ejemplo, Antonio Gutiérrez se quejaba de un decomiso de tabaco que se le había hecho en Puebla en 1852. El marqués de la Ribera explicó, en el caso de este hombre, que "estaba en la miseria y algo trastornado desde entonces". Informó a Madrid que su expediente estaba en el Ministerio de Negocios Extranjeros desde hacía mucho tiempo y que él dudaba "poder conseguir lo que a otros ministros españoles les había sido imposible".

También relacionadas con los tiempos anteriores a la Intervención francesa, el representante de España recibió reclamaciones que consideró de "un género excepcional" por haber sido presentadas por connotados españoles.

[104] Marqués de la Ribera a Ministerio de Estado, ciudad de México, 26.IV.1865, en AMAE, leg. H-1655, desp. 52.

[105] Marqués de la Ribera a Ministerio de Estado, ciudad de México, 26.IV.1865, en AMAE, leg. H-1655, desp. 52.

[106] Marqués de la Ribera a Ministerio de Estado, ciudad de México, 19.VII.1865, en AMAE, leg. H-1655, desp.79.

Por ejemplo, las de José Antonio Béistegui* y de Victoriano Martínez Franco. El primero, quien, al decir de Jiménez de Sandoval, era "el decano de los españoles y sumamente rico y había sufrido mucho en los últimos años", pedía que se le reintegrasen cerca de 50 000 pesos, cantidad que le habían sacado por la fuerza en tiempos del general Félix Zuloaga, en 1858. En aquel entonces se había visto obligado a recibir por su valor nominal una suma equivalente en "bonos llamados del venerable clero" porque "éste se había obligado a pagar su importe con sus propiedades". Béistegui se quejaba de que ni el clero ni el gobierno habían realizado el pago, por lo que demandaba que la legación lo tramitara con las autoridades del Imperio. En cuanto a Martínez Franco, protestaba porque el gobierno imperial había anulado un contrato que había hecho en 1855 con el de Antonio López de Santa Anna "para la venta de la nieve de los volcanes inmediatos a la capital". El español exigía una justa reparación que consistía en que se le indemnizara no sólo por los perjuicios pecuniarios que le habían causado sino por la prisión y el destierro que había sufrido como consecuencia de haber presentado estas "fundadas reclamaciones" en tiempos del general Comonfort. El Marqués, en lugar de comentar lo inusual que le parecía esta reclamación, señaló que "todos [los gobiernos] han sido iguales en su antipatía contra los súbditos de Su Majestad".[107]

Como vimos más arriba, desde un principio, y tomando en cuenta su experiencia en México durante 1853 y principios de 1854, el plenipotenciario se dio cuenta de que el gobierno imperial difícilmente podría pagar todas las reclamaciones españolas, por lo que, al cabo de dos meses de inciada su misión, escribió a Madrid:

> Es menester en todos estos casos no olvidar que si el Gobierno mexicano, además de pagar la deuda antigua inglesa, la nueva deuda causada por la intervención francesa y las convenciones extranjeras, se viere obligado ahora a indemnizar a propios y extraños de todos los perjuicios que en tantos años de guerra y revolución les han originado o uno y otro partidos políticos y fuerzas armadas, irremisiblemente se declararía en bancarrota. No le quedaría otro remedio, porque es humanamente imposible que pueda indemnizar a todos.

Por ello, y para no llegar a ese extremo que sería "fatal para todos los acreedores", informó que estaba decidido a disputar "palmo a palmo" sus compromisos. Señaló también que desecharía el mayor número de recla-

* El nombre de este personaje era en realidad Juan Antonio Béistegui.

[107] Marqués de la Ribera a Ministerio de Estado, ciudad de México, 22.VII.1865, en AMAE, leg. H-1655, desp. 82.

maciones posible, con cualquier pretexto que tuviese "alguna apariencia siquiera de fundado", porque era probable que los acreedores no cedieran "un ápice de los derechos que creen tener contra el Tesoro mejicano, porque son inexorables y no atienden más que a su propio beneficio".[108] Aseveración que demuestra que él mismo estaba impresionado con la insaciabilidad de estos españoles.

Aquí terminamos con lo referente a las reclamaciones, ya que no creemos pertinente ni interesante hacer recuento de todas las que llegaron a manos del marqués de la Ribera. Es evidente que conforme el Imperio se vio más acorralado en su lucha contra las fuerzas republicanas, sus autoridades recurrieron cada vez más a exacciones y préstamos forzosos, según lo explica Agustín Sánchez.[109] Para más datos sobre algunos de estos reclamantes, puede consultarse, en este volumen, el "Apéndice", donde aparecen pequeñas biografías de los españoles más representativos en la ciudad de México en aquellos años.

El pago de la Convención de 1853 y los fondos retenidos en las aduanas

Pasemos ahora a analizar la forma en que Jiménez de Sandoval manejó el asunto de la Convención de 1853 que, como vimos antes, él mismo había firmado como representante del gobierno español ante Santa Anna. Recordemos que en las instrucciones que le dio su gobierno se le dijo que uno de los primeros asuntos que debería tratar era que pusiera en vías de pago esta Convención y que de ninguna manera se prestara a una revisión de los créditos. La primera de las recomendaciones sobraba puesto que, como vimos más arriba, el gobierno de Maximiliano había dado órdenes, desde julio de 1864, de que se reiniciasen los pagos, y que ya desde tiempos de la Regencia se habían entregado algunas asignaciones al agente de Miguel Buch en Veracruz, Ramón Grinda. El representante oficioso de España en México, Norberto Ballesteros, y el cónsul en Veracruz, Balbino Cortés, así lo habían comunicado a Madrid.[110] Sin embargo, por las instrucciones que recibió el Marqués, tal parecía que el Ministerio de Estado nada sabía acerca de este asunto, lo que nos muestra de nuevo cuán desorientado estaba el gobierno de Isabel II sobre lo que realmente sucedía en México.

Una de las primeras reuniones de Jiménez de Sandoval fue con la Junta Menor de la Convención. Entonces se enteró de que efectivamente se estaba

[108] Marqués de la Ribera a Ministerio de Estado, ciudad de México, 26.IV.1865, en AMAE, leg. H-1655, desp. 52.

[109] Véase el estudio de Agustín Sánchez incluido en este mismo volumen.

[110] Véase el apartado "Los fondos retenidos en las aduanas de Veracruz y otras", *supra*.

cobrando el 8% especificado en dicho convenio. Sin embargo, los miembros de la Junta no perdieron la ocasión para pedirle que negociase para "sus representados" la misma cantidad que "desde el tiempo de la Regencia se separaba de la renta de las aduanas para pago de los réditos atrasados de la Convención inglesa, los cuales estando ya saldados dejaban aquella cantidad libre al gobierno".[111] Lo que éstos querían era 6 u 8% más de las rentas de las aduanas, por encima del porcentaje que ya tenían marcado por la Convención de 1853, para así "satisfacer los intereses atrasados hasta su nivelación".

El marqués de la Ribera planteó la reclamación al ministro mexicano José Fernando Ramírez, quien, como buen diplomático, le dijo que era "justa y fundada",[112] pero que no había hecho nada al respecto ya que el estado del erario era "lamentable". El plenipotenciario explicó entonces a Madrid que corrían rumores de que el Imperio pediría un tercer empréstito a Francia de "40 millones de duros", pues el importe del segundo préstamo ya estaba todo invertido, y era "más que probable que para mediados del año póximo haya los mayores apuros para atender a las obligaciones del Estado". Previendo esta dificultad, el marqués de la Ribera explicó que había propuesto a Ramírez que el gobierno imperial saldara la deuda que tenía con los acreedores españoles, quienes "harían un sacrificio tal vez de 50% en beneficio de México si se les daba otro cincuenta en dinero contante del empréstito". Según el plenipotenciario, los acreedores de la Convención inglesa de 1851 se atendrían a la misma transacción. Sin embargo, añadía,

> no obstante tan inmensa ventaja para el Tesoro y de tan importante resultado para el Gobierno imperial, que se vería por este medio libre de las reclamaciones que le estamos dirijiendo para el exacto cumplimiento de dos Convenciones y de las más apremiantes [reclamaciones] que tendremos que dirijirle más tarde, no ha podido acceder por falta de dinero.[113]

Para febrero de 1866, Jiménez Sandoval volvió a referirse al asunto de la Convención, explicando al Ministerio de Estado todos los pasos que había dado para obtener que se aumentase el porcentaje (a 8%) que se separaba de los productos de las aduanas marítimas para el pago de los créditos españoles. Insistió entonces en que estaba muy molesto por la desigualdad con que eran tratados los acreedores hispánicos, "cuyos bonos estaban a mucho menos

[111] Marqués de la Ribera a Ministerio de Estado, ciudad de México, 27.III.1865, en AHEEM-Colmex, desp. 31.

[112] Marqués de la Ribera a Ministerio de Estado, ciudad de México, 18.IV.1865, en AMAE, leg. H-1552, desp. 47.

[113] Marqués de la Ribera a Ministerio de Estado, ciudad de México, 28.X.1865, en AHEEM-Colmex, caja 207, desp. 129.

de la mitad del precio a que se negociaban los ingleses", lo que les perjudicaba muchísimo en el mercado. Explicó cómo, incluso, había propuesto que si la retención adicional de 8% no era posible, al menos que fuese de 6 o 4%, "para que los interesados viesen la buena fé con que obraba el Gobierno Imperial". Al no obtener respuesta del Ministerio de Negocios Extranjeros y al ver que "no era justo mirar impasible que se perjudicase a los españoles mientras que otros acreedores extranjeros aparecían beneficiados y de mejor condición", el marqués de la Ribera había vuelto a insistir, al cabo de ocho meses, ante el nuevo ministro mexicano de Negocios Extranjeros, Martín del Castillo. La respuesta había sido que el expediente de la Convención se encontraba ahora en la Subsecretaría de Hacienda para que los interesados se arreglasen directamente con ella.

Jiménez de Sandoval explicó entonces cómo los miembros de la Junta Menor de la Convención se habían dirigido a dicha Subsecretaría sin tampoco conseguir nada, pues el subsecretario, Francisco de Paula César, "sólo les decía que *se proponía dar cuenta del asunto al Consejo de Ministros*".[114] Ante dicha respuesta, el plenipotenciario español había recurrido de nuevo al ministro de Negocios Extranjeros, quien le informó que el Emperador "estaba ocupado con los graves negocios del momento y con la cuestión de Hacienda, la más grave de todas", por lo que no sabía cuándo podría cumplir con lo que el Marqués le pedía. Todo este laberinto de excusas le hacía presentir que "desgraciadamente la apurada situación en que se encuentra este país no me deja concebir grandes esperanzas de alcanzar el buen éxito que debiera esperarse; pero haré por mi parte cuanto pueda para obtenerlo". Y añadía respecto a lo arduo de su misión:

> V. E. comprenderá lo difícil de la posición del Representante de España en un país que se halla envuelto en una guerra civil interminable, exhausto de recursos, casi en bancarrota, acostumbrado a burlarse de todos sus compromisos, y con la misión de exigirle millones de pesos por indemnizaciones de los daños y perjuicios causados a sus nacionales en distintas épocas y por todos los gobiernos que se han sucedido.

El único consuelo que tenía el plenipotenciario español era que los demás enviados extranjeros tenían la misma dificultad que él para recibir respuesta de parte de las autoridades imperiales, "de suerte que estaban todos iguales". Esta igualdad hacía

> presagiar muy mal para el porvenir de un Gobierno que creíamos haría un esfuerzo supremo para adoptar y seguir con firmeza un sistema enteramente

[114] Marqués de la Ribera a Ministerio de Estado, ciudad de México, 26.II.1866, en AMAE, leg. H-2552, desp. 34. Subrayado en el original.

diferente del seguido por sus predecesores, pues la experiencia ha demostrado que conduce sin remedio a la muerte. El tiempo urge y es preciso que muy pronto tome el Gobierno Imperial el único camino que le puede salvar de una catástrofe.[115]

Para el marqués de la Ribera este camino era, desde luego, que México pagara; ¿pero no acababa él mismo de decir que el Imperio estaba prácticamente en bancarrota?

Es de notar que después de hacer hincapie en la igualdad con que las tres potencias no lograban ser atendidas por el gobierno, Jiménez de Sandoval finalizaba señalando que el caso de España no era del todo igual al de las otras dos potencias, puesto que Francia todavía tenía "un medio de saldar por sí los créditos de sus súbditos": cargando el importe en la cuenta del gobierno imperial, aunque éste "no quiere ceder a todo lo que [Francia] exige". Inglaterra, por su parte, había tenido la suerte de conseguir, desde los primeros días de la Intervención, "que se aumentase en un duplo el tanto por ciento destinado a su Convención".[116]

Es evidente que el marqués de la Ribera estaba muy influido por los miembros de la Junta Menor de la Convención, quienes, en una exposición muy clara, le habían explicado cuál era su situación respecto de los tenedores de bonos de las otras convenciones.[117] Lo que básicamente les molestaba era la ventajosa "disparidad" con que había sido tratada la Convención inglesa y la consecuente desigualdad con que los bonos de uno y otro convenio "corrían en el mercado". Argumentaban que el rédito inglés había subido de 3 a 6%, mientras que el español había sido y era de sólo 3%, lo que había permitido que la Convención inglesa estuviese al día en sus intereses y en vías de amortizarse, mientras que la española tenía, por el contrario, ocho años de atraso. Por ello los bonos de la Convención inglesa valían 67% en el mercado, mientras que a los de la española "apenas podía asignársele un valor de un 24 por ciento". Al final de su exposición, los miembros de la Junta Menor insistían en que ésas eran las diferencias que distinguían a las dos Convenciones, "que partieron al mismo tiempo con iguales condiciones: con la asignación que se consideró suficiente para cubrir en ambas un tres por ciento de interés y un cinco por ciento de amortización". La Junta Menor demandaba, por lo tanto, que los acreedores españoles fueran considerados en igualdad de términos que los ingleses; que "podría alegarse que los favores,

[115] Marqués de la Ribera a Ministerio de Estado, ciudad de México, 26.II.1866, en AMAE, leg. H-2552, desp 34.

[116] Efectivamente, en sus negociaciones, en 1862, Wyke había obtenido que se doblase la cantidad retenida en la aduana de Veracruz para cobrarse los réditos vencidos de la Convención inglesa.

gracias o recompensas que se les hayan concedido no les daban un derecho perfecto para pretender esta igualdad", pero que no se podía negar que sí tenían derecho al cumplimiento exacto del Tratado celebrado entre España y México, cuyo artículo cuarto estipulaba que "si al fin del año no estuviesen cubiertos los intereses y el cinco por ciento de amortización, la Tesorería General, sin necesidad de nueva orden, cubrirá el déficit con las primeras libranzas que perciba de las aduanas marítimas".

La exposición de la Junta Menor apuntaba luego las cantidades que se adeudaban a los acreedores españoles y exponía de qué manera podría igualarse a éstos con los ingleses, subiendo los cupones de 1.5 a 2%, lo que significaba elevar el rédito anual a 4% en vez del 3% que entonces ganaban, quedando este aumento de forma permanente para recompensar la mora con que serían cubiertos los pagos atrasados.[118]

Las negociaciones relacionadas con el aumento de la asignación de los derechos de importación de las aduanas marítimas para el pago de la Convención española de 1853 fracasaron. Si bien, como hemos visto, la Junta Menor, representada en este caso por el marqués de la Ribera, insistió en que no pretendía el aumento de 8% consignado, sino que, como se acaba de señalar, se cumpliese el artículo cuarto de la Convención, se encontró con un ministro de Hacienda mexicano, José María Lacunza, que se negó a subir la asignación. Su respuesta a toda la argumentación que presentaron los acreedores fue que "por más que Su Majestad el Emperador desea mejorar la situación de los acreedores españoles [...], por muy buenos que sean los deseos de S. M., no es posible por ahora alterar la cuota fijada en la Convención de 12 de

[117] *Apuntes*, 1869, 71-73.

[118] Junta Menor de la Convención de 1853 a marqués de la Ribera, ciudad de México, 24.I.1866, en AMAE, leg. H-2552, anexo a desp. 34; *Apuntes*, 1869. Reproducimos esta parte de la exposición pues consideramos que puede servir a quien se interese en las cuentas de los acreedores. El monto de la Convención era "cosa de 7 millones", los ocho años de réditos (o intereses) llegaban a 1 680 000, por lo que "la percepción real y efectiva de nuestro ocho por ciento al año no la podemos graduar prudentemente más que sobre 6 000 000 y tendremos 480 000 que cubrirán los 210 000 que importa el rédito de tres por ciento y dejarán cada año un sobrante de sólo 270 000. Para amortizar el 1 680 000 de los réditos caídos en tiempo no muy dilatado, se necesita subir al catorce por ciento la consignación que ahora tiene o disfruta. Aun con este aumento y aplicando a lo mismo los 27 000 sobrantes, tardaremos dos años y ocho meses escasos en ponernos al día; durando el seis por ciento adicional solamente dos años y medio, para que esta amortización coincida con algún reparto quedarán por cubrirse 105 000 y, extendiéndole a tres años con el mismo fin, dejará un sobrante de 210 000, que podrá aplicarse a la amortización, a la cual, hasta el día no se le ha aplicado cantidad alguna, no obstante lo que ordena el artículo que dejamos copiado: el cinco por ciento en los trece años que lleva de establecida la Convención importa un 65 por ciento, no sobre el primitivo capital (bien entendido), sino sobre el que gradualmente hubiera ido quedando vigente por consecuencia de las amortizaciones".

noviembre de 1853".[119] Jiménez de Sandoval, que conocía bien y había comentado constantemente el grave estado de penuria en que se encontraba el Imperio, consideró entonces que "además de que el Gobierno no tiene dinero no hay, como no ha habido nunca, deseos sinceros de poner término a estas reclamaciones".[120] Cabe señalar que al cabo de un mes de esta última nota, el marqués de la Ribera tuvo que informar a los acreedores que había que "dar gracias a Dios si continúan pagando con la regularidad que hasta aquí el ocho por ciento que se estipuló en el Tratado de 53, porque varias de las aduanas marítimas están en poder de los disidentes, y otras apenas recaudan lo suficiente para sus gastos porque hay una paralización grande en el comercio, resultado de la incertidumbre y desconfianza que reina en el país".[121]

El asunto de la retención de los fondos asignados a su pago en las aduanas marítimas controladas por el gobierno imperial giró también en torno de las reclamaciones de los acreedores de la Convención de 1853. Recordemos que, a partir del primero de julio de 1864, había cesado la intervención de los cónsules de Francia, Inglaterra y España en la aduana de Veracruz, acordada en enero de 1862 por los comisarios de las tres potencias. Según el decreto imperial, ahora serían los agentes de las convenciones extranjeras los encargados del cobro de las rentas asignadas a cada una de ellas.[122] Aparte de Veracruz, el Imperio controló, durante todo el año de 1865 y la mitad de 1866, los puertos de Tampico, Tuxpan, Tabasco, Campeche y Sisal, en las costas del Golfo de México, y Manzanillo, Mazatlán, San Blas y Guaymas, en el océano Pacífico. Según las cuentas que presentó Payno al gobierno de Juárez en 1868, en las aduanas de todos estos puertos se retuvo, a lo largo de aquel periodo, el 8% asignado a la Convención española.

Como hemos visto, los acreedores españoles reclamaban que, además de este 8%, se separase otro tanto para cubrir los intereses que no habían sido pagados desde 1858 hasta 1864. Es evidente que el gobierno imperial difícilmente podía prestarse a ello puesto que el erario estaba prácticamente en bancarrota y el propio gobierno atado de manos por las autoridades francesas. En este sentido cabe recordar que, al mes de haber iniciado Jiménez de Sandoval su gestión en México, o sea, en abril de 1865, el plenipotenciario francés, marqués de Montholon, había firmado con el Imperio un nuevo convenio sobre los famosos bonos Jecker, que habían sido emitidos en octubre

[119] José María Lacunza a Martín del Castillo, ciudad de México, 26.V.1866, en AHEEM-Colmex, rollo 207.

[120] Marqués de la Ribera a Ministerio de Estado, ciudad de México, 25.VI.1866, en AHEEM-Colmex, rollo 207, desp. 95.

[121] Marqués de la Ribera a Ministerio de Estado, ciudad de México, 24.VIII.1866, en AMAE, leg. H-2552, desp. 107.

[122] Véase el apartado "Los fondos retenidos en las aduanas de Veracruz y otras", *supra*.

de 1859 a un altísimo costo por el gobierno conservador para hacerse de dinero durante la guerra de Reforma[123] y que habían sido la reclamación más onerosa interpuesta por los comisarios franceses al momento de la Intervención tripartita en 1862. Para llegar a este nuevo convenio en 1865, el gobierno de Maximiliano tuvo que consentir que se diese a los oficiales franceses el control de las aduanas de todos los puertos marítimos y al mariscal Bazaine el poder exclusivo de decidir qué cantidad de la recaudada en las aduanas se daría al imperio mexicano, habiéndosele ordenado desde Francia que no diese más de dos millones de francos al mes. Tal parece que durante este periodo, de mediados de 1865 a mediados de 1866, hubo una resistencia pasiva a entregar las aduanas por parte de los oficiales mexicanos, azuzada, según Montholon, por el ministro de Negocios Extranjeros, José Fernando Ramírez, quien estaba totalmente en contra del control francés de las aduanas,[124] lo que provocó que la recaudación de los impuestos aduanales fuese no sólo ineficiente sino irregular.[125]

Esta situación indefinida cambió radicalmente con la firma de otro convenio, en julio de 1866, entre el gobierno imperial y el nuevo plenipotenciario francés acreditado en México, Alphonse Dano, sobre las concesiones aduanales. Por la cláusula primera, el gobierno de Maximiliano concedía a las autoridades francesas "la mitad de los ingresos de todas las aduanas marítimas del imperio" procedentes de los siguientes impuestos: derechos principales y especiales de importación y de exportación sobre todos los objetos, derechos adicionales de "internación" y de "contrarregistro", derecho de "mejoras materiales". Respecto a los puertos del Pacífico se estipulaba que, como los derechos de exportación de las aduanas del Pacífico estaban comprometidos en sus tres cuartas partes, la suma destinada al gobierno francés sobre estos derechos estaría reducida al 25% que quedaba libre". El artículo quinto establecía que "el cobro de la suma mencionada en el Artículo 1º será efectuado en Veracruz y Tampico por agentes especiales *puestos bajo la protección de la bandera de Francia, los cuales tendrán la dirección de las aduanas de estos dos puertos*".[126] Los franceses ocuparon la aduana de Veracruz el 1º de noviembre y ésta quedó definitivamente bajo custodia de la bandera francesa; en cambio, la de Tampico fue recuperada por las fuerzas juaristas. Como el

123 PRIETO, 1989, 712. Para un clara exposición de lo que fueron tales bonos y lo que implicaron para la historia de México, véase RIVERA CAMBAS, 1987, I, 298-304.

124 Marqués de Montholon a Ministerio de Negocios Extanjeros, ciudad de México, 10.III.1865, en DÍAZ, 1967, IV, 89.

125 BLUMBERG, 1971, 71-72.

126 "Proyecto de convenio entre México y Francia relativo a las garantías aduanales solicitadas por los franceses", firmado en la ciudad de México, 30.VII.1866, en DÍAZ, 1967, IV, 361-363. Subrayado en el original.

convenio no había sido ratificado por Maximiliano, el Ministerio de Negocios Extranjeros mexicano se inconformó con las medidas tomadas por los franceses. Sin embargo, al decir de Dano, "nuestros agentes continúan administrando la aduana de Veracruz en virtud de las instrucciones que recibieron de nosotros y sin que el gobierno mexicano haya enviado a sus propios agentes la orden de secundarlos".[127]

El marqués de la Ribera dio su propia versión del asunto de la aduana de Veracruz. Por dicho convenio, el gobierno imperial cedía a Francia la mitad de los productos de las aduanas marítimas del país. El arreglo se había puesto en ejecución el 1º de noviembre en la aduana de Veracruz, tras lo cual los encargados de la percepción de los derechos aduanales separaban el porcentaje pactado para el pago de las convenciones extranjeras, por lo que el 8% asignado a la Convención española "estaba asegurado". El plenipotenciario explicó que al cambiar el gabinete de Maximiliano había habido problemas entre las autoridades francesas e imperiales y que, como el Emperador no lo había ratificado, el gobierno se había negado a poner el convenio en ejecución, por lo que los franceses habían tomado por la fuerza la aduana de Veracruz. Por el momento la situación era confusa: había dos administradores en dicha aduana, uno francés y otro mexicano y los cónsules español e inglés no sabían a quién dirigirse. Jiménez de Sandoval terminaba diciendo: "No sé cuál será el final de tanta enemistad; pero puede desde luego asegurarse que no será satisfactorio para el actual gabinete ni para el partido conservador ni para el emperador Maximiliano."[128]

En su multicitado estudio sobre las finanzas del Imperio, Payno dejó anotada la cantidad que se había separado, en la aduana de Veracruz, para el pago de las distintas convenciones extranjeras desde el 15 de diciembre de 1861 hasta el 31 de diciembre de 1866.[129] Ignoramos si después de esta fecha se asignó alguna cantidad a la Convención española. Lo más seguro es que no, puesto que, para marzo de 1867, el consul español en Veracruz dio cuenta al Marqués de que los franceses habían entregado la aduana a los mexicanos pero "sin existencia de valores".[130]

[127] Alphonse Dano a Ministerio de Negocios Extranjeros, ciudad de México, 9.XI.1866, en DÍAZ, IV, 149.

[128] Marqués de la Ribera a Ministerio de Estado, ciudad de México, 8.XI.1866, en AMAE, leg. H-2552, desp. 73.

[129] PAYNO, 1981, 55.

[130] Marqués de la Ribera a Ministerio de Estado, ciudad de México, 17.III.1867, en AMAE, leg. H-2552.

El Fondo Dotal de Minería

Veamos ahora la forma en que el marqués de la Ribera manejó el problema relacionado con el Fondo Dotal de Minería. Cuando nos referimos a los antecedentes de la deuda y de las reclamaciones españolas explicamos en qué consistía este Fondo y en la manera en que, a partir de la Ley de Crédito Público del 30 de noviembre de 1850, había quedado incorporado a la deuda interior. Vimos igualmente cómo los acreedores al Fondo se habían inconformado con la decisión de Manuel Payno, entonces ministro de Hacienda, y cómo habían logrado que se nombrase un apoderado que vigilaría su administración, nombramiento que recayó en el español José María Bassoco.[131]

Debido a los constantes cambios de gobierno —y, consecuentemente, de política— que sufrió México durante las primeras tres décadas de su existencia, en marzo de 1853 el gobierno interino de Manuel María Lombardini restituyó los derechos de los mineros sobre el Fondo Dotal de Minería, por lo que éste volvió a ser administrado por particulares. A su vez, el gobierno de Benito Juárez, al triunfo de la causa liberal sobre la conservadora después de la guerra de Reforma, decretó, el 26 de enero de 1861, la extinción de este Fondo, que pasaba a formar parte del crédito público.[132] Es importante señalar que, para ese año, los principales acreedores al Fondo Dotal de Minería eran la casa comercial Agüero, González y Compañía —cuyo socio español era Miguel Buch—, con un capital de 372 836 y una deuda acumulada de 714 767 pesos, y la familia Bassoco, con un capital de 367 753 y una deuda acumulada de 721 264 pesos.

Llegamos así a noviembre de 1864, fecha en que el gobierno de Isabel II dio las multicitadas instrucciones al marqués de la Ribera para su misión en México. Se le recomendó entonces "muy particularmente, la instancia que el 8 de junio de 1864 dirijieron a Su Majestad varios súbditos españoles residentes en Cádiz e interesados en los capitales que constituyen el Fondo Dotal de Minería de Méjico de que el Gobierno republicano dispuso arbitraria e ilegalmente hace algunos años, en perjuicio notorio de aquellos".

Una vez en México, el plenipotenciario citó a los españoles Miguel Buch, José María Bassoco y Francisco Guati, que componían la Junta Menor de acreedores a ese Fondo y que representaban la gran mayoría del capital. Éstos le explicaron que ya habían recurrido al Consejo de Estado, "cuya Sección respectiva había dado su opinión en términos que, aunque no los colocaba en la ventajosa situación que antes tuvieron, vistas las circunstancias actuales, algunos se inclinaban a aceptarla". El marqués de la Ribera, toman-

[131] Véase el apartado "Los antecedentes de la deuda: 1836-1861", *supra*.
[132] VELASCO *et al.*, 1988, 130-133.

do las riendas del asunto, fue a ver a José María Lacunza, presidente del Consejo de Estado, quien le "manifestó con franqueza que había suspendido su voto [...], para estudiar más el negocio [...]" y le prometió que haría por los interesados "todo lo que su conciencia le permitiese hacer".[133] Es evidente que Lacunza, siguiendo la postura que habían tenido los liberales moderados desde los años de la posguerra con los Estados Unidos, era contrario a la restitución del Fondo a manos de particulares.

A pesar de la postura de Lacunza, el dictamen del Consejo de Estado fue positivo con la condición de que "del citado Fondo se tomen previamente las cantidades necesarias para el Colegio [de Minería], aunque excediesen de los 65 000 pesos mencionados en el artículo primero [del Reglamento]".[134] Mientras se enviaba el dictamen al Ministerio de Hacienda, el subsecretario de este mismo Ministerio presentó un nuevo plan de Hacienda al Consejo de Ministros en el que se suprimía el Real de Minería, plan que el Consejo aprobó. Como podemos suponer, la reacción de los acreedores y del Marqués fue de indignación: no lograban creer que "al abolir el Real de Minería dejara el Imperio de cumplir una obligación tan sagrada". Jiménez de Sandoval dio cuenta a Madrid de todas las gestiones que había hecho cerca de los Ministerios de Negocios Extranjeros y de Hacienda, insistiendo en que "su Excelencia [el Ministro de Negocios Extranjeros] lo excusa todo con las dificultades que atraviesa el Gobierno Imperial, con la falta de dinero y de Ministro de Hacienda que pueda resolver convenientemente estas cuestiones", y comentó al Ministerio de Estado que "en todo debe haber siempre un justo límite y que cuando los negocios internos se postergan de esa manera y redundan en daños a terceros, ningún gobierno, por muy amigo que sea, puede mirarlo con indiferencia".[135] De Madrid le contestaron que estaban de acuerdo con todas sus gestiones y que no aceptase "de ninguna manera que se separase más de los 65 000 pesos".[136]

En febrero de 1867, el marqués de la Ribera escribió muy satisfecho al Ministerio de Estado explicando que, finalmente, Maximiliano había sancionado el arreglo propuesto por el Consejo de Estado sobre los créditos del Fondo Dotal de Minería, pero con la condición de "que no se pusiese en práctica hasta que cesase la apurada situación en que el tesoro se encuen-

[133] Marqués de la Ribera a Ministerio de Estado, ciudad de México, 27.IV.1865, en AHEEM-Colmex, caja 207, desp. 54.

[134] Marqués de la Ribera a Ministerio de Estado, ciudad de México, 24.X.1866, en AHEEM-Colmex, caja 207, desp. 1866.

[135] Marqués de la Ribera a Ministerio de Estado, ciudad de México, 25.II.1866, en AHEEM-Colmex, rollo 207, desp. 32.

[136] Marqués de la Ribera a Ministerio de Estado, ciudad de México, 24.X.1866, en AMAE, leg. H-2553, desp. 136.

tra".[137] Es evidente que ya para esas fechas, dadas las circunstancias en que se encontraba el Imperio, el plenipotenciario español tenía que dudar de la posibilidad de que lo acordado por el Emperador pudiera ponerse en práctica. Podemos concluir sobre este asunto del Fondo Dotal de Minería que mientras los ministros liberales moderados, como José Fernando Ramírez y José María Lacunza,[138] tuvieron las riendas del poder, se opusieron a cualquier acuerdo que contradijese la política de nacionalización que desde los años 1849 y 1850 habían propuesto los liberales para arreglar las finanzas públicas y restar fuerza a las corporaciones. Una vez que Maximiliano buscó el apoyo de las fuerzas conservadoras, a partir de octubre de 1866, los acreedores pudieron ejercer mayor presión y obtuvieron aquella promesa del Emperador que de todos modos era evidente que sería imposible de cumplir.

Nueva negociación de un tratado

A la vez que el marqués de la Ribera se ocupó de apoyar las reclamaciones específicas de los acreedores de la Convención de 1853 y al Fondo Dotal de Minería, también intentó firmar, a lo largo de los dos años que duró su gestión como plenipotenciario de España en México, una nueva convención en la que quedasen incluidas todas las demás reclamaciones, tal como se le había recomendado en sus instrucciones. Según parece fue el propio José Fernando Ramírez, ministro mexicano de Negocios Extranjeros, quien, "en vista de la preferencia que los acreedores tenían contra créditos que eran como letras pagarés a la vista y cuyo cobro aguardaban impacientes los interesados", le había "confesado francamente" que

> no teniendo el Gobierno medio para atender a las necesidades más urgentes del día, le era imposible hacer pago ninguno y que en tan apurada situación sus buenos deseos y buena voluntad eran ineficaces para complacernos, que me rogaba no insistiese en esos pagos y que todos los créditos que sean admisibles y estén fundados entrarán en una Convención parecida a la que se hizo en 1853 porque éste era el solo medio que tenía el Gobierno de cumplir con los acreedores del Estado.

En vista de la propuesta del ministro mexicano, que coincidía además con las instrucciones que se le habían dado al plenipotenciario español en

[137] Marqués de la Ribera a Ministerio de Estado, ciudad de México, 20.II.1867, en AMAE, leg. H-2552, desp. 29.

[138] Para tener mayor información sobre la figura de José María Lacunza, que ha sido olvidada por nuestra historiografía, véase PI-SUÑER, 1992.

Madrid, éste aceptó que se formara una Comisión Mixta, integrada por mexicanos y españoles, que reconociera y aprobara los créditos y las reclamaciones que se le enviaran y que estableciera las bases precisas que habrían de servir de guía a la misma. La mayor parte de los reclamantes, que conocían las dificultades que tenía el gobierno para pagarles, aceptó la propuesta del Ministerio de Relaciones Exteriores. Sin embargo, Jiménez de Sandoval les advirtió que "convenía a sus intereses aguardar la firma de la convención francesa". Y que si ésta se retrasaba, "podrían aceptar las bases que para celebrar una convención inglesa ha propuesto hace pocos días el ministro de Negocios Extranjeros al enviado británico, si éste las acepta, o modificarlas, según conveniese."[139]

En efecto, el plenipotenciario español no era el único que buscaba un nuevo convenio con el gobierno imperial, ya que también los representantes de Francia y la Gran Bretaña trabajaban en ello. En cuanto al primero, el marqués de la Ribera comentaba a Madrid lo difícil que era para el plenipotenciario francés concluir una nueva convención, "por la terca resistencia del gobierno mexicano a admitir ciertos créditos que el Gobierno francés apoya". Pero si esto sucedía con la legación de Francia, "¿qué dificultades no encontraríamos nosotros?", argumentaba el Marqués. Por eso él no había querido "precipitar sus negociaciones", pues quería dar tiempo para que el ministro francés firmase su convención, ya que estaba ingenuamente convencido de que aquello que el gobierno mexicano concediera a los franceses también lo otorgaría a los españoles. Así, llegó a decir: "[...] no harán más, supongo, por los españoles pero tampoco podrán hacer menos que lo que hagan por los franceses". El diplomático español pensaba que, una vez aceptado el arreglo con Francia, "las bases que servirían para terminar y aprobar los créditos españoles que entrarían en la nueva convención serían más fácilmente discutidas y aceptadas por ambos países".[140] Cabe señalar aquí que esta insistencia de que se tratara "bajo el mismo pie y con la misma igualdad" a los acreedores españoles que a los franceses e ingleses fue una orden del Ministerio de Estado, el cual posiblemente no podía aceptar ser considerado menos importante que las otras dos potencias con las que había firmado la Convención de Londres para armar la Intervención tripartita en México.

Jiménez de Sandoval no pudo iniciar las negociaciones para la nueva convención hasta el mes de julio de 1865, pues Ramírez había estado ausente dos meses y medio. El representante español estaba muy consciente de que la negociación iba a ser "muy trabajosa y muy difícil", porque ya tenía unas

[139] Marqués de la Ribera a Ministerio de Estado, ciudad de México, 26.IV.1865, en AHEEM-Colmex, rollo 207, desp. 52.

[140] Marqués de la Ribera a Ministerio de Estado, ciudad de México, 26.IV.1865, en AHEEM-Colmex, rollo 207, desp. 52.

quinientas reclamaciones que presentar, "siendo muchas de ellas por demás considerables". Tampoco lograba imaginar cómo podría "Méjico satisfacer en lo sucesivo con sus propios recursos y con más exactitud que antes las inmensas obligaciones" que había contraído.[141]

El plenipotenciario explicaba a Madrid que era muy difícil adelantar en la solución de cualquier arreglo con México porque los ministros estaban siempre ocupados, tenían casi diariamente Consejo de Ministros y el Consejo de Estado no podía dar salida a la infinidad de asuntos que pasaban a su examen. Además, las cuestiones pendientes con el gobierno se resentían debido "al estado precario de la situación". Entre los negocios más importantes que sufrían retraso figuraban las nuevas convenciones extranjeras, porque aún no se habían "allanado las dificultades pendientes con las que negociaba la Francia".[142]

Impaciente porque la legación francesa no había podido "resolver las dificultades que entorpecían la negociación de una nueva convención", el plenipotenciario español decidió redactar él mismo un proyecto de tratado, con las mismas bases que el del 12 de noviembre de 1853, y confió poder presentarlo al nuevo ministro de Negocios Extranjeros, Martín del Castillo.[143] Todavía ocho meses después, en julio de 1866, Jiménez de Sandoval comunicaba a su colega británico, Peter Campbell Scarlett, que su proyecto se basaba en las principales estipulaciones del firmado en 1853, concediendo 3% de intereses y 5% de amortización, "pero que estaba sumamente indeciso en agitar su conclusión por que deseaba saber qué ventajas había conseguido la legación de Francia para sus nacionales respecto a ciertos créditos procedentes de reclamaciones que el Gobierno imperial no quería reconocer".[144]

Ese mismo día, sin embargo, el marqués de la Ribera envió a Madrid copia del "Proyecto de Tratado entre España y México para el arreglo de las reclamaciones pendientes de súbditos españoles", que constaba de 16 artículos. Según lo había comunicado al Ministerio de Estado, las bases de este nuevo convenio eran casi las mismas que las de la Convención de 1853, porque creía que el gobierno mexicano "pondría así menos reparos". Las coincidencias a que se refería eran la forma en que se pagaría y la manera en que se conformaría y funcionaría la Junta Liquidataria. A diferencia de aquélla, empero, estipulaba un pago mayor, pero no especificaba de dónde saldría

[141] Marqués de la Ribera a Ministerio de Estado, ciudad de México, 22.VII.1865, en AHEEM-Colmex, rollo 207, desp. 82.

[142] Marqués de la Ribera a Ministerio de Estado, ciudad de México, 28.VII.1865, en AHEEM-Colmex, rollo 207, desp. 98.

[143] Marqués de la Ribera a Ministerio de Estado, ciudad de México, 27.X.1865, en AHEEM-Colmex, rollo 207, desp. 128.

[144] Marqués de la Ribera a Ministerio de Estado, ciudad de México, 8.VI.1866, en AHEEM-Colmex, rollo 207, desp. 85.

el dinero para efectuar estos pagos —recordemos que en el caso de la Convención del 53 se establecía que se pagaría con los dineros retenidos de los impuestos de las aduanas. El Marqués seguramente decidió dejar esto sin definir porque sabía bien que ya no había posibilidad de pedir más dinero del fondo retenido en las aduanas. Las reclamaciones incluidas en este proyecto eran de todo tipo y atañían a todos los gobiernos que había tenido México desde la firma de la Convención de 1853, según quedaba estipulado en el artículo primero:

> El Gobierno Mexicano reconoce como créditos contra su Erario, todas las cantidades que resulten legítimas, procedentes de reclamaciones por préstamos forzosos o ilegalmente exigidos o de ocupación forzada de caudas o de propiedades y valores de cualquiera clase que sean, o por destrucción de las mismas, por giros o endosos de letras no pagadas o por daños y perjuicios hechos o causados por los Gobiernos que se han sucedido en el País o por sus Agentes civiles y militares, o por las tropas aliadas.

En cuanto al pago, se estipulaba que se abonaría a los capitales reconocidos como legítimos "un interés de seis por ciento al año, desde el día siguiente al en que [*sic*] tuvo origen la reclamación hasta la fecha del presente Tratado". El artículo quinto decía que la suma de estos intereses "se uniría al capital reconocido y en junto, gozará éste de un tres por ciento de interés anual y cinco por ciento de amortización". Después de establecer los mecanismos de funcionamiento del convenio, el artículo decimocuarto reconocía "en todas sus partes", el acuerdo concluido en esta capital entre España y México el 12 de noviembre de 1853 y el concluido en París el 26 de septiembre de 1859.[145] Cabe recordar aquí que al incluir este artículo, el Marqués seguía a la letra las instrucciones de Madrid.

Al enviar el "Proyecto de Tratado" a Madrid, Jiménez de Sandoval explicó que lo había discutido con Castillo, ministro mexicano de Negocios Extranjeros, quien le había propuesto que hiciese el acuerdo sobre las mismas bases que el inglés por ser más conveniente, ya que así se establecía que "el modo y el tiempo de hacerse el pago se convendrá después entre el Representante de Su Majestad Británica en México y el Gobierno de Su Majestad Imperial".[146] La razones que tenía el ministro mexicano para tal propuesta,

[145] "Proyecto de Tratado entre España y México para el arreglo de las reclamaciones pendientes de súbditos españoles", en AGN-GRE, caja 62.

[146] "Convención entre este Imperio y el Reino Unido de la Gran Bretaña e Irlanda con el fin de fijar el modo de proceder respecto de las reclamaciones pendientes de súbditos británicos", en AGN-GRE, caja 62. Este Convenio consistía de nueve artículos en los que básicamente se explicaba cómo iba a funcionar la recepción y liquidación de las reclamaciones inglesas. Fue firmado en la ciudad de México el 26 de junio de 1866 por el plenipotenciaro inglés y por Thomas Murphy,

explicaba Jiménez de Sandoval, eran lógicas, ya que el gobierno imperial se encontraría en tal situación mientras no arreglara definitivamente su hacienda y, por lo tanto, "no podía comprometerse de antemano a ofrecer éste o el otro pago y tal o cual manera de cubrirlo por temor de no poder cumplir después sus compromisos". Según el representante español, Castillo le había dicho que los acreedores nada perdían si entre tanto se examinaban y liquidaban sus créditos, ya que con eso tendrían algo avanzado y que creía que no era necesario firmar un tratado y que un simple cambio de notas bastaría, ya que, "siendo las condiciones y plazos de pago y las cantidades la parte más difícil de determinar", exigirían un segundo tratado, cuya negociación "duraría siglos". El ministro mexicano había recordado entonces al Marqués que el plenipotenciario de Gran Bretaña había necesitado año y medio para firmar el primer "y más fácil tratado". El representante español acabó su carta al Ministerio en Madrid, explicando que a pesar de estas razonables propuestas y viendo cuál era la situación en que se encontraba el Imperio, él había insistido en las buenas condiciones de su proyecto, el único que podía aceptar porque estaba "elaborado con las instrucciones del gobierno español" y era "más que razonable".

Las diferencias entre los proyectos de convenio inglés y español muestran que Scarlett era mucho más realista que el marqués de la Ribera, pues pensaba, según se lo había comunicado a éste, que si llegaba a caer el gobierno imperial, con su Tratado por lo menos habría logrado una garantía de pago. En cuanto al plenipotenciario español, es evidente que seguía considerando todo este asunto como una cuestión de honor personal, y aun nacional. En este sentido le había dicho a Castillo que "estando el Gobierno de México obligado a pagar los daños causados a nuestros nacionales, lo mismo es que convenga conmigo oficialmente en ese deber, hoy, que el mes que viene, por que no puede prescindir de esa obligación".[147] Jiménez de Sandoval desconfiaba, como antaño, de los distintos gobiernos mexicanos y seguía diciendo a Madrid que "el verdadero objetivo del gobierno [mexicano] es ganar tiempo y alejar cuanto sea posible el día del pago".

---

por parte del Ministerio de Relaciones Exteriores de México. Después de una serie de difíciles negociaciones, el Convenio fue ratificado con la firma del emperador Maximiliano en Orizaba, el 19 de noviembre de 1866. *Cf.* BLUMBERG, 1971, 74-75. Respecto de las negociaciones con el gobierno imperial es interesante citar lo que decía Campbell Scarlett en relación con el estado de las finanazas del Imperio: "Sería deseable llegar a algún arreglo, si posible, antes de que los franceses arrasen con todos los recursos del país y se los lleven en sus bolsillos, lo que harán si antes pueden abandonar México. Por lo tanto, las negociaciones que creo poder llevar a cabo, siempre y cuando el Emperador no cambie de opinión, deben de ser secretas para que los franceses no las frustren, lo que harán si son hechas públicas demasiado pronto". Scarlett Campbell al Foreign Office, ciudad de México, 29.VI.1865, en BLUMBERG, 1971, 67.

[147] Marqués de la Ribera a Ministerio de Estado, ciudad de México, 8.VII.1866, en AHEEM-Colmex, rollo 207, desp. 86.

En este caso específico, el representante español se refería a la postura del entonces ministro de Hacienda, José María Lacunza, quien, según él, "se opone tenazmente a todo lo que sea pagar y promesa o compromiso de pago". Efectivamente, la oposición de Lacunza a cualquier arreglo financiero, ya fuese con España o con Gran Bretaña, fue tenaz. Por ello, su dictamen acerca del "Proyecto de Tratado" que había enviado el ministro español, había sido que

> no era admisible así por que España no tiene derecho perfecto a la concesión que en él se propone, como porque estipulada con Francia la consignación del 50% de los principales derechos de Aduanas marítimas y estando ya consignado separadamente a Inglaterra y España otro cuarenta y nueve de ella, no queda sobre qué recaiga una nueva consignación.[148]

Las cuentas de Lacunza no hubieran podido ser más claras, pero, al ser removido del Ministerio de Hacienda, el marqués de la Ribera todavía creía que podría llegar a forzar a México a firmar un tratado cuyas condiciones fuesen mucho más onerosas que las del convenido con la Gran Bretaña. Para lograrlo estuvo negociando con Juan Nepomuceno Pereda, subsecretario interino de Negocios Extranjeros, a quien el Emperador confió, a finales de enero de 1867, "todos los poderes para celebrar la convención sobre reclamaciones de súbditos españoles".[149]

Sin embargo, el 23 de marzo de 1867, cuando finalmente se firmó la Convención sobre el arreglo y la liquidación de las reclamaciones pendientes de súbditos españoles, ésta resultó una copia casi textual de la Convención firmada diez meses antes con el plenipotenciario británico, el 26 de junio de 1866, y ratificada por Maximiliano el 19 de noviembre de 1866. El convenio con España constaba de once artículos; por el primero, el gobierno mexicano reconocía "como crédito contra el Erario las cantidades que por liquidación resultasen legítimas de reclamaciones de súbditos españoles, presentadas ya, o que en lo sucesivo se presentasen dentro del tiempo fijado". Seguían luego seis artículos relativos a la conformación y tarea de la Comisión Mixta Liquidataria y el octavo señalaba:

> El Gobierno de Su Majestad el Emperador de México se constituye responsable del pago total de las sumas acordadas a los reclamantes según los certificados de los Comisionados; y en una *Convención suplementaria se arreglará y*

[148] José María Lacunza a Luis de Arroyo, ciudad de México, 2.VIII.1866, en AGN-GRE, caja 62.

[149] Luis de Arroyo al marqués de la Ribera, ciudad de México, 31.I.1867, en AGN-GRE, caja 62, y marqués de la Ribera a Ministerio de Estado, ciudad de México, 23.I.1867, en AHEEM-Colmex, rollo 297.

determinará entre el Gobierno Imperial y el Representante de su Majestad Católica el modo, tiempo y términos de hacerse los pagos.[150]

El marqués de la Ribera explicó al Ministerio de Estado que por fin había consentido en firmar este nuevo arreglo porque después de largas discusiones y "convencido de que no había más remedio que aceptar el Convenio inglés [...], había accedido a que el Convenio con España fuera enteramente igual". Reiteró entonces que esto era lo más que se podía conseguir, ya que era un reconocimiento de pago que permitiría cobrar a los reclamantes cuando la situación del país se arreglase, cualquiera que fuese el gobierno que hubiera entonces, "ya que de todas formas la ruina del país le impedía cumplir ahora cualquier compromiso". Por ello llamaba la atención sobre el artículo séptimo del Convenio, copia del de la Gran Bretaña, que decía: "[...] tan pronto como mejore la situación financiera del País entrará en un nuevo arreglo que presente una garantía de pago más en favor de los acreedores a que se contrae la Convención". El plenipotenciario explicaba que no había podido remitir la Convención a España debido al bloqueo que, desde hacía tres meses, sufría el puerto de Veracruz. Finalmente, curándose en salud y adelantándose a las protestas de la colonia española en México, decía:

> Es probable que algunos de los acreedores españoles se muestren poco satisfechos de un arreglo que difiere tanto el pago de sus legítimos intereses ¿pero qué garantía puede pedírsele a este Gobierno ni el darla de que otro Acuerdo más ventajoso en apariencia fuese realizable sin sufrir las demoras y suspensiones que por desgracia ha sufrido la Convención española de 1853?[151]

Así fue como el plenipotenciario español llegó a firmar una nueva convención con el gobierno imperial, la cual sólo resultó ser un reconocimiento de las reclamaciones pero sin ninguna seguridad de pago. El marqués de la Ribera podía estar contento en cuanto a que, al final, después de tantas idas y venidas, su convenio al menos era "exactamente igual al de los británicos", asunto que, como vimos, era la gran preocupación, tanto de parte suya como del Ministerio de Estado. La única diferencia era que los ingleses, mucho más pragmáticos, se habían dado cuenta, casi desde el principio de la Intervención, de lo que era o no viable.

Mientras tenían lugar estas últimas negociaciones, el Imperio de Maximiliano llegaba prácticamente a su fin. El Emperador había abandonado la

[150] "Copia de la Convención ajustada entre los Plenipotenciarios de S. M. el Emperador de México y S. M. la Reina de España, sobre arreglo y liquidación de las reclamaciones pendientes, de súbditos españoles", en AGN-GRE, caja 62. Las cursivas son mías.

[151] Marqués de la Ribera a Ministerio de Estado, ciudad de México, 26.IV.1867, en AHEEM-Colmex, rollo 207, desp.55.

ciudad de México el 13 de febrero y se había refugiado en Quéretaro, plaza que fue asediada por las fuerzas juaristas. El general conservador Leonardo Márquez, lugarteniente de Maximiliano, tomó el mando de la capital el 29 de marzo, no sin antes haberlo traicionado. En la ciudad de México apeló a toda clase extorsiones para conseguir dinero y aumentar su ejército, ya que las tropas liberales, al mando del general Porfirio Díaz, se encontraban ya a las puertas de la ciudad, en la Villa de Guadalupe.[152] Debido al maltrato dado a los extranjeros, del que hace mención Agustín Sánchez en su estudio, el 29 de abril el marqués de la Ribera, junto con la totalidad de los representantes extranjeros en México, rompió relaciones diplomáticas con el Imperio.[153] El plenipotenciario español decidió, por su cuenta, permanecer en la ciudad de México con miras a entrevistarse con las autoridades republicanas tan pronto cayera la capital; así lo comunicó a Madrid:

> Yo marcharé en cuanto llegue a ésta Don Benito Juárez y hable confidencialmente con su Ministro de Negocios Extranjeros, Don Sebastián Lerdo de Tejada, que es la persona de más influjo en su gabinete. Los intereses de España en México, el de los muchos españoles que residen en este país y la seguridad de nuestras Antillas, exigen que sepamos con toda exactitud y desde luego, cual es la verdadera política del nuevo gobierno de Méjico en sus relaciones exteriores. V. E. sabe que algunos la suponen en extremo hostil a las potencias europeas, a los extranjeros en general y a los españoles en particular; pero no siendo lo mismo hablar y escribir cuando no hay responsabilidad alguna que obrar siendo gobierno, es probable que sus pretensiones no sean tan exageradas ni que lleven su propósito a dar por caducados los Tratados que tenía México con las potencias que reconocieron al Imperio.[154]

EPÍLOGO. EL TRIUNFO DE LA CAUSA REPUBLICANA Y EL DESCONOCIMIENTO DE TODO TRATADO CON ESPAÑA

El marqués de la Ribera se entrevistó efectivamente con Lerdo de Tejada el 21 de julio, es decir, sólo seis días después de haberse establecido en México el gobierno de Juárez. La conversación, en la que estuvo presente el general Porfirio Díaz, quien se había ofrecido como mediador, fue, según informó el plenipotenciario a Madrid, "larga y amistosa". Respecto de la deuda y las reclamaciones españolas, el representante español preguntó a Lerdo acerca

[152] RIVERA CAMBAS, 1987, III, 587-593.

[153] Véase el estudio de Agustín Sánchez incluido en este mismo volumen.

[154] Marqués de la Ribera a Ministerio de Estado, ciudad de México, 24.VI.1867, en AMAE, leg. H-2552, desp. 69. La caída de la ciudad de México, a manos del general Porfirio Díaz, tuvo lugar el 21 de junio de 1867. Juárez y su gabinete "errante" hicieron su entrada triunfal a la capital el 15 de julio.

de "la suerte que estaba reservada a las Convenciones y reclamaciones de súbditos extranjeros contra el tesoro mexicano". El ministro contestó que el gobierno no había tenido tiempo todavía de ocuparse de ese negocio, pero que podía asegurarle que el Presidente haría cuanto estuviese a su alcance para "atender a los compromisos de la nación, hasta donde sea posible atenderlos". Al final de la entrevista, Lerdo reiteró al Marqués que el gobierno de la República "estaba animado de los sentimientos más leales y deseaba que las circunstancias permitiesen el que se reanudasen las relaciones con España lo más pronto posible y se ratificase los Tratados o se hiciesen otros nuevos que consolidasen para siempre la paz y amistad entre ambos países".[155] A pesar de esta entrevista al parecer tan cordial, pocos días después el gobierno de Juárez dio por terminadas las relaciones con España, así como con las demás potencias que habían reconocido el Imperio de Maximiliano.

Antes de que se anunciara públicamente la suspensión de relaciones con los países europeos,[156] el gobierno juarista ya había emprendido acciones que atentaban contra los acreedores de la Convención de 1853. Efectivamente, con fecha 22 de octubre, el Ministerio de Hacienda había comunicado a Miguel Buch que, habiendo "llegado a conocimiento del C. Presidente de la República que existen en poder de Usted 38 000 pesos procedentes de la Convención española, y los cuales se propone Usted distribuir", se le ordenaba la prohibición de llevar a efecto dicha distribución y se le prevenía que conservase a disposición del Supremo Gobierno la suma referida mientras éste "tiene a bien disponer otra cosa".[157] Además, se acusaba a Buch de haber sido nombrado Agente de la Convención por el gobierno imperial, ante lo cual él y la Junta Menor se inconformaron inmediatamente, contestando que su nombramiento databa de noviembre de 1860. En cuanto a la suma de 34 184.86 pesos, explicaron que era el resto de las sumas recibidas de los productos de las aduanas marítimas que no se habían distribuido, "ya por consistir en libranzas que no habían podido cobrarse todavía, y ya porque no alcanzaba la cantidad para completar el cupón 16 que se había cortado a los bonos y existía en la caja de la Agencia". Indicaban además que dicha cantidad pertenecía "en pleno dominio a los acreedores, a cuyo nombre y por cuyo poder la había recibido su agente en parte de pago de la suma que la nación les debía y que no pertenecía al erario como suponía el denuncio hecho al Ministerio". También manifestaban que en su archivo tenían cupones

[155] Marqués de la Ribera a Ministerio de Estado, ciudad de México, 28.VII.1867, en AMAE, leg. H-2553, desp. 94.

[156] Discurso pronunciado por el presidente de la República en la apertura del Congreso de la Unión, en TAMAYO, 1967, XII, 811-815; PI-SUÑER, 1985, 32-33.

[157] Ministerio de Hacienda y Crédito Público a Miguel Buch, 22.X.1867, en *Diario Oficial*, 5.II.1868; *Apuntes*, 1869, 74.

amortizados por valor de más de un millón de pesos, y al final pedían que se revocara la orden del día 22.[158]

El día 21 de diciembre, el propio ministro de Hacienda, José María Iglesias, les comunicó que el gobierno de la República consideraba insubsistentes los tratados que ligaban a México con las potencias que habían entablado relaciones con el Imperio y, por lo tanto, desconocía también la Convención española. Señalaba, sin embargo, que "no por eso desconoce el Gobierno la obligación que reporta el erario nacional de pagar los títulos legítimos y reconocidos de esa extinguida convencion. Lo único que desconoce es que semejante obligación conserve carácter internacional y que deban subsistir los términos de pago estipulados en un arreglo fenecido". Por ello, "en virtud de la libertad que hoy tiene de fijarlos como mejor le parezca, ha estimado conveniente acordar que se proceda en almoneda pública a la amortización de los títulos de la extinguida Convención española". La primera de esas almonedas se celebraría con el fondo de 34 184.86 pesos que tenían ellos en su poder "o el Sr. Buck [*sic*], como resto de la suma recibida del 8% de los productos de las aduanas marítimas", cantidad que debían entregar "desde luego" a la Tesorería General. El ministro Iglesias añadía que las almonedas siguientes se celebrarían con el fondo que "se señalaría oportunamente"; en ellas serían admisibles, para su amortización, única y exclusivamente los títulos de la extinguida Convención española reconocidos como legítimos por el "Gobierno republicano que protestó contra el Tratado Mon-Almonte, y prefiriéndose para la misma amortización los títulos del mejor postor, o sea del que los rematare a mejor precio". En relación con los cupones pagados por valor de más de un millón de pesos, les decía que también debían entregarlos a la Tesorería General, junto con "la cuenta respectiva de lo que estuviese amortizado hasta la fecha por capital y réditos de la extinguida Convención española".[159]

La Junta Menor convocó a una asamblea general de acreedores, y, de acuerdo con lo decidido en su seno, contestó al gobierno el 2 de enero de 1868. En dicha comunicación le hicieron saber que estaban autorizados a emplear los medios legales para "demostrar la justicia que les asistía, sin perjuicio de acatar las disposiciones supremas". Señalaban que no era de su incumbencia discutir la conducta observada por el gobierno de España al entrar en relaciones con el imperial, "ni menos examinar los efectos que este acto haya podido producir", pero que sí podían fundamentar que la Convención española del 12 de noviembre de 1853, ratificada el 30 de mayo de 1854, susbsistía y debía ser cumplida. Después de una larga argumentación

[158] *Apuntes*, 1869, 74.

[159] Ministerio de Hacienda y Crédito Público a Junta Menor de la Convención española, 21.XII.1867, en *Diario Oficial*, 5.II.1868; *Apuntes*, 1869, 74-75.

legal en la que defendían sus derechos, pedían que se revocara la "suprema órden del 21 de diciembre pasado". El gobierno contestó lacónicamente que "estando acordado se lleve adelante lo resuelto en junta de Ministros, sobre ese negocio, no ha lugar a lo que Ustedes solicitan en su mencionada exposición".[160]

El intercambio epistolar entre el gobierno y la Junta Menor duró todavía algunos días. El 10 de febrero y 10 de marzo de 1868 se llevaron a cabo las almonedas en las que se remataron los bonos en favor del acreedor que hizo "mejor quita en su crédito". Según afirma Bassoco, una vez verificado el remate no se entregó el dinero al acreedor porque

> el señor tesorero andaba rastreando la genealogía de los bonos que él había presentado, para conocer si eran los excomulgados. El señor Ministro se lamentaba de no poder discernir los bonos legales de los bonos ilegales: en efecto, no hay dos cosas más parecidas entre sí que dos cosas que son iguales. Solemne necedad ha sido por parte de Méjico querer atribuir a los bonos que emitió los vicios que *ex postfacto supuso* en los créditos por los cuales se cambiaron.[161]

Es evidente que Bassoco estaba indignado porque el gobierno de Juárez volvía a cuestionar la legitimidad de varios créditos y, sobre todo, porque, a raíz de la primer almoneda, la Tesorería General había solicitado a Buch que "se sirviese formar y remitir una noticia de los números que tienen los bonos expedidos a las personas que se expresan a continuación", y se añadía una lista de 16 personas y sus capitales —que sumaban la cantidad de 2 427 941.44 pesos—, y que era la misma lista que el 10 de noviembre de 1855 había remitido José Higinio Núñez a Guillermo Prieto, entonces ministro de Hacienda, y que había sido, desde aquella fecha, la base para indicar cuáles eran los créditos legítimos y cuáles los ilegítimos.[162]

Como era de esperar, los miembros de la Junta Menor y el Agente de la Convención dieron cuenta a Madrid de todos los pasos dados por el gobierno de Benito Juárez y de sus respuestas al mismo, enviando todas las notas in-

[160] Junta Menor de la Convención española a Ministerio de Hacienda y Crédito Público, 2.I.1868, y Ministerio de Hacienda y Crédito Público a Junta Menor de la Convención española, 7.I.1868, en *Apuntes*, 1869, 76-79.

[161] *Apuntes*, 1869, 82-83. Subrayado en el original.

[162] Es interesante señalar que Bassoco, ante las afirmaciones del gobierno juarista de que la Convención había caducado, escribió irónicamente que "si es cierto ha muerto ya, como lo pretende el Gobierno Mejicano, bien puede adoptar para título de su lápida sepulcral, el mismo que para sus Memorias adoptó el célebre Beaumarchais: 'Ma vie fut un combat'", en *Apuntes*, 1869, 61. Junta Menor de la Convención española a Ministerio de Estado, 27.II.1868, en AMAE, leg. H-2552.

tercambiadas así como numerosos recortes de periódicos.[163] Es interesante señalar que en Madrid, el encargado de opinar sobre el asunto consideró que la decisión del gobierno mexicano de considerar como pública la deuda contraída en la Convención y subastarla era natural y que, mientras no hubiese relaciones entre México y España, el gobierno español no podía oponerse. Así anotó al margen de la carta enviada por la Junta Menor:

> Los principios que aduce la Junta para protestar contra el modo adoptado de hacer los pagos por subasta, diciendo que no es al deudor a quien corresponde indicar la manera de hacer los pagos, serán muy fundados en justicia pero la experiencia nos tiene demostrado que los gobiernos prescinden de aquellos principios cuando se trata de pagar la deuda pública y unas veces se pagan por subastas y otras en papel del Estado que en general está sumamente más bajo que su valor nominal. Procede pues, a juicio del infrascrito, que al avisar a la Junta Menor [...] se le aconseje se dé por satisfecha ahora con lo resuelto por el Gobierno de México.[164]

Tales consideraciones no fueron comunicadas a la Junta Menor y a Buch hasta el 14 de septiembre de aquel mismo año en que el Ministerio de Estado se dirigió a ellos acusando recibo de sus comunicaciones enviadas en enero y febrero. En este despacho se señalaba que, rotas las relaciones entre España y México y "atendida la actual situación" de esa República, cualquier cosa que se consiguiera, por insignificante que fuese, debía "considerarse como un beneficio inesperado, y aceptarse sin titubear", con la esperanza de que, una vez restablecidas las relaciones entre ambos países, el gobierno de Su Majestad, "siempre solícito en proteger a sus nacionales, cuidará de emplear todos sus esfuerzos para conseguir el más ventajoso resultado en favor de los acreedores españoles".[165]

Es evidente que, una vez rotas las relaciones, poco se podía hacer para ayudar a estos españoles que, por su parte, tantos obstáculos habían puesto en la relación bilateral. La Real Orden fue dictada pocos días antes de que, a fines de septiembre, estallara en España la famosa Revolución de 1868, de la cual fue protagonista el general Prim. Como presidente del Consejo de Ministros, Prim se dedicó, a partir de 1869, con el fin de evitar la ayuda del gobierno mexicano a la reciente insurrección independentista en Cuba, a reanudar las relaciones de amistad con Juárez. Las negociaciones fueron largas y difíciles y, en el ínterin, en diciembre de 1870 el conde de Reus fue

[163] Junta Menor de la Convención española a Ministerio de Estado, 2.I.1868, 27.I.1868 y 9.II.1868, en AMAE, leg. H-2552.

[164] Junta Menor de la Convención española a Ministerio de Estado, 6.III.1868, en AMAE, leg. H-2552.

[165] Ministerio de Estado a Miguel Buch, Lequeitio (Vizcaya), 14.IX.1868, en AMAE, leg. H-2552.

asesinado. Finalmente, la nueva monarquía española, encabezada por Amadeo I, envió a México como ministro plenipotenciario a Feliciano Herreros de Tejada, en abril de 1871. Antes de salir de Madrid se le instruyó de manera pormenorizada acerca del problema de la deuda y de las reclamaciones españolas y se le indicó que, de momento, no tocara el asunto a fin de que las amistosas intenciones del gobierno de Su Majestad y la sinceridad con que la "España Nueva" estaba dispuesta a inaugurar su política en América pudieran ser debidamente apreciadas por el gobierno de México.[166] A su vez, Juárez, a quien también urgía resolver el problema del aislamiento diplomático en que se encontraba su gobierno tras el rompimiento de relaciones con las potencias europeas, aceptó recibir al nuevo plenipotenciario español sin precisar la forma en que se resolvería el problema de la Convención de 1853 y dejando el asunto para más adelante. En realidad, la solución final de este problema debería esperar todavía cerca de 25 años, hasta 1894, en pleno régimen de Porfirio Díaz.

CONSIDERACIONES FINALES

En las páginas anteriores hemos visto que el problema de la deuda y las reclamaciones españolas al gobierno mexicano ocupó un lugar central en las relaciones diplomáticas hispano-mexicanas durante la Intervención francesa y el Imperio de Maximiliano. Este asunto, que venía arrastrándose desde décadas atrás y había sido la causa de desencuentros y aun de rupturas entre México y España, tampoco encontró solución durante el periodo estudiado.

Nuestro análisis se ha centrado en los años que transcurrieron desde la llegada de las tropas españolas al mando del general Prim, en enero de 1862, hasta el triunfo del gobierno juarista y la política seguida por éste frente a las potencias que habían reconocido el Imperio de Maximiliano, como era el caso de España. Las gestiones llevadas a cabo por los representantes del gobierno de Isabel II con el fin de apoyar a los acreedores españoles y lograr el pago de la deuda y de las reclamaciones de sus súbditos resultaron un total fracaso; primero, porque la precaria situación política y financiera del segundo Imperio mexicano impidió que se llegara a concretar arreglo alguno. En segundo lugar, porque la diplomacia española no estuvo a la altura de las circunstancias y su rigidez y aun, a veces, su prepotencia, hicieron imposible cualquier arreglo.

El seguimiento del problema desde sus inicios en 1836 hasta el triunfo

[166] "Instrucciones a Feliciano Herreros de Tejeda", Madrid, 15.III.1871, en PI-SUÑER, 1985, 41.

de la causa republicana sobre el Imperio en 1867 nos ha permitido tener una visión global de su complejidad y, por ende, de la dificultad que representaba solucionarlo. Es evidente que el telón de fondo de toda la cuestión, a lo largo de cerca de cuarenta años de negociaciones, fue la laboriosa gestación de México como nación y las pugnas de los diferentes grupos de poder que luchaban por imponer su propio proyecto político-económico. A raíz del desastre que representó la derrota ante las fuerzas intervencionistas norteamericanas, las posturas de las diferentes facciones fueron radicalizándose. En 1848 los liberales moderados, que asumieron las riendas del poder, pretendieron reconstruir el país y una de las primeras medidas que se propusieron fue sanear las finanzas públicas con los quince millones de la indemnización norteamericana. Decretaron entonces una serie de leyes que afectaron los intereses de varios grupos de prestamistas, quienes, aferrados a su organización corporativa, trataron de defender sus privilegios y no dudaron en oponerse a las nuevas disposiciones.

Bárbara Tenenbaum ha demostrado el papel primordial que jugaron los agiotistas durante este largo periodo de gestación. En efecto, convertidos en prestamistas de los distintos gobiernos, se aprovecharon de la constante penuria del erario mexicano y lograron que su poder e influencia crecieran. En lo que respecta a los agiotistas españoles, hemos visto cómo varios de ellos, nacidos en España pero residentes en México al momento de proclamarse la Independencia, abusaron de la falta de definición del concepto de nacionalidad —mismo que no se legisló de manera clara y precisa hasta la Constitución de 1857— e involucraron a la legación española en asuntos que sólo concernían a la politíca interna del nuevo país. Obtuvieron así que la deuda que tenía para con ellos el gobierno mexicano dejara de ser interior y se convirtiera en exterior.

La continuidad del problema puede apreciarse a través de algunas constantes que reaparecen en diversas facetas y momentos del conflicto. Por un lado, constatamos que la mayoría de los nombres de los reclamantes del periodo estudiado son los mismos que encontramos en años anteriores, todos ellos pertenecientes a importantes casas comerciales o a influyentes grupos corporativos y por lo tanto simpatizantes del grupo conservador. Tales fueron Miguel Buch, antiguo socio de la casa comercial Agüero, González y Compañía, Lorenzo Carrera, José María Bassoco, Casimiro Collado, Manuel Gargollo, Raimundo Mora, José Antonio Béistegui, Pío Bermejillo, etc. Estos prestamistas, que no estaban dispuestos a ceder un ápice de los derechos que creían tener contra el erario mexicano, fueron considerados por los diferentes representantes del gobierno español —incluso por los más exigentes como el marqués de la Ribera— como "voraces" e "inexorables".

Por otro lado, la postura de los liberales mexicanos a lo largo del periodo también fue muy constante. Así, nos encontramos con que la actitud del gobierno liberal moderado de Maximiliano, encabezado por las figuras de José Fernando Ramírez y José María Lacunza, entre 1864 y 1866, consistió en oponerse sistemáticamente a cualquier arreglo que contradijese la política anticorporativista que desde 1848 se habían propuesto los moderados que condujeron las riendas del país después de la guerra con los Estados Unidos. Dicha política fue asumida también por los liberales "puros", cuya figura más importante fue Benito Juárez. Esta continuidad es fácil de entrever al constatar que, a principios de 1868, el gobierno de la República restaurada, encabezado por el propio Juárez, utilizó la misma lista formada por José Higinio Núñez en noviembre de 1855 para deslindar los créditos legítimos de los ilegítimos y así poder llevar a cabo el embargo de bienes de súbditos españoles. De acuerdo con esta política de los liberales mexicanos era de esperar que, al triunfo de la República, el gobierno juarista considerara inexistentes todos los tratados firmados con España y rompiera con dicha potencia, como también lo hizo con Francia y la Gran Bretaña. Los acreedores tuvieron entonces que aceptar las medidas decretadas por el Ministerio de Hacienda y los bonos de la llamada deuda española fueron considerados como deuda interna y se remataron en almoneda pública.

Debido al rompimiento de relaciones, el gobierno de Isabel II nada pudo hacer para ayudar a estos españoles que en México habían puesto tantos obstáculos a la relación bilateral. Parecía entonces que el círculo se había cerrado y que los acreedores volvían a estar en el punto en que se encontraban en 1848. Sin embargo, una coyuntura inesperada, la famosa Revolución de 1868 que derrocó a Isabel II en España, de la cual fue protagonista principal el general Prim y el inicio de la primera guerra de independencia en Cuba, dio un vuelco al asunto, pues el conde de Reus, con el fin de evitar la ayuda del gobierno mexicano a la reciente insurrección cubana, buscó reconciliarse con México. Así, después de largas y difíciles negociaciones se restablecieron las relaciones hispano-mexicanas en 1871, aunque a base de soslayar el problema de la deuda y de las reclamaciones españolas, mismo que, como ya dijimos, sería definitivamente resuelto en 1894.

Por último, creemos que cabe insistir en que, si bien tanto la mayoría de los representantes españoles en México como los distintos gobiernos conservadores, moderados y unionistas del reinado de Isabel II consideraron inflexiblemente el problema de la deuda como un asunto de mala voluntad de México hacia España y lo asumieron rígidamente como una cuestión de honor para su gobierno, también hubo una corriente política progresista que apoyó las medidas adoptadas por los liberales mexicanos, en el sentido de que el gobierno de México tenía razón al pedir que se revisaran los créditos incluidos en la Convención de 1853. Así, desde Miguel de los Santos Álvarez en 1856, pasando por el general Prim hasta llegar a Jacinto Albistur en 1863, se creyó en que efectivamente existía la posibilidad de que se hubieran introducido algunos créditos ilegales y de que el gobierno de Isabel II estaba siendo injusto con el mexicano al exigir la estricta observancia de la Convención. Esta forma de pensar respondía al modo más flexible y conciliador con que el progresismo español veía las relaciones entre México y España, y aun entre la antigua metrópoli e Hispanoamérica.

SIGLAS Y REFERENCIAS

ARCHIVOS

AGN-GRE:	Archivo General de la Nación, México: Fondo de Gobernación y Relaciones Exteriores.
AHSRE:	Archivo Histórico de la Secretaría de Relaciones Exteriores, México.
AHEEM-Colmex:	Archivo Histórico de la Embajada de España en México, en microfilm de El Colegio de México.
AMAE:	Archivo del Ministerio de Asuntos Exteriores, Madrid.

BIBLIOGRAFÍA

ÁLVAREZ, Miguel de los Santos
1859 *Exposición dirigida a las Cortes por don Miguel de los Santos Álvarez, enviado extraordinario y ministro plenipotenciario que ha sido de Su Majestad en Méjico.* Madrid: Imprenta de don Antonio Aoiz.

Apuntes
1869 *Apuntes sobre la Convención española formados en 1859 y 1868.* México: Imprenta de Escalante y Cía.

ARBOLEYA, José G.
1861 *España y Méjico, compendio de historia universal.* La Habana: Imprenta Cubana.

ARRANGOIZ, Francisco de Paula de
1974 *México desde 1808 hasta 1867.* México: Porrúa [1ª ed.: México, 1871-1872].

BLUMBERG, Arnold
1971 "The Diplomacy of the Mexican Empire, 1863-1867", en *Transactions of the American Philosophical Society*: Filadelfia, LXI (noviembre), 3-152.

BRADING, David A.
1971 *Mineros y comerciantes en el México borbónico.* México: Fondo de Cultura Económica.

CHAPMAN, John G.
1975 *La construcción del ferrocarril mexicano, 1837-1880.* México: Secretaría de Educación Pública, «Sep-Setentas, 209».

DELGADO, Jaime
1990 *La monarquía en México (1845-1847)*. México: Porrúa.
DÍAZ, Lilia
1967 *Versión francesa de México*. México: El Colegio de México, 4 vols.
DÍAZ, Luis Miguel y Jaime G. MARTINI, comps.
1977 *Relaciones diplomáticas entre México y España*. México: Porrúa.
Documentos
1851 *Documentos relativos al arreglo de la deuda interior de la República Mexicana, mandados a imprimir de orden del Supremo Gobierno*. México: s.e.
ESTRADA, Genaro
1925 *Don Juan Prim y Prats y su labor diplomática en México*. México: Secretaría de Relaciones Exteriores.
FALCÓN, Romana
1996 *Las rasgaduras de la descolonización: españoles y mexicanos a mediados del siglo XIX*. México: El Colegio de México.
FUENTES MARES, José
1972 *Juárez y la Intervención*. México: Editorial Jus.
GONZÁLEZ, María del Refugio, estudio y ed.
1996 *Ordenanzas de la Minería de la Nueva España formadas y propuestas por su Real Tribunal*. México: UNAM.
Informe
1834 *Informe del apoderado de los acreedores a los fondos del Establecimiento de Minería, en un recurso dirigido al Supremo Gobierno por los responsables de las cuentas de aquel ramo, y algunos otros sobre el nombramiento de una Comisión Interventora*. México: Imprenta a cargo de M. Arévalo.
LAFRAGUA, José María
1857 *Memorandum de los negocios pendientes entre México y España*. Poissy: Tipografía d'Arbieu.
LIDA, Clara, coord.
1994 *Una inmigración privilegiada. Comerciantes, empresarios y profesionales españoles en México en los siglos XIX y XX*. Madrid: Alianza Editorial.
PEÑA Y REYES, Antonio de la
1925 *El Tratado Mon-Almonte*. México: Secretaría de Relaciones Exteriores.
PAYNO, Manuel
1857 *Memoria sobre la Convención española*. México: Imprenta de Ignacio Cumplido.
1862 *México y sus cuestiones financieras con la Inglaterra, la España y la Francia. Memoria que por orden del Supremo Gobierno Constitucional*

de la República escribe el C. Manuel Payno. México: Imprenta de Ignacio Cumplido.

1981 *Cuentas, gastos, acreedores y otros asuntos del tiempo de la intervención francesa y del Imperio. Obra escrita y publicada de orden del Gobierno Constitucional de la República por M. Payno. De 1861 a 1867*. México: Porrúa-SHCP [1ª ed.: 1868].

PI-SUÑER, Antonia

1985 *México y España durante la República Restaurada*. México: Secretaría de Relaciones Exteriores.

1989 "La cuestión mexicana en un periódico liberal español", en *Estudios* (ITAM), 16, 35-54.

1992 "José María Lacunza", en *Cancilleres de México*. 2 vols., México: Secretaría de Relaciones Exteriores, I, 349-364.

1994 "Negocios y política a mediados del siglo XIX", en LIDA, coord., 75-96.

1996 *El general Prim y la cuestión de México*. México: UNAM-Secretaría de Relaciones Exteriores.

PRIETO, Guillermo

1989 *Lecciones elementales de economía política*. México: Facultad de Economía, UNAM [ed. facs.].

RIVA PALACIO, Vicente, coord.

1980 *México a través de los siglos*. México: Editorial Cumbre [1ª ed.: 1884-1889].

RIVERA CAMBAS, Manuel

1987 *Historia de la intervención europea y norteamericana en México y del Imperio de Maximiliano de Habsburgo*. 3 vols. México: Instituto Nacional de Estudios Históricos de la Revolución Mexicana [1ª ed.: 1888-1895].

SOTO, Miguel

1988 *La conspiración monárquica en México*. 1845-1846. México: EOSA.

TAMAYO, Jorge

1965-73 *Documentos, discursos y correspondencia de Benito Juárez*. 15 vols., México: Secretaría del Patrimonio Nacional.

TENENBAUM, Barbara

1985 *México en la época de los agiotistas*. México: Fondo de Cultura Económica.

TERRAZAS, Marcela

1990 *Los intereses norteamericanos en el noroeste de México*. México: UNAM.

VELASCO, Cuauhtémoc *et al.*

1988 *Estado y minería en México (1767-1910)*. México: Fondo de Cultura Económica-SEMIP.

VIGIL, José María
1980 "La Reforma, la intervención y el imperio", en RIVA PALACIO, coord., vols. 9 y 10.

HEMEROGRAFÍA

La América, Madrid, 1862.
Diario Oficial, México, 1867 y 1868.

2. LA DIPLOMACIA HISPANO-MEXICANA: DE LA INTERVENCIÓN TRIPARTITA A LA CAÍDA DEL IMPERIO

Agustín Sánchez Andrés

Tradicionalmente, la historia de las relaciones hispano-mexicanas a lo largo de la etapa en la que se desarrolló la intervención europea en México se ha centrado en el estudio del papel desempeñado por Madrid en la génesis y el fracaso de la expedición tripartita a México, así como en el análisis de la paralela evolución de la actitud del gobierno de Benito Juárez hacia España. En este sentido, si bien existen varias monografías que se ocupan de las relaciones hispano-mexicanas entre 1861 y 1863, no sucede lo mismo con el periodo comprendido entre 1864 y 1867.[1]

Varios factores han incidido en la existencia de este vacío historiográfico, pero aquí señalaremos solamente los dos más significativos para nuestro enfoque. Por una parte, la historiografía mexicana se ha visto afectada por un debate que, desde el punto de vista del estudio de las relaciones internacionales, que es el que nos interesa, ha llevado a la mayoría de los especialistas a considerar que el segundo Imperio mexicano carecía de una entidad propia como sujeto independiente dentro del marco de las relaciones internacionales, pese a que los trabajos de Arnold Blumberg revelaron en la década de 1970 la existencia de una política exterior imperial autónoma.[2] Por otra parte, la mayoría de los estudios que se ocupan de la política desarrollada por España en su relación con México entre 1860 y 1867 han adoptado un enfoque unilineal. Desde esta perspectiva, la mayor parte de los historiadores se ha limitado, durante este periodo, a sostener la continuación de la diplomacia intervencionista llevada a cabo por Madrid durante las dos décadas anteriores con el fin de conseguir la entronización de un monarca español en este país.[3]

El primer punto ha provocado la marginación del segundo Imperio en el estudio de las relaciones internacionales de México entre 1864 y 1867 y

[1] Sobre la política española hacia México entre 1861 y 1863, *cf.* Miquel i Verges, 1949; Cortada, 1978 y Pi-Suñer, 1991 y 1996. Sobre las relaciones hispano-mexicanas entre 1855 y 1867, *cf.* Falcón, 1996.

[2] Blumberg, 1987. Sobre dicho debate, *cf.* Pani, 1998.

[3] Sierra, 1985; Galindo, 1987; Miquel i Verges, 1949; Schefer, 1963; Hanna y Hanna, 1973; Fuentes, 1962 y 1975.

ha conducido a la historiografía mexicana a centrarse exclusivamente en el análisis de la diplomacia de baja intensidad implementada por el gobierno juarista, depositario de la legalidad republicana. Dicha omisión puede resultar comprensible en el análisis de las relaciones entre México y los Estados Unidos durante este periodo, pues en este caso existió una relación de clara dependencia de la diplomacia imperial con respecto a la francesa, ya que el gobierno estadounidense no reconoció a Maximiliano y se negó a tratar directamente con sus agentes. No obstante, esta omisión resulta inaceptable al estudiar las relaciones entre México y aquellas potencias europeas que reconocieron al segundo Imperio y, por lo tanto, canalizaron a través del mismo sus relaciones con México durante esta etapa. Esto nos lleva a plantear en nuestro trabajo el estudio de la diplomacia imperial hacia España, no sólo porque creemos que el análisis de las relaciones hispano-mexicanas únicamente puede realizarse de manera rigurosa desde una perspectiva bilateral, sino porque con ello esperamos contribuir al estudio de un aspecto poco conocido de la historia de las relaciones exteriores de México.

El segundo punto constituye, desde nuestro punto de vista, un análisis excesivamente superficial de la política española hacia México durante la década de 1860, pese a que algunos especialistas han comenzado a cuestionar recientemente dichos planteamientos.[4] En este sentido, creemos que la política implementada hacia México por los distintos gobiernos españoles que se sucedieron a lo largo del periodo atravesó distintas fases. Consideramos que la identificación de dichas etapas, de los factores que dieron lugar a las mismas y de los objetivos perseguidos en cada caso permitirá no sólo cuestionar la presunta unilinealidad de la política española hacia México entre 1861 y 1867, sino también determinar los diferentes grupos de presión que participaron en el proceso de toma de decisiones en esta materia, cuestión que constituye uno de los objetivos de este trabajo.

Todo ello nos ha llevado a plantear un estudio diacrónico de las relaciones hispano-mexicanas entre 1861 y 1867, que, a su vez, nos ha conducido a organizar el trabajo en tres grandes apartados, correspondientes a cada una de las diferentes etapas por las que atravesaron las relaciones entre España y México durante este periodo. La primera parte estudia la evolución de dichas relaciones durante la Intervención tripartita. Ello nos permite analizar, en un segundo apartado, los factores que, entre 1863 y 1864, condujeron a la diplomacia española a optar por el régimen imperial como único interlocutor de España en México. Finalmente, una tercera sección aborda el estudio de las relaciones entre España y el Imperio en el periodo 1865-1867.

[4] Pi-Suñer, 1991 y 1996; Falcón, 1996.

ESPAÑA Y LOS PROLEGÓMENOS DEL SEGUNDO IMPERIO (1861-1863)

La activa participación de España en los proyectos de intervención europea en México, cuyo colofón fue la firma del Convenio de Londres en octubre de 1861, constituía la culminación de una larga serie de proyectos precedentes de la diplomacia española para incorporar a México a su área de influencia en el Caribe.

Dichos proyectos deben enmarcarse en el enfrentamiento geopolítico entablado en el Caribe durante el segundo tercio del siglo XIX entre Europa, en general, y España, en particular, por una parte, y los Estados Unidos, por otra. España, que debió enfrentar la presión creciente de los Estados Unidos sobre Cuba y Puerto Rico, trató de extender su área de influencia a otros países de la región, como México y la República Dominicana, con el objetivo de constituir contrapesos que frenaran el expansionismo estadounidense sobre sus colonias antillanas.[5]

No obstante, a diferencia de su rival norteamericano, España nunca pudo implicarse de manera directa en los escenarios colaterales en los que ambas potencias dirimían su hegemonía en el Caribe. Consciente de su debilidad frente a los Estados Unidos, la política española en el Caribe y el Golfo de México gravitó en torno al interés de Francia y la Gran Bretaña por mantener el delicado equilibrio de poder existente en la zona y evitar que fuera puesto en peligro por un conflicto entre España y la potencia americana.[6] Este hecho lastró en gran medida los proyectos españoles para extender su influencia en México y acrecentó la frustración de Madrid, que tuvo que contemplar resignadamente como la intervención de los Estados Unidos en este país entre 1846 y 1848, las presiones diplomáticas ejercidas por Washington sobre el gobierno mexicano en 1853 y la implicación de la escuadra norteamericana en la guerra de Reforma en 1860 hacían fracasar sus propios proyectos y aumentaban el riesgo de anexión de México a la potencia americana.

Esta eventualidad constituía un constante peligro para los intereses de España en las Antillas, amenazados desde la década de 1850 por la extensión entre amplios sectores de la oligarquía cubana de un clima favorable a la anexión de la isla a los Estados Unidos. Durante este periodo, la sucesión de

[5] CORTADA, 1978, 387-389.

[6] En este sentido, en julio de 1860, la Gran Bretaña obligó a España a desistir de sus proyectos intervencionistas en México, invocando el peligro de que se produjera un conflicto con los Estados Unidos en el Caribe. La prudencia de la Foreing Office estaba justificada, pues el Departamento de Estado manifestó dos meses más tarde al ministro español en Washington, Gabriel García Tassara (en adelante, Tassara), que enviaría una escuadra a Veracruz en el caso de que esta ciudad fuera ocupada por alguna potencia europea. Tassara a Ministerio de Estado, 3.IX.1860, en AMAE, leg. H-2546.

diversas conspiraciones anexionistas y las presiones diplomáticas de la propia administración norteamericana para la compra de Cuba habían empujado a Madrid a adoptar una actitud defensiva. Dicha actitud se tradujo en la acentuación del proceso de centralización y militarización del régimen político-administrativo de Cuba y Puerto Rico y en un creciente repliege de la influencia española en la región.

Sin embargo, a principios de la década de 1860 tuvo lugar un cambio de coyuntura que afectó por igual al Caribe y al Golfo de México. Desde una perspectiva internacional, en abril de 1861 se produjo el estallido de la guerra de Secesión norteamericana, seguida, pocos meses después, por la ruptura del gobierno de Juárez con Francia e Inglaterra. Desde una perspectiva interna española, la consolidación en el poder del gobierno constituido por Leopoldo O'Donnell, en julio de 1858, coincidía con el inicio de un ciclo de expansión económica y de estabilidad interior que se extendería hasta 1865.[7] Todo ello vino acompañado de la remisión de las tendencias anexionistas en Cuba y del comienzo de un proceso de aproximación entre el gobierno metropolitano y la oligarquía criolla dirigido a integrar a dicha élite en la base de consenso del régimen.[8] La nueva coyuntura española e internacional delimitaba un nuevo escenario en la región que permitía a España volver a plantear la inclusión de México en su esfera de influencia y hacía factible, por primera vez desde la década de 1830, una intervención directa en este país en apoyo de sus objetivos.

A grandes rasgos, éste fue el marco en el que se produjo la participación de España en el Convenio de Londres. Este marco servirá de referencia para analizar la actitud adoptada frente a la Intervención tripartita y el Imperio mexicano por los distintos actores que condicionaron el proceso de toma de decisiones en esta materia de los diferentes gobiernos españoles que se sucedieron a lo largo del periodo.

España y el Convenio de Londres

El triunfo del partido liberal en la guerra de Reforma, en diciembre de 1860, supuso la apertura de una nueva crisis en el capítulo de las complicadas relaciones hispano-mexicanas. La nueva crisis obedecía, en última instancia, al alineamiento de Madrid con el régimen conservador de Miguel Miramón a raíz de la firma del Tratado Mon-Almonte en septiembre de 1859. Este tratado, suscrito en París por el ministro plenipotenciario mexicano en Francia, Juan Nepomuceno Almonte, y el comisionado especial del gobierno de

[7] SÁNCHEZ JIMÉNEZ, 1991, I, 436-441.
[8] NAVARRO, 1992, 251-256.

Isabel II, Alejandro Mon, ratificaba las deudas reconocidas por el último gobierno de Santa Anna en la Convención de 1853 y contemplaba la concesión de una serie de reparaciones por los asesinatos de españoles cometidos en 1856.[9] El gobierno de Juárez no sólo se negó a reconocer la validez de este tratado, sino que, en enero de 1861, decretó la expulsión del embajador español, Joaquín Francisco Pacheco, lo cual supuso la ruptura de relaciones entre ambos países y llevó a España al borde de una intervención en México.

El papel desempeñado por España en la génesis de la Intervención tripartita ha sido objeto de múltiples interpretaciones.[10] Sin embargo, parece existir consenso entre la mayoría de los especialistas respecto a la existencia de una cierta distensión en las relaciones hispano-mexicanas durante el periodo que media entre la expulsión del embajador Pacheco, en enero de 1861, y el fracaso de las conversaciones bilaterales que se desarrollaron en París en agosto de ese mismo año.

Desde el punto de vista español, la actitud conciliadora adoptada por Madrid durante esta etapa estuvo determinada tanto por la sospecha de que el gobierno de Juárez buscaba deliberadamente un enfrentamiento con España que acabara involucrando a los Estados Unidos, como por el reciente fracaso de la diplomacia española a la hora de obtener el respaldo de Francia y la Gran Bretaña para su política intervencionista en México.[11]

Desde el punto de vista mexicano, el relevo que tuvo lugar en la cúpula del Ministerio de Relaciones Exteriores en febrero de 1861, con la sustitución de Melchor Ocampo por el más conciliador Francisco Zarco, parece indicar el deseo del gobierno mexicano de evitar un conflicto directo con España en un momento en que el progresivo agravamiento de la crisis política en los Estados Unidos hacía cada vez más dudoso el respaldo de esta nación. En tal sentido, pocos días después de asumir la cartera de Relaciones Exteriores, Zarco comunicaba al ministro español en Francia, Alejandro Mon, la disposición de su gobierno de estrechar las relaciones con España y de llegar a

[9] Sobre el Tratado Mon-Almonte, *cf.* PEÑA, 1925. Sobre los violentos incidentes que tuvieron lugar en 1856 en San Vicente (Morelos) y San Dimas (Durango), *cf.* Pedro Sorela, encargado de negocios de España en México, a Ministerio de Estado, 22.I.1857, en AGA-AE, leg.101.

[10] La bibliografía sobre este tema es amplia. Destacan, entre otros, los trabajos de SIERRA, 1985; GALINDO, 1987; MIQUEL I VERGÉS, 1949; SCHEFER, 1963; HANNA y HANNA, 1973; FUENTES, 1962 y 1975; CORTADA, 1978; FALCÓN, 1996, y, fundamentalmente, PI-SUÑER, 1991 y 1996.

[11] Respecto del primer punto, Tassara y Francisco Serrano, gobernador y capitán general de Cuba, coincidían en recomendar a Madrid prudencia ante el peligro de que el gobierno juarista estuviera actuando en connivencia con el de los Estados Unidos para provocar una intervención norteamericana en Cuba; *cf.* Tassara a Ministerio de Estado, 23.XI.1861, en AMAE, leg. H-2547. El Ejecutivo español compartía las dudas respecto de las verdaderas intenciones de Juárez; *cf.* BECKER, 1924, II, 488-489. Respecto de los intentos de España para arrastrar a Francia y a la Gran Bretaña a una intervención en México entre 1859 y 1860, *cf.* SCHEFER, 1963, 54-60, y BOCK, 1966, 43-55.

un acuerdo en torno de los contenciosos pendientes entre ambos países. Con este objeto, anunciaba el próximo envío a París de un plenipotenciario dotado de plenos poderes para negociar un nuevo tratado bilateral, cargo para el que se designó el 25 de febrero al antiguo ministro de Relaciones Exteriores Juan Antonio de la Fuente.[12]

Sin embargo, la rápida transformación del escenario internacional ocurrida entre abril y julio de 1861 puso fin a esta etapa de relativa distensión entre los dos países. El estallido de la guerra de Secesión norteamericana en abril de ese mismo año eliminaba el principal obstáculo para una intervención europea en México y el Caribe. La nueva coyuntura fue aprovechada por el gobierno de O'Donnell para retomar la iniciativa en la pugna geopolítica que España libraba con los Estados Unidos en esta región. El primer escenario elegido por Madrid para el desarrollo de una política más agresiva fue Santo Domingo, donde las gestiones realizadas por el presidente dominicano Pedro Santana para establecer un protectorado español sobre este país acabaron desembocando en la reincorporación de la República Dominicana a la corona española en mayo de 1861.[13] Como objetivo colateral de dicha operación, el ejecutivo de Madrid esperaba que la presencia de tropas españolas en Santo Domingo permitiera contrarrestar la creciente influencia de Washington sobre Haití, cuya actitud hacia la población esclava de Cuba suscitaba el recelo de las autoridades coloniales.[14] Paralelamente a la extensión de la influencia española en el Caribe, la decisión del gobierno mexicano de suspender el pago de los intereses de la deuda externa, llevada a efecto a través de un decreto de 17 de julio de 1861, supuso la ruptura de Francia y la Gran

[12] ARRANGOIZ, 1968, 447-448; GALEANA, 1990, 123. Ello no significaba que el sector más radical del Partido Liberal dejara de ver en la guerra con España una oportunidad para consolidar el régimen liberal dentro del país. En este sentido, a mediados de 1861, tanto De la Fuente como Matías Romero, ministro mexicano en Washington, propusieron sin éxito a Juárez que declara la guerra a España, adelantándose de esta manera a una hipotética intervención española en México que arrastrara a otras potencias; *cf.* SIERRA, 1985, 692.

[13] Los planes del gobierno español se limitaban a tratar de establecer un protectorado en el país caribeño, campo tradicional de enfrentamiento entre las influencias estadounidense y española desde su independencia de Haití en 1844. Sobre este tema, *cf.* SOLNICK, 1970, 160-161. Sin embargo, el temor de la oligarquía dominicana a una nueva invasión haitiana y los proyectos de la Secretaría de Estado para colonizar el país con libertos norteamericanos llevaron a Santana a proclamar unilateralmente la anexión a España en abril de 1861. Sobre este extremo, *cf.* MEJÍA, 1977, 413-436. Ello sorprendió al gobierno de Madrid, que sólo aceptó la reanexión un mes más tarde, tras ciertas vacilaciones. Sobre este asunto, *cf.* BEMIS, 1944, 117; SANTOVENIA, 1956, 154 y SÁNCHEZ JIMÉNEZ, 1991, I, 444-445. El real decreto de 19 de mayo de 1861, por el que se reincorporaba la República Dominicana a España, puede consultarse en AHN-Ultramar, leg. 5485, doc. 2.

[14] Sobre esta cuestión, *cf.* la correspondencia cruzada entre el Ministerio de Estado y el consulado español en Puerto Príncipe en noviembre de 1861, en AHN-Ultramar, leg. 5485, doc. 15.

Bretaña con México. La negativa de las autoridades mexicanas a reconsiderar su decisión llevó a estas potencias a iniciar, en agosto de ese mismo año, negociaciones bilaterales encaminadas a adoptar una postura común frente al desafío planteado por este país.

La nueva coyuntura internacional y los tendenciosos informes enviados a Madrid durante el verano de 1861 por el ministro francés en México, Pierre Elizodor Alphonse Dubois de Saligny, encargado de la defensa de los intereses españoles en este país, condujeron a Madrid a endurecer su actitud con México.[15] En este marco, las conversaciones mantenidas en París por Mon y De la Fuente, en agosto de 1861, fracasaron a consecuencia de la insistencia española en que el nuevo acuerdo hispano-mexicano recogiera las cláusulas del Tratado Mon-Almonte y ofreciera una adecuada satisfacción a la expulsión del embajador español en enero de 1861. La negativa del gobierno de México a aceptar estas condiciones llevó al gabinete presidido por Leopoldo O'Donnell a considerar la posibilidad de retomar los antiguos proyectos de intervención en México, en un momento en que la nueva situación internacional parecía despejar los obstáculos que anteriormente habían impedido su materialización.[16] Por otra parte, Madrid contaba ahora con los medios operativos para una intervención en la región, dada la existencia de un cuerpo expedicionario en Cuba, acantonado a lo largo del año anterior en previsión de una intervención en el Golfo de México, y el hecho de que la reanexión pacífica de la República Dominicana no comprometía aún contingentes importantes de dichas fuerzas.[17] En este contexto, el gabinete de O'Donnell optó por mantener una actitud expectante de la posición que Francia y la Gran Bretaña adoptaran finalmente hacia México.

El gobierno español estaba parcialmente informado del desarrollo de las conversaciones franco-británicas a través de la intencionada filtración de las mismas por el gabinete imperial al ministro español en París. Este hecho respondía al interés de Napoleón III por asociar a España al proyecto intervencionista pese a las reticencias inglesas.[18] Durante el transcurso de dichas negociaciones, iniciadas a finales de agosto de 1861, el ministro francés de Asuntos Extranjeros, Antoine Edouard Thouvenel, comunicó al representante mexicano en París la intención de los gobiernos francés y británico

[15] BECKER, 1924, II, 496-497; CORTADA, 1978, 406. Sobre la actitud de Saligny, *cf.* DÍAZ, 1967, II, 268-269.

[16] Este giro fue advertido por los agentes juaristas en Europa, de manera que José Murga informaba desde el consulado mexicano en Burdeos, en septiembre de 1861, que el gobierno de O'Donnell se proponía establecer en México un protectorado español o implantar un régimen monárquico en la persona de Juan de Borbón, primo de la Reina. GONZÁLEZ NAVARRO, 1993, I, 434.

[17] Serrano a Ministerio de Estado, 3.V.65, en AHN-Ultramar, leg. 3525, doc. 11.

[18] SCHEFER, 1963, 114-115.

de ocupar las aduanas de Veracruz y Tampico, aun cuando todavía no existía un acuerdo definitivo entre ambos gobiernos sobre esta cuestión.[19] El contenido de esta conversación, mantenida el 3 de septiembre, llegó a conocimiento de Mon tres días más tarde. Ese mismo día, el ministro español, adelantando acontecimientos, telegrafiaba a Madrid que Francia y la Gran Bretaña se disponían a ocupar las aduanas de Veracruz y Tampico sin contar con España.[20]

La extrema rapidez de la reacción del gobierno español frente a dicha noticia constituye la mejor prueba de que, desde el fracaso de las conversaciones de agosto, Madrid había optado por intervenir abiertamente en México en el momento en que se sintiera respaldada por París y Londres. En este sentido, el gobierno de O'Donnell decidió tomar la iniciativa. Para ello, el ministro de Estado, Saturnino Calderón Collantes, fingiendo ignorar el telegrama de Mon, ordenó ese mismo día a las legaciones de París y Londres que se informaran oficialmente de la posición adoptada por los gobiernos de Francia y la Gran Bretaña ante la cuestión mexicana. Horas más tarde comunicaba a dichas legaciones que el gobierno de Madrid, por correo especial, había ordenado al capitán general de Cuba ocupar Veracruz o Tampico. El ministro de Estado encargaba a los representantes españoles que trasmitieran a dichas potencias la decisión adoptada unilateralmente por el gabinete de O'Donnell, manifestando asimismo la disposición del gobierno de Su Majestad de aceptar la colaboración de las mismas en el desarrollo de la expedición a México:

> Si la Inglaterra y la Francia convienen en proceder de acuerdo con España, que se reúnan las fuerzas de las tres potencias, tanto para obtener la reparación de los agravios como para obtener un orden regular y estable en Méjico. Si prescinden de España, el Gobierno de la Reina, que esperaba un momento favorable para obrar con vigor sin dar motivos á que se le atribuyan miras políticas de ningún género obtendrá las satisfacciones que tiene derecho á reclamar empleando las fuerzas que posee, superiores á las que se necesitan para realizar una empresa de este género.[21]

De esta forma, O'Donnell colocaba a Francia y a la Gran Bretaña ante una política de hechos consumados. La actitud española favorecía los planes de Napoleón III hacia México, de manera que el 9 de septiembre Mon comunicaba a su gobierno la adhesión de Francia a la iniciativa española, confirmada oficialmente ese mismo día a Calderón Collantes por el repre-

[19] SCHEFER, 1963, 113.

[20] Mon a Ministerio de Estado, 3.IX.1861, en AMAE, leg. H-2547.

[21] Circular del Ministerio de Estado a los representantes españoles en París, Londres y Washington, 6.IX.1861, en AMAE, leg. H-2547.

sentante galo en Madrid.[22] Mayores dificultades planteó la Gran Bretaña, que no definió su posición hasta el 8 de octubre y que sólo se decidiría finalmente a participar en la expedición conjunta con la condición de que la misma se limitara a ocupar las aduanas mexicanas, absteniéndose de intervenir en los asuntos internos de este país, y se invitara a participar en dicha expedición a los Estados Unidos.[23] La negativa de la debilitada potencia americana a formar parte de un proyecto al que, lógicamente, consideraba como una intrusión oportunista en su propia esfera de influencia no impidió el desarrollo de las negociaciones entre las tres potencias europeas.[24] Dichas negociaciones culminaron finalmente en la firma del Convenio de Londres el 31 de octubre de 1861, ambiguo acuerdo que, por la vaguedad de sus términos, encubría la existencia de intereses contrapuestos por parte de cada una de las potencias involucradas.[25]

A lo largo del último trimestre de 1861, el gobierno español ultimó los preparativos militares de la expedición: transmitió instrucciones al general Serrano, gobernador de Cuba, para que una escuadra ocupara Veracruz o Tampico, tras formular al gobierno mexicano un ultimátum en el que se exigía la ratificación del Tratado Mon-Almonte, la concesión de una adecuada indemnización a los ciudadanos españoles afectados por la guerra civil que se había desarrollado en México y el envío a Madrid de un plenipotenciario que diera a España satisfacciones por la expulsión del embajador Francisco Pacheco en enero de 1861.[26]

En la historiografía relacionada con esta cuestión no existe un consenso en torno a la identidad de los verdaderos objetivos que perseguía el gobierno español con motivo de la Intervención tripartita. Tradicionalmente, la mayoría de los autores ha considerado que España se limitaba a pretender implantar una monarquía tutelada en México en la persona de un Borbón, proyecto que se vería frustrado por la rivalidad de Francia y la clarividencia del plenipotenciario español, Juan Prim.[27] Más recientemente, otros especialistas han percibido distintos matices en la política que España estableció con México durante el periodo que media entre la decisión de intervenir, en septiembre de 1861, y la retirada de Prim en abril de 1862.[28]

[22] SCHEFER, 1963, 116.

[23] GRAJALES, 1974, I, 106; CORTADA, 1978, 406-407.

[24] GRAJALES, 1974, I, 105-106.

[25] El Tratado de Londres puede consultarse en GRAJALES, 1974, I, 107-109. Sobre el proceso de negociación, *cf.* ROBERTSON, 1940, y BOCK, 1966.

[26] Ministerio de Estado a Serrano, 11.IX.1861, en AMAE, leg. H-2548.

[27] GARCÍA, 1904, 60-63; RIVERA, 1961, 615; SIERRA, 1985, 557; PÉREZ DE ACEBEDO, 1933, 37; SANTOVENIA, 1939, 40-102; MIQUEL I VERGÉS, 1949, 156; FUENTES, 1962, 63-65; SCHEFER, 1963, 123; OLIVAR, 1970, 87; HANNA y HANNA, 1973, 32-41; RENOUVIN, 1982, 281.

[28] CORTADA, 1978, 406; PI-SUÑER, 1996, 117-120 y 167.

Entre estos últimos, coincidimos con Antonia Pi-Suñer en la indefinición de los objetivos de la acción española hacia México durante este periodo, ya que, creemos, la política emprendida por España contemplaba varios escenarios posibles, cada uno de los cuales respondía a los objetivos de distintos grupos de presión interesados en la cuestión mexicana, sin que la diplomacia española llegara a delimitar una línea uniforme de acción que jerarquizara los intereses de dichos grupos.

En este contexto, se produjo una convergencia entre la corte, cuya posición sobre la cuestión mexicana contaba con el respaldo de amplios sectores del partido moderado, y la cúpula de la administración colonial española en Cuba. Ambos grupos coincidieron inicialmente en la conveniencia de aumentar la influencia de España en la región mediante la instauración de una monarquía borbónica en México. Sin embargo, en el primer caso, las razones de dicha actitud obedecían a consideraciones de índole puramente dinástica.[29] Por el contrario, la postura predominante en la capitanía general de Cuba respondía a motivaciones de carácter geopolítico, tendentes a consolidar la posición de España en las Antillas en un momento en que se presentaba una coyuntura excepcional para ello. En este sentido, la administración colonial consideraba que la inclusión de México en la esfera de influencia española en la región constituía una continuación necesaria de la política intervencionista iniciada con la reanexión de la República Dominicana. Esto condujo a este grupo de presión, cuya cabeza visible era el general Serrano, capitán general de Cuba, a distanciarse de los proyectos de restauración dinástica cuando en 1862 se puso de manifiesto la inviabilidad de los mismos, por lo cual prefirió entonces propugnar la implantación en México de un gobierno republicano de carácter conservador afín a los intereses españoles en la región.[30]

También se mostraba abiertamente intervencionista un tercer grupo de presión constituido por los tenedores de bonos de la llamada Convención española. En 1859 dicho grupo, integrado por un conjunto de poderosos agiotistas españoles y mexicanos con importantes conexiones políticas en Madrid y México, había conseguido que sus intereses quedaran garantizados por un tratado internacional: el Tratado Mon-Almonte.[31] La negativa del gobierno liberal a reconocer las obligaciones internacionales contraídas por el régimen de Miramón, condujo a este grupo de agiotistas a promover acti-

[29] GARCÍA, 1972, 144-146. Sobre los diferentes proyectos barajados por la Corte para aplicarlos en México durante la Intervención, *cf.* ZAMACOIS, 1880, XV, 759-761 y PI-SUÑER, 1996, 83. Sobre los precedentes de dichos proyectos, *cf.* PRUNEDA, 1994, 203-206; RIPPY, 1922, 390-391 y SOTO, 1988.

[30] Serrano a Ministerio de Estado, 30.VI.1862, en AMAE, leg. H-2549.

[31] Sobre las actividades de Lorenzo Carrera y Miguel Lozada, principales exponentes de este grupo en la década de 1850, *cf.* PI-SUÑER, 1994, 90-93.

vamente una intervención española en México que defendiera sus intereses bajo la cobertura de la dignidad nacional.[32]

En este juego de intereses cruzados, la posición que prevalecía respecto de la cuestión mexicana en el seno del ministerio de O'Donnell respondía en líneas generales a las características revestidas por la que se ha denominado, un tanto ambiguamente, "diplomacia de prestigio". Con esta denominación se conoce a la política exterior practicada por el gobierno de la Unión Liberal entre 1858 y 1861, que sería, según expresión de José María Jover, "la forma de acción política exterior propia de la burguesía moderada, emprendida por razones de prestigio, pero sin intención —ni posibilidades— de alterar el *statu quo* defendido por las grandes potencias".[33] En este sentido, creemos, como James W. Cortada, que el principal objetivo de O'Donnell se limitaba a presionar al nuevo gabinete mexicano para obtener el reconocimiento de las concesiones arrancadas anteriormente al gobierno conservador de Miramón.[34] Con ello se pretendía, por una parte, aumentar la influencia y el prestigio de España en una zona vital para sus intereses, al tiempo que, por otra, se esperaba provocar, en la propia opinión pública española, los sentimientos de adhesión nacionalista al gobierno que habían suscitado las recientes aventuras militares en el sudeste asiático y África.[35] En este marco, O'Donnell contemplaba el establecimiento de un monarca español en México sólo como una hipotética consecuencia colateral de la intervención, sin llegar, por ello, a promover ninguna acción dirigida directamente a la consecución de dicho objetivo, como propugnaban la corte, amplios sectores del partido moderado y los grupos de presión interesados en la seguridad de las Antillas.[36] En la actitud del líder unionista debió influir, sin duda, la postura adoptada por Tassara, que, como representante español en los Estados Unidos, gozaba de la absoluta confianza de O'Donnell, a quien había manifestado repetidamente sus dudas acerca de la viabilidad de una monarquía en México.[37]

La situación se fue despejando en el transcurso del mes de octubre de 1861. Mientras la prensa moderada e incluso medios cercanos a la propia

[32] Informe de la Dirección General de Política del Ministerio de Estado, 20.V.1863, en AMAE, leg. H-1654. Dicho grupo consiguió el apoyo de algunos líderes moderados, como Pacheco, y, sobre todo, del sector disidente de la Unión Liberal agrupado en torno de Antonio Ríos Rosas. Sobre las actividades de este grupo de presión durante la Intervención, *cf.*, en este mismo volumen, el trabajo de Pi-Suñer.

[33] Citado en SÁNCHEZ JIMÉNEZ, 1991, I, 443.

[34] CORTADA, 1978, 406.

[35] Sobre esta vertiente de las expediciones militares desarrolladas durante el gobierno de la Unión Liberal, *cf.* CÉSPEDES, 1983, 449.

[36] BOCK, 1966, 122-139.

[37] Tassara a Serrano, 17.II.1862 y 19.II.1862, en AGA-AE, leg. 111.

Unión Liberal, como *La Época*, trataban de mediatizar la política del gabinete hacia México promoviendo entre la opinión pública la candidatura de un príncipe Borbón, el Ministerio de Estado fue cobrando conciencia del proyecto de Napoleón III para crear un protectorado francés en México. Este proyecto entraba en contradicción con los intereses españoles, en una zona que Madrid consideraba debía seguir sometida a su legítima influencia. Ello provocó cierto desconcierto entre los miembros del gabinete unionista, lo cual explicaría la actitud dilatoria adoptada por Calderón Collantes ante la notificación oficial de la posición francesa, transmitida por Mon desde París el 15 de octubre mediante una nota que, pese a su urgencia, no fue contestada desde Madrid. Tampoco se contestó la carta particular enviada por el político moderado al ministro ocho días después, lo que ponía de manifiesto la falta de sintonía del gobierno con su representante en París.[38]

La actitud francesa forzaba a España a matizar considerablemente su postura ante la intervención. Por una parte, los planes napoleónicos suponían la frustración de los proyectos defendidos por la corte, los moderados y la capitanía general de Cuba para imponer un monarca Borbón o, en su defecto, establecer un protectorado español en dicho país. Por otra parte, ponían en peligro los objetivos perseguidos por el gobierno de Madrid en el Caribe y el Golfo de México que, en última instancia, eran los que impulsaban a O'Donnell a intervenir en México, ya que el desarrollo de los proyectos concebidos por París implicaba el desplazamiento de la influencia española por la francesa en este país y planteaba el problema de la repercusión de este hecho en la opinión pública española. Todo ello condujo finalmente a O'Donnell a optar por mantener la presión sobre la administración mexicana para obtener la satisfacción de sus reivindicaciones. Pero al mismo tiempo, y en esto radicaba la novedad, el gobierno de Madrid manifestó su oposición a cualquier intento por parte de los aliados de imponer un nuevo régimen político al país. De esta manera, el gobierno de O'Donnell ponía fin a la política de estrecha colaboración con Francia, que venía siguiendo desde 1858 en otros escenarios internacionales de menor interés geoestratégico para España, y se preparaba para frustrar los objetivos franceses en México por medio de la acción colectiva, en la que esperaba contar con el apoyo británico, consciente de su incapacidad para oponerse frontalmente a los proyectos franceses.[39]

[38] HIDALGO, 1904, 104-105; Mon a Ministerio de Estado, 15.X.1861 y 23.X.1861, en AMAE, leg. H-2547. La falta de confianza del gobierno de la Unión Liberal en su representante en París provenía de la identificación de Mon con los proyectos napoleónicos en México. Sobre este tema, *cf.* PI-SUÑER, 1996, 155-156.

[39] El máximo exponente de dicha colaboración fue la expedición hispano-francesa al sudeste asiático. Sobre el desarrollo de la misma, *cf.* TOGORES, 1997, 139-197.

En este sentido, el 9 de diciembre de 1861, Calderón Collantes trasmitía a un desautorizado Mon la oposición del gobierno a la candidatura de Maximiliano y de paso aclaraba la nueva posición de Madrid ante la expedición tripartita:

> El Gobierno de S. M. C. verá con gusto el establecimiento en México de un Gobierno sólido y estable, *que ya sea que se constituya bajo la forma monárquica, ya con otra menos segura, siempre deseara la España que la elección sea obra de la voluntad de los mexicanos.* La misma amplia libertad deberá dejárseles para elegir al soberano que haya de regirles si prefieren la Monarquía a la República, pero no podrá ocultar el Gobierno de la Reina que, en este caso, creería conforme á las tradiciones históricas y a los vínculos que deben unir á los dos pueblos que fuese preferido un príncipe de la dinastía de Borbón.[40]

En esta misma línea tuvo lugar, a principios de noviembre, la designación de Juan Prim, conde de Reus y marqués de los Castillejos, como general en jefe de las fuerzas expedicionarias españolas y ministro plenipotenciario ante el gobierno mexicano. La elección de Prim mostraba el creciente distanciamiento de O'Donnell respecto de la política que propugnaban los sectores intervencionistas vinculados a la administración colonial. Dichos grupos presionaban para conseguir una mayor implicación de España en México y habían promovido con este fin la candidatura del general Serrano para ir al frente del cuerpo expedicionario.

La nueva actitud del gobierno español ante la cuestión mexicana no pasó inadvertida para los exiliados mexicanos en Europa que estaban implicados en los proyectos de Napoleón III. Los vínculos de Prim con los círculos liberales mexicanos establecidos en París y su conocida posición en favor de un arreglo pacífico de las cuestiones con México, defendida ante el Senado en 1858, no dejaron de levantar inmediatas suspicacias entre los intervencionistas mexicanos, que trataron infructuosamente de revocar su nombramiento.[41] La inquietud despertada por el nombramiento de Prim llevó a éstos a enviar a Madrid al general Almonte con la misión de sondear las verdaderas intenciones del gobierno español respecto a México. El líder conservador visitó Madrid a fines de diciembre y se entrevistó con el presidente del Consejo de Ministros y su ministro de Estado, quienes le manifestaron la oposición del gobierno español a los planes napoleónicos y su negativa a que la expedición tripartita se utilizara para implantar un nuevo régimen en Mé-

[40] Ministerio de Estado a Mon, 9.XII.1861, en AMAE, leg. H-2547. El subrayado es del original.

[41] Sobre la oposición de los exiliados mexicanos al nombramiento de Prim, *cf.* GARCÍA, 1972, 89-92. Sobre la posición del conde de Reus ante la cuestión mexicana en 1858, *cf.* PI-SUÑER, 1996, 102-105.

xico.[42] El resultado de dicha entrevista se tradujo en las instrucciones enviadas a Prim el 22 de enero de 1862:

> Conviene que Vd. sepa que al parecer toman más cuerpo cada día los proyectos de establecimiento de una Monarquía en México. Algunos de los naturales de aquel país, residentes ó establecidos en Europa, trabajan en este sentido; pero ni el Gobierno del Emperador á hecho formal proposición al de S. M. acerca de este asunto, *ni cabe prescindir del principio fundamental de la política española en América, de dejar á sus habitantes en plena libertad de establecer el Gobierno más conforme a sus necesidades ó creencias.*[43]

La firme oposición mostrada por las autoridades españolas hacia los proyectos de los exiliados mexicanos ponía de manifiesto que, desde fines de 1861, el gabinete unionista había superado las incertidumbres que durante los meses precedentes le habían impedido adoptar una política definida hacia México. No obstante, la necesidad de mantener la *entente* con Francia obligaría a Madrid a observar una actitud sumamente reservada entre diciembre de 1861, cuando las tropas españolas ocuparon Veracruz, y abril de 1862, fecha en que Prim ordenó la retirada del cuerpo expedicionario español de México.

Obviamente, la decisión adoptada finalmente por O'Donnell no significaba que la corte y ciertos sectores del moderantismo abandonaran sus planes de instaurar una monarquía borbónica en México, ni que la administración colonial renunciara a sus proyectos de establecer un protectorado encubierto sobre este país. Pero creemos que existen elementos de análisis suficientes para poder afirmar que, desde fines de 1861, dichas alternativas habían sido descartadas por el ejecutivo español.

La ruptura del acuerdo tripartito y su repercusión en España

Sin embargo, la política española iba a estar condicionada, en última instancia, por los proyectos que la diplomacia francesa tuviera para con este país. La actitud de Napoleón III hacia México respondía a un antiguo proyecto político del Emperador para hacer de esta nación un Estado tapón que actuara como barrera frente al expansionismo estadounidense y sirviera de base para la implantación de regímenes monárquicos bajo la influencia francesa en otros estados latinoamericanos.[44] Desde una perspectiva geoeconómica, este proyecto consideraba la conversión de México en una colonia

[42] Zamacois, 1880, XVI, 40; Rivera, 1961, 672 y 685-686; Fuentes, 1962, 64.
[43] Hidalgo, 1904, 106. El subrayado es del original.
[44] Hanna y Hanna, 1973, 157-170; Lecaillon, 1994, 45-47; López, 1995, 6-8.

de Francia en el sentido más clásico del término, es decir, para permitir la subordinación del mercado y las materias primas mexicanas a las necesidades de crecimiento de la industria francesa.[45] Desde una perspectiva geoestratégica, el establecimiento de un Estado satélite en México permitiría asimismo a Francia construir y controlar un canal interoceánico entre el Pacífico y el Atlántico.[46] Todo este vasto y quimérico proyecto debe enmarcarse dentro de los esfuerzos realizados por el Emperador a lo largo de su reinado para adquirir una hegemonía política y moral sobre el denominado "mundo latino", que garantizase a Francia el papel de gran potencia en el mundo y aglutinase en torno al proyecto imperial al pueblo francés.[47]

La suspensión del pago de la deuda exterior decretada en julio de 1861 por el gobierno juarista y la excepcional concatenación de circunstancias internacionales que, como hemos visto, tuvo lugar entre 1861 y 1862 permitieron a Napoleón III poner en marcha sus proyectos en México. No obstante, los objetivos del Emperador pronto chocarían con los de las otras dos naciones signatarias del Convenio de Londres.

La disparidad de objetivos entre los aliados se hizo patente en cuanto los distintos cuerpos expedicionarios llegaron a México. De acuerdo con las instrucciones de sus respectivos gobiernos, los representantes de España y la Gran Bretaña consiguieron un acercamiento entre las partes al firmar los acuerdos preliminares de La Soledad el 19 de febrero de 1862, en los que se sentaban las bases que servirían de marco para una negociación futura entre los aliados y el gobierno de Juárez. Esto encarrilaba la resolución de la cuestión mexicana en el sentido deseado por O'Donnell y, como señala John E. Dougherty, ponía de manifiesto la sintonía existente entre Madrid y Londres respecto de los objetivos de la intervención por encima de las reticencias iniciales.[48]

Sin embargo, un desenlace negociado era contrario a los proyectos de Napoleón III, de manera que a principios de abril de 1862, ante la imposibilidad de actuar de forma concertada con sus aliados, el emperador francés decidió romper el principio de acción colectiva estipulado en el Convenio de Londres, ordenando a sus tropas el inicio de las operaciones militares para ocupar el país. La ruptura de la Alianza Tripartita determinó que las negociaciones colectivas con el gobierno presidido por Juárez, previstas para el 15 de abril en Orizaba, no llegaran a celebrarse y que Prim, secundado por el representante británico, ordenara el reembarco de las tropas españolas

[45] RENOUVIN, 1982, 279-280; BELINKI, 1986, 59-61; SUÁREZ, 1990, 72-73.

[46] SCHEFER, 1963, 28-33.

[47] En este último sentido, Jean Meyer ha señalado el interés de Napoleón III por conseguir el apoyo de los sectores de la opinión pública francesa cercanos a la Iglesia católica como una de las causas determinantes de la intervención en México. *Cf.* MEYER, 1992, 210.

[48] DOUGHERTY, 1965, 394.

sin haber podido alcanzar ninguno de los objetivos perseguidos por la expedición.

Las motivaciones de Prim para adoptar esta decisión han sido objeto de un amplio debate historiográfico.[49] Lo cierto es que la nueva situación apenas concedía margen de maniobra al representante español, constreñido a reembarcar el cuerpo expedicionario o acantonarlo en México a la espera de nuevas instrucciones de Madrid. El apoyo a la política francesa en México estaba descartado, puesto que, como hemos señalado anteriormente, uno de los objetivos colaterales perseguidos por la diplomacia española en este país desde fines de 1861 era, precisamente, frustrar los planes de Napoleón III en México.

En este contexto, la iniciativa adoptada por el conde de Reus sólo pudo ser cuestionada en los medios gubernamentales por la precipitación con que la retirada fue llevada a cabo, ya que dejaba al gobierno de Madrid sin posibilidades materiales de seguir influyendo en la cuestión mexicana y planteaba el problema de justificar el fracaso de la expedición ante la opinión pública española. Éste fue el sentido mayoritario de las críticas realizadas desde sectores cercanos al gabinete a la decisión de Prim de reembarcar las tropas. Desde esta perspectiva, Tassara reprochó a Prim que la retirada no se hubiera hecho de manera escalonada para impedir que Francia dominara México y así conservar alguna influencia sobre la cuestión mexicana.[50]

El reembarco del cuerpo expedicionario sin haber conseguido ninguno de sus objetivos obligó al gobierno presidido por O'Donnell a afrontar las críticas de la oposición, tanto desde la derecha, integrada por los moderados y sectores disidentes de la Unión Liberal, como desde la izquierda progresista y demócrata. La oposición parlamentaria vio en este asunto la posibilidad de poner fin a la prolongada permanencia en el poder de la Unión Liberal e hizo de la cuestión de México uno de los temas centrales del debate político a lo largo de 1862. En este marco, en el curso de los intensos debates parlamentarios celebrados en torno de este asunto en junio y diciembre de 1862, O'Donnell asumió como propia la decisión adoptada por Prim. La postura de O'Donnell estuvo probablemente motivada no sólo por el temor a una nueva escisión dentro de la Unión Liberal, sino también por el hecho de que la desautorización de la política seguida por Prim hubiera planteado al gobierno un problemático retorno del cuerpo expedicionario a México. La derrota francesa en Puebla en mayo de 1862 y el entusiasmo que la mis-

[49] GALINDO, 1987, 228-229; FUENTES, 1962, 64-65; HANNA y HANNA, 1973, 44-46; GALEANA, 1990, 151; PI-SUÑER, 1991, 322-323, y 1996, 162-166. Por su parte, la prensa norteamericana acusó a Prim de haber sido sobornado con 150 000 pesos, *cf.* Sebastián de Mobellán, vicecónsul español en la ciudad de México, a Ministerio de Estado, 8.VIII.1869, en AMAE, leg. H-1656.

[50] Tassara a Ministerio de Estado, 27.IV.1862, en AMAE, leg. H-2543.

ma despertó entre la opinión pública española facilitaron sin duda dicha decisión.[51]

Sin embargo, la principal oposición para que las tropas españolas se retiraran de México provino de un grupo de militares y burócratas de la administración colonial española en Cuba. En abril de 1862, este grupo de presión había tratado de impedir por todos los medios a su alcance que dicha retirada llegara a verificarse. En este sentido, la Junta de Autoridades de Cuba había negado las naves solicitadas por Prim para realizarla, presionándolo para que delegara el mando de la expedición en su segundo.[52] Mientras esto sucedía, dicha junta enviaba a Madrid a uno de sus integrantes, el exdiputado Cipriano del Mazo, con la misión de obtener del gobierno la sustitución de Prim por Serrano, poniendo de manifiesto la oposición que la decisión adoptada por el plenipotenciario español había suscitado entre las autoridades de la colonia, las cuales, en la persona de Serrano, "de común acuerdo opinaron que era un deber de la Autoridad que ejerzo hacer entender al Sr. marqués de los Castillejos, que ni como plenipotenciario ni como General en Jefe estaba en el caso de retirarse por su propia voluntad sin aguardar las órdenes expresas del Supremo Gobierno".[53]

El fracaso de dichas gestiones y la decisión de O'Donnell de respaldar finalmente la conducta seguida por Prim suponían la derrota de la política intervencionista propugnada por los sectores dirigentes de la administración colonial antillana. No obstante, lejos de renunciar a sus objetivos, este grupo de presión reorientó sus actividades para conseguir del gobierno el retorno del cuerpo expedicionario y, en su caso, mayor injerencia en la política interna mexicana. En este sentido, Serrano, por intermedio del conde de Cañongo, alcalde primero de La Habana, llegó a negociar en junio de 1862 con sectores disidentes del exilio mexicano, encabezados por el expresidente Félix Zuloaga y el general conservador José María Cobos, el posible establecimiento en México de un gobierno conservador con apoyo militar español:

> Esta fracción del partido conservador se muestra como las otras favorable á la influencia española; pero exige como condición indispensable prescindir de Almonte y no pensar por ahora en el cambio radical de la forma de gobierno [...] El Partido Conservador mexicano se muestra con las mejores disposiciones para recibir la intervención de España en su política interna; y si ellas se explotan hábilmente, sin precipitar los sucesos y dejando por el contrario que se desarrollen naturalmente, cabe aún la esperanza de conjurar el espíritu revolucionario, de crear una situación más favorable para sus intereses, y más

[51] GONZÁLEZ NAVARRO, 1993, I, 448.

[52] Serrano a Prim, 17.IV.1862, en AMAE, leg. H-2549.

[53] Serrano a Ministerio de Estado, 18.IV.1862, en AMAE, leg. H-2549.

apropiada también para los muchos que España tiene en América y cuyo aumento debe procurar en lugar de reducirse á una situación pasiva.[54]

Paralelamente, las autoridades cubanas trataron de instrumentalizar el hipotético desamparo en que el desenlace de la expedición tripartita había dejado a la colonia española radicada en México. En ello se vieron apoyados por las numerosas protestas enviadas a Madrid desde este país, pues, como no dejaba de señalar el representante oficioso de Madrid Juan Antonio López de Ceballos en sus informes a Madrid por conducto de La Habana, la retirada del cuerpo expedicionario español había frustrado las expectativas de gran parte de los españoles residentes en la capital, donde "había hallado á la mayoría de los súbditos españoles irritados hasta la exasperación por la conducta seguida por el Sr. conde de Reus desde su llegada y por la retirada de las tropas españolas".[55]

Las gestiones realizadas por este poderoso grupo de presión terminaron por alcanzar éxito parcial. El recrudecimiento de las críticas de la oposición en las Cortes y el temor de que se acentuara la crisis diplomática abierta con Francia decidieron a O'Donnell a efectuar un gesto dirigido a los grupos intervencionistas. Para ello envió a París, en el verano de 1862, a uno de los más conspicuos representantes de la administración colonial, José Gutiérrez de la Concha, marqués de La Habana, con la misión de tratar de negociar con el gobierno francés un nuevo acuerdo en torno de la cuestión mexicana, que contemplara un retorno de las tropas españolas a México a cambio de una renuncia explícita de Francia a sus proyectos hegemónicos en este país. Lógicamente, esta negociación estaba destinada de antemano al fracaso. Los desaires realizados por el gobierno francés al nuevo representante español contribuyeron a aumentar el creciente desconcierto de Madrid ante las repercusiones de la fallida expedición a México.[56]

Todo ello repercutió necesariamente en el desarrollo de las negociaciones con el gobierno mexicano —conducidas desde la marcha de Prim por el secretario de la legación López de Ceballos—, que se encontraban estancadas

[54] Serrano a Ministerio de Estado, 30.VI.1862, en AMAE, leg. H-2549. El mismo Zuloaga insistiría días después a Serrano sobre la necesidad de que el ejército español volviese a México. Zuloaga a Serrano, 14.VIII.1862, en AMAE, leg. H-2549. Tanto Zuloaga como Cobos representaban a los sectores del conservadurismo mexicano opuestos a una hipotética tutela francesa; *cf.* VALADÉS, 1977, 51.

[55] López de Ceballos a Ministerio de Estado, 22.IV.1862, en AMAE, leg. H-2549.

[56] Sobre las instrucciones del gobierno español al marqués de La Habana, *cf.* el informe sobre la cuestión de México elaborado por la Dirección General de Política del Ministerio de Estado, 15.VI.1863, en AMAE, leg. H-1654. Sobre la postura de la administración colonial frente a la cuestión mexicana, *cf.* la intervención del marqués de La Habana ante el Senado, 22.XII.1862, en *El Constitucional*, México, 2.III.1863.

desde el verano de 1862, como no dejaba de reconocer el propio ministro de Estado ante las Cortes.[57] La apertura de dichas conversaciones era consecuencia del renovado interés mexicano por resolver el déficit de credibilidad internacional que había provocado en última instancia la intervención. Con este objeto, Juárez había promulgado, a fines de abril, un decreto en el que, entre otras cosas, mostraba su disposición de arreglar sus diferencias con España y la Gran Bretaña mediante la firma de sendos tratados con estas potencias.[58]

En este sentido, el plenipotenciario británico Charles Wyke y Manuel Doblado, que había sustituido a Zarco en el Ministerio de Relaciones Exteriores en diciembre de 1861, firmaron el 28 de abril de 1862 una convención para el arreglo de la deuda inglesa que no llegaría a ser ratificada por el gobierno británico, convencido de la inminente caída del régimen de Juárez.[59]

Por su parte, Prim envió a la capital mexicana a López de Ceballos en abril de ese mismo año, provisto de un proyecto de convenio redactado por el propio plenipotenciario español, que debía servir de base para dichas negociaciones. El proyecto de tratado contemplaba el restablecimiento de la Convención de 1853, el pago de indemnizaciones por los atropellos cometidos sobre ciudadanos e intereses españoles y el nombramiento de un ministro plenipotenciario ante el gobierno de Madrid "con el encargo expreso de dar satisfacción a S. M., la Reina de España, por la expulsión del Embajador, D. Joaquín García Pacheco [*sic*]".[60] Las negociaciones comenzaron en mayo de 1862. Tras una serie de reuniones preparatorias con Doblado, el plenipotenciario español aceptó la revisión de los créditos contenidos en la Convención de 1853, tras lo cual el gobierno mexicano sometió el proyecto de tratado al examen de dos jurisconsultos, quienes, a mediados de junio, emitieron un informe favorable al mismo.[61] Esto permitió que, el 23 de junio de 1862, López de Ceballos y Doblado llegaran finalmente a un principio de acuerdo en el que, como contrapartida a la aceptación española de la revisión de los créditos incluidos en la Convención de 1853, Doblado ofreció al gobierno de O'Donnell delegar el ejercicio de dicho cometido en el propio Prim o, en su defecto, en la cámara alta española.[62]

[57] Intervención de Calderón Collantes ante el Senado, 12.XII.1862, en *El Constitucional*, México, 16.II.1863.

[58] VIGIL, *s.f.*, X, 55.

[59] SALMERÓN, 1962, 14-15; GRAJALES, 1974, I, 191-201.

[60] Primer proyecto español de tratado hispano-mexicano elaborado por Prim, en AMAE, leg. H-2549. El nombre correcto del embajador era Joaquín Francisco Pacheco.

[61] López de Ceballos a Ministerio de Estado, 27.V.1862, en AMAE, leg. H-2549.

[62] López de Ceballos a Ministerio de Estado, 27.VI.1862, en AMAE, leg. H-2549. Para un análisis más detallado del desarrollo de dichas negociaciones, *cf.* en el presente volumen el texto de PI-SUÑER.

Sin embargo, las dudas que en Madrid suscitaban las posibilidades de supervivencia del gobierno mexicano y el temor al efecto que la aceptación de la revisión de los créditos pudiera tener sobre el debate político interno condujeron al Ministerio presidido por O'Donnell a rechazar un acuerdo sumamente ventajoso, haciendo caso omiso de las recomendaciones del propio negociador español.[63] En este sentido, Calderón Collantes cursaba nuevas instrucciones a López de Ceballos en julio de 1862, en las que se le ordenaba que abandonara por el momento la negociación de un tratado hispano-mexicano y se le recordaba que "no debía ejecutar acto alguno que conllevara el reconocimiento del Gobierno existente", debiendo limitarse a continuar practicando las gestiones oficiosas que fueran necesarias para la protección de los súbditos españoles, ya que "si fuese en algún caso indispensable formular protestas, ó reclamaciones de oficio sólo el barón de Wagner podría formularlas careciendo V. S. de una representación oficial".[64]

En la base de la actitud reservada del gobierno de Madrid se encontraba la polarización de la clase política española en torno de la cuestión mexicana a lo largo de 1862. Por una parte, demócratas y progresistas, que inicialmente habían apoyado la Intervención, mostraban cada vez mayor simpatía por la administración juarista y gran preocupación por la extensión de la influencia francesa en América.[65] Por otra, las facciones disidentes de la Unión Liberal y las autoridades coloniales de Cuba presionaban al gobierno de Isabel II para que restableciera el consenso con Francia en relación con la cuestión mexicana y evitara la conversión de México en un protectorado francés.[66] La misma mayoría gubernamental se encontraba profundamente dividida en torno de esta cuestión, como evidenciaron los debates parlamentarios desarrollados entre junio y diciembre de 1862. Todo ello acabó moviendo al gabinete unionista a adoptar una actitud reservada frente a la cuestión mexicana, pese al interés mostrado por el gobierno de Juárez para llegar a un acuerdo sobre las cuestiones pendientes. Esta posición condujo finalmente al gobierno español a mantenerse a la expectativa del desenlace de la intervención francesa.

[63] López de Ceballos a Ministerio de Estado, 25.VI.1862, en AMAE, leg. H-2549.

[64] Ministerio de Estado a López de Ceballos, 7.VII.1862, en AMAE, leg. H-2549. El barón E. de Wagner, representante del gobierno prusiano en México, estaba encargado de la defensa de los intereses españoles en México, tras la retirada del ministro de Francia en esta nación.

[65] La posición del Partido Demócrata fue expuesta por *La Discusión* y *La América*, que a lo largo de 1862 y 1863 denunciaron con dureza "la letal influencia napoleónica que se extiende como un cáncer por nuestras antiguas colonias"; *cf. La Discusión*, Madrid, 5.X.1862, y *La América*, Madrid, 27.IV.1863. La prensa cercana al Partido Progresista sostenía una actitud similar, calificando la intervención francesa de "hecho funesto para nuestra influencia y nuestro porvenir en México"; *cf. El Contemporáneo*, Madrid, 1.XI.1862.

[66] *La Época*, Madrid, 18.X.1862.

INCERTIDUMBRES Y RETICENCIAS EN EL RECONOCIMIENTO DEL IMPERIO POR ESPAÑA (1863-1864)

La creación del segundo Imperio y el repliegue del gobierno republicano hacia el norte del país plantearon a la comunidad internacional el problema de reconocer a uno de los dos regímenes existentes en México como consecuencia de la intervención francesa.

El gobierno depositario de la legalidad republicana obtuvo el reconocimiento de los Estados Unidos y de algunas naciones latinoamericanas. Sin embargo, dicho reconocimiento no se tradujo en apoyo exterior efectivo. Por una parte, la posibilidad de una acción colectiva en favor del régimen de Juárez en América latina no llegó a concretarse.[67] Por otra, el temor de Washington de que las potencias europeas reconocieran al gobierno confederado revistió de una ambigüedad calculada la política estadounidense hacia México durante 1863 y el primer tercio de 1864.[68] En este sentido, si bien el gobierno estadounidense reconoció a la administración juarista como único interlocutor legítimo en México, recibiendo a Matías Romero como representante mexicano en Washington, denegó a ésta la concesión de un crédito e impuso un embargo de armas y pertrechos militares que, como ha señalado Josefina Z. Vázquez, sólo afectó al gobierno juarista.[69]

Por su parte, la administración imperial fue reconocida por la mayoría de las potencias europeas, para la mayor parte de las cuales la cuestión de México revestía un carácter periferico. Esto empujó a dichas potencias a reconocer el régimen creado por Francia a fin de evitar inútiles fricciones con este país, la principal potencia continental a comienzos del decenio 1860-1869.

De esta manera, Prusia se apresuró a reconocer a Maximiliano, llevada por el interés de obtener la neutralidad de Napoleón III en su inevitable enfrentamiento con Austria-Hungría por la hegemonía del mundo germánico.[70]

[67] Sobre este tema, *cf.* FRAZER, 1948, 377-388; CAILLET-BOIS, 1963, 552-594; GALEANA, 1990, 196-197, y LÓPEZ, 1995, 10-15.

[68] Sobre la actitud de los Estados Unidos hacia el nuevo régimen imperial, *cf.* MILLER, 1965, 230-232; SORDO, 1973, 75-76; HANNA y HANNA, 1973, 105-108 y SUÁREZ, 1990, 223-224. Este temor tenía, por otra parte, una base muy sólida; *cf.* RENOUVIN, 1982, 273-278.

[69] VÁZQUEZ y MEYER, 1982, 85-86; RIDLEY, 1994, 132-133. La actitud ambivalente adoptada por la administración de Lincoln ha dado lugar a una polémica historiográfica acerca de la ayuda real prestada por los Estados Unidos a Juárez durante la intervención. Sobre dicha polémica *cf.* YSUNZA, 1966, y MILLER, 1973.

[70] HANNA y HANNA, 1973, 98. Por su parte, Weber, a nuestro entender de forma poco convincente, sostiene que la actitud de Bismarck hacia el imperio mexicano estuvo determinada por la necesidad de conjurar la posibilidad de que Maximiliano llegara a asumir algún día el trono austro-húngaro y adoptara una política más liberal que permitiera la revitalización de Austria-Hungría; *cf.* WEBER, 1966, 53-55.

El gobierno de Turín, por su parte, adoptó una actitud similar, sin duda como parte de los esfuerzos realizados durante la cumbre franco-italiana de septiembre de 1864 para mantener la alianza con Francia. Si bien, como señala Arnold W. Blumberg, la diplomacia de la joven república probablemente también esperaba que Maximiliano pudiera actuar algún día como mediador ante la corte de Viena en la cuestión de Veneto.[71] Por su parte, el gobierno austro-húngaro estaba lejos de querer proporcionar motivo alguno para una crisis diplomática con Francia. Si bien, como no han dejado de señalar diversos especialistas, mantuvo desde el principio una actitud reticente ante la elección de Maximiliano, tanto por el temor a que la cuestión de México acabara produciendo complicaciones internacionales a Austria-Hungría, como por la oposición del emperador Francisco José a la candidatura de su hermano y posible sucesor.[72]

Diferente fue el caso de Londres, que tenía intereses propios en la cuestión mexicana y que, junto con Madrid, se había opuesto a los planes intervencionistas de Napoleón III en 1862. Este hecho determinó que el gabinete de lord Henry Temple Palmerston observara una actitud vacilante ante el desarrollo de los proyectos franceses en México durante el segundo semestre de 1863. La ambigüedad del gobierno británico respondía en última instancia a la propia división de la clase política inglesa ante esta cuestión, como ha señalado acertadamente Dougherty y parecen poner de manifiesto los agrios debates que, con este motivo, tuvieron lugar en el parlamento británico en febrero y mayo de 1864.[73] En cualquier caso, la presión de los tenedores de bonos de la deuda inglesa y el interés de la Foreign Office por evitar un enfriamiento de las relaciones con Francia acabarían conduciendo a Londres al reconocimiento de la administración imperial. Con todo, la decisión se diferiría hasta mayo de 1864, momento en que el ministro británico en París recibió instrucciones de confirmar confidencialmente a Napoleón III que la Gran Bretaña reconocería finalmente a Maximiliano cuando éste hubiera sido coronado en México.[74]

La otra potencia interesada en la cuestión mexicana era España. Al igual que el gobierno británico, el de Madrid se había opuesto en 1862 a los proyectos de Napoleón III en México, pero, ahora que éstos parecían cobrar forma, se vería obligado finalmente a modificar su posición inicial a consecuencia de su fracaso para desarrollar una política autónoma en México.

[71] BLUMBERG, 1971, 503.

[72] CORTI, 1974, 178-179; HANNA y HANNA, 1973, 101; VALADÉS, 1977, 132-133; TAFOLLA, 1977, 43-44; BLUMBERG, 1987, 19-20; RIDLEY, 1994, 163-188.

[73] DOUGHERTY, 1965, 404-405.

[74] GRAJALES, 1974, II, 203.

La diplomacia española ante la ocupación francesa

La decisión del gobierno español de paralizar las negociaciones con el gobierno mexicano provocó el retorno a Madrid del negociador español López de Ceballos, cuyas recomendaciones, favorables a la conclusión de un nuevo acuerdo hispano-mexicano, habían sido rechazadas por O'Donnell que, como vimos, decidió posponer cualquier arreglo hasta la resolución del conflicto franco-mexicano. La posición adoptada por el gabinete unionista se reflejó en las instrucciones enviadas al agregado diplomático Norberto Ballesteros, quien desde octubre de 1862 se había convertido en el nuevo representante oficial de Madrid ante las autoridades mexicanas. En dichas instrucciones se enfatizaba la necesidad de "evitar todo acto de reconocimiento de Gobierno alguno establecido ó que se establezca porque el Gobierno de S. M. se reserva su juicio acerca de este punto".[75]

En este marco, conforme las tropas francesas iniciaban los preparativos del sitio de Puebla, el gobierno juarista realizó un nuevo intento para restablecer las relaciones hispano-mexicanas. La retirada, en febrero de 1863, del barón de Wagner, el diplomático prusiano que tenía a su cargo la representación de los intereses españoles en México desde la salida de Saligny, y la negativa del ministro de los Estados Unidos de aceptar tal representación de dichos intereses —que el barón de Wagner a su vez había delegado en el cuerpo diplomático, ahora reducido al ministro estadounidense y los encargados de negocios de Perú y Ecuador— fueron aprovechadas por Doblado para manifestar a Ballesteros que el gobierno mexicano no reconocía dicha delegación y señalar que "los cónsules generales pueden dirigirse oficialmente al Gobierno de la República en defensa de sus nacionales".[76] La estratagema de Doblado no tuvo éxito ya que el agente español, siguiendo instrucciones del Ministerio de Estado, continuó limitando sus actividades a un ámbito puramente oficioso y obtuvo el concurso del representante ecuatoriano para las gestiones de carácter oficial.[77]

El cambio de gabinete verificado en España en marzo de 1863 no alteró significativamente la posición española ante la cuestión mexicana. El desgaste de la Unión Liberal después de cinco años en el poder provocó la caída del gobierno de O'Donnell y su sustitución por un gabinete moderado, presidido por Manuel Pando Fernández de Pinedo, marqués de Miraflores. El nuevo ministerio se resintió desde un principio de su falta de representatividad en

[75] Ministerio de Estado a Ballesteros, 10.X.1863, en AGA-AE, leg. 113.

[76] Ballesteros a Ministerio de Estado, 25.II.1863, en AHEEM-Colmex, rollo 206. Sobre la versión estadounidense de este incidente, *cf.* Tassara a Ministerio de Estado, 4.IX.1863, en AMAE, leg. H-2549.

[77] Ballesteros a Ministerio de Estado, 24.II.1863, y Ministerio de Estado a Ballesteros, 24.VI.1863, en AGA-AE, leg. 113.

el seno del propio moderantismo y tuvo que buscar apoyo en distintas facciones políticas procedentes de la desintegración de la Unión Liberal.[78] Este hecho llevó al gobierno de Miraflores a tratar de evitar cualquier complicación exterior que pudiera poner en peligro la heterogénea coalición que lo sustentaba. En estas condiciones, el nuevo Ministerio continuó manteniendo una actitud expectante hacia la cuestión mexicana, en espera de que la ocupación de la capital permitiera conocer con claridad las intenciones de Napoleón III en México.

La diplomacia española conocía los proyectos napoleónicos para establecer un monarca Habsburgo en México, pero, en la primavera de 1863, no descartaba que pudieran producirse otros desenlaces alternativos, basados en un hipotético acuerdo entre Francia y el gobierno de Juárez una vez que las tropas francesas hubieran ocupado la capital. En previsión de este último escenario, en mayo de 1863 el gabinete español nombró a Facundo Goñi como nuevo agente diplomático ante el gobierno mexicano. Su misión consistía en negociar el restablecimiento de las relaciones diplomáticas entre los dos países a partir de las bases acordadas un año antes por López de Ceballos y Doblado. Es decir, el Ministerio presidido por Miraflores parecía mostrarse dispuesto a aceptar la revisión de los créditos contenidos en la Convención de 1853, si con ello conseguía la satisfacción de sus restantes exigencias.[79] De esta manera, el gobierno español se preparaba para no quedar al margen de un posible acuerdo entre Francia y el gobierno de Juárez. En este sentido, se ordenaba a Goñi que se desplazara a La Habana para esperar nuevas instrucciones cerca del escenario del conflicto. Mientras tanto, se insistía en la necesidad de que Ballesteros siguiese observando una actitud absolutamente neutral y se encargaba a la Dirección General de Política del Ministerio de Estado la preparación de una declaración que mostrara el interés de España por participar en el arreglo de las diferencias entre México y las potencias de acuerdo con las bases establecidas en el Convenio de Londres.[80]

Sin embargo, el desarrollo de los acontecimientos se encargaría de defraudar muy pronto las expectativas españolas. En mayo de 1863 las tropas francesas rompieron la resistencia mexicana en Puebla y se encaminaron hacia la capital. La ciudad fue evacuada por el gobierno juarista en la madrugada del 31 del mismo mes, quedando el mantenimiento del orden a cargo de una milicia de residentes extranjeros conformada por unos 600 espa-

[78] Sobre la crisis de marzo de 1863, *cf.* SÁNCHEZ JIMÉNEZ, 1991, I, 445-446.

[79] Informe de la Dirección General de Política del Ministerio de Estado, 20.V.1863, en AMAE, leg. H-1654. Uno de los principales impulsores de esta política conciliadora fue el propio director general de Política, Jacinto Albistur, antiguo representante español en el Río de la Plata y convencido panhispanista.

[80] Ministerio de Estado a Ballesteros, 1.III.1863, en AGA-AE, leg. 113.

ñoles, 100 alemanes, 80 ingleses y belgas y contingentes menores de otras nacionalidades.[81] El 5 de junio, a petición del ayuntamiento capitalino, una comisión consular compuesta por los representantes de España, Prusia e Italia se entrevistaba en Río Frío con el general Elías F. Forey y acordaba que las tropas francesas ocuparan la ciudad para prevenir posibles represalias de las fuerzas conservadoras de Leonardo Márquez. Dos días después, las avanzadas del ejército francés entraban en la capital.

La llegada del cuerpo expedicionario francés a la ciudad de México comenzó a despejar las incertidumbres del gobierno español respecto de las verdaderas intenciones de Francia en México. En este sentido, los informes enviados por los agentes españoles tras la ocupación de la capital confirmaron cada vez más a Madrid que los planes de Napoleón III excluían la apertura de negociaciones con el régimen juarista:

> Nadie sabe los proyectos que tiene el Emperador acerca de este país, es imposible formar cálculos exactos por las proclamas que ha dado el general Forey, en atención á que la política que se ha de seguir en México puede sufrir grandes modificaciones a consecuencia de los acontecimientos, sin embargo todo me hace suponer que la permanencia de las tropas francesas aquí se prolongará un cierto tiempo [...] No me parece nada extraño que concluya por establecer una Monarquía.[82]

Poco después, Ballesteros informaba a sus superiores de la intensa presión desplegada por las autoridades militares francesas sobre el cuerpo consular, para que éste reconociera una administración satélite que, con el nombre de Junta Superior de Gobierno, designaría a los integrantes de un gobierno provisional, así como una asamblea de notables que decidiría acerca de la forma de gobierno que debía establecerse en México.[83] El representante español solicitaba entre tanto instrucciones a Madrid, en donde claramente manifestaba su intención: "[...] no expresar[é] en ninguno de mis actos que yo re-

[81] Ballesteros a Ministerio de Estado, 30.V.1863, en AHEEM-Colmex, rollo 207. Por su parte, Moisés González Navarro cita la cifra de 350 españoles, 100 alemanes y 150 ingleses, belgas y estadounidenses, *cf.* GONZÁLEZ NAVARRO, 1993, I, 477.

[82] Ballesteros a Ministerio de Estado, 11.VI.1863, en AHEEM-Colmex, rollo 208. Esta incertidumbre también se reflejaba en los despachos enviados a Madrid por el encargado del consulado español en Veracruz; *cf.* Pablo Lastre y Mazas a Ministerio de Estado, 15.VI.1863, en AMAE, leg. H-2091.

[83] DÍAZ, 1996, II, 869. El sistema elegido por Napoleón III para legitimar el régimen que deseaba implantar en México parecía adecuarse a la naturaleza restrictiva del sistema político mexicano establecido por la Ley Electoral de 12 de febrero de 1857. En este sentido, el número de electores en las elecciones presidenciales oscilaba entre 9 000 y 12 000 individuos, para una población global de cerca de 9 000 000 de habitantes; *cf.* HAMNETT, 1996, 662. Dichos proyectos cobraron su forma definitiva en febrero de 1863; *cf.* TAFOLLA, 1977, 19-20.

conozco a dicha Junta oficialmente".[84] Pocos días más tarde tenía lugar la convocatoria de la Junta de Notables y el establecimiento de un gobierno provisional, en el que la figura dominante era el general Almonte, quien, en 1861, había defendido en Madrid la creación de un régimen monárquico en la persona de Maximiliano.[85] Este hecho ponía fin a las esperanzas depositadas por España en una solución negociada, ya que mostraba la total supeditación de las nuevas instituciones a los proyectos de Napoleón III:

> La Comisión de Notables tendrá lugar probablemente en la primera quincena del mes próximo, y ya no es un secreto para nadie la decisión que tomarán, todo el mundo espera que se decidirán por la Monarquía y que dirigirán una respetuosa exposición al Emperador de los franceses para que designe al candidato.[86]

Los acontecimientos se encargarían rápidamente de confirmar esta certeza. El 8 de julio de 1863, la Asamblea de Notables nombraba una comisión especial para determinar la forma de gobierno que se daría a México; días más tarde, dicha comisión se pronunciaba por la monarquía y ofrecía la corona al archiduque Fernando Maximiliano de Habsburgo o, en su defecto, al candidato que Napoleón III estimase oportuno.[87]

La cuestión del reconocimiento

El gobierno español no adoptó una posición oficial ante la candidatura de Maximiliano al trono de México, pese a que recibió una comunicación de la Regencia del Imperio donde se le notificaba su instalación y su disposición de resolver los contenciosos pendientes con España.[88]

Sin embargo, el aparente desinterés mostrado por el gobierno de Madrid encubría la intensa actividad desplegada por la diplomacia española, durante el verano de 1863, para conocer la posición adoptada por las principales potencias respecto de la cuestión mexicana. El objetivo de dichas gestiones era determinar si el contexto internacional hacía posible presionar a Francia

[84] Ballesteros a Ministerio de Estado, 19.VI.1863, en AHEEM-Colmex, rollo 208.

[85] PRUNEDA, 1994, 197.

[86] Ballesteros a Ministerio de Estado, 26.VI.1863, en AHEEM-Colmex, rollo 206.

[87] El dictamen de la Comisión de Notables de 12 de julio de 1863 puede consultarse en Condumex, IX-1, vol. 1, f. 9. Tras este dictamen, el gobierno provisional pasó a denominarse Regencia del Imperio. Sobre el desarrollo de las deliberaciones, *cf.* PRUNEDA, 1994, 198-200, y VALADÉS, 1977, 119-123.

[88] Ministerio de Estado a Luis López de la Torre, ministro español en Viena, 21.IX.1863, en AMAE, leg. H-2545.

para que consensuara sus proyectos sobre México con aquellas potencias que, como España, tenían intereses en este país. Con ello, la diplomacia española pretendía en última instancia reactivar el Convenio de Londres, frustrando de esta manera los proyectos hegemónicos de Francia en México y, lo que era aún más importante, sentando las bases para una acción colectiva de Europa en América que garantizara en el futuro los intereses españoles en el Caribe:

> De desear sería que las tres potencias marítimas encontrasen y aceptasen una fórmula común para la solución de todas las cuestiones presentes y futuras que surgiesen entre América y Europa, considerándolas, no como cuestión peculiar á una sola, sino generalizada como cuestión entre Europa y América en el terreno ancho de los intereses europeos enfrente de los americanos.[89]

En este sentido, la diplomacia española sondeó la posición de los Estados Unidos, cuyo gobierno, como informaba Tassara a Madrid, si bien se oponía a la intervención francesa en México, no estaba dispuesto a respaldar ninguna iniciativa que pudiera desagradar a Francia mientras durara la guerra civil.[90] Similares gestiones se realizaron ante aquellas potencias europeas que aún no habían mostrado un apoyo explícito a los proyectos de Francia en México. De esta manera, el ministro en Francfort, Juan Antonio de Rascón, se hacía eco de la inquietud que la candidatura de Maximiliano había despertado en Prusia y en otros estados alemanes, ante el temor de que la misma acabara propiciando un acercamiento franco-austriaco. También, por las mismas razones, el diplomático español consideraba muy improbable que dichos estados llegaran a apoyar cualquier iniciativa dirigida contra los proyectos de Napoleón III en México.[91] Por su parte, el ministro austriaco de Relaciones Exteriores, Johann Bernard, conde de Rechberg-Rothenlöwen, aseguraba al representante de Madrid que su gobierno se encontraba completamente al margen de las negociaciones que se desarrollaban entre París y Miramar y que se había limitado a plantear al Archiduque la necesidad de supeditar su aceptación al cumplimiento de una serie de condiciones.[92] El hecho de que entre las condiciones mencionadas por el gobierno austro-húngaro figurase la garantía de contar con el respaldo de Francia, la Gran Bretaña y España proporcionó a las autoridades españolas el pretexto para manifestar a las de Viena la imposibilidad de que Maximiliano pudiera aceptar el trono bajo tales condiciones, ya que España no consideraba oportuno proporcionar la

[89] Ministerio de Estado a López de la Torre, 21.IX.1863, en AMAE, leg. H-2545.
[90] Tassara a Ministerio de Estado, 31.VII.1863, en AMAE, leg. H-2553.
[91] Rascón a Ministerio de Estado, 31.VII.1863, en AMAE, leg. H-2553.
[92] López de la Torre a Ministerio de Estado, 11.IX.1863, en AMAE, leg. H-2553.

garantía "apetecida por ese Gobierno y aun considerada como circunstancia *sine qua non* para la aceptación".[93] De esta manera, el gobierno de Madrid manifestaba en el ámbito diplomático su oposición a los proyectos de Napoleón III e incrementaba las reticencias de Viena ante la iniciativa francesa.

Sin embargo, lo que realmente interesaba al gabinete del marqués de Miraflores era conocer la posición adoptada por la Gran Bretaña frente a la candidatura de Maximiliano y, sobre todo, la actitud de esta potencia hacia una eventual reactivación del Convenio de Londres. En este sentido, en septiembre de 1863, el Ministerio de Estado sondeó confidencialmente a la Foreign Office sobre esta última posibilidad, partiendo de la discutible argumentación de que dicho convenio no se encontraba anulado, sino simplemente en suspenso.[94] En su ambigua respuesta, lord John Russell confirmaba al ministro español las reticencias de Londres respecto de los proyectos de Napoleón III en México, pero ponía igualmente de manifiesto que el gobierno británico no estaba de ninguna manera dispuesto a presionar a Francia planteando una hipotética reactivación del Convenio de Londres:

> Persiste, por ahora al menos, en no mezclarse en pro ni en contra en la cuestión, y, si bien el clamoreo de los interesados le hace desear, ahogando todo sentimiento de amor propio, el establecimiento en Méjico de un gobierno fuerte *que satisfaga las pretensiones de los acreedores ingleses*, no parece dispuesta á ayudar á la Francia en este sentido [...] Esta disposición, sin embargo, del Gobierno de Gran Bretaña, no obsta, en mi concepto, como en otras ocasiones me he permitido indicar á V. E., para que una vez establecido el Imperio dejase de ser prontamente reconocido aquí *el hecho consumado*.[95]

La posición británica reflejaba la escasa relevancia otorgada por las principales potencias europeas a la cuestión mexicana y su nula disposición a arrostrar un conflicto diplomático con Francia a causa de la misma. La constatación de que la política propugnada por España carecía de respaldo internacional condujo al gobierno de Miraflores a renunciar a una eventual reactivación de la Convención de Londres y a seguir manteniéndose a la espera de los acontecimientos.[96]

El gobierno francés, por su parte, incrementó durante los últimos meses de 1863 la presión diplomática para que España reconociera a la Regencia establecida en la ciudad de México, así como a Maximiliano, una vez que

[93] Ministerio de Estado a López de la Torre, 21.IX.1863, en AMAE, leg. H-2545.

[94] Ministerio de Estado a Juan Tomás Comyn, ministro español en Londres, 21.IX.1863, en AMAE, leg. H-2545.

[95] Comyn a Ministerio de Estado, 10.X.1863, en AMAE, leg. H-2545. El subrayado es del original.

[96] Ministerio de Estado a Antonio Faraudo, cónsul español en Veracruz, 9.X.1863, en AMAE, leg. H-2552.

éste hubiera aceptado el trono mexicano. Con este objeto, la emperatriz Eugenia se desplazó en noviembre de 1863 a Madrid, donde sostuvo varias entrevistas con Isabel II y con destacadas personalidades de los partidos moderado y unionista. El interés de Napoleón III por obtener el apoyo de España a su política mexicana se reflejó, asimismo, en la celeridad con que las autoridades francesas de ocupación atendieron las reclamaciones presentadas durante esta etapa por Ballesteros, pese al carácter oficioso revestido por las gestiones del agente español.[97]

Las presiones de la diplomacia francesa no tuvieron éxito inmediato, pero contribuyeron a facilitar los esfuerzos realizados por los conservadores mexicanos durante el primer trimestre de 1864 para obtener el respaldo de Madrid. Dichas gestiones se concretaron en el desarrollo de una intensa campaña de prensa en favor de la candidatura de Maximiliano, promovida por los agentes de la Regencia en Madrid mediante la entrega de crecidas sumas a algunos de los más importantes periódicos conservadores.[98] La coyuntura se tornó todavía más favorable para las actividades de los intervencionistas mexicanos, ya que, en enero de 1864, el gobierno de Miraflores fue sustituido por el efímero ministerio encabezado por Lorenzo Arrazola e integrado por algunos de los principales detractores de la retirada española de México en 1862.

En este marco se produjo un nuevo intento de aproximación del gobierno juarista a España, con motivo de la llegada de Jesús Terán a Cádiz en febrero de 1864. Terán, antiguo gobernador de Aguascalientes, había ocupado diversas carteras en el gobierno de Juárez y participado activamente en las negociaciones que culminaron con la firma de los acuerdos preliminares de La Soledad en 1862. Su experiencia en la negociación de los contenciosos que enfrentaban a México con las potencias signatarias del Convenio de Londres condujo a Juárez a nombrarlo, en diciembre de 1863, agente confidencial del gobierno de la República ante las distintas potencias europeas, encomendándole la difícil misión de conseguir de éstas el reconocimiento del gobierno depositario de la legalidad republicana.[99]

La interrupción de los contactos con las autoridades españolas desde mayo de 1863 hizo que el gobierno republicano, establecido entonces en Saltillo, ignorara la posición adoptada por la antigua metrópoli hacia los proyectos de Francia en México. Esta situación llevó a Terán a permanecer

[97] Ballesteros a Ministerio de Estado, 12.VII.1863 y 18.XI.1863, en AHEEM-Colmex, rollo 206.

[98] En este sentido, entre enero y abril de 1864 los intervencionistas mexicanos entregaron casi 2 500 pesos a *La Época*, 1 000 pesos a *La Esperanza* y 300 pesos a *El Rayo*; *cf.* Mobellán a Ministerio de Estado, 14.I.1869, en AMAE, leg. H-1658.

[99] SALDÍVAR, 1974, 12-13.

prudentemente en Cádiz en espera de la respuesta de Prim a una carta de Juárez. El conde de Reus, que, en febrero de 1863, había retornado a las filas del Partido Progresista, se mostró plenamente dispuesto a colaborar con Terán e informó al agente juarista de las escasas posibilidades de éxito de su misión en Madrid.[100] El momento elegido por Terán para llegar a Cádiz no podía ser más desfavorable, pues a la dificultad que representaba negociar con un gobierno en cuya base política militaban algunos de los más destacados partidarios del Imperio en México, como Francisco Mendoza y Cortina, se unía el estallido de una revolución independentista en Santo Domingo, que incrementaba aún más las reticencias de Madrid a emprender cualquier acción que pudiera provocar una crisis diplomática con Francia.[101] Este escenario llevó a Terán a considerar que, por el momento, era imposible poder llegar a un acuerdo con el gobierno español, por más que importantes sectores de la opinión pública de este país pudieran simpatizar con la causa republicana en México. En este sentido, aconsejado por Prim, el agente mexicano se trasladó a Madrid con carácter particular, donde, por intermedio del embajador austriaco en España, gestionó una entrevista con Maximiliano en Miramar. Tras esta gestión, Terán decidió partir hacia Londres sin haberse entrevistado con Arrazola, en espera de que un cambio de coyuntura en España, quizá propiciado por una revolución que llevara al poder a los progresistas, permitiera plantear con éxito su misión:

> La opinión en general nos es muy favorable; pero el temor de disgustar al Emperador subsiste en la Corte [...] He visto con envidia los adelantos de España. Existen ya muchas líneas de ferrocarriles y se construyen nuevos con bastante celeridad. Dicen que el ejército y la armada mejoran notablemente y en todos los ramos se nota progreso. Sin embargo, la reforma quedó aquí incompleta y en vez de rebajarse el poder del clero más bien lo recobra cada día. Tal vez no esté lejos una nueva revolución que, mediante un fuerte sacudimiento, complete lo que faltó de la reforma.[102]

La decisión de Terán de no permanecer en Madrid resulto ser plenamente acertada, pues, en marzo de 1864, el gabinete de Arrazola era sustituido por un nuevo ministerio de carácter moderado presidido por Mon, cuya antigua sintonía con los proyectos de Napoleón III en México era sobradamente conocida y había ocasionado, en 1862, su relevo al frente de la legación española en París.[103]

[100] Prim a Juárez, 24.II.1864, cit. en SALDÍVAR, 1974, 30.

[101] Sobre las gestiones de Mendoza y Cortina a favor del Imperio, *cf.* Mendoza y Cortina a Enrique Estrada, agente imperial en Santander, 4.IX.1863, en AGN-GRE, caja 62.

[102] Terán a Juárez, 20.II.1864, en SALDÍVAR, 1974, 32.

[103] GONZÁLEZ NAVARRO, 1993, I, 472.

La llegada del político moderado a la presidencia del Consejo de Ministros parecía significar el triunfo de los sectores que propugnaban el restablecimiento del antiguo consenso con Francia en cuestiones internacionales. Así pareció entenderlo el propio Maximiliano, quien creyó llegado el momento de dirigirse al gobierno español. El marco escogido para dicho acercamiento fue una recepción ofrecida por Napoleón III, a la que asistió la totalidad del cuerpo diplomático acreditado en París. En el curso de la misma, Maximiliano solicitó al ministro de España en Francia, Javier de Istúriz, que un barco español lo escoltara en su viaje a México, a cambio de lo cual el futuro emperador ofrecía trasladarse a Madrid para agradecer personalmente su gesto a la Reina. Dicha oferta fue reiterada poco después al gobierno español por intermedio del ministro francés de Asuntos Extranjeros.[104]

Sin embargo, la derogación de la Ley Constitucional de 1857 enfrentó a Mon con el ala derecha de su propio partido, obligándolo a buscar el apoyo parlamentario de la Unión Liberal. Este hecho lo obligó también a seguir una política continuista en relación con la cuestión mexicana, que no pusiera en peligro la precaria estabilidad de su gobierno. En este sentido, Mon encargó al Ministerio de Estado que inquiriera acerca de la posición adoptada por la Foreign Office ante las gestiones realizadas en Londres por el Archiduque. Pocos días después, el ministro español en la Gran Bretaña comunicaba a Madrid la negativa del gobierno británico al envío de cualquier buque de escolta e, incluso, su renuencia a reconocer a Maximiliano mientras su trono no estuviera firmemente consolidado en México.[105] La actitud británica condujo a Mon a descartar la solicitud de Maximiliano, de manera que, a pesar de que dicha propuesta era reiterada a mediados de marzo por José María Gutiérrez de Estrada, el gobierno de Madrid se abstuvo de responder a la misma, manteniendo su indefinición respecto de los proyectos de Napoleón III en México.[106]

Ello no significaba que, tras su aparente reserva, la diplomacia española no estuviera estudiando un eventual reconocimiento del Imperio mexicano. En este sentido, antes de la aceptación oficial del trono por el Habsburgo, el Ministerio de Estado ordenó a sus representantes en Londres, Berlín, Viena, Roma, Bruselas y San Petesburgo que averiguasen la posición de los gobiernos ante los que estaban acreditados respecto del nuevo régimen mexicano. La disposición de la totalidad de dichas potencias a reconocer a Maximiliano, con la previsible excepción de Rusia, acabó conduciendo al gobierno español a tener virtualmente decidido el reconocimiento del Imperio mexicano en

[104] Istúriz a Ministerio de Estado, 10.III.1864, en AMAE, leg. H-2553.

[105] Telegrama de Comyn al Ministerio de Estado, 11.III.1863, en AMAE, leg. H-2553; Comyn a Ministerio de Estado, 12.III.1864, en AMAE, leg. H-2545.

[106] López de la Torre a Ministerio de Estado, 25.III.1863, en AMAE, leg. H-2553.

abril de 1864.[107] Esta decisión puede deducirse de los hechos: la orden dada a Istúriz de asistir a la ceremonia de aceptación de la corona mexicana por Maximiliano en caso de ser invitado a la misma, lo que finalmente no sucedió, y la autorización concedida al ministro español en Viena para recibir, con carácter oficial, la visita del recién nombrado plenipotenciario imperial en Austria-Hungría, Thomas Murphy, ya que, como no dejaba de señalar el ministro de Estado, "España no puede dejar de reconocer al Gobierno de México y de hacer con él buena y amistosa política".[108]

La necesidad de contar con el respaldo de Francia durante la crisis internacional desencadenada por la ocupación de las islas Chinchas a cargo de una escuadra española, en abril de 1864, debió reforzar sin duda dicha resolución. No obstante, el gobierno español continuó demorando el reconocimiento oficial de Maximiliano, probablemente por temor a las posibles repercusiones que dicha cuestión pudiera tener sobre la inestable coalición gubernamental.

Esta situación se extendió a los primeros meses del reinado de Maximiliano y llevó al Ministerio de Estado a cursar instrucciones reservadas al cuerpo consular en México, mediante las cuales le ordenaba se abstuviese de participar con carácter oficial en las celebraciones que tuvieran lugar con motivo de la llegada de los emperadores a México.[109] Dichas directrices no fueron apoyadas por la influyente colonia española radicada en la capital y en Puebla, que, a diferencia de la que residía en Veracruz, manifestó abiertamente su entusiasmo por la instauración del Imperio.[110] Esto desencadenó una serie de fricciones entre el representante oficial de España y los sectores más conservadores de la colonia, que, en contra de las recomendaciones de Ballesteros, llegaron a suscribir un manifiesto en favor del Imperio. Este hecho llevó al agente español a advertir a Madrid del peligro derivado de la autonomía con que numerosos miembros de la colonia española actuaban en México:

> Un gran número de españoles saldrán a las doce del día á caballo en dirección a Guadalupe con el objeto de ir al encuentro de S. S. M. M. y de manifestarles de este modo la satisfacción que les causa su feliz llegada. Como si no fuera

[107] Comunicaciones al Ministerio de Estado de los representantes españoles en Roma, 16.IV.1864 y 21.V.1864; Berlín, 18.III.1864; San Petesburgo, 28.III.1864; Bruselas, 24.IV.1864; Londres, 19.III.1864 y Viena, 11.III.1864, en AMAE, leg. H-2553.

[108] López de la Torre a Ministerio de Estado, 16.V.1864, en AMAE, leg. H-2553. Respecto al primer punto, *cf.* Istúriz a Ministerio de Estado, 24.III.1864, en AMAE, leg. H-2553. Sobre Thomas Murphy, *cf.* SOUTO, 1994, 64-67.

[109] Ballesteros a Ministerio de Estado, 24.V.1864, en AMAE, leg. H-1654.

[110] Faraudo a Ministerio de Estado, 21.V.1864, en AMAE, leg. H-2554. Sobre el recibimiento tributado a Maximiliano por la colonia española en la capital mexicana, *cf.* FALCÓN, 1996, 269.

esto bastante han hecho causa común con los mejicanos firmando una felicitación escrita, dirigida a S. S. M. M. con motivo de su feliz arribo en la cual apenas aparecen algunas firmas de ingleses y franceses. No tengo la más mínima participación en esto. Los españoles que han tomado parte en dichos actos no me pidieron mi parecer ni tienen por costumbre los súbditos de S. M. consultar a los Agentes de su Gobierno, mas cuando los necesitan para que les presten su apoyo en demanda de reclamaciones más o menos legítimas. Los españoles que han tomado parte en los actos faltan en mi concepto á los deberes que les impone la neutralidad.[111]

Sin embargo, la prolongación de ese estado de cosas resultaba contraria a los intereses de ambas partes. Desde un punto de vista relativo al Imperio, el régimen de Maximiliano necesitaba suplir su déficit de legitimidad interna mediante el reconocimiento de la comunidad internacional; en este sentido, el reconocimiento de la antigua metrópoli adquiría un carácter emblemático. Desde un punto de vista relativo a España, la inexistencia de un interlocutor en México impedía defender adecuadamente los importantes intereses españoles existentes en este país.[112] La diplomacia española era plenamente consciente de este hecho, como lo demuestra un informe interno del Ministerio de Estado en el que se manifestaba la necesidad de poner fin a una situación en la que, "desconocido por el Gobierno de S. M. el de Juárez y no reconocido el Imperio", el gobierno español carecía por completo de mecanismos para poder actuar en este país.[113]

Por otra parte, la causa juarista parecía definitivamente perdida a mediados de 1864, como no dejaban de señalar los informes enviados a Madrid por los agentes españoles en México.[114] La ofensiva francesa iniciada en diciembre de 1863 había empujado los restos del ejército republicano hacia el norte del país. Paralelamente, la causa republicana se veía minada por las disensiones surgidas entre las distintas facciones que obedecían, a menudo sólo nominalmente, al itinerante gobierno de Juárez. En este marco, la destrucción del último ejército republicano de cierta consideración en Mate-

[111] Ballesteros a Ministerio de Estado, 14.VI.1864, en AMAE, leg. H-2553.

[112] La escasa importancia de los intercambios comerciales hispano-mexicanos contrastaba con la importancia de los intereses de la poco numerosa pero influyente colonia española radicada en México. Sobre el primer aspecto, *cf.* MIÑO, 1981, 31-35. La importancia de los intereses de la colonia española en México puede deducirse del análisis de las numerosas reclamaciones presentadas por la misma durante este periodo; *cf.* AGA-AE, legs. 122-141. La emigración española a México durante el último tercio del siglo XIX ha sido estudiada por Clara E. Lida y Pedro Pérez Herrero; *cf.* PÉREZ HERRERO, 1981, 128-135, y LIDA, 1997, 47-74. Sobre la problemática revestida por el estudio de dicha emigración, *cf.* LIDA, 1988, 341-343.

[113] Informe del Negociado de América de la Dirección General de Política del Ministerio de Estado, 11.V.1864, en AMAE, leg. H-2552.

[114] Ballesteros a Ministerio de Estado, 26.II.1864, en AHEEM-Colmex, rollo 206. Sobre las divisiones del liberalismo mexicano hacia 1863, *cf.* HAMNETT, 1996, 663-664.

huala, en mayo de 1864, y el repliegue de Juárez a Chihuahua, en agosto de ese mismo año, parecían presagiar el inminente final de la resistencia republicana.[115]

En este contexto, el régimen imperial, inquieto por la prolongada reserva del gobierno español, intentó acelerar el establecimiento de relaciones diplomáticas entre ambos países mediante el envío de un ministro plenipotenciario a Madrid. Con este objeto, un decreto de 29 de junio de 1864 nombraba enviado extraordinario y ministro plenipotenciario del Imperio en España y Portugal al coronel Francisco Facio, quien residía en París, encomendándole que se dirigiese a Madrid en el momento en que recibiera las cartas credenciales y comunicara oficialmente al gobierno español el advenimiento de Maximiliano al trono de México.[116]

En cumplimiento de dicha orden, el representante mexicano informó a su gobierno acerca de su intención de trasladarse a la capital española en los primeros días de agosto.[117] Sin embargo, el viaje de Facio a Madrid fue retrasado por el ambiguo discurso que, a fines de julio, pronunció lord Palmerston en el parlamento británico en torno de la cuestión mexicana.[118] La diplomacia imperial, consciente de la sintonía de las políticas de España y la Gran Bretaña hacia México, prefirió esperar una resolución favorable por parte del gabinete británico, limitándose, mientras tanto, a sondear la posición adoptada por España ante el Imperio.[119] En este marco, el nuevo ministro de Asuntos Extranjeros de Napoleón III, Eduardo Drouyn de Lhuys, preguntaba confidencialmente a Mon si el gobierno español estaba dispuesto a recibir al representante mexicano, en tanto que Facio sondeaba personal e infructuosamente a Istúriz sobre esta misma cuestión.[120]

Este hecho ponía de manifiesto que, todavía en el verano de 1864, el Imperio no estaba seguro de contar con el reconocimiento español. En este sentido, Facio manifestaba a su gobierno que en caso de no conseguir dicho reconocimiento se trasladaría a Lisboa, donde esperaría un cambio de actitud por parte de España.[121]

El representante mexicano no se vio obligado a adoptar tan drástica medida. A mediados de agosto, España mostró finalmente su disposición a establecer relaciones diplomáticas con el Imperio, influida probablemente

[115] FUENTES, 1981, 387-402; DÍAZ, 1996, 871-872.

[116] Ballesteros a Ministerio de Estado, 11.VII.1864, en AHEEM-Colmex, rollo 206.

[117] Facio a Ministerio de Negocios Extranjeros, 31.VII.1864, en AGN-GRE, caja 59.

[118] DOUGHERTY, 1965, 405. Sobre el debate que tuvo lugar en el parlamento británico el 29 de julio de 1864, *cf.* Francisco Arrangoiz, ministro imperial en Bruselas, a Ministerio de Negocios Extranjeros, 31.VII.1864, en AGN-GRE, caja 43.

[119] Arrangoiz a Ministerio de Negocios Extranjeros, 31.VII.1864, en AGN-GRE, caja 43.

[120] Facio a Ministerio de Negocios Extranjeros, 14.VIII.1864, en AGN-GRE, caja 59.

[121] Facio a Ministerio de Negocios Extranjeros, 14.VIII.1864, en AGN-GRE, caja 59.

por la actitud adoptada por las restantes potencias, por la necesidad de contar con el respaldo internacional de Francia y por la indefensión en la que se encontraban los intereses españoles en México.[122] De esta manera, Facio pudo presentar sus cartas credenciales en Madrid a principios de septiembre de 1864.[123]

Pocos días más tarde, la desintegración de la coalición gubernamental provocaba la dimisión de Mon, e Isabel II encargaba al general Ramón María Narváez la formación de un nuevo ministerio de signo exclusivamente moderado. Poco después, el nuevo gabinete acreditaría ante el gobierno imperial a un diplomático con amplia experiencia en México, Juan Jiménez de Sandoval, marqués de la Ribera, aunque la llegada de éste no se produciría hasta marzo del siguiente año.[124] El nombramiento de un representante español ante la corte de Maximiliano culminaba el dilatado proceso de reconocimiento del régimen imperial por parte de España. Las relaciones entre España y el segundo Imperio, no obstante, comenzaban bajo el peso de la recíproca desconfianza. El tiempo se encargaría de acentuar aún más las diferencias.

LAS DIFÍCILES RELACIONES HISPANO-MEXICANAS (1865-1867)

Entre 1864 y 1865, el Imperio mexicano fracasó a la hora de crear una estructura de poder propia. A consecuencia de ello, el régimen imperial adoleció de una absoluta dependencia del apoyo externo. En este sentido, la administración de Maximiliano consiguió sostenerse mientras Francia pudo mantener un cuerpo expedicionario en tierras mexicanas, si bien su incapacidad para extender su autoridad a la totalidad del territorio y aun a las zonas teóricamente controladas del mismo sumió al país en el caos. El fracaso del Imperio multiplicó las fricciones con aquellas potencias europeas que, como España, lo habían reconocido y provocó entre éstas el progresivo distanciamiento de un régimen que, de forma cada vez más evidente, había fracasado a la hora de desempeñar el papel de interlocutor de dichas potencias en México.

[122] También convendría tener en cuenta el interés que siempre mostró el partido moderado por consensuar la política exterior española con Francia. Sobre este tema, *cf.* OLIVIÉ, 1992, 197-202.

[123] BLUMBERG, 1987, 40.

[124] El marqués de la Ribera había nacido en Sombrerete, Zacatecas, de padre español y madre mexicana. Político y diplomático próximo a los círculos del moderantismo, ya había ocupado la legación española en México entre 1853 y 1855. Poco antes de su designación como ministro en México había dirigido la importante legación en Berlín y Dresde; *cf. Guía*, 1863, 152-153. Sobre la compleja personalidad del aristócrata español, *cf.* BLUMBERG, 1987, 93-94.

El final de la guerra de Secesión en la primavera de 1865 marcó un giro en la política estadounidense hacia México. Por una parte, Washington levantó las restricciones establecidas en 1862 a la exportación de armas, lo que redundó en un fortalecimiento de la capacidad militar del ejército republicano.[125] Paralelamente, los Estados Unidos incrementaron la presión diplomática que venían ejerciendo para que Francia se retirara de México. Todo ello coincidió con el creciente cuestionamiento del papel arbitral de Napoleón III en Europa, como consecuencia de la dinámica generada por los movimientos nacionales alemán e italiano y los subsiguientes reajustes territoriales provocados por dichos movimientos.[126] La nueva coyuntura internacional obligó finalmente al gobierno francés a retirar escalonadamente sus tropas de México entre 1866 y 1867. Esta medida supuso el rápido derrumbamiento del régimen de Maximiliano, cuyo aislamiento internacional fue acentuándose de manera progresiva, hasta desembocar, poco antes de su caída, en la ruptura con las potencias que lo habían reconocido.

Hacia un frustrado entendimiento

El nombramiento de un representante acreditado ante la corte imperial, en septiembre de 1864, no supuso que el gobierno de Narváez modificara de forma inmediata la actitud distante que los gabinetes que le precedieron habían observado en sus relaciones con el nuevo régimen mexicano. La aparente afinidad ideológica no modificó la percepción que los círculos gubernamentales de Madrid tenían del Imperio de Maximiliano, como un régimen satélite de Francia establecido en una región que la diplomacia española consideraba reservada a su natural influencia.

Este hecho puede apreciarse en las instrucciones reservadas que el Ministerio de Estado entregó al marqués de la Ribera en noviembre de ese mismo año. En dichas instrucciones, si bien se reconocía la conveniencia de que la administración imperial se consolidara, posibilitando así la estabilización del país, se encargaba al ministro de España que no apoyara en ningún sentido los esfuerzos realizados por el gobierno de Maximiliano con ese objeto y limitara su posible influencia a un ámbito "puramente moral". En esta misma línea, el gabinete moderado encomendaba al marqués de la Ribera que exigiera de las autoridades imperiales la estricta observancia de las estipulaciones contenidas en el Tratado Mon-Almonte. Es decir, el gobierno

[125] Miller, 1965, 235.

[126] Hanna y Hanna, 1973, 211-231; Smith, 1979, 28-29; Renouvin, 1982, 273-282; Llorente, 1986, 22-23; Vázquez y Meyer, 1982, 87; Ridley, 1994, 225-236.

español se negaba a aceptar cualquier revisión de los créditos reconocidos por aquel tratado y, por lo tanto, exigía de la administración de Maximiliano mayores concesiones de las que había estado dispuesto a aceptar, apenas un año antes, en el marco de una eventual negociación con el gabinete juarista.[127]

Las reticencias que el ministerio de Narváez mostró con el nuevo régimen mexicano explicarían la lentitud del gobierno español a la hora de proceder a la normalización de las relaciones entre ambos países. En este sentido, el marqués de la Ribera no llegaría a México hasta marzo de 1865, prolongando durante seis meses la situación de interinidad que afectaba a la representación española en México. Este hecho —unido al conflicto entre Ballesteros y Esteban Mandillo, nuevo cónsul general designado por el gobierno moderado, respecto de a quién correspondía la representación oficial de España en México— acabó sumiendo a la diplomacia española en este país en una situación caótica que alcanzó uno de sus extremos con la existencia simultánea de dos representantes oficiales en la capital mexicana entre octubre de 1864 y enero de 1865.[128]

En este marco, no tardaron mucho tiempo en producirse los primeros roces entre ambos gobiernos. Las principales fricciones tuvieron lugar en el consulado mexicano en La Habana que, por su dotación presupuestaria, parecía revestir para el Imperio más importancia que la propia legación en Madrid, pese a su teórica dependencia respecto de ésta.[129] Desde el establecimiento de la Regencia, las autoridades cubanas habían permitido al cónsul francés en La Habana que, de forma oficiosa, expidiera la patente correspondiente a los buques que se dirigieran hacia los puertos mexicanos ocupados por las fuerzas imperiales. Dicha medida era consecuencia de la negativa del cónsul mexicano en La Habana, Ramón S. Díaz, nombrado por el gobierno de Juárez, a conceder patentes para dichos puertos. Sin embargo, en agosto de 1864, la administración imperial nombró cónsul a Ramón Carballo en sustitución del anterior. De inmediato, Carballo comenzó a expedir patentes en nombre del gobierno de Maximiliano, pese a carecer aún del correspondiente *exequatur*. La hostilidad mostrada por el nuevo gobernador de La Habana, Domingo Dulce, hacia el Imperio lo llevó a atender una reclamación presentada por Díaz a pesar de que las relaciones con el gobierno republicano se encontraban interrumpidas: obligó al capitán del bergantín mexicano Hércules a acudir al cónsul juarista, quien, tras romper la patente imperial, expidió una nueva, forzando al consignatario a depositar una fianza

[127] Instrucciones al marqués de la Ribera, 30.XI.1864, en AMAE, leg. H-1654.

[128] Ballesteros a Ministerio de Estado, 3.X.1864 y 1.III.1865, en AHEEM-Colmex, rollo 207. Informe del Negociado de América de la Dirección General Comercial, 22.XI.1864, en AMAE, leg. H-1965.

[129] Presupuesto del Ministerio de Negocios Extranjeros, 9.X.1866, en AGN-GRE, caja 103.

que garantizara que el barco se dirigiría al puerto de Matamoros, entonces ocupado por las fuerzas republicanas.[130]

La decisión de las autoridades cubanas alarmó al gobierno imperial, que temía la paralización del importante tráfico comercial con Cuba, por lo que, una vez restablecidas las relaciones con España, encomendó a Facio que protestara ante el gobierno de Madrid, acusando al gobernador de Cuba de favorecer al régimen de Juárez:

> Multiplíquense sucesos como los del *Hércules* y ya tendremos á las autoridades españolas de Cuba prestando al Sr. Juárez el auxilio de las armas de S. M. C., para hacer efectivo el bloqueo de los puertos que reconocen a S. M. I. Maximiliano I.[131]

El gobierno de Madrid actuó con cierta lentitud y dejó transcurrir más de un mes antes de que el ministro de Estado desautorizara la medida dictada por Dulce y permitiera a Carballo el desempeño interino del consulado mexicano en La Habana.[132] Sin embargo, esto no puso fin al problema, pues Díaz se negó a entregar los archivos consulares al nuevo cónsul imperial, depositándolos en el consulado estadounidense en dicha ciudad.[133] La indiferencia de las autoridades coloniales hacia la protesta formulada por Carballo con este motivo obligó al gobierno de Maximiliano a practicar nuevas gestiones en Madrid. El asunto, pese a todo, no se resolvería hasta marzo de 1865, tras la intervención del ministro español en Washington.[134]

La hostilidad de las autoridades coloniales de Cuba no constituía más que una manifestación extrema de la desconfianza mostrada por España hacia el nuevo régimen mexicano. Dicha desconfianza se incrementaría a lo largo de 1864 a consecuencia de los problemas provocados por la prolongación del conflicto franco-mexicano.

La continuación del enfrentamiento bélico ocasionó numerosos perjuicios a las personas e intereses de los particulares españoles radicados en México e involucró directamente en el mismo a cierto número de ciudadanos espa-

[130] Ministerio de Negocios Extranjeros a Facio, 22.VIII.1864, en AHSRE, España, lib. 130, s.n. La protesta de Díaz coincidió con la estancia de Doblado en La Habana, donde el político liberal aprovechó para realizar propaganda en favor del régimen juarista, por lo cual obtuvo la colaboración del influyente conde de Pozos Dulces, director de *El Siglo*; *cf.* Rafael Obregón, pariente de Doblado residente en La Habana, a Doblado, 19.XI.1864, en Condumex, MLVIII-1, vol. 1.3, f. 32.

[131] Ministerio de Negocios Extranjeros a Facio, 22.VIII.1864, en AHSRE, España, lib. 130, s.n. Sobre la simpatía de Dulce por el gobierno de Juárez, *cf.* Luis Abela, agente republicano en La Habana, a Doblado, 25.II.1865, en Condumex, MLVIII-1, vol. 1.3, f. 181.

[132] Ministerio de Estado a Facio, 24.XI.1864, en AHSRE, España, lib. 130, s.n.

[133] Ministerio de Negocios Extranjeros a Facio, 18.II.1865, en AHSRE, España, lib. 150, s.n.

[134] Carballo a Facio, 30.III.1865, en AHSRE, España, lib. 150, s.n.

ñoles. A lo largo de 1864 y durante la primera mitad de 1865 ambos problemas revistieron especial gravedad en Tamaulipas, donde la paralización de la ruta comercial establecida entre San Luis Potosí y Tampico afectaba los importantes intereses españoles existentes en la zona.[135] Esta situación condujo finalmente al cónsul español en Tampico, Enrique Azurmendi, a involucrarse en el conflicto y gestionar ante el gobierno imperial, en representación de las principales firmas comerciales de la ciudad, el envío de fuerzas suficientes para garantizar la pacificación del estado.[136] Esta actitud no puede extenderse a la totalidad de los representantes consulares de España en México, puesto que, en otras ocasiones, éstos prefirieron pactar con los republicanos para salvaguardar los intereses de la colonia española. Éste fue el caso del vicecónsul español en Tulancingo, Antonio Gayol, detenido mientras negociaba con un enviado del general liberal Rafael Cravioto.[137]

Todo ello supuso que, a la llegada del marqués de la Ribera en marzo de 1865, la legación se encontrara literalmente inundada por un torrente de reclamaciones procedentes de todo México. Este hecho planteaba al ministro español el problema de presentar al gobierno imperial un cúmulo de nuevas reclamaciones, cuando aún no existía un acuerdo en torno de los difíciles contenciosos pendientes entre ambos países.[138]

La frialdad de Madrid fue perfectamente percibida por la diplomacia mexicana y al parecer causó un hondo resentimiento en el propio Maximiliano, como no dejaba de reconocer reservadamente al marqués de la Ribera el propio subsecretario de Negocios Extranjeros, cuando le explicaba que

> el Emperador Maximiliano es muy impresionable y algo susceptible y no olvida que no lo quisieran recibir en España como Emperador, ni que S. M. la Reina lo reconociese antes de salir de Europa, ni que [no] enviase una gran fragata de guerra para que lo acompañase en su viage á Veracruz.[139]

El descontento del emperador mexicano se vio incrementado por la tolerancia mostrada por las autoridades españolas hacia las críticas vertidas contra el Imperio por un sector de la prensa madrileña. En este marco sobresalió el diario ultracatólico *La Esperanza*, que, entre noviembre de 1864

[135] Domingo Hariz, encargado del consulado español en Tampico, a Ministerio de Estado, 27.VII.1864, y 28.II.1865, en AMAE, leg. H-2074. La importancia de los intereses españoles en esta zona se desprende de la existencia de 250 españoles entre los 4 000 habitantes de Tampico en 1864. GONZÁLEZ, 1993, I, 480.

[136] Informe del Negociado de América de la Dirección General de Política del Ministerio de Estado, 11.V.1864, en AMAE, leg. H-2552.

[137] Marqués de la Ribera a Ministerio de Estado, 26.V.1865, en AMAE, leg. H-2552.

[138] Marqués de la Ribera a Ministerio de Estado, 27.III.1865, en AHEEM-Colmex, rollo 207.

[139] Marqués de la Ribera a Ministerio de Estado, 24.V.1865, en AHEEM-Colmex, rollo 207.

y marzo de 1865, cuestionó la política religiosa de Maximiliano, ridiculizando la figura del emperador mexicano. El tono de algunos de los artículos publicados por este diario llegó a alcanzar tal virulencia que acabó por suscitar las indignadas protestas del gobierno imperial. La negativa del gabinete moderado de Narváez a atender dichas reclamaciones, invocando una dudosa libertad de prensa, contribuyó a reforzar la sensación de Maximiliano de no contar con ninguna simpatía en España.[140]

Como han señalado algunos autores, probablemente este resentimiento se tradujo en un incremento de los propios prejuicios del Emperador hacia la herencia cultural española de México.[141] En todo caso, supuesta o real, la hostilidad de Maximiliano hacia todo lo hispánico no pasó inadvertida para la diplomacia española, que consideraba dichos prejuicios como el producto de la educación germánica del Emperador y de su visión romántica del mundo indígena como base de la regeneración de México.[142]

Todo ello condujo a la diplomacia del Imperio a adoptar desde el principio una actitud reticente con España, cuyo mejor exponente fueron las instrucciones entregadas a Facio por el Ministerio de Negocios Extranjeros. En dichas instrucciones, inéditas hasta la fecha, se instaba al ministro mexicano en Madrid a mostrarse "amable y frío" ante el gobierno español y a bloquear cualquier intento dirigido a incrementar los lazos migratorios y comerciales con España:

> El Señor Ministro comprenderá que no nos conviene la colonización de españoles en ningún punto del Imperio por razones que no es necesario exponerle. Así es que en el caso de que se le sometan algunos proyectos sobre esa materia, se limitará á decir á los interesados que va a enviarlos a su Gobierno sin indicarles ninguna esperanza ó probabilidad de que sean adoptados. [...] Habiendo ya adquirido el comercio de España con México bastante extensión, no se necesita que adquiera mayor desarrollo.[143]

Esto explicaría el escaso nivel otorgado inicialmente por la diplomacia imperial a su legación en Madrid. En este sentido, en contraste con la generosa dotación concedida a las representaciones imperiales en París, Londres o

[140] Ministerio de Negocios Extranjeros a Facio, 27.III.1865, en AGN-GRE, caja 75. Ministerio de Estado a Facio, 27.V.1865 y Facio a Ministerio de Negocios Extranjeros, 4.VI.1865, en AGN-GRE, caja 54.

[141] JIMÉNEZ, 1911, 233; GONZÁLEZ, 1993, I, 502.

[142] Ballesteros a Ministerio de Estado, 11.VI.1864, en AMAE, leg. H-2553; Informe del Negociado de América de la Dirección General de Política del Ministerio de Estado, 25.IX.1865, en AMAE, leg. H-1655. Sobre este tema, *cf.*, en este mismo volumen, el texto de PANI.

[143] Instrucciones del Ministerio de Negocios Extranjeros a Facio, 29.VI.1864, en AGN-GRE, caja 59.

Viena, las carencias presupuestarias de la legación en Madrid obligaron al nuevo ministro mexicano a alojarse durante varios meses en una pensión, antes de poder trasladarse con su familia a una modesta vivienda. Por otra parte, una vez establecida la legación, la falta de un agregado diplomático obligó al representante imperial a dedicar gran parte de su tiempo a actividades puramente administrativas, de manera que, todavía en noviembre de 1864, seguía sin ser localizado el archivo de la antigua legación mexicana en Madrid.[144] La situación desesperaba al representante mexicano como se desprende de su correspondencia particular:

> Imposible parece en efecto lo que nuestro Gobierno hace conmigo. Se me manda con muy poco dinero á servir dos legaciones sin siquiera un agregado que me ayude. Hasta las cosas más minuciosas y aun impropias tengo que hacer yo mismo, lo que frecuentemente me ha puesto y sigue poniéndome en posición embarazosa y aun ridícula. (Para colmo de desgracias ¡ni se sabe donde está el archivo de esta legación!)[145]

Sin embargo, pese al clima de desconfianza mutua existente entre los dos países, a lo largo del primer semestre de 1865 se fue imponiendo progresivamente el interés de ambos gobiernos por mantener una relación correcta, ya que no cordial, que permitiera la resolución de los contenciosos bilaterales pendientes y evitara la repetición de los incidentes que los habían ocasionado.

En la parte mexicana, las razones de este cambio de actitud deben buscarse en el fracaso del régimen de Maximiliano para extender su autoridad a la totalidad del territorio, pese a la destrucción de las últimas unidades organizadas del ejército republicano en Majoma, Atenquique y Oaxaca entre septiembre de 1864 y febrero de 1865. Dicho fracaso incrementó el interés de la diplomacia imperial por tratar de contrarrestar la presumible hostilidad de los Estados Unidos, tras el inminente desenlace de la guerra de Secesión, mediante la generalización del apoyo europeo. Las gestiones realizadas por las cancillerías de París y México, durante el verano de 1865, para obtener del gobierno italiano el envío de un cuerpo expedicionario auxiliar a este país deben inscribirse en este marco.[146] En este sentido, la rivalidad de España con los Estados Unidos en el Caribe convertía la antigua metrópoli en un aliado potencial del Imperio frente a la potencia americana.

[144] Facio a Ministerio de Negocios Extranjeros, 11.XI.1864, en AGN-GRE, caja 91.

[145] Facio a Ignacio Aguilar, nuevo representante del Imperio en Madrid, 15.XI.1864, en Condumex, IX-1, vol. 2.2, f. 271.

[146] BLUMBERG, 1971, 503-504.

Esta situación llevó a las autoridades imperiales a tratar de propiciar un acercamiento con España. En este marco, el gobierno mexicano se esforzó por regularizar los pagos contemplados en la Convención de 1853 y recordó a Facio que, conseguido el establecimiento de relaciones, su principal misión en España consistía en convencer a la clase política y a la opinión pública españolas "de cuanto interesa á dicho Reyno el que se consolide el Imperio Mexicano por lo mucho que pueda servirle con respecto á la posesión de la Isla de Cuba por ser común el enemigo de ambos territorios".[147]

Para este fin se ordenó al ministro mexicano que procurara obtener influencia acercándose a aquellos periódicos conservadores que fueran los más propicios a dicha política. Con este objeto, Facio subvencionó de forma encubierta, mediante la suscripción de un número considerable de ejemplares, los principales diarios conservadores, como *La Época*, *El Reino* y *La Esperanza*.[148] Especialmente significativo es el caso de *La Esperanza*, diario ligado a los sectores ultracatólicos, que, tras haber defendido la candidatura de Maximiliano al trono de México a lo largo de 1864, llevó a cabo durante los primeros meses de 1865 una agresiva campaña de prensa contra la política liberal del emperador mexicano, hasta que las gestiones realizadas por Facio consiguieron que el diario conservador volviera a cambiar su línea editorial.[149] Estas publicaciones se convirtieron desde este momento en los portavoces oficiosos del gobierno imperial en España, publicando las reseñas políticas enviadas periódicamente por el Ministerio de Negocios Extranjeros como noticias veraces y polemizando con los medios más liberales, contrarios al Imperio. En esta labor destacó *La Época*, cuya subvención se mantuvo hasta los momentos finales del Imperio; las razones para ello se pueden apreciar en este comunicado que el encargado de negocios en Madrid, Fernando de Elías, envió a su gobierno en un momento tan tardío como diciembre de 1866:

> V. E. comprenderá la necesidad imperiosa que hay de que cuente el Gobierno imperial en esta Corte con un periódico afamado que publique sus buenas noticias, defienda la buena causa y desmienta los miserables rumores falsos y absurdas noticias que constantemente están viniendo de los Estados Unidos. *La Época* es uno de los diarios más acreditados que se imprimen en esta Corte, y desde el tiempo de la intervención, ha estado escribiendo mucho y bien á favor de México.[150]

[147] Instrucciones del Ministerio de Negocios Extranjeros a Facio, 29.VI.1864, en AGN-GRE, caja 59.

[148] Ministerio de Negocios Extranjeros a Facio, 20.VII.1865, en AHSRE, España, lib. 31, f. 1.

[149] Dichas gestiones consistieron en la reanudación de los copiosos subsidios entregados a lo largo de 1864 a su director, Pedro de la Hoz, para que su diario apoyara la candidatura de Maximiliano; *cf.* Mobellán a Ministerio de Estado, 14.I.1869, en AMAE, leg. H-1658.

[150] Elías a Ministerio de Negocios Extranjeros, 11.XII.1866, en AHSRE, España, lib. 31, f. 17.

Paralelamente, la diplomacia imperial trató de encontrar aliados entre determinados sectores del partido moderado. En este sentido, a principios de 1865 Maximiliano concedió la Gran Cruz de Guadalupe al diputado Diego Coello y al senador Francisco Mendoza y Cortina, quienes se habían distinguido en las Cortes españolas por la defensa del Imperio frente a los ataques de progresistas y demócratas.[151]

Dicha estrategia fue secundada de forma entusiasta por el representante de Maximiliano en Madrid, quien defendió ante su gobierno la necesidad de propiciar un mayor acercamiento hacia el gabinete moderado de Narváez, puesto que, en su opinión, éste mantenía una política más favorable hacia el Imperio que la preconizada por los sectores ultracatólicos cercanos al carlismo y por los partidos Progresista y Demócrata, "los primeros por fanatismo religioso y los otros por su oposición al Imperio y á nuestro amado Soberano".[152]

En la parte española, el reconocimiento del Imperio había respondido en gran medida, como vimos anteriormente, a la necesidad de facilitar la defensa de los intereses españoles en México y, por consiguiente, de propiciar la resolución de los problemas bilaterales pendientes. La consecución de dichos objetivos condicionó necesariamente la estrategia seguida por la diplomacia española en este país, ya que propició la adopción de una posición más conciliadora frente al nuevo régimen mexicano. Sin embargo, sería la nueva coyuntura internacional abierta en la primavera de 1865, la que determinaría, en última instancia, el cambio de actitud del gobierno de Madrid hacia el Imperio mexicano.

El final de la guerra de Secesión, en abril de 1865, precipitó la evacuación de Santo Domingo por las tropas españolas, que abandonaron la isla en mayo de ese mismo año, incapaces de dominar el movimiento revolucionario iniciado en 1863.[153] Este hecho marcaba el fracaso de la efímera ofensiva emprendida en el Caribe por la diplomacia unionista durante la primera mitad de la década de 1860. El repliegue de la influencia de España en esta

[151] Ministerio de Asuntos Extranjeros a Facio, 10.II.1865, en AHSRE, España, lib. 108, f. 81. Dichos parlamentarios estaban vinculados a la colonia española en México, sobre todo en el caso de Mendoza y Cortina, que actuaba como representante en Madrid del recién fundado Casino Español de México, presidido por su hermano Manuel; *cf.* Actas del Casino Español de 11.III.1875, en BACEM, Libros de Actas, I, 2.

[152] Facio a Ministerio de Negocios Extranjeros, 11.III.1865, en AGN-GRE, caja 51.

[153] El real decreto de 3 de mayo de 1865 derogaba el promulgado en mayo de 1861, por el que se reincorporaba a España la República Dominicana. El decreto puede consultarse en AHN-Ultramar, leg. 3534, doc. 34. Sobre el apoyo encubierto de los Estados Unidos al movimiento independentista dominicano, *cf.* Tassara a Ministerio de Estado, 10.XII.1863, en AHN-Ultramar, leg. 3542, doc. 10. El abandono de Santo Domingo por España fue observado con preocupación por la diplomacia imperial, que veía en el mismo un repliegue de la influencia europea en esta región; *cf.* Ministerio de Negocios Extranjeros a Carballo, 19.X.1864, en AGN-GRE, caja 51.

región tuvo dos consecuencias importantes. Por una parte, provocó la alarma del gobierno español, que temía que se reprodujeran las presiones ejercidas por los Estados Unidos sobre Cuba durante las dos décadas precedentes y, por otra, incrementó las tensiones existentes en el seno de la sociedad antillana, lo que se tradujo en un recrudecimiento de las actividades del movimiento reformista cubano.[154] Ambos factores determinaron que Madrid comenzara a valorar la existencia en México de un régimen enfrentado a los Estados Unidos, aun cuando éste se encontrara bajo la tutela francesa. Principalmente porque el acelerado deterioro de las relaciones con las repúblicas sudamericanas del Pacífico aumentaba el interés de España por contar con un aliado que dispusiera de puertos en este océano.

Las bases para el desarrollo de una política más flexible hacia el Imperio se encontraban en las propias instrucciones entregadas al marqués de la Ribera a fines de 1864, en las que, si bien se rechazaba la revisión de los créditos reconocidos por el Tratado Mon-Almonte, se dejaba a la discreción del representante español la elección del momento oportuno para plantear las reclamaciones del gobierno español:

> El Gobierno español no puede desconocer ni olvidar las graves dificultades que la angustiosa situación del trono mejicano ofrecerá al Gobierno Imperial para satisfacer atenciones preferentes, relacionadas con el mantenimiento del orden público, elemento fundamental para que se consoliden las actuales instituciones. Por lo mismo, el cumplimiento de las obligaciones que emanen de los tratados á que se ha hecho referencia, ó de créditos reconocidos á favor de España para pago de indemnizaciones, habrá de subordinarse á las circunstancias del erario mejicano dando V. E. mayor ó menor energía á sus reclamaciones según comprenda que es mayor ó menor la posibilidad de resolverlas.[155]

No obstante, Madrid no ordenó a su representante que adoptara una actitud más contemporizadora con la administración imperial hasta la primavera de 1865. El cambio de posición vino precedido por unas declaraciones del ministro de Estado ante las Cortes, en las que relacionaba el advenimiento del régimen de Maximiliano con la entrada de México en una nueva era de estabilidad y progreso:

> Yo diré á S. S. que esa frase de la nueva era no hace alusión más que al imperio mejicano. Es una nueva era pasar de la democracia, de la anarquía, de la guerra civil, al orden y á la paz. Por lo demás el Gobierno español reclamará so-

[154] Sobre el movimiento reformista cubano, *cf.* CEPERO, 1948, 48-99, y NAVARRO, 1992, 252-269. Sobre la crisis del sistema colonial español en las Antillas a comienzos de la década de 1860, *cf.* FRADERA, 1997, 313-317.

[155] Instrucciones al marqués de la Ribera, 30.XI.1864, en AMAE, leg. H-1654.

bre todos los intereses legítimos que los españoles tengan en Méjico, teniendo cuidado de que esos españoles sean tales españoles, y que no hayan perdido esa cualidad tomando parte en las cuestiones internas del país.[156]

Como consecuencia de las nuevas directrices del gobierno de Madrid, el marqués de la Ribera hubo de aceptar las maniobras dilatorias realizadas por las autoridades imperiales para diferir la resolución de las reclamaciones presentadas por las distintas potencias. De esta manera, el ministro español tuvo que admitir, pese a su evidente inutilidad, la realización de un registro de las reclamaciones pendientes, como medida previa a su aceptación o rechazo por una comisión hispano-mexicana, e, igualmente, tuvo que resignarse a la negativa del Imperio a aumentar el porcentaje de los ingresos aduaneros dedicado al pago de la Convención de 1853.[157]

Paralelamente, el gabinete moderado multiplicó los gestos conciliadores hacia el Imperio. En este sentido, Narváez ofreció a Maximiliano su mediación personal en uno de los principales problemas diplomáticos afrontados por el Imperio a lo largo de su existencia: la negociación del elusivo concordato con el Vaticano.[158] Pocos días después, el Ministerio de Estado indicaba al marqués de la Ribera la conveniencia de no presentar una protesta oficial a consecuencia de las críticas vertidas sobre la época colonial novohispana por Maximiliano durante la apertura de la Academia de Ciencias.[159]

La nueva actitud del ministerio moderado hacia el segundo Imperio indicaba que Madrid había aceptado finalmente a la administración imperial como único interlocutor válido en México. En este sentido, el nuevo intento de acercamiento realizado por el gobierno republicano estaba condenado al fracaso. Este intento debe encuadrarse en el marco de las actividades de Terán en Europa. En el curso de su misión, el agente juarista regresó a Madrid a finales de marzo de 1865; días después, éste consiguió entrevistarse con el propio Narváez, a quien manifestó que disponía de plenos poderes para someter al arbitraje del gobierno de Madrid la resolución inmediata de todas las cuestiones pendientes entre los dos países. Como contrapartida, Terán solicitaba del ejecutivo español la ruptura de sus relaciones diplomáticas con el Imperio y el reconocimiento del gobierno republicano.[160] Dicha propuesta fue desestimada por el político moderado que puso fin abruptamente

[156] Facio a Ministerio de Negocios Extranjeros, 11.III.1865, en AGN-GRE, caja 51.

[157] Marqués de la Ribera a Ministerio de Estado, 27.III.1865 y 18.IV.1865, en AHEEM-Colmex, rollo 207.

[158] Ministerio de Negocios Extranjeros a Facio, 24.VI.1865, en AHSRE, España, lib. 101, f. 239. Sobre las negociaciones diplomáticas entre el Imperio y el Vaticano, *cf.* GALEANA, 1991, y BLUMBERG, 1986, 90-118.

[159] Marqués de la Ribera a Ministerio de Estado, 28.VII.1865, en AMAE, leg. H-1655.

[160] PANI, 1949, 17-18; RIDLEY, 1994, 246; PI-SUÑER, 1996, 169.

a la entrevista. El resultado negativo de sus gestiones condujo a Terán a comunicar a su gobierno el definitivo abandono de cualquier intento para llegar a un acuerdo con el gobierno español:

> Se limitó a responderme que estando el Gobierno español en la mejor armonía con los Emperadores de México y de Francia, y habiéndose propuesto que la lealtad fuera la base de su administración, no podía entrar en relaciones de ningún género con el Gobierno Constitucional de México. Yo entonces le manifesté que el fin de mi entrevista estaba conseguido puesto que no era otro que dejar consignado de una manera auténtica el hecho de que mi Gobierno había hecho por su parte cuanto le era posible para reanudar sus buenas relaciones con el de España, y que éste se había negado aun a oírlo, hecho de que a su tiempo se haría el mérito correspondiente.[161]

La fallida misión de Terán en Madrid suponía la culminación del fracaso de la diplomacia juarista en Europa. Como vimos, el representante viajero del gobierno republicano había sido comisionado por el propio Juárez para tratar de obtener el reconocimiento de las potencias europeas. Sin embargo, a lo largo de 1864 y 1865 sus gestiones en Roma, Florencia, Londres, París y, finalmente, Madrid resultaron totalmente infructuosas.[162]

En España, no obstante, Terán obtuvo el apoyo incondicional del partido progresista, que llegó a organizar una suscripción nacional a través del diario *La Iberia*. Los fondos recaudados por la misma permitieron, en mayo de 1865, el retorno a México de un cierto número de militares mexicanos deportados a Francia tras la toma de Puebla.[163] Sin embargo, el decidido apoyo prestado a la causa juarista por progresistas y demócratas, en la primavera de 1865, apenas incidiría en la política que España mantendría con México.[164] La sangrienta represión del movimiento estudiantil durante la Noche de San Daniel consumó la ruptura del partido progresista con el régimen isabelino.[165] Desde febrero de 1865, progresistas y demócratas, marginados de los mecanismos legales que eventualmente les habrían permitido el acceso al poder, iniciaban la senda de la revolución.

161 Terán a Ministerio de Relaciones Exteriores, 20.IV.1865, en AHSRE, leg. LE-305, f. 61.

162 Sobre el desarrollo de la misión de Terán en Europa entre 1863 y 1866, *cf.* SALDÍVAR, 1974.

163 HUERTA y CASADO, 1994, 48-70; GALEANA, 1990, 193-194.

164 *Revista Hispano-Americana*, Madrid, 27.III.1865.

165 Sobre dichos sucesos, *cf.* RUPÉREZ, 1975. Resulta interesante la identificación de Facio con la actividad represora del gobierno, que el diplomático mexicano justifica "porque contuvo, como era su deber, á los anarquistas". Facio a Ministerio de Negocios Extranjeros, 27.IV.1865, en AGN-GRE, caja 51.

El desencuentro

Los esfuerzos realizados por ambas partes para propiciar un acercamiento no pudieron evitar que las relaciones entre España y el Imperio mexicano se vieran inmersas en una dinámica de continuo deterioro a partir de la segunda mitad de 1865. El inicio de este proceso coincidió con la crisis política desencadenada en España por el frustrado levantamiento de Prim, en junio de 1865, que acabó provocando la sustitución del gobierno moderado por un ministerio unionista presidido por O'Donnell.[166] La caída de Narváez desplazaba del poder al principal interlocutor que el régimen imperial tenía en España. Sin embargo, el creciente proceso de distanciamiento entre los dos países obedeció a otras causas. Por una parte, este proceso se debió a la falta de disposición mostrada por las autoridades imperiales para resolver las reclamaciones originadas por la intervención francesa y la prolongación del conflicto. En este sentido, las continuas maniobras dilatorias realizadas por los ministerios de Hacienda y Negocios Extranjeros para evitar, o al menos demorar, el cumplimiento de dichas obligaciones provocaron la deslegitimación de la administración imperial ante el gobierno español, que había esperado del nuevo régimen mexicano una actitud más receptiva ante las reclamaciones de la antigua metrópoli. Los informes, cada vez más pesimistas, enviados a Madrid por el marqués de la Ribera contribuyeron a alimentar este desencanto:

> Muy trabajosa va á ser la negociación y muy difícil de llevarla á cabo, porque tenemos unas quinientas reclamaciones que presentar, siendo muchas de ellas por demás considerables. No sé cómo podrá Méjico satisfacer en lo sucesivo con sus propios recursos y con más exactitud que antes las inmensas obligaciones que ha contraído.[167]

Por otra parte, la diplomacia española comenzó a ser cada vez más consciente del fracaso del Imperio a la hora de pacificar el país. Dicho fracaso era consecuencia del recrudecimiento de la actividad guerrillera en la mayor parte del territorio durante la segunda mitad de 1865, pese a que una nueva ofensiva de las fuerzas franco-imperiales, en el verano de ese mismo año, había obligado al gobierno juarista a replegarse hasta Paso del Norte.[168] El

[166] El frustrado levantamiento de Prim en Valencia movió a Isabel II a llamar de nuevo a O'Donnell al poder para que, mediante una política conciliadora, apartara al partido progresista de la vía revolucionaria. Sobre el pronunciamiento de junio de 1865, *cf.* PIQUERAS y SEBASTIÁ, 1991, 98-105 y 134-140.

[167] Marqués de la Ribera a Ministerio de Estado, 22.VII.1865, en AHEEM-Colmex, rollo 207.

[168] HAMNETT, 1997, 158-164.

régimen de Maximiliano trató de resolver esta situación mediante el endurecimiento de la represión. Sin embargo, esta estrategia, cuyo principal exponente fue el decreto de 3 de octubre de 1865, no tuvo otro efecto que radicalizar la oposición al Emperador dentro del territorio sometido al control de la administración imperial. En este marco, la diplomacia española comenzó a replantear su inicial optimismo respecto de la consolidación del Imperio y a concebir serias dudas sobre las posibilidades reales de supervivencia del mismo.[169]

La manifiesta hostilidad mostrada por el nuevo presidente de los Estados Unidos, Andrew Johnson, hacia la permanencia del cuerpo expedicionario francés en México no hizo sino incrementar dichas dudas.[170] Durante los meses subsecuentes al final de la guerra de Secesión, las autoridades de Madrid siguieron con preocupación la concentración de importantes contingentes militares estadounidenses en la frontera con México y la presión ejercida sobre la Casa Blanca por los sectores más intervencionistas de la administración y el ejército de ese país, liderados por el general Ulises S. Grant. Finalmente, el riesgo de una intervención estadounidense en México pareció atenuarse, prevaleciendo la política más prudente que propugnaba el secretario de Estado, William H. Seward, quien, consciente de las dificultades de Napoleón III en Europa, consideraba que bastaría la presión diplomática para expulsar a Francia de México. No obstante, Madrid era consciente de que, al margen de los matices, ambos sectores de la administración estadounidense coincidían en la necesidad de poner en práctica una política más agresiva hacia México, que respondiera al desafío planteado por el Imperio de Maximiliano a la Doctrina Monroe.[171]

La creciente incertidumbre en torno a las posibilidades de supervivencia del régimen imperial, por una parte, y el temor a verse envuelto en un hipotético conflicto entre el Imperio mexicano y los Estados Unidos, por otra, condujeron al gobierno español a dejar de especular con la posibilidad de establecer una alianza con el Imperio de Maximiliano, como forma de hacer frente al expansionismo norteamericano en el Caribe. El nuevo contexto internacional llevó al gabinete de O'Donnell a abandonar sus anteriores proyectos geopolíticos en la región y a intentar la consolidación de la posición

[169] Ballesteros a Ministerio de Estado, 29.X.1864, en AMAE, leg. H-1654; Marqués de la Ribera a Ministerio de Estado, 5.VIII.1865, en AMAE, leg. H-1655.

[170] Marqués de la Ribera a Ministerio de Estado, 27.V.1865 y 27.VII.1865, en AHEEM, rollo 207; Marqués de la Ribera a Ministerio de Estado, 26.XII.1865, en AMAE, leg. H-1655. Sobre este extremo, *cf.* también FALCÓN, 1996, 282-283.

[171] HANNA y HANNA, 1973, 203-204; BLUMBERG, 1987, 164-169; RIDLEY, 1994, 234-236. Sobre el enfrentamiento entre la Secretaría de Estado y el ejército en torno de una hipotética intervención en México, *cf.* BLACKBURN, 1969 y RIDLEY, 1994, 234-236.

española en Cuba y Puerto Rico mediante la reforma del régimen colonial de dichos territorios. Con ello, el político unionista esperaba poder hacer frente a las renovadas presiones del gobierno de Washington sobre las Antillas, alarmado por las protestas de la administración estadounidense por el tráfico de esclavos en Cuba y por la tolerancia que el ejecutivo de Washington parecía mostrar hacia las actividades del agente chileno Benjamín Vicuña Mackenna, quien, desde octubre de 1865, promovía desde Nueva York la independencia de las Antillas a través del diario *La Voz de América*.[172] En este sentido, la convocatoria de la Junta de Información de Ultramar, el 25 de noviembre de 1865, inauguraba una nueva estrategia española en el Caribe.[173]

Todo ello puso fin al interés que la anterior administración, presidida por Narváez, había mostrado para conseguir un mayor entendimiento con el régimen imperial. El primer signo de la nueva actitud del gobierno español para con el Imperio fue el final de la tolerancia que había mostrado anteriormente hacia las declaraciones críticas sobre el pasado colonial novohispano, realizadas por el propio Maximiliano y otros altos funcionarios de la administración imperial. En este sentido, el gabinete de O'Donnell, irritado por la frecuencia con la que tales manifestaciones se producían, ordenó al marqués de la Ribera que presentara una protesta oficial ante las autoridades mexicanas.[174]

El deterioro de las relaciones bilaterales con España no escapó a la percepción de la administración imperial, que trató de frenar el creciente descontento de la diplomacia española mediante una política de gestos. La primera oportunidad se presentó en octubre de 1865, cuando Napoleón III provocó una crisis en el gobierno mexicano al imponer el cese del ministro de Negocios Extranjeros, José Fernando Ramírez, por no haber sido capaz de llegar a un acuerdo que permitiera la firma de una convención con Francia.[175] Esta ocasión fue aprovechada por Maximiliano para cesar al ministro de Instrucción Pública, Manuel Siliceo, quien se había significado por las críticas a la herencia colonial española contenidas en su famoso decreto so-

[172] Sobre las presiones estadounidenses relacionadas con el cese de la trata, *cf.* PIQUERAS y SEBASTIÁ, 1991, 257. Las acusaciones se centraban en el papel desempeñado por el propio gobernador de Cuba, Miguel Lersundi, "en el escandaloso tráfico negrero que se practica en esta isla"; Aguilar a Ministerio de Negocios Extranjeros, 10.X.1866, en AHSRE, España, lib. 86, f. 85. Sobre las actividades de Vicuña Mackenna en Nueva York, entre octubre de 1865 y abril de 1866, *cf.* SANTOVENIA, 1956, 154-156. Sobre el movimiento separatista de Cuba y Puerto Rico previo a la guerra de los Diez Años, *cf.* SOLNICK, 1970, 149-154 y BERGAD, 1980, 617-642.

[173] Sobre las actividades de dicha junta, *cf.* PÉREZ, 1988, 112-121, y NAVARRO, 1992, 264-269.

[174] Ministerio de Estado a marqués de la Ribera, 25.IX.1965, en AMAE, leg. H-1655.

[175] Marqués de la Ribera a Ministerio de Estado, 27.X.1865, en AHEEM-Colmex, rollo 207.

bre la reforma del sistema educativo.[176] Pocos días antes, *L'Estafette*, órgano oficioso del gobierno imperial, había desautorizado al ministro, al resaltar el contraste entre la prosperidad alcanzada por México durante el periodo colonial y la situación caótica en que el país se había sumido tras la Independencia.[177] Como culminación de esta política de gestos, el propio Maximiliano manifestó al marqués de la Ribera en una audiencia privada su simpatía por el régimen de Isabel II, invitando al ministro español a desplazarse con la corte en su viaje a Palenque.[178]

Paralelamente al desarrollo de esta diplomacia conciliadora, el emperador mexicano intentó que la legación en Madrid desempeñara un papel más activo que el desarrollado hasta ese momento. Con este objeto, Maximiliano acordó separar de la misma la gestión de los asuntos relativos a Portugal, mediante la creación de una legación independiente en Lisboa, y planteó el envío a Madrid de una personalidad de mayor relieve que Facio. En un primer momento se pensó en el conde de Heras, Francisco Pimentel, "hombre aún joven, ilustrado y escritor", quien, en junio de 1865, admitía privadamente que el Emperador le había ofrecido la legación española.[179] Sin embargo, la suspensión de las relaciones con el Vaticano tras la salida del nuncio de México, llevó a Maximiliano a nombrar a Ignacio Aguilar y Marocho "como ministro en España, sin dejar de serlo en Roma".[180] Con ello, el Emperador enviaba a Madrid a uno de los diplomáticos más experimentados del Imperio, que era además uno de los más prominentes miembros del Partido Conservador, con la misión de frenar el creciente deterioro de las relaciones entre los dos países. El nombramiento del nuevo representante imperial tenía, sin embargo, un carácter coyuntural, ya que desde un principio se supeditaba su permanencia en España a la reanudación de las conversaciones con el Vaticano.[181]

[176] Marqués de la Ribera a Ministerio de Estado, 27.X.1865, en AHEEM-Colmex, rollo 207. Según el representante español, el cese de Siliceo fue ocasionado por la presión de varios altos funcionarios de la administración imperial de origen español; *cf.* Marqués de la Ribera a Ministerio de Estado, 28.V.1866, en AHEEM-Colmex, rollo 207.

[177] FALCÓN, 1996, 278.

[178] Marqués de la Ribera a Ministerio de Estado, 8.X.1865 y 28.V.1866, en AMAE, leg. H-1655.

[179] Marqués de la Ribera a Ministerio de Estado, 22.VII.1865, en AHEEM-Colmex, rollo 207.

[180] Ministerio de Negocios Extranjeros a Aguilar, 29.VIII.1865, en Condumex, IX-1, vol. 4, f. 502. Existe cierta confusión en la bibliografía precedente respecto al relevo de Facio por Aguilar, producto del desconocimiento de las fuentes mexicanas. Este hecho ha llevado, bien a ignorar el momento exacto en que tuvo lugar dicha sustitución (*cf.* DÍAZ Y MARTINI, 1977, 503), bien, a situar a Arrangoiz como ministro en España durante el primer semestre de 1865, lo que es del todo erróneo (*cf.* FALCÓN, 1996, 272 y 325).

[181] Maximiliano a Aguilar, 11.IX.1865, en Condumex, XI-1, vol. 5.1, f. 509.

Pese a que la intención de Maximiliano era dotar a la legación en España de un mayor relieve, el traslado de Aguilar y Marocho a la capital española resultó ser contraproducente para los intereses de la diplomacia imperial. La epidemia de cólera que asoló la Península en el otoño de 1865 impidió la incorporación del nuevo ministro a su puesto hasta enero de 1866 y dejó la legación en Madrid en manos de un resentido Facio que, hasta la presentación de sus cartas de retiro en diciembre de 1865, se desentendió prácticamente de los asuntos de la legación:

> El Gobierno después de hacer grandes elogios de mi celo y patriotismo dice que queriendo emplear de otro modo mis buenos servicios, y por razones de poderosa política y de conveniencia, había decidido mi retiro. Bonitas frases, pero se me deja en la calle [...] Todo esto parece indicar que se han querido deshacer de mi, tratándome, en suma, como a un criado que se despide de una casa.[182]

Esto impidió que la diplomacia imperial pudiera desarrollar una estrategia para frenar desde Madrid el creciente deterioro de las relaciones con España durante el segundo semestre de 1865. De esta manera, el nuevo ministro mexicano hubo de soportar a su llegada a la capital de España no sólo el aplazamiento injustificado de la ceremonia de aceptación de sus cartas credenciales, sino las recriminaciones del propio ministro de Estado, quien le trasmitió en una audiencia privada el malestar del gobierno de O'Donnell por la actitud de la administración imperial.[183]

La política conciliadora implementada por el régimen de Maximiliano durante el último trimestre de 1865 se extendió a los primeros meses de 1866. En este sentido, la administración imperial modificó su anterior reticencia a la conclusión de tratados con España y ofreció al ministro español la firma de un tratado de comercio y navegación, mientras mostraba su buena disposición para la negociación de otros convenios propuestos anteriormente por España, en especial los de carácter postal y de propiedad literaria.[184] En la misma línea, el Imperio mexicano manifestó al gobierno español

[182] Facio a Aguilar, 25.X.1865, en Condumex, IX-1, vol. 5.1, f. 543. La paralización de la legación imperial en Madrid puede deducirse del hecho de que, entre septiembre y noviembre, Facio limitara toda su actividad al envío de dos breves informes; *cf.* Facio a Ministerio de Negocios Extranjeros, 27.IX.1865 y 12.X.1865, en AGN-GRE, caja 51.

[183] Sobre la llegada del representante imperial a Madrid, *cf.* Aguilar a Ministerio de Negocios Extranjeros, 11.XII.1865, en Condumex, IX-1, vol. 5.1, f. 593. Sobre la entrevista con el ministro de Estado, *cf.* Aguilar a Ministerio de Negocios Extranjeros, 29.XII.1865, en AGN-GRE, caja 77.

[184] Sobre el tratado de comercio y navegación, *cf.* Marqués de la Ribera a Ministerio de Estado, 17.I.1866 y 22.IV.1866, en AHEEM-Colmex, rollo 207. Sobre el tratado postal, *cf.* Marqués de la Ribera a Ministerio de Estado, 10.II.1866, en AHEEM-Colmex, rollo 207. Sobre el tratado

su total solidaridad con motivo del bloqueo de la costa sudamericana del Pacífico por una escuadra española durante el conflicto entre España y la alianza chileno-peruana.[185] Esta posición estaba en sintonía con la percepción que determinados sectores de la diplomacia imperial tenían de la guerra del Pacífico, en la que veían una maniobra de Washington para envolver a Latinoamérica en una conflagración general contra España y diera paso a la creación de una liga en contra del propio Imperio mexicano.[186] En este marco, el gabinete de Maximiliano llegó incluso a respaldar el bombardeo de Valparaíso y El Callao por la flota española en la primavera de 1866; sin embargo se negó a expedir las patentes de abanderamiento provisional que un grupo de navieros y comerciantes habaneros solicitaron para poder eludir el corso.[187]

Sin embargo, a pesar de los esfuerzos de la diplomacia imperial, las relaciones entre ambos países continuaron empeorando a lo largo de 1866. En la base del creciente desencuentro entre ambos países se encontraba el acelerado deterioro de la posición del Imperio, tanto en el interior del país como en el exterior, que paralizaba la resolución de los contenciosos pendientes con España y multiplicaba los perjuicios ocasionados a la colonia española en México.

En este sentido, el representante español no consiguió durante 1866 ningún avance sustancial en la negociación de una nueva convención que incluyera todas aquellas reclamaciones presentadas después de 1853. La carencia de recursos financieros obligó a las autoridades imperiales a rechazar el proyecto de tratado elaborado por el ministro español sobre la base de la Convención de 1853 y a proponer la negociación de un nuevo proyecto, basado en el tratado que el gobierno de Maximiliano había firmado recientemente con la Gran Bretaña. Dicho tratado se limitaba a reconocer las deudas y difería para un acuerdo posterior la determinación de los mecanismos y plazos para el pago de las mismas, lo que para el marqués de la Ribera cons-

---

de propiedad literaria, *cf.* Marqués de la Ribera a Ministerio de Estado, 26.II.1866, en AHEEM-Colmex, rollo 207. La importancia que la diplomacia española en Latinoamérica concedía a la conclusión de este tipo de tratados ha sido resaltada por Juan Carlos Pereira; *cf.* PEREIRA y CERVANTES, 1992, 148-149.

185 La diplomacia imperial era consciente de la sensibilidad de Madrid hacia las repercusiones que la guerra del Pacífico pudiera tener en las Antillas. Sobre esta cuestión, *cf.* Aguilar a Ministerio de Negocios Extranjeros, 28.III.1866, en AHSRE, España, lib. 86, ff. 44-48.

186 José María Durán, ministro imperial en Londres, a Ministerio de Negocios Extranjeros, 13.II.1866, en AHSRE, España, lib. 75, s.n.

187 Marqués de la Ribera a Ministerio de Estado, 15.V.1866, en AHEEM-Colmex, rollo 207. Sobre la petición de abanderamiento, *cf.* el informe del Ministerio de Negocios Extranjeros, 22.III.1866, en AGN-GRE, caja 62.

tituía una nueva maniobra dilatoria.[188] El ministro español tampoco logró, tras quince meses de negociaciones, que la administración mexicana aceptara incrementar a 16% el porcentaje de las rentas aduaneras destinado al pago de la Convención de 1853.[189] Asimismo, pese a las intensas gestiones practicadas por la legación española desde marzo de 1865, el Ministerio de Hacienda continuó paralizando la aplicación de una resolución favorable del Consejo de Estado a los acreedores españoles del Fondo Dotal de Minería.[190] Todos estos fracasos llevaron al marqués de la Ribera a cuestionar la actitud del régimen imperial y a manifestar repetidamente a Madrid su convencimiento: "[...] además de que el Gobierno no tiene dinero[,] no hay, como no ha habido nunca, deseos sinceros de poner término á estas reclamaciones".[191]

A la imposibilidad de llegar a un acuerdo en torno de los contenciosos bilaterales pendientes se añadía el problema planteado por las nuevas reclamaciones presentadas por la colonia española que, lejos de desaparecer, aumentaron considerablemente a lo largo del primer semestre de 1866. Este hecho se debió, en gran medida, al elevado número de españoles involucrados en la contienda y a la hostilidad latente que existía entre un sector de la colonia española y las autoridades militares francesas, resentidas por la retirada del cuerpo expedicionario español en 1862 y por la escasa disposición mostrada por la mayoría de la colonia española de involucrarse en el sostenimiento del Imperio.

La participación de ciudadanos españoles en el conflicto fue contemplada con preocupación por el marqués de la Ribera, quien intentó que la colonia española se mantuviera al margen del mismo. Sin embargo, las sugerencias del representante español no siempre tuvieron éxito, como lo demuestran la intensa actividad desplegada por el guerrillero español Nicolás de Régules en Michoacán y las gestiones realizadas por el vicecónsul español en Matamoros, nombrado por Maximiliano comendador de la Orden de Guadalupe, para organizar la protección del tráfico comercial entre San Luis Potosí y Matamoros, por lo cual llegó a subvencionar a las tropas de Tomás Mejía.[192]

El incremento de los problemas bilaterales estaba estrechamente relacionado con el fracaso del Imperio para crear una estructura de poder propia

[188] Marqués de la Ribera a Ministerio de Estado, 8.VII.1866 y 5.X.1866, en AHEEM-Colmex, rollo 207.

[189] La propuesta estaba dirigida a cubrir los intereses de demora devengados por la Convención de 1853 durante los años de impago; Marqués de la Ribera a Ministerio de Estado, 25.VII.1866, en AHEEM-Colmex, rollo 207.

[190] Marqués de la Ribera a Ministerio de Estado, 24.X.1866, en AMAE, leg. H-2552. Sobre el desarrollo de dichos contenciosos, *cf.* en este mismo volumen el texto de PI-SUÑER.

[191] Marqués de la Ribera a Ministerio de Estado, 25.VII.1866, en AHEEM-Colmex, rollo 207.

[192] Marqués de la Ribera a Ministerio de Estado, 25.IV.1866, en AHEEM-Colmex, rollo 207.

y extender su autoridad a la totalidad del territorio. En este marco, la supervivencia del régimen imperial quedó supeditada al mantenimiento de las fuerzas francesas. Sin embargo, la permanencia del cuerpo expedicionario francés en México comenzó a hacerse cada vez más insostenible a finales de 1865. El deterioro de la influencia francesa en Europa se vio acompañado por el creciente riesgo de un conflicto con los Estados Unidos. Las gestiones realizadas por la diplomacia napoleónica para vincular la retirada de las tropas francesas al reconocimiento diplomático del Imperio por los Estados Unidos no tuvieron otro resultado que poner de manifiesto el alineamiento de Washington con el gobierno juarista y precipitar la acreditación de un representante norteamericano ante el mismo.[193] En este marco, el abastecimiento de las fuerzas republicanas con armas procedentes de los arsenales del ejército de la Unión y los incidentes fronterizos, cuya culminación fue la ocupación de la población fronteriza de Bagdad por tropas estadounidenses, pusieron a ambos países al borde de la guerra. La presentación de un ultimátum apenas velado por parte de Seward al gobierno francés, en diciembre de 1865, acabó por decidir a Napoleón III a anunciar, un mes más tarde, la retirada escalonada del cuerpo expedicionario de México.[194]

La diplomacia española estaba perfectamente informada de la evolución internacional de la cuestión de México. En diciembre de 1865, la crisis de las relaciones franco-americanas llevó al Ministerio de Estado a sondear la posición de las potencias que hasta ese momento habían brindado su apoyo al régimen de Maximiliano. En este sentido, Salvador Bermúdez de Castro, ministro español en París, comunicaba a Madrid, en enero de 1866, su convencimiento respecto de la irreversibilidad de la decisión adoptada por Napoleón III en torno a la retirada del cuerpo expedicionario de México a lo largo de ese año.[195] Durante los meses siguientes, la diplomacia española siguió con interés la presión diplomática ejercida por los Estados Unidos sobre aquellas potencias europeas que aún prestaban o podían prestar ayuda al régimen de Maximiliano. Como consecuencia de dicha presión, el gobierno de Bruselas comenzó a negociar, en la primavera de 1866, la repatriación de los 1700 voluntarios belgas supervivientes; en tanto que Italia rechazaba definitivamente las incitaciones francesas para enviar un cuerpo expedicionario a México.[196] Poco después, el embajador español en Viena comunicaba a Madrid la ruptura unilateral por el ejecutivo austro-húngaro del anexo de

[193] HAMNETT, 1997, 159.

[194] Sobre la pérdida del papel arbitral de Francia en Europa, *cf.* LLORENTE, 1986, 22-23. Sobre la política de Estados Unidos hacia México en 1865, *cf.* SORDO, 1973, 58-74; HANNA y HANNA, 1973, 211-231; VÁZQUEZ y MEYER, 1982, 87; RIDLEY, 1994, 225-236, y DÍAZ, 1996, 889-890.

[195] Bermúdez de Castro a Ministerio de Estado, 25.I.1866 y 27.II.1866, en AMAE, leg. H-2549.

[196] BLUMBERG, 1971, 506.

marzo de 1866 al convenio austro-mexicano de octubre de 1864, como consecuencia de la actitud amenazadora adoptada por Washington, y, por consiguiente, el fracaso del proyecto imperial para sustituir al cuerpo expedicionario francés por mercenarios austriacos.[197]

En junio de 1866, el estallido de la guerra de las Siete Semanas y la rápida derrota del Imperio austro-húngaro por Prusia e Italia precipitó la retirada del cuerpo expedicionario francés de México. En este marco, la diplomacia francesa trató de negociar infructuosamente con los Estados Unidos la sustitución de Maximiliano por un gabinete presidido por Antonio López de Santa Anna.[198] El gobierno de Madrid conocía dichas negociaciones, que constataban el creciente aislamiento internacional del Imperio mexicano. Este hecho, unido al rápido deterioro de la posición del Imperio dentro de México, llevó a Madrid a considerar inevitable la caída del régimen imperial.[199]

Esta opinión pronto se vio confirmada en los informes enviados por el marqués de la Ribera tras el inicio de la retirada francesa, en el verano de 1866; en ellos se reseñaba el rápido derrumbamiento de las posiciones imperiales frente al avance republicano. La victoria republicana en Santa Gertrudis, en junio de 1866, conseguía Matamoros, Monterrey y Saltillo para las fuerzas de Juárez. Ese mismo mes, el gobierno republicano regresaba a Chihuahua para dirigir desde allí el inicio de una ofensiva general, que, hacia septiembre, había reducido el territorio dominado por el Imperio, aparte de algunos enclaves aislados, al eje México-Veracruz, en donde se acantonaban las tropas francesas para su repatriación. El colapso del régimen imperial llevó al marqués de la Ribera a pedir instrucciones a Madrid ante una eventual abdicación de Maximiliano:

> El Emperador ha perdido todo su prestigio y su Gobierno no inspira confianza á nadie [...]. Sucede aquí hoy lo que sucede siempre con las causas que declinan: todos se aplican la culpa unos á otros del presente estado al que han llegado las cosas. Muy difícil es prever lo que sucederá dentro de poco tiempo, pero hallándonos en una crisis grave que debe tener su término y que este puede ser la abdicación del Emperador Maximiliano, es preciso que el Gobierno de S. M. se haga cargo de la situación en que nos encontramos y me dé las instrucciones que tenga conveniente por si llega el caso de que S. M. abdica y abandona [*sic*] el Imperio.[200]

Sin embargo, la importancia de los acontecimientos que se desarrollaban en España paralizó la actividad de la diplomacia española durante el verano

[197] López de la Torre a Ministerio de Estado, 5.V.1866, en AMAE, leg. H-2545.
[198] Marqués de la Ribera a Ministerio de Estado, 27.VI.1866, en AHEEM-Colmex, rollo 207.
[199] Marqués de la Ribera a Ministerio de Estado, 28.VI.1866, en AMAE, leg. H-1655.
[200] Marqués de la Ribera a Ministerio de Estado, 28.VII.1866, en AMAE, leg. H-1655.

de 1866. El estallido revolucionario que se produjo en Madrid, en junio de ese mismo año, provocó la caída del gabinete de O'Donnell, desprestigiado ante la Corte por su fracaso a la hora de terminar con el retraimiento progresista y ante la opinión pública por la dureza de la represión.[201] En sustitución del líder unionista, Isabel II llamó de nuevo al poder a Narváez, quien formó un ministerio integrado por los elementos más reaccionarios del partido moderado. El nuevo gobierno, enfrentado a una oposición interna cada vez más amplia y sumido en una vorágine represora, se desentendió de los intereses españoles en México y se limitó a reiterar al marqués de la Ribera que evitara implicarse en el conflicto.[202] Estas instrucciones delegaban prácticamente en el diplomático español la dirección de la política española en este país durante los últimos meses de existencia del Imperio.

Una ruptura anunciada

El periodo que media entre septiembre de 1866 y mayo de 1867 puede definirse, sin temor a equivocarse, como el preludio de una ruptura anunciada. Desde el verano de 1866 las relaciones hispano-imperiales entraron en una dinámica de irreversible deterioro. La retirada del cuerpo expedicionario francés supuso la apertura de dos nuevos focos de conflicto entre España y el Imperio mexicano. Por una parte, el repliegue de las tropas francesas fue acompañado de numerosos actos de represalia en contra de la población civil que, a menudo, afectaron a ciudadanos españoles. Por otra, las autoridades militares francesas promovieron cerca del gobierno de Maximiliano un proyecto para implicar a los grandes propietarios extranjeros en el sostenimiento del Imperio.

Respecto del primer punto, entre septiembre y noviembre de 1866, el marqués de la Ribera se vio literalmente desbordado por las reclamaciones procedentes de ciudadanos españoles radicados en el norte y centro del país, en las que denunciaban las exacciones y represalias ordenadas por los exasperados mandos del ejército francés en su retirada. El elevado número de reclamaciones alarmó al representante de España, máxime cuando, en algunos casos, éstas iban acompañadas de violaciones de la jurisdicción con-

[201] Aguilar a Ministerio de Negocios Extranjeros, 8.VI.1866, en AHSRE, España, lib. 86, ff. 66-68.

[202] El gobierno de Narváez suspendió las sesiones de las Cortes el 11 de julio de 1866 y las garantías constitucionales quince días más tarde. Sobre la espiral represora desencadenada, *cf.* PIQUERAS y SEBASTIÁ, 1991, 180-188. Sobre la paralización del Ministerio de Estado durante el segundo semestre de 1866, *cf.* Marqués de la Ribera a Ministerio de Estado, 9.XI.1866, en AMAE, leg. H-1655.

sular española.[203] Sin embargo, el Imperio se desentendió de la mayoría de dichas reclamaciones, aduciendo que según el Tratado de Miramar quedaban fuera de su jurisdicción y debían ser remitidas a la justicia militar francesa, lo que en última instancia redundó en la impunidad de los actos denunciados.[204] Esta tesis no fue aceptada por el Ministerio de Estado, que consideraba a las autoridades imperiales responsables de los actos cometidos por las tropas francesas en México, en su calidad de tropas auxiliares del Imperio, si bien confidencialmente sondeó la posición del gobierno francés ante esta cuestión.[205]

Mayor gravedad revistió el intento realizado por los asesores militares franceses del gobierno mexicano para involucrar a los propietarios españoles en el conflicto. Dicho intento partió del proyecto de crear batallones de cazadores de élite en cada distrito, concebido en el marco de la tardía mexicanización del ejército de Maximiliano. Con este objeto, el general francés Auguste Osmont, ministro de Guerra del gabinete imperial, elaboró un reglamento por el que se imponía a los hacendados extranjeros, casi todos españoles, la obligación de reclutar para el ejército imperial un cierto número de peones, haciéndolos responsables del comportamiento de los mismos.[206] En septiembre de 1866, el reglamento comenzó a ser aplicado en el distrito de Querétaro, pero encontró la oposición de los propietarios españoles, conscientes de que el cumplimiento de dicha medida los comprometería ante el gobierno republicano. Esto dio lugar a graves incidentes y llevó a dichos propietarios a organizarse y a enviar a México una comisión presidida por uno de los principales terratenientes de la zona, Hermenegildo Olaquer.[207]

Las gestiones de dicha comisión fueron activamente respaldadas por el marqués de la Ribera, quien, sin plantear la derogación del reglamento, trató de conseguir del gobierno de Maximiliano que se exceptuara a los españoles del cumplimiento del mismo. El apoyo del subsecretario de Negocios Extranjeros, Juan Nepomuceno Pereda, a las reclamaciones españolas dividió al gabinete imperial. Esta situación llevó al Emperador a delegar la resolución de esta cuestión en el mariscal Achille François Bazaine, quien en octubre de ese mismo año desestimó las reclamaciones españolas y confirmó la aplica-

[203] Marqués de la Ribera a Ministerio de Estado, 7.VII.1866, en AHEEM-Colmex, rollo 207.

[204] Marqués de la Ribera a Ministerio de Estado, 26.XI.1866, en AHEEM-Colmex, rollo 207. En un primer momento, Maximiliano trató de conseguir que el gobierno francés se hiciera cargo de dichas reclamaciones pero acabó desistiendo de su propósito; *cf.* Ministerio de Negocios Extranjeros a Almonte, 4.VI.1866, en AGN-GRE, caja 51.

[205] Informe del Negociado de América de la Dirección General de Política del Ministerio de Estado, 29.IV.1867, en AMAE, leg. H-2550.

[206] "Reglamento para la formación de los regimientos de cazadores", en AMAE, leg. H-2550.

[207] Requerimiento de la Prefectura de Querétaro a Hermenegildo Olaquer, 7.IX.1866; Marqués de la Ribera a Ministerio de Estado, 14.IX.1866, en AMAE, leg. H-2550.

ción del reglamento. Este desenlace indignó al marqués de la Ribera, quien informó a Madrid que esta medida trataba de comprometer la neutralidad de los españoles en México, convirtiéndolos en "agentes de la Autoridad Militar Imperial".[208] Los planteamientos del representante español condujeron al jefe del Negociado de América de la Dirección General de Política del Ministerio de Estado, José María Magallón, a considerar este asunto como parte de un plan diseñado por las autoridades militares francesas en México para involucrar a España en el conflicto:

> Los agentes franceses nunca han perdonado á los españoles su retirada de México cuando las armas francesas se desentendieron de lo pactado en el convenio tripartito, están hoy exasperados en vista del mal resultado de la causa que tomaron bajo su protección. Por esta razón, y siendo casi exclusivamente los españoles los que adquieren en México propiedades rústicas, insiste el mariscal Bazaine en sostener el absurdo principio de que los propietarios extranjeros están obligados á salir responsables de la fidelidad de súbditos mexicanos y de forzar á estos [*sic*] á ingresar en las filas del ejército imperial.[209]

En vista de dicho informe, el ministro de Estado ordenó pocos días después al marqués de la Ribera que presentara una protesta oficial ante el gobierno de Maximiliano.[210] Paralelamente, se encomendaba al ministro español en París que tratara de "obtener de ese Gobierno, que, en lo que pueda, contribuya á la resolución de una medida que tan graves perjuicios puede causar a la población española en México".[211] Las gestiones practicadas en París no tuvieron ningún resultado positivo, si bien las protestas del marqués de la Ribera ante la administración imperial consiguieron finalmente que se suspendiera la aplicación del decreto.

Los conflictos provocados por la retirada del cuerpo expedicionario francés no fueron los únicos motivos de fricción entre España y el Imperio durante los últimos meses de 1866. El agotamiento de las finanzas, agravado a raíz de la incautación de las aduanas de Veracruz por las tropas francesas, obligó a las autoridades imperiales a recurrir de forma creciente a contribuciones extraordinarias, sin tener en cuenta las exenciones reconocidas en esta materia a los ciudadanos extranjeros por los tratados internacionales vigentes.[212] En este marco, los dos empréstitos forzosos decretados por Mejía en San Luis Potosí y la suspensión de los pagos de la convención española

[208] Marqués de la Ribera a Ministerio de Estado, 27.X.1866, en AMAE, leg. H-2552.

[209] Informe del Negociado de América de la Dirección General de Política del Ministerio de Estado, 22.XII.1866, en AMAE, leg. H-2552.

[210] Ministerio de Estado a marqués de la Ribera, 22.XII.1866, en AMAE, leg. H-2550.

[211] Ministerio de Estado a Bermúdez de Castro, 22.XII.1866, en AMAE, leg. H-2552.

[212] Sobre el colapso financiero de la administración imperial en 1866, *cf.* PAYNO, 1980, 926.

correspondientes a las aduanas yucatecas, ordenada por el comisario imperial de Yucatán, llevaron las relaciones entre ambos países al borde de la ruptura.[213]

La decisión de Maximiliano de permanecer al frente del Imperio, adoptada en Orizaba en noviembre de 1866, sorprendió al Ministerio de Estado que había informado al general Lersundi, gobernador de Cuba, del posible tránsito del Emperador por La Habana en su viaje de regreso a Europa.[214] Sin embargo, este hecho no modificó la convicción de la diplomacia española respecto de la inminente caída del Imperio, como manifestó privadamente el marqués de la Ribera al propio presidente del gabinete imperial en enero de 1867.[215] En este sentido, el ministro español continuó gestionando la concesión de asilo político en España a aquellos mexicanos más comprometidos con el régimen imperial.[216] La mayor parte del cuerpo diplomático acreditado en México compartía con el representante español una visión pesimista respecto al futuro del segundo Imperio, como ejemplifica la discreta retirada del ministro británico en octubre de 1866.

La necesidad de las autoridades imperiales de evitar a toda costa la ruptura con las potencias europeas, en un momento en el que se ventilaba la supervivencia del propio régimen, se tradujo en el desarrollo de nuevas y tardías medidas conciliatorias. En este sentido, el subsecretario de Negocios Extranjeros ofreció al representante español la colaboración de sus agentes en los Estados Unidos para vigilar las actividades de los separatistas cubanos y, principalmente, las conexiones de éstos con diversas personas del entorno de Juárez.[217] Poco después, Maximiliano expidió el decreto de 30 de diciembre de 1866, en el que se recordaba a los distintos prefectos la obligación de eximir a los extranjeros de contribuciones obligatorias y préstamos forzosos y se les ordenaba la devolución de las cantidades recaudadas por este concepto.[218] Un mes más tarde, el propio Emperador comunicaba al marqués de la Ribera el nombramiento de los plenipotenciarios mexicanos para negociar todos los tratados propuestos por España en el transcurso de los últimos dos años.[219]

[213] Marqués de la Ribera a Ministerio de Estado, 28.XI.1866 y 7.XII.1866, en AMAE, leg. H-2552.

[214] Lersundi a Ministerio de Estado, 17.XI.1866, en AMAE, leg. H-1655.

[215] Marqués de la Ribera a Ministerio de Estado, 16.I.1867, en AHEEM-Colmex, rollo 207.

[216] FALCÓN, 1996, 303-304.

[217] Marqués de la Ribera a Ministerio de Estado, 8.X.1866, en AHEEM-Colmex, rollo 207. La diplomacia imperial conocía dichas conexiones desde principios de 1865; *cf.* Luis Arroyo, agente imperial en Nueva Orleans, a Ministerio de Negocios Extranjeros, 18.I.1865, en Condumex, VII-3, vol. 2, f. 108.

[218] Ministerio de Estado a marqués de la Ribera, 27.II.1867, en AMAE, leg. H-2552.

[219] Marqués de la Ribera a Ministerio de Estado, 23.I.1867, en AHEEM-Colmex, rollo 207.

Sin embargo, el rápido deterioro del régimen imperial confería a dichas medidas un carácter puramente testimonial. Por una parte, la dimisión de Aguilar y Marocho en octubre de 1866 había dejado la legación mexicana en España a cargo del segundo secretario de la misma, Fernando de Elías, quien carecía de relieve suficiente para afrontar desde Madrid las negociaciones en torno de los tratados propuestos por Maximiliano.[220] Ello dificultó el inicio de dichas negociaciones, de manera que las mismas tuvieron que ser íntegramente desarrolladas en México por el marqués de la Ribera.[221] Por otra parte, los esfuerzos del gobierno imperial para impedir las exacciones realizadas por sus jefes militares quedaban necesariamente circunscritos a un plano puramente retórico. En este sentido, el representante español consideraba imposible la aplicación del decreto de diciembre de 1866, reiterado por una circular del 3 de enero de 1867, dada la desesperada necesidad de recursos de los generales del Imperio para poder continuar la lucha. La reproducción de incidentes similares en Querétaro, Morelia y Zacatecas durante febrero y marzo de 1867 vino a confirmar las apreciaciones del marqués de la Ribera.[222] La impotencia del gobierno imperial para evitar tales abusos se puso de manifiesto en una patética nota del ministro mexicano de Negocios Extranjeros Thomas Murphy, dirigida al plenipotenciario español, en la que le pedía su comprensión de la grave situación por la que atravesaba el Imperio.[223]

La derrota de Miramón en San Jacinto, en febrero de 1867, marcó el inicio de la ofensiva republicana sobre el eje México-Veracruz. En un intento desesperado de forzar una batalla decisiva, Maximiliano concentró la mayor parte de su ejército en Querétaro, donde, poco después, fue cercado por las fuerzas republicanas dirigidas por el general Mariano Escobedo. El rápido derrumbamiento de las posiciones imperiales a principios de abril redujo el territorio ocupado por el Imperio a la capital y a las ciudades de Querétaro y Veracruz.

[220] La dimisión de Aguilar se produjo a raíz del largo pulso sostenido por éste con el Ministerio de Negocios Extranjeros para ser trasladado a París o Roma a consecuencia del duro clima de Madrid; *cf.* AHSRE, España, lib. 64, ff. 1-49. Sobre el bajo nivel de la representación imperial en España tras su dimisión, *cf.* Circular de 9.X.1866 sobre el presupuesto del cuerpo diplomático en el extranjero, en AGN-GRE, caja 103.

[221] Sólo se llegaría a firmar el convenio para el pago de reclamaciones presentadas por los súbditos españoles, que, sin embargo, no llegaría a ser ratificado por ninguno de los gobiernos ya que el sitio de México hizo imposible su envío a Querétaro y Madrid; Marqués de la Ribera a Ministerio de Estado, 26.IV.1867, en AHEEM-Colmex, rollo 207.

[222] Marqués de la Ribera a Ministerio de Estado, 15.II.1867, 19.II.1867 y 7.III.1867, en AMAE, leg. H-2552. La circular que reiteraba la necesidad de cumplir el decreto de diciembre de 1866 puede consultarse en *El Pájaro Verde*, 3.I.1867.

[223] Ministerio de Negocios Extranjeros a marqués de la Ribera, 22.II.1867, en AHEEM-Colmex, rollo 207.

La caída de Puebla interrumpió las comunicaciones entre México y Madrid. Este hecho supuso que, desde abril, las únicas noticias recibidas por el Ministerio de Estado acerca del desenlace de la crisis mexicana se limitaran a los informes enviados por el cónsul de Veracruz, Carlos Rameau. En dichos informes el cónsul comunicaba a Madrid la rendición de las últimas ciudades leales al Imperio en Yucatán, el sitio de la capital y el inevitable final del régimen imperial. Esto hizo que el gobierno español se apresurara a desautorizar el reclutamiento de artilleros realizado en Cuba por el comisario imperial de Veracruz y, lo que era aún más grave, el proyecto concebido por un sector de la numerosa colonia española de dicho puerto para organizar una milicia que defendiera sus propiedades.[224] Este proyecto, inicialmente aprobado por Rameau, hubiera supuesto la implicación directa de la colonia española en la defensa de esta ciudad contra las fuerzas republicanas sitiadoras.[225] Todo ello hizo que las autoridades españolas, alarmadas por los informes de su agente consular, enviaran a este puerto al crucero "Ulloa", si bien su comandante llevaba instrucciones estrictas de limitarse a ofrecer alojamiento a las colonias española y francesa en caso necesario ("no interviniendo por ningún motivo, aunque se lo reclame el cónsul, en cuestiones agenas [*sic*] al exclusivo objeto de su comisión").[226]

Entre tanto, en la capital mexicana, las ya tensas relaciones existenes entre el representante español y las autoridades del Imperio se hicieron finalmente insostenibles con la llegada a esta ciudad del general Leonardo Márquez como lugarteniente imperial, en abril de 1867. El comienzo del sitio de la capital por las fuerzas de Porfirio Díaz, pocos días más tarde, provocó que Márquez, necesitado desesperadamente de recursos para mantener la resistencia, impusiera importantes exacciones a los residentes extranjeros. La resistencia de la colonia extranjera para satisfacer tales exigencias desencadenó el arresto de varios de los más prominentes miembros de la colonia española, la más afectada por dichas medidas, y el desarrollo de una campaña de prensa de carácter xenófobo.[227] La actitud del lugarteniente imperial suscitó

[224] Rameau a Ministerio de Estado, 3.III.1867 y 29.III.1867, en AMAE, leg. H-2550. La colonia española residente en Veracruz contaba con 1 300 miembros, si bien sólo 700 tenían derecho de protección por estar inscritos en el consulado; Rameau a Ministerio de Estado, 16.IV.1867, en AMAE, leg. H-2550.

[225] La alarma que este proyecto provocó en el Ministerio de Estado llevó a los altos funcionarios de la Dirección General de Política a emitir dos informes urgentes, desautorizando dicha iniciativa; Informe del Negociado de América de la Dirección General de Política del Ministerio de Estado, 26.IV.1867, en AMAE, leg. H-2550.

[226] Por otra parte, para evitar incidentes con las fuerzas republicanas que sitiaban la plaza, el "Ulloa" no fondeó en el puerto de Veracruz a su llegada el 16 de abril sino en la isla de Sacrificios, junto al resto de los buques de guerra extranjeros desplazados a esta ciudad; Rameau a Ministerio de Estado, 16.IV.1867, en AMAE, leg. H-2550.

[227] Marqués de la Ribera a Ministerio de Estado, 26.IV.1867, en AMAE, leg. H-2553. Sobre

la protesta unánime de los representantes extranjeros acreditados ante el gobierno imperial. Sin embargo, Márquez no sólo hizo caso omiso de dicha protesta, sino que adoptó un tono despectivo en su respuesta a la nota colectiva presentada el 13 de abril por el cuerpo diplomático, por lo que la totalidad de los representantes extranjeros decidió finalmente suspender sus relaciones con el Imperio. La ruptura fue comunicada por el marqués de la Ribera, en su calidad de decano del cuerpo diplomático, al subsecretario de Negocios Extranjeros el 29 del mismo mes:

> Éste ha sido el resultado de la mal pensada y peor conducida intervención francesa en este país y de las equivocadas ideas políticas y administrativas del Príncipe buscado para llevar la Corona Imperial [...] Manifesté al Señor Subsecretario que la contestación del lugarteniente me parecía ofensiva y descortés, informándole de que cesaban nuestras relaciones con el Gobierno Imperial, porque no pudiendo ya servir los Ministros extranjeros para proteger á sus nacionales, ni para mantener con él una buena correspondencia estábamos de más en la Corte.[228]

Tras la suspensión de las relaciones entre España y el Imperio mexicano, el marqués de la Ribera decidió permanecer en la capital hasta que se produjera la inminente caída de la misma, dejando la defensa de los intereses españoles a cargo del vicecónsul español en la ciudad de México. Sin embargo, las reiteradas protestas presentadas por Mobellán condujeron al gobierno imperial a retirarle el *exequatur* pocos días más tarde. Este nuevo incidente llevó al marqués de la Ribera a pedir sus pasaportes y cruzar las líneas del asedio con los dos secretarios de su legación, el vicecónsul y la esposa de éste, instalándose en Tacubaya bajo la protección de Díaz.[229] En este lugar, cómodamente instalado en la hacienda de Miguel Buch, el antiguo socio y apoderado de la familia Agüero, emparentada políticamente con Prim, el ministro español decidió esperar la caída de México para conocer las intenciones abrigadas por el nuevo gobierno republicano hacia las potencias que habían reconocido al Imperio de Maximiliano.[230]

El 21 de junio la capital mexicana capitulaba ante Díaz. La actitud amistosa del militar oaxaqueño y de algunos notables liberales llevó al marqués de la Ribera a concebir ciertas esperanzas respecto de un posible restablecimiento de las relaciones con las nuevas autoridades de este país, pese al decreto promulgado por Juárez el 1º de abril de 1867, por el que se

---

dicha campaña, *cf. El Pájaro Verde*, 2.V.1867, 3.V.1867 y 9.V.1867.

[228] Marqués de la Ribera a Ministerio de Estado, 3.V.1867, en AMAE, leg. H-2552.

[229] Marqués de la Ribera a Ministerio de Estado, 23.V.1867, en AHEEM-Colmex, rollo 207.

[230] Marqués de la Ribera a Ministerio de Estado, 28.VII.1867, en AMAE, leg. H-2545. Sobre la familia Agüero y Miguel Buch, *cf.* PI-SUÑER, 1994, 81-83.

privaba de los derechos de extranjería a los ciudadanos de aquellos países que habían reconocido al régimen imperial. El 15 de julio Juárez hacía su entrada triunfal en México. Seis días más tarde, el representante español, acompañado por Díaz, se entrevistaba con el secretario de Relaciones Exteriores, Sebastián Lerdo de Tejada. Éste recibió al diplomático con gran consideración, exponiéndole la posición adoptada por el gobierno de México de supeditar el restablecimiento de las relaciones con España, así como con las restantes potencias que habían reconocido el régimen de Maximiliano, tras la firma de nuevos tratados bilaterales con las mismas. Entre tanto, el gobierno mexicano se comprometía a proteger los intereses de la importante colonia española, si bien ésta dejaría de disfrutar, como hasta entonces, de un fuero especial.[231]

Poco después de esta entrevista, el marqués de la Ribera abandonaba México con el personal de la legación a su cargo, dejando a Mobellán en la capital como encargado de los archivos diplomáticos, no sin antes recomendar a Madrid la conveniencia de que se abrieran pronto las negociaciones bilaterales entre los dos países: "[por exigirlo] los intereses generales de España, los de nuestros hermanos establecidos en el país y el sosiego de nuestras Antillas".[232] Sin embargo, el gabinete de Narváez, sumido en graves dificultades internas y temeroso de cualquier complicación internacional, desestimaría las recomendaciones del veterano diplomático, optando por mantener "un apartamiento pasivo, y aun benévolo hacia México":

> Porque si el intimar con gobiernos de duración tan efímera, sobre separarnos de nuestros aliados naturales en Europa no proporcionaría ventaja alguna permanente; el ofender ó agriar en cualquier forma al actual gobierno mexicano, podría no sólo causar persecuciones contra nuestros compatriotas, sino crearnos compromisos serios, atendiendo al estado de nuestras relaciones con las repúblicas del sur.[233]

En este sentido, Narváez encomendó a los Estados Unidos la protección de los residentes españoles en México y se desentendió por completo de los

[231] Marqués de la Ribera a Ministerio de Estado, 28.VII.1867, en AMAE, leg. H-2545. La posición del gobierno mexicano frente a las potencias que habían reconocido a Maximiliano fue expuesta por el propio Juárez al Congreso el 8 de diciembre de 1867; *cf.* COSÍO, 1962, 527-531. Dicha actitud comenzó a configurarse tras el fracaso de la misión de Terán en Europa, según parece desprenderse de la correspondencia cruzada entre Terán y Lerdo con este motivo; *cf.* SALDÍVAR, 1974, 39-40.

[232] Marqués de la Ribera a Ministerio de Estado, 28.VII.1867, en AMAE, leg. H-2545.

[233] Facundo Goñi, ministro español en Washington, a Ministerio de Estado, 4.X.1867, en AMAE, leg. H-2545.

asuntos mexicanos.[234] Sólo tras la Revolución de septiembre de 1868 y la caída del régimen isabelino, el gobierno provisional español, dirigido ahora por Prim, tomaría la iniciativa para restablecer las relaciones entre los dos países.

Conclusiones

Las relaciones diplomáticas hispano-mexicanas durante la Intervención y el segundo Imperio atravesaron distintas etapas.

Entre 1861 y 1862, dichas relaciones estuvieron directamente influidas por el enfrentamiento geopolítico entablado en la cuenca del Caribe y el Golfo de México entre Europa en general y España en particular, por una parte, y los Estados Unidos, por otra. En este contexto, la coyuntura internacional abierta por la guerra de Secesión norteamericana permitió a España y a otras potencias europeas intervenir directamente en México, pero, al mismo tiempo, posibilitó el desarrollo de los proyectos hegemónicos de Napoleón III en América latina.

La colisión entre los intereses de España y Francia en México condujo a la diplomacia española a abandonar sus proyectos intervencionistas y a adoptar una actitud expectante ante el desarrollo del conflicto franco-mexicano. En este marco, entre 1863 y 1864 se produjo un acercamiento entre el gobierno español y la administración liberal mexicana. Este acercamiento fue frustrado por la aparente incapacidad del gobierno mexicano para hacer frente a la invasión francesa.

La ocupación de gran parte de México por el cuerpo expedicionario francés y la implantación en este país de un nuevo régimen político sostenido por Francia, unidas a la creciente marginación de los mecanismos del poder de aquellos sectores de la clase política española más favorables a la causa de Juárez, consumaron la ruptura del gobierno español con la administración republicana y llevaron a Madrid a reconocer a las autoridades imperiales como únicos interlocutores válidos en México. No obstante, este reconocimiento no tuvo lugar sin que la diplomacia española hubiera tratado previamente de impedir los proyectos napoleónicos por todos los medios a su alcance. En este marco, el inicio de las relaciones entre España y el Imperio mexicano a mediados de 1864 estuvo marcado por el distanciamiento y la desconfianza mutuas.

Pese a todo, el interés del gobierno español por resolver los contenciosos bilaterales con México, las coincidencias existentes entre los intereses geopolíticos de ambos Estados y la necesidad de legitimación internacional del

[234] Ministerio de Estado a Goñi, 2.IX.1867, en AMAE, leg. H-2545.

régimen imperial acabaron produciendo un acercamiento entre ambos gobiernos durante la primera mitad de 1865.

Este acercamiento tuvo un carácter efímero. El fracaso del Imperio al pacificar el país y el repliegue de la influencia española en el Caribe y el Golfo de México, tras el final de la guerra de Secesión, provocaron un creciente distanciamiento entre los dos gobiernos. Las medidas conciliadoras implementadas por las autoridades imperiales a lo largo de 1866 y 1867 no pudieron revertir este proceso que, finalmente, desembocaría en la ruptura diplomática entre ambas partes, en vísperas del derrumbamiento del régimen imperial.

La identificación que hemos realizado de las distintas etapas por las que atravesaron las relaciones hispano-mexicanas durante el periodo de nuestro estudio ha sido posible gracias al análisis conjunto de los factores internos derivados de la particular dinámica política, social y económica de cada uno de estos Estados y del contexto internacional en el que se desarrollaron dichas relaciones. Esto ha permitido disponer de un marco de análisis más amplio que el utilizado por la historia diplomática clásica y abordar aspectos hasta ahora poco o nada estudiados.

En primer lugar, la posibilidad de precisar distintas etapas en el desarrollo de las relaciones hispano-mexicanas durante la Intervención y el segundo Imperio permite cuestionar el carácter unilineal que tradicionalmente se ha atribuido a la política decimonónica de España hacia México. En este sentido, el análisis diacrónico de la diplomacia española durante el periodo estudiado revela que los distintos gobiernos que se sucedieron en el poder en Madrid implementaron diferentes políticas en relación con la cuestión mexicana.

Por una parte, esto estuvo determinado por la influencia de los distintos grupos de presión que interactuaron en el el proceso de toma de decisiones para la elaboración de la política a seguir con México. Los estudios realizados hasta la fecha incidían exclusivamente en la influencia detentada en Madrid por el grupo de tenedores de la llamada "deuda española". Sin embargo, un análisis más exhaustivo de la política española hacia México permite descubrir la participación de otros grupos de presión, con intereses propios sobre la cuestión de México, cuya actuación, como en el caso de la administración colonial cubana, resulta esencial para comprender determinadas facetas de la política española para con México.

Por otra parte, la política exterior española hacia la Intervención y el segundo Imperio no puede desvincularse del marco general de los intereses geopolíticos de España en el Caribe y el Golfo de México. En este sentido, creemos que debe subrayarse el hecho de que dicha política fue sumamente sensible a las variaciones experimentadas por el contexto regional e internacional durante este etapa. Ello explicaría determinados cambios en la actitud española hacia México durante este periodo que, hasta la fecha, habían sido explicados mediante una supuesta volubilidad de la acción exterior española en esta región.

En este mismo sentido, la segunda conclusión que puede extraerse de este trabajo es que la política exterior española hacia México, durante la década de 1860, no obedeció exclusivamente a motivaciones de prestigio interno e internacional de los distintos gobiernos españoles que se sucedieron durante esta etapa, como hasta la fecha se ha sostenido, sino que, en gran medida, respondió a consideraciones de índole geopolítico, relacionadas con la seguridad de las colonias españolas en las Antillas.

En tercer lugar, la utilización de fuentes, en gran parte inéditas, pertenecientes tanto a archivos españoles como mexicanos nos ha permitido replantear la política que México siguió con España durante el segundo Imperio. En este sentido, mientras la historiografía tradicional se ha limitado a estudiar la diplomacia de baja intensidad implementada por el gobierno republicano entre 1864 y 1867, ignorando al Imperio como sujeto autónomo en el contexto de las relaciones internacionales, nuestro trabajo ha abordado el estudio conjunto de la diplomacia republicana e imperial hacia España, como única forma de poder analizar con cierta profundidad las relaciones hispano-mexicanas durante esta etapa.

Ello nos ha permitido, por una parte, corregir algunos errores arrastrados por los estudios que nos precedieron, en relación con la forma en que se desarrollaron dichas relaciones y los individuos que las protagonizaron. Además, nos permite resaltar la relativa importancia que la posición de España tuvo para la diplomacia imperial y, en menor medida, también para la republicana, en contra de las tesis sustentadas por la historiografía anglosajona.

Creemos que el conjunto de estas aportaciones permite una mejor aproximación al estudio de las relaciones hispano-mexicanas durante la década de 1860 e introduce nuevos elementos para el análisis de dichas relaciones durante el resto del siglo XIX. Sin embargo, somos conscientes de que no a todo se le ha dado respuesta. Así, nuestro trabajo deja planteadas algunas cuestiones que habrán de resolver futuras investigaciones. Entre éstas será especialmente significativo determinar la forma en que las principales potencias percibían la política exterior de España en México y, sobre todo, plantear el estudio de las relaciones hispano-mexicanas en el contexto más amplio de la política latinoamericana de España durante este periodo.

SIGLAS Y REFERENCIAS

ARCHIVOS

AGA-AE: Archivo General de la Administración Española: Sección de Asuntos Exteriores, Alcalá de Henares.
AGN-GRE: Archivo General de la Nación: Fondo de Gobernación y Relaciones Exteriores, México.
AHEEM-Colmex: Archivo Histórico de la Embajada de España en México, en microfilm de El Colegio de México, México [documentación original entregada a AMAE].
AHN-Ultramar: Archivo Histórico Nacional: Sección de Ultramar, Madrid.
AHSRE: Archivo Histórico de la Secretaría de Relaciones Exteriores, México.
AMAE: Archivo del Ministerio de Asuntos Exteriores, Madrid.
BACEM: Biblioteca-Archivo del Casino Español de México, México.
Condumex: Centro de Estudios de Historia de México de Condumex, México.

BIBLIOGRAFÍA

ARRANGOIZ, Francisco de Paula de
1968 *México desde 1808 hasta 1867*. México: Porrúa [1ª ed.: 1871-1872].

BECKER, Jerónimo
1924 *Historia de las relaciones exteriores de España durante el siglo XIX*. Madrid: Establecimiento Tipográfico Jaime Ratés, 2 vols.

BELINKI, Alexander B.
1986 *La intervención francesa en México, 1861-1867*. México: Quinto Sol.

BEMIS, Samuel Flagg
1944 *La diplomacia de Estados Unidos en América Latina*. México: Fondo de Cultura Económica.

BERGAD, Laird W.
1980 "Toward Puerto Rico's Grito de Lares: Coffe, Social Stratification, and Class Conflicts, 1828-1868", en *Hispanic American Historical Review*, LX, 4 (noviembre), 617-642.

BLACKBURN, Charles B.
1969 *Military Opposition to Official State Department Policy Concerning the Mexican Intervention, 1862-1867*. Muncie: Ball State University.

BLUMBERG, Arnold W.
1971 "The Italian Diplomacy of the Mexican Empire, 1864-1867", en *Hispanic American Historical Review*, LI, 3 (agosto), 497-509.
1987 *The Diplomacy of the Mexican Empire, 1863-1867*. Malabar: K. E. Krieger.

BOCK, Carl H.
1966 *Prelude to Tragedy. The Negotiation and Breakdown of the Tripartite Convention of London*. Filadelfia: University of Pennsylvania.

CAILLET-BOIS, Ricardo
1963 "Argentina y la intervención europea en México", en *Historia Mexicana*, XII, 4 (abril-junio), 552-594.

CEPERO, Raúl
1948 *Azúcar y abolición*. Barcelona: Crítica.

CÉSPEDES, Guillermo
1983 *América hispana (1492-1898)*. Barcelona: Labor.

CORTADA, James W.
1978 "España y Estados Unidos ante la cuestión mexicana. 1855-1868", en *Historia Mexicana*, XXVII, 3 (enero-marzo), 387-425.

CORTI, Egon Caesar
1974 *Maximiliano y Carlota*. México: Fondo de Cultura Económica [1ª ed.: 1924].

COSÍO VILLEGAS, Daniel
1962 "La Doctrina Juárez", en *Historia Mexicana*, XI, 4 (abril-junio), 527-545.

DÍAZ, Lilia
1967 *Versión francesa de México. Informes diplomáticos*. México: El Colegio de México, 4 vols.
1996 "El liberalismo militante", en *Historia General de México*, II, 819-897.

DÍAZ, Luis Miguel y Jaime G. MARTINI, comps.
1977 *Relaciones diplomáticas México-España (1821-1977)*. México: Porrúa.

DOUGHERTY, John E.
1965 "Gran Bretaña y la intervención francesa en México", en *Historia Mexicana*, XIV, 3 (enero-marzo), 383-415.

FALCÓN, Romana
1996 *Las rasgaduras de la descolonización: españoles y mexicanos a mediados del siglo* XIX. México: El Colegio de México.

FRADERA, Josep M.
1997 "Quiebra imperial y reorganización política en las Antillas españolas.

1810-1868", en *Op. Cit., Boletín del Centro de Investigaciones Históricas* (Universidad de Puerto Rico), 9, 290-331.

FRAZER, R.

1948 "Latin American Projects to aid Mexico during the French Intervention", en *Hispanic American Historical Review*, XXVIII, 3 (agosto), 377-388.

FUENTES MARES, José

1962 "La misión de Mr. Pickett", en *Historia Mexicana*, XI, 4 (abril-junio), 490-510.

1981 *Juárez: los Estados Unidos y Europa*. Buenos Aires: Grijalbo.

GALEANA, Patricia

1990 *México y el mundo. Historia de sus relaciones exteriores III*. México: Senado.

1991 *Las relaciones Iglesia-Estado durante el segundo Imperio*. México: Universidad Nacional Autónoma de México.

GALINDO Y GALINDO, Miguel

1987 *La gran década nacional, 1857-1867*. México: Instituto Cultural Helénico [1ª ed.: 1904].

GARCÍA, Antonio

1904 *Antecedentes de la expedición española a México (1836-1862)*. Madrid: Imprenta a cargo de Eduardo Arias.

GARCÍA, Genaro

1972 *Correspondencia secreta de los principales intervencionistas*. México: Porrúa.

GONZÁLEZ NAVARRO, Moisés

1993 *Los extranjeros en México y los mexicanos en el extranjero, 1821-1970*. México: El Colegio de México, 3 vols.

GRAJALES, Gloria, comp.

1974 *México y la Gran Bretaña durante la intervención*. México: Secretaría de Relaciones Exteriores, 2 vols.

Guía...

1863 *Guía de Forasteros*. Madrid: Imprenta Nacional.

HAMNETT, Brian

1996 "Liberalism Divided. Regional Politics and the National Project During the Mexican Restored Republic, 1867-1876", en *Hispanic American Historical Review*, LXXVI, 4 (noviembre), 659-689.

1997 *Juárez*. Londres: Longman.

HANNA, Alfred J. y Kathryn A. HANNA

1973 *Napoleón III y México*. México: Fondo de Cultura Económica.

HIDALGO, José Manuel

1904 *Proyectos de monarquía en México*. México: Editorial de V. Vázquez.

Historia General
1994 *Historia General de México*. México: El Colegio de México, 2 vols.
HUERTA, María Guadalupe y Miguel CASADO
1994 *Relaciones diplomáticas México-Brasil (1822-1959). Guía documental*. México: Secretaría de Relaciones Exteriores.
JIMÉNEZ, Manuel María
1911 *Memorias*. México: Librería de la Viuda de Bouret.
LECAILLON, Jean-François
1994 *Napoleón III et le Mexique. Les illusions d'un grand dessein*. París: L'Harmattan.
LIDA, Clara E., coord.
1981 *Tres aspectos de la presencia española en México durante el porfiriato*. México: El Colegio de México.
1988 "Los españoles en México. Del porfiriato a la post-Revolución", en SÁNCHEZ ALBORNOZ, coord., 320-342.
LIDA, Clara E., comp.
1994 *Una inmigración privilegiada. Comerciantes, empresarios y profesionales españoles en México en los siglos* XIX *y* XX. Madrid: Alianza.
1997 *Inmigración y exilio. Reflexiones sobre el caso español*. México: Siglo XXI-El Colegio de México.
LÓPEZ, Ricardo
1995 *La salvación de la América: Francisco Bilbao y la intervención francesa en México*. México: Centro de Investigaciones Científicas Ingeniero Jorge L. Tamayo.
LLORENTE, P.
1986 *Francia: el Segundo Imperio y la Tercera República*. Madrid: Akal.
MEJÍA, Tirso
1977 "Los orígenes y efectos de la anexión de la república a España en 1861", en *Sociedad*, 413-436.
MEYER, Jean
1992 *Francia y América*. Madrid: Mapfre.
MILLER, Robert R.
1965 "Matías Romero: Mexican Minister to the United States During the Juárez-Maximilian Era", en *Hispanic American Historical Review*, XLV, 2 (mayo), 229-245.
1973 *Arms Across the Border. USA Aid to Juárez During the French Intervention*. Filadelfia: American Philosophical Society.
MIÑO, Manuel
1981 "Tendencias generales de las relaciones económicas entre México y España", en LIDA, coord., 23-98.
MIQUEL I VERGÉS, José María
1949 *El general Prim en España y México*, México: Hermes.

NAVARRO, Luis
1992 *La independencia de Cuba*. Madrid: Mapfre.
OLIVAR, Rafael
1970 *España y los españoles cien años atrás*. Barcelona: Ínsula.
OLIVIÉ, Fernando
1992 *La herencia de un imperio*. Madrid: Mapfre.
PANI, Arturo
1949 *Jesús Terán. Ensayo biográfico*. México: Talleres Tipográficos de A. Mijares.
PANI, Erika
1998 "Para nacionalizar el segundo Imperio. El ideario político de los imperialistas". México: El Colegio de México (tesis doctoral).
PAYNO, Manuel
1980 *Cuentas, gastos, acreedores y otros asuntos del tiempo de la intervención francesa y del Imperio*. México: Porrúa [1ª ed.: 1868].
PEÑA, Antonio
1925 *El Tratado Mon-Almonte*. México: Secretaría de Relaciones Exteriores.
PEREIRA, Juan Carlos y Ángel CERVANTES
1992 *Relaciones diplomáticas entre España y América Latina*. Madrid: Mapfre.
PÉREZ, Luis A.
1988 *Cuba: Between Reform and Revolution*. Nueva York: Oxford University Press.
PÉREZ DE ACEBEDO, Javier
1933 *Europa y México*. La Habana: Imprenta Rambla.
PÉREZ HERRERO, Pedro
1981 "La inmigración española a México", en LIDA, coord., 103-171.
PI-SUÑER, Antonia
1991 "El general Prim y la cuestión de México". México: Universidad Nacional Autónoma de México (tesis doctoral).
1994 "Negocios y política a mediados del siglo XIX", en LIDA, comp., 75-96.
1996 *El general Prim y la cuestión de México*. México: Universidad Nacional Autónoma de México-Secretaría de Relaciones Exteriores.
PIQUERAS, José Antonio y Enric SEBASTIÁ
1991 *Agiotistas, negreros y partisanos*. Valencia: Institució Valenciana d'Estudis i Investigació.
PRUNEDA, Pedro
1994 *Historia de la guerra de Méjico, desde 1861 a 1867*. México: Fundación Miguel Alemán [1ª ed.: 1867].
RENOUVIN, Pierre
1982 *Historia de las relaciones internacionales. Siglos XIX y XX*. Madrid: Akal.

RIDLEY, J.
1994 *Maximiliano y Juárez*. Buenos Aires: Vergara.
RIVA PALACIO, Vicente
s.f. *México a través de los siglos*. México: Cumbre, 10 vols.
RIVERA CAMBAS, Manuel
1961 *Historia de la intervención europea y norteamericana en México*. México: Academia Literaria [1ª ed.: 1888].
RIPPY, James F.
1922 "Pan-Hispanic Propaganda in Hispanic America", en *Political Science Quarterly*, XXXVII, 389-414.
ROBERTSON, W. Spence
1940 "Tripartite Treaty of London 1861", en *Hispanic American Review*, XX, 2 (mayo), 167-189.
RUPÉREZ, Paloma
1975 *La cuestión universitaria y la Noche de San Daniel*. Madrid: Edicusa.
SALDÍVAR, Gabriel, comp.
1974 *La misión confidencial de Jesús de Terán en Europa*. México: Secretaría de Relaciones Exteriores.
SALMERÓN, Celerino
1962 *Las grandes traiciones de Juárez a través de sus tratados con Gran Bretaña, Francia, España y Estados Unidos*. México: Jus.
SÁNCHEZ ALBORNOZ, Nicolás, coord.
1988 *Españoles hacia América Latina. La emigración en masa, 1880-1930*. Madrid: Alianza.
SÁNCHEZ JIMÉNEZ, José
1991 *La España contemporánea*. Madrid: Istmo, 2 vols.
SANTOVENIA, Emeterio S.
1939 "México y España en 1861-1862", en *Revista de América*, 7, 39-102.
1956 *Armonías y conflictos en torno a Cuba*. México: Fondo de Cultura Económica.
SCHEFER, Christian
1963 *Los orígenes de la intervención francesa en México*. México: Porrúa.
SIERRA, Justo
1985 "La república y la intervención", en *Política Exterior de México*, II, 548-710 [1ª ed.: 1905-1906].
SMITH, Joseph
1979 *Illusions of Conflict. Anglo-American Diplomacy toward Latin American, 1865-1896*. Pittsburgh: University of Pittsburgh Press.
Sociedad
1977 *La sociedad dominicana durante la I República, 1844-1861*. Santo Domingo: Universidad Autónoma de Santo Domingo.

SOLNICK, Bruce B.
1970 *The West Indies and Central America to 1898.* Nueva York: A. Knopf.
SORDO, Reynaldo
1973 "Seward y la intervención francesa en México", México: Universidad Nacional Autónoma de México (tesis de licenciatura).
SOTO, Miguel
1988 *La conspiración monarquista en México.* México: EOSA.
SOUTO, Matilde
1994 "Los comerciantes españoles en Veracruz: del imperio colonial a la República", en LIDA, comp., 52-75.
SUÁREZ, Ana Rosa
1990 *Un duque norteamericano para Sonora.* México: Consejo Nacional para la Cultura y las Artes.
TAFOLLA, Rafael
1977 *La Junta de Notables.* México: Jus.
TOGORES, Luis E.
1997 *Extremo Oriente en la política exterior de España (1830-1885).* Madrid: Biblioteca Universitaria.
VALADÉS, José C.
1977 *Maximiliano y Carlota en México. Historia del segundo Imperio.* México: Diana.
VÁZQUEZ, Josefina Z. y Lorenzo MEYER
1982 *México frente a Estados Unidos. Un ensayo histórico, 1776-1988.* México: Fondo de Cultura Económica.
VIGIL, José María
s.f. "La Reforma, la Intervención y el Imperio", en RIVA PALACIO, IX-X.
WEBER, Frank G.
1966 "Bismarck's Man in Mexico: Anton von Magnus and the End of Maximilian's Empire", en *Hispanic American Historical Review*, XLVI, 1 (febrero), 53-65.
YSUNZA, Salvador
1966 *La verdad sobre la supuesta ayuda de Estados Unidos a Juárez durante la intervención francesa.* México: Sociedad Mexicana de Geografía y Estadística.
ZAMACOIS, Niceto
1880-82 *Historia de Méjico.* Barcelona: Imprenta de J. F. Parrés y Cía, 20 vols.

Hemerografía

La América, Madrid, 1862-1863.
El Constitucional, México, 1863.
El Contemporáneo, Madrid, 1862.
La Discusión, Madrid, 1862-1863.
La Época, Madrid, 1862-1867.
La Esperanza, Madrid, 1864-1866.
El Pájaro Verde, México, 1867.
Revista Hispano-Americana, Madrid, 1865-1866.

3. UNA MIRADA ESPAÑOLA DESDE PARÍS: *EL ECO HISPANO-AMERICANO* (1860-1867)

Jacqueline Covo

La aventura de la Intervención y el Imperio reunió en sus inicios a tres actores, ya que, a raíz de la suspensión de pagos de los intereses de la deuda extranjera por parte del gobierno constitucional mexicano en julio de 1861, los gobiernos inglés, español y francés acordaron, en la Convención de Londres, firmada en octubre del mismo año, el envío de fuerzas tripartitas a las costas mexicanas.[1] Pocos meses después, tras la firma de los Preliminares de la Soledad, se retiraban las fuerzas inglesas y españolas, dirigidas por el general Juan Prim;[2] en cambio, por la porfía y mala información de Napoleón III, la expedición francesa se quedó empantanada en la conocida tragedia franco-mexicana.

El doble papel que desempeñó España —intervencionista primero, conciliadora después— en este episodio hace aparecer a sus nacionales como observadores no ajenos por completo al asunto, y por lo mismo particularmente interesados en la evolución de la situación. En este sentido, es bien sabido que la prensa es, en general, un actor importante en la formación de la opinión pública. Pero para el tema específico que nos proponemos estudiar, *El Eco Hispano-americano* es un periódico que ocupa un espacio privilegiado en esa labor. Se publicaba en París, centro de decisión política y militar y caja de resonancia de la opinión pública europea; se dirigía a lectores de toda la América hispánica,[3] y lo redactaban españoles, utilizando, entre otras fuentes, información de la prensa de Madrid. Esta posición central hace de sus columnas una valiosa tribuna para las ideas que se debatían sobre el tema que nos ocupa.

[1] Por lo que toca a México, véase PI-SUÑER, 1994, 37-72.

[2] PI-SUÑER, 1996, 111 y 160.

[3] *El Eco Hispano-americano* tenía agencias y se distribuía en todos los países hispanoamericanos, incluidos Brasil, la Argentina, Uruguay y Filipinas, así como en las ciudades de Nueva York, Nueva Orleans y San Francisco. El 31 de mayo de 1862, un aviso en la primera plana anunciaba la autorización de su circulación en España. En México tenía agencias en las ciudades de México, Veracruz, Tampico; tres eran sus corresponsales en la capital, entre los cuales estaba Niceto de Zamacois.

Se sabe que Napoleón III fue aconsejado por los exiliados que habían sido derrotados en la guerra de Reforma, también conocida como guerra de Tres Años (1858-1860). Además, Antonia Pi-Suñer ha mostrado cómo en París se había instalado un pequeño círculo de mexicanos reformistas moderados, hostiles a la intervención extranjera "y, aunque partidarios de una 'dictadura temporal', plenamente convencidos de que México tenía los elementos necesarios para regenerarse".[4] La historiadora señala también que, en cuanto a la intervención, la posición del órgano liberal *El Eco Hispanoamericano* fue algo distinta.[5] En efecto, como lo veremos a continuación, *El Eco*, que era también partidario de un gobierno republicano fuerte calificado de "dictadura" capaz de contrarrestar el caos y el expansionismo yanqui, apoyó la intervención. Esto fue así por lo menos mientras la integró el cuerpo expedicionario español encabezado por Prim, pues veía en él un instrumento que podría estrechar las relaciones hispano-mexicanas y asegurar la posición de los residentes españoles en México.

EL ECO HISPANO-AMERICANO

El primer número de *El Eco Hispano-americano* apareció el 1º de enero de 1854, y el último, en diciembre de 1872. En el momento de su creación su equipo directivo estaba integrado por José Segundo Flórez, director y redactor en jefe; Ramón de la Sagra, redactor de la sección científica, económica e industrial; Jacobo Bermúdez de Castro, A. A. de Orihuela y el mexicano Pedro Contreras y Elyzalde, secretario de la redacción.[6]

Flórez, que en los años que estudiamos ocupaba las funciones mencionadas, nació en Extremadura en 1789; era un religioso exclaustrado y había sido profesor en algunos seminarios antes de ejercer el periodismo. En 1848 emigró a Francia, donde conoció a Auguste Comte. Allí fundó *El Eco de Ambos Mundos* y luego *El Eco Hispano-americano*,[7] al mismo tiempo que era corresponsal de *El Clamor Público* de Madrid y del *Siglo* de Montevideo. También dirigió una *Historia de Espartero* (1843), de quien parece haber sido partidario, y unas *Lecciones de religión y moral* (Madrid, 1863).

[4] PI-SUÑER, 1993, 116.

[5] PI-SUÑER, 1993, 116. En adelante abreviaremos: *El Eco*. Agradezco a Antonia Pi-Suñer haber dirigido mi atención a este periódico y sus sugerencias al respecto.

[6] Elyzalde aparece así en 1854; posiblemente se trataba de Pedro Contreras y Elizalde, quien fue secretario particular de Benito Juárez y luego su yerno. PI-SUÑER, 1993, 108-109.

[7] Información tomada de la *Enciclopedia Universal Ilustrada Espasa Calpe*, 1964, t. 24, que invierte erróneamente la aparición de las dos publicaciones, ambas conservadas en la Biblioteca Nacional de París. Aunque en *El Eco* el nombre de Flórez aparece siempre en mayúsculas y sin acento, aquí lo acentuamos como lo hace esta enciclopedia.

Por su parte, el conocido economista Ramón de la Sagra, que también había llegado a París en 1848, parece haber publicado su último artículo en *El Eco Hispano-americano* el 30 de septiembre de 1858.[8] Su artículo "Objeto y tendencias del nuevo periódico *El Eco hispano-americano*", aparecido en el primer número y publicado por separado como opúsculo, arroja una luz significativa sobre los objetivos del periódico precisamente cuando se van definiendo los grandes movimientos económicos mundiales, y subraya la importancia de los Estados hispanoamericanos para complementar económicamente a Europa:

> [...] la abundancia de materias primeras en las regiones americanas y su escasez en Europa, donde reina una actividad indefinida capaz de devorarlas y transformarlas todas en variados artefactos deseados por una inmensa población consumidora [...][9]

Como son pocas las publicaciones en Europa que revelan esas riquezas, añade De la Sagra, el periódico, dedicado a estos "varios y extensos países", se propone dar a conocer "a los habitantes de las regiones trasatlánticas *de origen español*" los hechos políticos y sociales y los principales adelantos científicos, agrícolas e industriales.[10]

En los años de 1860, la sección científica, económica e industrial y la firma de De la Sagra desaparecen de las columnas del periódico. Sin embargo, su estructura conserva preocupaciones políticas y comerciales idénticas: *El Eco*, que se define en el subtítulo como "Revista quincenal enciclopédica", ostenta el lema positivista "Orden y progreso". Tiene ocho páginas, y los habituales "Anuncios" comerciales ocupan parte de la página 7 y toda la página 8. A partir del 5 de agosto de 1865, aprovechando una nueva línea de vapores franceses que ofrece transporte más frecuente, *El Eco* aparece cuatro veces al mes y reduce a cuatro sus páginas. La primera plana la ocupa la importante sección titulada "Revista de Europa",[11] única que lleva la firma de J. S. Flórez; sus fuentes preferidas son la prensa y los debates parlamentarios franceses y españoles. Luego sigue la copiosa "Revista de

[8] Información proporcionada por Marie-Claude Lécuyer, que nos comunica también que De la Sagra se interesó por México, ya que publicó una serie de artículos titulados "Francia, Méjico y Cuba" en *La Esperanza* de Madrid los días 14, 16, 18, 23 y 29 de septiembre de 1863, y otro, "De l'expédition scientifique au Mexique", en *Le Mémorial Diplomatique*, austro-francés, órgano oficioso del gobierno imperial, el 15 de enero de 1865, 44-46.

[9] De la Sagra, 1854, 9-10.

[10] De la Sagra, 1854, 14-15. Las cursivas son nuestras.

[11] Con la excepción del pie de página, ocupado por el tradicional folletín *Thibault, el conductor de lobos* de Alexandre Dumas, primero, y por *Los dramas de París* de Pierre-Alexis Ponson du Terrail, del 1º de octubre de 1860 al 1º de octubre de 1864.

América" en las páginas 2 y 3, encabezada casi siempre por "Méjico",[12] que también se basa en fuentes periodísticas y correspondencia de orígenes diversos. En ambas secciones destaca la atención a los problemas políticos del momento. La sección comercial, el otro polo del periódico, está situada en las últimas páginas y se dedica a la "tarea de poner en relación a los dos Mundos, tarea que no había sido nunca emprendida hasta tal grado y con un éxito tan completo",[13] como lo indican de vez en cuando unos "avisos" en la primera plana:

> *El Eco Hispano-americano* es el único periódico que ejerce con respecto a la América española una función de verdadero interés público.
> Todos los países de ultramar, todas las clases, *hombres políticos, literatos, sabios e industriales, comerciantes, banqueros, productores, navegantes, etc. etc.*, todas las nacionalidades, *española, inglesa, francesa, alemana, italiana*, todas las producciones, *azúcares, cafés, cacaos, cueros, lanas, etc.* tienen la debida representación en sus columnas.[14]

El periódico publica además los precios corrientes oficiales de las principales mercancías de importación y exportación en puertos importantes como Le Havre, Burdeos, Marsella, Amberes y Barcelona; las llegadas y salidas de barcos; la revista de la Bolsa de Londres y otras informaciones de interés económico[15] que lo convierten en instrumento de los intercambios entre Europa y la América hispánica.

Cabe preguntarse si en el tema que nos ocupa se puede discernir una postura clara, una línea propia de *El Eco Hispano-americano*. Lo cierto es que no siempre es fácil distinguirla debido al juego continuo entre la diversidad de enunciadores directos e indirectos que caracteriza al periódico español de París. Ya dijimos que la única sección firmada por su director, José Segundo Flórez, es la "Revista de Europa", de la primera plana, que sirve de editorial, pero en ella pocas veces trata de México; como veremos, sí lo hace en 1863, cuando el ofrecimiento de la colonia imperial a Maximiliano de Habsburgo involucra a varias Cortes europeas. En cambio, la "Revista de América", sin firma, reproduce, cita y a veces comenta en primera persona del plural un mosaico de noticias, artículos de prensa y correspondencias de origen diverso; pocas veces da el título del periódico al que se refiere, casi

[12] En adelante, nos referiremos a esta sección como "Revista de América-México", y para "Méjico", "ajentes", "jente", adoptamos la grafía actual.

[13] *El Eco*, 7.IV.1860.

[14] *El Eco*, 7.IV.1860. Cursivas en el original.

[15] Por ejemplo, la "Historia de los establecimientos de crédito en España", en octubre de 1860, o un folletín sobre "Las líneas telegráficas de Europa y las Américas del Atlántico al Pacífico", en octubre de 1863.

nunca su fecha y tampoco menciona las firmas en la correspondencia. Por otra parte, no siempre queda claro si *El Eco* hace suyas las opiniones citadas o si les da *status* de información. Esto da cabida, en ciertas ocasiones, a posibilidades de interpretación diversas o cambiantes en función de la coyuntura, un pragmatismo cuya regla de oro es, como lo veremos, la protección de los españoles avecindados en México. Hasta mediados de 1861, la tendencia general del discurso del periódico es más bien favorable al partido constitucionalista, igual que los artículos de prensa citados, pero las cartas que reproduce de residentes españoles en México son sobre todo de tendencia conservadora.

En adelante, cuando mencionamos *El Eco* o "el periódico", nos referimos a los comentarios de la subsección "México" de la "Revista de América" que, aunque no llevan firma, nos atrevemos a considerarlos como la postura del propio periódico. Cuando el periódico la proporciona, precisamos el origen de la cita o de la información incluida en esta "Revista"; y sólo citamos el nombre de José Segundo Flórez cuando la sección considerada es la "Revista de Europa" firmada por él.[16]

ANTE EL EXPANSIONISMO ESTADOUNIDENSE (1859-1861)

Las ideas expresadas en la sección "Revista de América-México", en las que se basa principalmente nuestro estudio, permiten a los lectores hispanoamericanos de *El Eco* descubrir la superficie visible de la intensa actividad diplomática desplegada subterráneamente, como lo aclara Agustín Sánchez en este mismo volumen. La diplomacia española —según él a menudo dilatoria, prudente y expectante frente a la evolución de la situación mexicana y la agresividad francesa— encuentra un "eco" en las posiciones vacilantes del periódico de París.

El Tratado Mon-Almonte entre España y México, firmado en septiembre de 1859, evidenciaba las simpatías del gobierno español por el gobierno conservador de Miguel Miramón, en un México desgarrado por la guerra civil. Pero en 1860 se asiste al avance de las fuerzas constitucionales, en un contexto internacional que podría afectar a España y Europa. En ese año la alianza del gobierno de Benito Juárez con los Estados Unidos, concretada en el Tratado McLane-Ocampo (diciembre de 1859), despierta la inquietud

[16] La firma de Flórez desaparece el 31 de octubre de 1866, sustituida por las iniciales F. P. M., sin duda por enfermedad del director (tiene 77 años), ya que el 24 de noviembre del mismo año se indica que se encuentra en estado de convalecencia. Sin embargo, no reaparece su firma en el periodo que estudiamos. [Las iniciales F. P. M. podrían ser las de Francisco Pi y Margall, quien, desde agosto de 1866, estaba exiliado en París y tenía gran interés por Hispanoamérica, sobre la que estaba bien informado (n. de la comp.)].

de *El Eco*, ya que el derecho de tránsito por el Istmo de Tehuantepec, que está en juego, es visto como señal del expansionismo estadounidense y del supuesto "entreguismo" de los constitucionales. Además, este acuerdo parecía amenazar el dominio español sobre Cuba:

> Esto prueba cuál es el estado a que han traído a esta desgraciada nación sus propios hijos. Al consignar estos hechos, apenas puede resistir el espíritu la indignación que produce el ver la rara facilidad con que los titulados constitucionales, puros, etc., quieren entregar miserablemente su patria a la rapacidad de sus vecinos [...][17]

En marzo de 1860, es decir, en los momentos en que en México eran decisivos los movimientos de los dos partidos enfrentados en la guerra de Reforma, dos vapores comprados en La Habana por Miramón —el Marqués de La Habana y el General Miramón— trataron de bloquear las costas de Veracruz. Juárez acordó entonces con el comandante de una escuadrilla estadounidense que se encontraba próxima, que apresara los dos buques, considerándolos filibusteros, lo cual éste hizo con la corbeta de guerra Saratoga, conduciendo a la tripulación a Nueva Orleans.[18] *El Eco* relata los hechos primero sin comentarios, en su "Revista de América",[19] pero vuelve sobre el tema un mes después en la "Revista de Europa", firmada por el director y redactor en jefe, dándole así mayor importancia; por una parte parece atenuar la intervención estadounidense cuando corrige que los "tres buques norteamericanos" mencionados en el artículo anterior eran "dos vapores mexicanos al servicio de Juárez y la corbeta 'Saratoga'"; pero, por otra parte, cita un artículo de *La Época* de Madrid, sin fecha, "cuya significación ministerial es reconocida por todo el mundo".[20] Según el periódico madrileño, este "atentado", violatorio del derecho internacional, ataca la vida mercantil y la organización del "mundo civilizado", así como los intereses de todas las "potencias cultas", pero sobre todo el "prestigio" de España —que había vendido los barcos— en el continente americano, amenazando "borrar[la] del mapa de las potencias respetadas", precisamente en el momento en que acaba de poner el pie en África. El Ministerio, por lo tanto, está decidido a proteger "la esfera de nuestros más bellos destinos"; no desea una guerra con los Estados Unidos, pero tampoco la teme. El mismo editorial comenta el artículo español afirmando su acuerdo, ya que se trata de vengar el honor español, y califica de "pirática" (*sic*) la conducta del

[17] *El Eco*, 31.I.1860. Las citas proceden de la sección "Revista de América-México", sin más referencia.

[18] *Historia General de México*, 1976, III, 114.

[19] *El Eco*, 15.IV.1860.

[20] *El Eco*, "Revista de Europa", 15.V.1860.

capitán del Saratoga, lo que matiza, sin embargo, cuando dice estimar que son mal conocidas las circunstancias. Ante esta eventualidad la cuestión mexicana es capital: "[...] la absorción de México sería el triunfo de aquella confederación; y los gobiernos de Europa, sobre todo el de España[,] no deben olvidar que la absorción de México es la precursora de la pérdida de Cuba".[21]

Sin embargo, la guerra de secesión estadounidense, que estalla en abril de 1861, atenúa la amenaza. Tal vez por eso el tema desaparece de las columnas de *El Eco*, y sólo regresa ocasionalmente, cuando se prevé la victoria del Norte, a fines de 1863.

Entre liberales y conservadores (1859-1861)

Los últimos episodios de la guerra de Reforma se reflejan en la prensa en forma de rumores que atribuyen la victoria alternativamente a los dos bandos. *El Eco* duda un tanto en definir sus posiciones; por una parte, considera al gobierno conservador como reputado protector de los españoles, mientras que acusa al gobierno de Juárez por varios asesinatos de españoles[22] y también por su alianza con los Estados Unidos; por otra, se reclama de la misma ideología liberal que gobierna España. El periódico parece inclinarse hacia los liberales; por ejemplo, reproduce, sin comentarios y sin rebatirlo, un artículo de un periódico estadounidense, que no identifica, según el cual se requiere la revolución liberal para llevar a cabo reformas necesarias.[23] Más tarde, al anunciar el próximo triunfo de la causa de la "reforma y el progreso", añade que se trata de la misma lucha por "la libertad y el retroceso" que la de los italianos, y por la que antes combatieron franceses y españoles. Para los hombres de negocios que parecen formar el público lector de *El Eco*, "El interés de los extranjeros en México es su comercio y la paz",[24] y son los hombres de la Reforma quienes van a restaurar "las fuentes de la riqueza y de la abundancia".[25]

En efecto, según los comentarios de la "Revista de América", detrás de los conservadores se encuentra el partido clerical, "el partido retrógrado" que, abusando de su poder político y económico, arruinó el comercio, la agricultura y la industria, al consumir las riquezas legadas por la piedad cristiana

[21] *El Eco*, 15.VIII.1860.

[22] En Chinconcuac, distrito de Cuernavaca, cinco españoles fueron asesinados en diciembre de 1856, durante el gobierno liberal, y otros cuatro en mayo de 1860, en el mismo distrito. Pi-Suñer, 1996, 58 y 79; *El Eco*, 30.VI.1860.

[23] *El Eco*, 29.II.1860.

[24] *El Eco*, 15.VIII.1860. Sobre la inmigración española en México, véase Lida, 1994.

[25] *El Eco*, 1.IX.1860.

para el culto de la religión católica en el sostenimiento de una lucha desesperada; igual que en 1847, durante la guerra mexicano-norteamericana, cuando se trataba "nada menos que de una guerra que amenazaba la existencia política del país, y con un enemigo que no profesaba la religión católica".[26]

Sin embargo, no es cierto que el gobierno constitucional ofreciera garantías totales a los intereses españoles, como lo demuestra la consternación de *El Eco* cuando el general Santos Degollado se apodera de una conducta de caudales, en parte pagados por "el comercio" a las autoridades federales, para afectarla a los gastos de la guerra. Según el periódico, Degollado respondió a las representaciones de los cónsules residentes que prefería "sacrificar su buen nombre y reputación a la ruina de su patria: que necesita de todo el dinero tomado para acabar la guerra, y que por esto lo tomó".[27] Sin embargo, poco después, el 1º de diciembre, el periódico nota con satisfacción que el gobierno constitucional, desaprobando los hechos, ha destituido y sometido a juicio al general Degollado, y ordena la devolución de los fondos: "noble decisión de respetar las propiedades, aun careciendo de lo necesario para vivir y hacer la guerra [...]".

De hecho, la preocupación prioritaria de *El Eco*, superior a sus preferencias políticas, es la de preservar los vínculos entre las dos naciones y los intereses españoles, cualquiera que sea el bando vencedor. Así lo revela la polémica sobre la expulsión del embajador español Joaquín Francisco Pacheco; cuando el periódico progresista español *Las Novedades* lo censura por haber presentado sus cartas credenciales a Miramón, *El Eco* discrepa en nombre del interés de los españoles residentes. El señor Pacheco, demasiado liberal e "ilustrado" para apoyar a un gobierno reaccionario —dice— representa a España ante la nación mexicana y no ante un partido; es símbolo de unión fraternal entre dos naciones, como lo expresó el mismo Pacheco en el discurso que pronunció en esa ocasión, y que cita el periódico en su totalidad:

> No somos ni seremos ya nunca un solo pueblo el español y el mexicano. [...] Mas a pesar de eso, el origen es uno; una es la lengua, una es la religión, una es la historia hasta el tiempo de nuestros padres: la separación de una y otra nacionalidad no ha podido hacer que no seamos parientes, y parientes próximos.[28]

Y cuando el gobierno de Juárez, victorioso, expulsa a Pacheco, el periódico, que da amplio espacio a los debates en el Congreso español, hace suyo el

[26] *El Eco*, 1.IX.1860 y 31.X.1860. Conviene recordar que el director del periódico era un sacerdote exclaustrado.

[27] *El Eco*, 31.X.1860.

[28] *El Eco*, 15.X.1860.

tono conciliador de la nota diplomática mexicana, arguyendo que la medida afecta al individuo y no al representante de España y desea que se normalice la situación.[29]

Pero esos malabarismos son insostenibles, pues la coyuntura crítica no favorece su voluntad de conciliación. Así, el 31 de diciembre de 1860, cuando *El Eco* en su "Revista de América" informa que los liberales han embestido la capital, tiene que responder a su similar mexicano, *La Sociedad*, partidario del gobierno de Miramón y escandalizado por las posiciones anticlericales de *El Eco*: "Sensible es que nuestro colega mexicano se muestre [...] pródigo de mal humor al ocuparse del *Eco*, periódico que, según él, parece que se halla obligado a *apoyar el bando reaccionario* en aquella República, *porque está escrito por españoles.*"[30]

En forma lapidaria afirma: "[...] deseamos 'liberalizar a los españoles y españolizar a los liberales de México' pese a los patronos de *La Sociedad*".[31] Tal fórmula despertará la ironía y la ira de los españoles residentes en México, expresadas en una carta a J. Segundo Flórez, de París, enviada por "Varios españoles". Los firmantes lamentan las calumnias de españoles desorientados que tendrían que ser sus defensores; calumnias contra las cuales no pueden defenderse, ya que no han podido mantener un periódico como lo han hecho los franceses;[32] *El Eco*, dicen, está viendo la situación mexicana "al través de un prisma engañoso [...] las Américas sólo las conocen los que han vivido en ellas". Burlándose del afán del periódico de querer "españolizar" al partido liberal mexicano, niegan que México desee vivir en paz con España y denuncian el estado de anarquía y la falta de seguridad para el comercio.[33]

La polémica no lleva a *El Eco* a definir sus posiciones, sino a afirmar la neutralidad de la "Revista de América", abierta a todas las opiniones y partidos, y respetuosa de la libertad de los corresponsales que proceden de horizontes distintos,[34] con tal de que

> se limiten a historiar, a reseñar los hechos, esclareciendo con sus luces y con sus datos el intrincado y confuso laberinto de una política multiforme y asaz embrollada desgraciadamente en todas las Repúblicas de origen ibérico, en cuyo conocimiento y apreciación son dichas personas mucho más competentes que

[29] *El Eco*, 28.II.1861 y 30.IV.1860.

[30] Las cursivas son nuestras.

[31] *El Eco*, 31.XII.1860.

[32] Sobre el periódico francés *Le Trait d'Union*, véase Covo, 1986.

[33] *El Eco*, 30.IX.1861.

[34] En efecto, *El Eco* publica por un lado una carta del general constitucional Jesús González Ortega sobre la "situación de la República" (15.XII.1860); por otro, cartas firmadas por españoles residentes en México, favorables al partido conservador (30.IX.1861). Sin embargo, nos parece que en ese momento predominan las opiniones que apoyan al gobierno liberal.

nosotros mismos [...] Por lo demás, este periódico es ante todo ESPAÑOL, después de español es LIBERAL, amante del ORDEN, amante del progreso.[35]

EL PARLAMENTARISMO Y LA "DICTADURA"

El Eco Hispano-americano, pues, se define como liberal, pero rechaza la doctrina de "la vieja escuela liberal parlamentaria"[36] y al anunciar la probable victoria de los constitucionales, exclama: "¡Ojalá suceda así y se constituya un gobierno fuerte y liberal, que establezca el orden!"[37]

Para *El Eco* no hay contradicción entre liberalismo y gobierno fuerte —en conformidad con la doctrina positivista definida por su lema "Orden y progreso"—, como no la hay, en los mismos años en España, para la Unión Liberal de O'Donnell.[38] Tampoco la hay para muchos progresistas en México, comonfortistas o juaristas, partidarios de una "dictadura" que favorezca la estabilidad y el progreso material, después de una cruel guerra civil. Incluso antes del golpe de estado de Félix Zuloaga, apoyado por Ignacio Comonfort, en diciembre de 1857, en el momento de firmarse la Constitución de 1857, se había debatido entre los medios liberales el dilema "Constitución o dictadura". Francisco Zarco defendió el primer término contra varios periódicos liberales entre los que destaca el órgano francés *Le Trait d'Union.*[39] Volviendo a *El Eco*, en el artículo ya citado del 31 de diciembre de 1860 aboga por "un gobierno concentrado o dictatorial —puesto que 'Dictadura' quiere decir concentración [y no abuso] de poder [...]". Según el periódico, el gobierno imperial francés es una dictadura, igual que el de Víctor Manuel en Italia:

> [...] ¿qué más quisieran las Repúblicas hispano-americanas [...] que disfrutar una sombra, una penumbra, un átomo siquiera del gobierno imperial de Francia? [...] en una época de relajación de todos los vínculos sociales es el único gobierno posible, señaladamente en la raza latina, donde está más adelantada la actual descomposición social de la Edad Media. [...] Lo que allí se necesita son gobiernos fuertes, fuertemente concentrados [¡en vez de dispersar las fuerzas sociales!] pero al mismo tiempo gobiernos que realicen "desde arriba" los votos y deseos que el pueblo formula "desde abajo".

Este sistema "de índole 'latina', no de índole 'yankee'",[40] es un sistema "centralizado en su acción política y descentralizado en su acción adminis-

[35] *El Eco*, 31.XII.1860; con mayúsculas en el original.
[36] *El Eco*, 31.XII.1860.
[37] *El Eco*, 15.VII.1860.
[38] CARR, 1966, 254-257.
[39] COVO, 1983, 503-508.
[40] *El Eco*, 16.II.1861.

trativa, no dando demasiada latitud al régimen parlamentario que embaraza, imposibilita y esteriliza completamente la acción del gobierno",[41] y es el que puede satisfacer a la vez las necesidades de autoridad y libertad, las de orden y progreso. Por lo tanto, éste es el sistema que puede asegurar la protección de los residentes españoles.

Poco después, la "Revista de América" anuncia la próxima reunión del Congreso Nacional de México, que habrá de redactar una nueva Constitución o, al menos, ratificar el texto "inacabado" cinco años antes. En este caso no deben olvidar los liberales —aconseja *El Eco*— que la Carta de 1857, "servil imitación del régimen federal parlamentario copiado de los Yankees", deja desarmado e impotente al poder central para gobernar una nación de origen "latino". No es que *El Eco* apoye "la dictadura del sable", cuyas funestas consecuencias se han visto en toda Hispanoamérica; pero una vez más acude al ejemplo de la Francia de Napoleón III, la cual, contrariamente a lo que afirma la propaganda americana, no se encuentra tiranizada, como han podido verlo algunos de los hombres de estado mexicanos durante su emigración.[42]

El periódico señala que el Congreso mexicano parece seguir estos paternales consejos cuando inviste al presidente Juárez como dictador por seis meses en una situación de guerra civil persistente. Sin embargo, *El Eco* señala que la medida no le "parece suficiente, si el Dictador es bueno, y que será excesiva, si él es malo".[43]

La Intervención tripartita (1861)

Si bien las simpatías ideológicas de *El Eco* por un momento se inclinan hacia el gobierno constitucional, cuando resurgen las bandas reaccionarias que amenazan el orden público y los intereses de los residentes españoles, el periódico se retrae de nuevo: ya que Juárez es tan impotente como Miramón, es necesario que España, Francia e Inglaterra fijen los ojos en aquella República.[44] Poco después, una carta de un corresponsal, con fecha del 29 de julio de 1861, informa que México suspende todos los pagos, incluso las convenciones extranjeras, no sin añadir que podría tratarse de un *casus be-*

[41] *El Eco*, 15.IV.1861.

[42] *El Eco*, 15.VI.1861.

[43] *El Eco*, 15.VIII.1861. La situación está marcada por el asesinato de Melchor Ocampo, ampliamente comentado por *El Eco* (31.VIII.1861). Éste recoge de *La Época* de Madrid el hecho de que Ocampo fue capturado por un cabecilla español, lo cual lamenta el periódico; éste protesta en contra de la conducta que tienen algunos españoles en las Repúblicas de América y señala que el gobierno de España debe rechazar toda simpatía hacia ellos.

[44] *El Eco*, 31.VIII.1861.

lli. La "Revista de América" del mismo día no comenta esta información, y prefiere recalcar la situación desesperada de "esta desgraciada República", las dificultades de su política interior, su opinión pública extraviada, su falta de hombres de Estado capaces de dominar la situación. Citando a *La Época*, *The Times* y *Le Siècle*, *El Eco* adelanta la idea, en Europa, de una intervención colectiva de España, Francia e Inglaterra "en el interés de la misma nación mexicana cuya independencia y libertad se respetará siempre".[45] El periódico, aferrado a su pretendida neutralidad, se abstiene de dar su opinión; sin embargo, en forma ambigua y entre paréntesis, dice que el mero empleo de la fuerza, "(sin desdeñar del todo el auxilio de ésta, se entiende)", no lograría fundar nada sólido en México, y que un gobierno "dictatorial" apoyado en la opinión pública debería reconstruir el estado de cosas que la revolución acaba de destruir. En el número siguiente, citando a *El Diario Español*, *El Eco* anuncia que el gobierno ha enviado fuerzas a Cuba dejando en libertad a su capitán general para que "se haga sentir a la república [mexicana] el peso de nuestra altivez y decisión".[46]

En adelante, la posición de *El Eco*, que es una calca de la posición oficial española del momento, aparece implícitamente intervencionista. Adoptando el punto de vista de los residentes españoles, ilustrado por periódicos mexicanos tales como *El Siglo Diez y Nueve* y *Le Trait d'Union*, describe una situación deplorable: asaltos en los caminos, plagios de conductas de dinero, ataque a la legación francesa.[47]

Paralelamente, suponiendo que sus lectores tendrán curiosidad de conocer el estado de las relaciones de México con Europa, la "Revista de América" pone en evidencia la importancia económica de la República. La ilustra con informes sobre el movimiento y las estadísticas del comercio de sus puertos, la parte financiera de las distintas plazas extranjeras, la situación "rentística", y los datos sobre la deuda exterior, en la que España es la nación europea que ha "tomado para sí la parte del león", pero también la que ha recibido más agravios de parte del gobierno mexicano.[48] Añade que la situación política no es nada propicia para remediar el problema. Tales informaciones son significativas porque precisamente en ese momento los gobiernos francés y británico amenazan con ocupar las aduanas de Veracruz y Tampico, y el gobierno español responde ordenando al capitán general de Cuba ocupar los

[45] *El Eco*, 15.IX.1861. Como lo muestra Sánchez Andrés en este mismo volumen, poco antes, en agosto, habían fracasado unas negociaciones hispano-mexicanas en París, y las relaciones entre los dos países se hicieron más tirantes, aprovechando la impotencia de los Estados Unidos, impedidos por la guerra de Secesión.

[46] *El Eco*, 24.IX.1861.

[47] *El Eco*, 15.X.1861.

[48] *El Eco*, 15.X.1861, 31.X.1861, 16.XI.1861 y 30.XI.1861. Sobre la importancia de la deuda, véase el estudio de Pi-Suñer en este mismo volumen.

dos puertos. Ello conduce a las tres potencias europeas a firmar el convenio de Londres, el 31 de octubre de 1861, que prevé una expedición tripartita, como lo expone Agustín Sánchez Andrés en este libro.

Al hacer hincapié en los intereses españoles en un México asolado por la guerra civil, la bancarrota y la rebelión parlamentaria, *El Eco* prepara a sus lectores para el anuncio de la firma del tratado de Londres.[49] Asimismo, dice que el nombramiento del general Prim —en quien los españoles residentes en México encontrarán "noble y leal protección"— para mandar la expedición española es particularmente acertado y se vuelve "acto de familia", ya que su esposa es "hija de México":[50]

> [...] es doble garantía para España y para México por cuanto el digno jefe de la expedición española personifica como ningún otro la unión internacional, amistosa y fraternal de ambas naciones. [... En suma], con la ilusoria apariencia del mal, ¡cuánto bien podrían llevar a México las potencias cuya intervención directa está ya acordada [...]![51]

El Eco y las relaciones hispano-mexicanas (1861-1862)

A instancias de la Gran Bretaña, la Convención de Londres prohibía que la triple alianza interviniera en los asuntos internos de México y en el derecho de su población a escoger su gobierno. La disposición contravenía, como se sabe, los proyectos de Napoleón III. Aunque la posición española era menos clara, los vínculos de una historia común de tres siglos con México hacían que ciertos sectores de la Península desearan una monarquía con un príncipe español.[52]

El Eco, que expresará tal posición más tarde,[53] participa de esta actitud etnocentrista y paternalista: en su opinión, el gobierno mexicano ha de entender el sentido de la intervención, "destinada a ejercer una acción tutelar, altamente humanitaria y civilizadora en aquellos pueblos".[54] Estas palabras parecen revelar otras metas que las de cobrar una deuda. El periódico fundamenta sus perspectivas intervencionistas y ahora explícitamente antijuaristas[55] en varias "cartas de México" —de residentes españoles, entiéndase—

[49] *El Eco*, 16.XI.1861.

[50] *El Eco*, 31.XII.1861.

[51] *El Eco*, 16.XI.1861. Sobre Prim y México, véase Pi-Suñer, 1996.

[52] Pi-Suñer, 1996, 113-120.

[53] *El Eco*, 13.V.1862.

[54] *El Eco*, 31.XII.1861.

[55] Como Juárez no es la nación, el periódico espera que "estas gentes, verdaderas calamidades para aquella República, quedarán al fin descartadas, eliminadas de la escena". *El Eco*, 15.I.1862.

que subrayan, con expresiones nostálgicas de la época colonial, "los grandes títulos que tiene la España en una nación como la mexicana"; estos títulos son negados, sin embargo, por todo lo que una olvidadiza y

> apasionada prensa ha vomitado contra España y contra sus hijos, de su caudal o de los papeles extranjeros: el lema oficial parece ser "Paz con todos y guerra con España", enemigo "natural" a quien los mexicanos han hecho "morder el polvo" en la lucha por la independencia y en 1829: "la caduca, la atrasada, la impotente España ha olvidado estas lecciones y viene a reconquistarnos. Vienen a reanudar las bárbaras cadenas que por tres centurias arrastraron nuestros padres [...]"

Lo más escandaloso, continúa la carta que citamos, firmada "a nombre de varios españoles" y dirigida a José Segundo Flórez, es que esta ingratitud no procede de los descendientes de los conquistados, sino de los conquistadores, los criollos, a tal punto desligados de sus orígenes que ni siquiera hablan correctamente su idioma: "[...] para maldecir más a sus anchuras de sus padres [...] hablan en un leguaje que sólo le tendría en boca de los descendientes de Moctezuma y Guatimoc [*sic*]". Por ejemplo, el gobernador de Querétaro (José María Arteaga) dice las cadenas que "rotamos [*sic*]", a pesar "de su apellido tan vizcaíno y de su cara blanca"; y por sus feroces instintos —continúa la carta— bien pudiera descender de los aztecas y otomíes. La conclusión de esta carta reúne todos los motivos morales, políticos y financieros de indignación, acudiendo a la trillada pero eficaz metáfora familiar:

> La hija, al emanciparse, insultó a la madre, ha hecho de ella objeto de escarnio y de burla [...] ha disipado las cuantiosas riquezas que su madre le legó, en orgías y bacanales, y hecha ya fábula y ludibrio de los mismos que la han perdido y descarriado, va escuálida, corrompida y lacerada a hundirse en el sepulcro.[56]

Aunque *El Eco* reproduce esta misiva, no asume este tono, prefiriendo la moderación y la conciliación. Por eso dice que Juárez no es la nación, y que la intervención puede conseguir la pacificación del país, fortaleciendo el principio de autoridad gracias a la creación de un gobierno digno de este nombre:

> ¡Acoja ella [la nación mexicana] como debe, con los brazos abiertos, a las potencias de Europa, que no se proponen conquistarla, ni dominarla, ni explotarla, y créanos a fuer de amigos leales, sólo así logrará salvarse de la ruina

[56] *El Eco*, 15.I.1862.

que la [*sic*] preparan sus falsos amigos, sus hijos espúreos y desnaturalizados! No pierda de vista que México no tiene otro porvenir venturoso que el que reconozca por base y por punto de partida su amistosa alianza con la España, con la España ante todo y sobre todo.

Fuera de esta alianza —agrega el periódico— no hay más que miseria, oprobio y extinción completa de la "raza", de la "civilización europea" que se debe a la procedencia española. El "verdadero Hispanomexicano", civilizado, honrado, agradecido, leal, no puede hacer causa común con los bárbaros y crueles asesinos de los españoles —entiéndase los juaristas.[57]

Algunas semanas después, *El Eco* publica una nueva carta dirigida a su director, que añade un argumento de peso en favor de la intervención y contra el gobierno de Juárez, el cual, mediante las Leyes de Reforma ha sancionado la libertad de cultos. Los 54 firmantes, que se dicen "españoles afiliados en el partido puro", muchos de ellos militares de alta graduación y buenos conocedores de la sociedad mexicana, afirman que "la opinión de la parte sensata, verdaderamente ilustrada, pudiente, propietaria, trabajadora, honrada y de arraigo" de la nación es liberal "en el sentido genuino de esta palabra"; pero, aunque tolerante, está convencida de que a México sólo le conviene la religión católica, sin tolerancia de otra alguna. Esta opinión, según ellos, la comparten todos los mexicanos, "desde el más miserable pueblo de indios hasta la más populosa ciudad", especialmente las "señoras" en quienes está profundamente arraigada la religión católica,[58] y que hoy la creen salvada con la llegada de los españoles. Sin temer las contradicciones y haciendo suyos los peores argumentos de la reacción, los firmantes dicen que la libertad de cultos favorecería la barbarie e idolatría de los indios y provocaría la guerra religiosa en el seno de las familias. Ésta es la única causa, según ellos, por la que el gobierno de Juárez no se ha consolidado. España, por lo tanto, ha de influir para que el catolicismo en México tenga la exclusiva.[59]

Sin transición, la misma carta agrega a los argumentos morales otras justificaciones de la intervención, cuya retórica tiene por objeto disfrazar el interés material con la nobleza de intenciones:

[...] si se plantea un gobierno que dé garantías a los individuos y a la propiedad, México llegaría a ser una de las primeras naciones del mundo y España a la vez que recibirá las bendiciones de los habitantes de este continente adquirirá una influencia moral que nunca tal vez se ha imaginado.

[57] *El Eco*, 15.I.1862.

[58] Durante los debates sobre el proyecto del artículo que disponía la tolerancia de cultos, el Congreso Constituyente de 1856 recibió un gran número de peticiones, supuestamente de "señoras", que rechazaban tal disposición. El artículo no fue votado. Covo, 1983, 172.

[59] *El Eco*, 15.III.1862.

Los autores de la misiva dan como prueba el regocijo con el que es recibida la intervención por las personas que anhelan el bien de la patria. Si los "12 000 españoles",[60] "liberales de orden" en su inmensa mayoría, "que han venido a labrar su porvenir con su trabajo" en México se han vuelto "reaccionarios por simpatía", es porque el partido reaccionario, no menos celoso de su independencia que el liberal, les reconoce garantías que éste no les da; "es porque nos tiende una mano amiga cuando el otro nos la dirige armada contra el pecho, y enrojecida con la sangre de inocentes víctimas, compatriotas nuestros".

Ignorando la condición impuesta por la Gran Bretaña de no intervenir en los asuntos interiores del país, la carta dice que la intervención es la mano de la Providencia que no viene a dominar, sino a "constituir" el país, a implantar un gobierno liberal para marcharse después. Es el momento oportuno para que España, que ha levantado en México grandiosos colegios, como el de Las Vizcaínas, templos suntuosos y acueductos, reconquiste, "con actos desinteresados, filantrópicos y de generosidad, la influencia moral que le corresponde por los lazos de familia que unen a México y España".[61]

La firma de los preliminares de paz de la Soledad, el 19 de febrero de 1862,[62] que ponen freno al intervencionismo europeo, acalla a *El Eco* por algunas semanas; estando tan lejos, es posible que dude en apreciar la situación. Sin embargo, pronto el correo lleva cartas —directamente o por intermedio de la prensa española— que comentan de modo diverso la nueva situación. Una de ellas, sin firma, expresa la mala impresión de los españoles de México ante un acuerdo que pudiera significar el reconocimiento del gobierno juarista, enemigo de los españoles. Su autor no pretende criticar a Prim, pero lamenta su ignorancia de la situación por no haber llegado hasta la capital, donde "residen todas las ilustraciones" y los grandes intereses del país, y donde se sabe cuanto sucede.[63]

Otra carta registra por primera vez los proyectos napoleónicos de una monarquía mexicana con un príncipe austríaco, así como la oposición de Prim a tal solución. El periódico añade su preferencia por un príncipe español para ocupar el hipotético trono mexicano:

> Se debe oponer España, porque consolidada una monarquía de dicho origen, ella iría absorbiendo las demás repúblicas del mismo origen, y tal vez con el tiempo se podría formar un imperio que amenazase a nuestras Antillas, pues debemos tener presente lo que nos sucedió con el auxilio prestado en tiempos

[60] Cifra muy sobrestimada en relación con los censos de fines de los años de 1850, que registran de 5 141 a 5 400 españoles en México. LIDA, 1994, 29.

[61] *El Eco*, 15.III.1862.

[62] *El Eco* publicó el texto oficial el 31 de marzo de 1862.

[63] *El Eco*, 13.V.1862.

de Carlos III a los Estados Unidos, que en odio a Inglaterra preparamos la independencia de nuestras colonias. Debe también conocerse que en dicha monarquía se ingeriría [*sic*] de tal modo una raza enteramente opuesta a la latina, que la España, más o menos pronto, acabaría por perder el influjo que le corresponde en los países que ella formó con sus leyes y con sus hijos.[64]

Una carta de marzo, fechada en Orizaba, también revela los proyectos imperialistas franceses; subraya que los agentes de Napoleón III lo han convencido de la facilidad de la empresa, del entusiasmo de los mexicanos, listos para recibir con la mayor alegría al "nuevo tirano nacido allende los mares". Por el contrario, dice el firmante, los mexicanos, en mayor número y conocedores del terreno, se preparan a resistir al ejército francés, aunque sin muchas posibilidades de lograrlo por la desorganización de sus fuerzas, indisciplinadas y sin recursos. ¿Qué hará el jefe de la expedición española si los franceses rompen abiertamente las hostilidades? ¿Se quedará como "testigo petrificado" o regresará a La Habana? Este último camino es el único que puede tomar,[65] frente a la ingratitud de los mexicanos que se lo deben todo a España, "su civilización, su religión, su idioma, su ilustración", aunque olviden que sus padres "eran hijos de españoles".[66]

El Eco y la política francesa en México (1862-1863)

El 31 de mayo de 1862, la sección de primera plana, "Revista de Europa", que firma José Segundo Flórez, informa sobre la gravedad de la situación. Apoyándose en el partido conservador mexicano, Francia ha declarado la guerra al gobierno de Juárez. España y Londres han visto en esta acción unilateral una infracción al tratado de Londres y se han retirado. De hecho, comenta el redactor, la triple alianza se halla disuelta. Flórez parece lamentar los hechos que conducen a la retirada de Prim y de los británicos; sin embargo, la voluntad de preservar "las buenas e íntimas relaciones de cordial amistad que existen entre Francia y España" le impide distanciarse de los franceses y condenar su agresión:

Quizás si algo debe intentarse en esa vía para salvar a México de la ruina que él mismo se está labrando, o para librarle de una vergonzosa y denigrante anexión yankee —que sería un baldón para aquel pueblo y para la raza latina

[64] *El Eco*, 13.V.1862.

[65] Sobre la hostilidad de Prim a la idea de un gobierno monárquico, véase Pi-Suñer, 1996, 122 y 160, y Sánchez Andrés en este volumen.

[66] *El Eco*, 13.V.1862. Varias de estas cartas proceden de *Las Novedades* o de *La Época* de Madrid.

a la cual pertenece, para la civilización que brilla en primer grado en el occidente de Europa—, a la Francia sola toque reivindicar para sí ese derecho, o más bien, ese triste deber. En todo caso, nunca incumbe esto a la España, cuyos precedentes históricos y cuya alta preponderancia moral en los pueblos hispano-americanos excluyen toda política que remotamente siquiera pueda ser sospechada de violencia con el designio de cambiar la forma de gobierno en aquellas naciones, tan justamente celosas de su independencia.[67]

Obviamente, la última frase es un respaldo a la conducta del general Prim, quien era amigo del director de *El Eco.*[68] Este respaldo es explícito cuando, a continuación, el mismo editorial precisa que este afán de independencia lo entendieron el general Prim y el gobierno de S. M. la Reina al retirar el cuerpo expedicionario de México, sin que por esto se entibiaran las buenas relaciones entre Francia y España.

Esta posición, que podemos calificar de prudente, es semejante a la que señala Agustín Sánchez en la diplomacia española, en aquella precisa coyuntura. Ello le permite a José Segundo Flórez, quien firma la sección, jugar con dos barajas, afirmando virtuosamente su apoyo a la decisión de Prim y el respeto español por la soberanía mexicana, sin por eso desaprobar por completo la política francesa, tal vez satisfecho en secreto de que otro saque las castañas del fuego. La situación de Francia en América, añade, es muy distinta de la de España, lo que causa la "diversidad de apreciación" del tratado de Londres y de la política que se ha de seguir en México. Existen, además, consideraciones "más elevadas" a las cuales subordina cada nación su conducta; una de ellas es la unión de las naciones ibéricas entre sí —justificación probable, según Flórez, del desistimiento español—; otra es "la grande unión [...] de las naciones latinas".[69]

No es la primera vez que en las columnas de *El Eco* aparece el adjetivo "latino", a menudo asociado al sustantivo "raza", para reclamar una identidad común a España y a sus antiguas colonias o para rechazar el modelo "yankee".[70] Se sabe que los ideólogos de Napoleón III se valieron del concepto de "latinidad", frecuentemente atribuido a Michel Chevalier, para legitimar la intervención francesa en México, con el objeto de poner un freno al expansionismo estadounidense escudado en la doctrina de Monroe. Sin embargo, se ha demostrado que la expresión no es invención francesa; fue el chileno Francisco Bilbao quien evocó, en 1856 y en París, a "la raza latinoame-

[67] *El Eco*, "Revista de Europa", 31.V.1862.

[68] PI-SUÑER, 1993, 114.

[69] *El Eco*, 31.V.1862.

[70] Por ejemplo, al evocar el parlamentarismo de los liberales mexicanos, que, según el periódico, seguía "empeñándose en constituir políticamente la nación de un modo tan contrario a los precedentes históricos de la raza latina". *El Eco*, 31.XII.1860.

ricana", oponiéndola a los Estados Unidos, en un acto de repudio a la invasión de Nicaragua por los mercenarios de William Walker.[71] De todos modos, en París, José Segundo Flórez pudo hacer suya la expresión.

Pero, recién nacido, el concepto adolecía ya de un defecto: ¿cómo dar cabida en la "raza latina" al emperador austriaco enviado por Napoleón III? El director de *El Eco* lo hace valiéndose de una tercera entidad, más amplia que la hispanidad y la latinidad; ésta es el "Occidente":

> La grande unión, primero, de las naciones ibéricas entre sí; segundo, de las naciones latinas; tercero, de éstas con el doble grupo británico y germánico, que juntos constituyen el Occidente de Europa —con sus apéndices de América— es hoy la gran base de operaciones para la moderna reorganización social, como depositarios que son estos cinco pueblos, francés, italiano, español, británico y germánico,[72] de todos los tesoros que en esta privilegiada región del planeta terrestre han acumulado las antiguas civilizaciones, en religión, en filosofía, en ciencias, en letras, en artes, en industria, en comercio, en navegación, etc.

Los demás pueblos del globo, añade Flórez, irán agregándose a las naciones occidentales de Europa, "según el grado de madurez que vayan alcanzando". Ante este gran principio de unión, "nada significan [las] leves diferencias en los detalles". Esta altura de miras a la vez permite a Flórez elogiar la conducta "elevada, hidalga, generosa, desinteresadísima" del gobierno español y del conde de Reus, con quien tenía amistad, al retirar sus tropas de México, y felicitarse de que las relaciones entre Francia y las potencias que se separaron de ella puedan seguir tan francas y cordiales como antes:

> [...] y nosotros, partidarios entusiastas de esa unión, y que amamos a la Francia como se ama a una segunda patria, celebramos infinito que así suceda, aplaudiendo al mismo tiempo, con el gobierno de Madrid, la noble conducta seguida en México por el conde de Reus, quien ha sabido ilustrar en su persona las glorias del guerrero con los triunfos pacíficos pero no menos brillantes y honrosos del hábil diplomático, del eminente hombre de Estado.

Sin embargo, advierte el periodista con la prudencia que exige la complejidad de la situación, sólo un éxito completo justificará la empresa francesa. Si lo logra, la aplaudirán quienes hoy la critican; pero si fracasa, concluye

[71] ESTRADE, 1994.

[72] No deja de llamar la atención el hecho de que sea Italia y no Portugal la que encuentre cabida en este "Occidente". Tal vez se deba a la simpatía de los progresistas españoles por el Risorgimento y a sus contactos con los patriotas italianos. LIDA, 1970, 49-63.

Flórez mostrando de nuevo sus dos barajas, no podrá culpar a sus aliados que hoy la dejan sola, "pues pudiera quedar acompañada, sólo con renunciar a la política que ella quiere seguir a todo trance".[73]

Los meses siguientes son de observación. *El Eco*, en sus comentarios de la "Revista de América", evoca el "contratiempo" sufrido en Puebla por las tropas francesas,[74] pero también la impaciencia con que se espera a los "libertadores" en la capital, según unas cartas en las que españoles residentes expresan su desaliento por el abandono español.[75] Aumentan tal desaliento las "resistencias" de todo género que el gobierno de Juárez opone al empeño francés de llegar a la capital, y se culpa al mexicano de una actitud "atentatoria a las vidas, al reposo, y a los intereses de los Europeos y de todos los extranjeros [...]".[76]

En los primeros meses de 1863, la incertidumbre de la situación militar y el deber de hospitalidad respecto a Francia, dice *El Eco*, lo colocan en una posición embarazosa, en la que no encuentra más solución que la de acudir al consabido "deber de escritores imparciales, neutrales, desapasionados" de dar cabida al pro y al contra. El periódico español no puede aprobar la expedición francesa contra México ni atacarla. Esa profesión de neutralidad no le impide negar su simpatía por el partido liberal del que se queja la mayoría de los españoles residentes, ya que si bien sus redactores son liberales, antes que liberales son españoles. Esta opción parece reforzada porque asimila implícitamente la índole étnica de la población mexicana al gobierno de Juárez:

> Ninguna antipatía profesamos por los Inditos de Puebla [...] ni aunque sean Negritos tampoco, sólo por el color o por la latitud en que les tocó nacer. Somos algo más cultos y más justos con nuestros semejantes de todos los climas, sin distinción de razas ni de colores, meros accidentes naturales [...]. Sólo, sí, les preguntaremos si son amigos o enemigos de la España.[77]

Por fin en junio de 1863 se anuncia la toma de Puebla, que abre el camino a la capital.[78] En ese momento los comentarios pasan a la "Revista de Europa", en primera plana, firmada por el director del periódico, lo cual demuestra su importancia. En ella, el periódico sigue manifestando la misma prudencia que refleja la del gabinete de Madrid, el cual, dice el periódico,

[73] *El Eco*, "Revista de Europa", 31.V.1862.

[74] *El Eco*, 7.VII.1862.

[75] *El Eco*, 15.XII.1862.

[76] *El Eco*, 24.XII.1862.

[77] *El Eco*, 7.III.1863.

[78] *El Eco*, 5.VI.1863. La confirmación y los relatos del asalto ocupan los números de junio y julio.

prefiere "declinar, como es debido, todo género de responsabilidad en la obra que allí se está consumando". Al mismo tiempo, previsor, cuida de los intereses adquiridos: cuando México tenga un gobierno "legítimo", España enviará un representante para ocupar el puesto que, "de derecho la [*sic*] corresponde por sus precedentes históricos que la [*sic*] dan allí tan justa, tan natural y legítima influencia moral, no menos que por los grandes intereses que tienen tantos españoles como hay establecidos en el país [...]".[79]

Con la misma prudencia, que en este caso puede deberse en parte a la represiva legislación que sobre la prensa rige en la Francia de Napoleón III,[80] *El Eco*, en pluma de José Segundo Flórez, anuncia el ofrecimiento de la corona del Imperio mexicano al hermano del emperador Francisco José, según los designios de Francia. A la vez se ampara en opiniones ajenas contrastadas: este imperio es muy mal recibido en Inglaterra, pero afianzará la situación europea; en España la prensa democrática, progresista y moderada, y parte de la absolutista, desaprueban los hechos; pero *La Esperanza* y *La Época*, de opiniones conservadoras, los aplauden, aunque hubieran preferido un príncipe español.[81]

Poco después, la conclusión de un artículo de *La Época* —periódico gubernamental de Madrid—, reproducido por *El Eco*, manifiesta en sus matices retóricos las dificultades y dudas de la diplomacia española en esta coyuntura, pero sobre todo la relevancia de los intereses que están en juego. La designación de un príncipe, "por ilustre y digno que a nuestros ojos sea", no responde a la calma y sabiduría del emperador de los franceses, y tal vez se haya procedido con impaciencia al no esperar la completa pacificación del país. El joven emperador Maximiliano, que habría deseado mayor espontaneidad en su elección, será el primero en sentirlo. Pero, por otra parte, continúa el periódico de Madrid, ¿qué hacer en esta situación?

> ¿Hemos de desear, porque ciertas formas no se hayan respetado lo bastante en México, que triunfe por completo en América la doctrina de Monroe invocada por los Estados Unidos, y que mañana, vencedor el Norte querrá aplicar a Santo Domingo y acaso a nuestra preciosa isla de Cuba? ¿Habremos de contribuir a que Juárez y el partido anti-español, revolucionario y anti-católico se imponga de nuevo al pueblo mexicano [...]?

La situación no tiene salida por el egoísmo de Inglaterra, la "jactancia" de Francia y la imprudencia de España; es necesario, termina el artículo de *La Época*, que *El Eco* parece hacer suyo, que las cuatro potencias interesadas,

[79] *El Eco*, "Revista de Europa", 1.VIII.1863.
[80] Bellet, 1967, 12-30.
[81] *El Eco*, "Revista de Europa", 15.VIII.1863.

España, Francia, Austria e Inglaterra, entablen negociaciones diplomáticas y se informen de la opinión del pueblo mexicano para impedir "vetos absurdos de los Estados Unidos". En todo caso, es imprescindible que se tomen en cuenta "los intereses, las tradiciones, el honor y hasta las susceptibilidades de la España".[82] Entre las ambigüedades del discurso queda patente la voluntad española de mantener relaciones cordiales con el gobierno francés, anfitrión del periódico, y sobre todo de preservar sus intereses en el continente americano.

En México, la complejidad de la situación parece dar la razón a esa actitud reservada. Las exigencias de Maximiliano, que pretende subordinar su aceptación del trono al voto popular y a la completa pacificación del país, despiertan la ironía de José Segundo Flórez, quien, en su "Revista de Europa", sugiere que "se fragüe por allá un simulacro de votación popular y otro simulacro de paz". Sobre todo, dice, una tercera condición que no se expresa consiste en mayores garantías de parte de Francia: "Lo que necesita el archiduque para subir al trono de México es tener por escala un ejército francés y que la escala no desaparezca después de ascendido él al trono [...]. ¿Es posible ese trono sin apuntalarle con bayonetas europeas?" Pero México no es Roma, concluye.[83]

Es significativo el parecido de este artículo con una carta dirigida por Prim a Napoleón III, el 17 de marzo de 1862, explicándole su retraimiento:

> Hasta fácil será a V. M. conducir al príncipe Maximiliano a la capital y coronarlo Rey; pero este Rey no encontrará en el país más apoyo que el de los jefes conservadores [...] Algunos hombres ricos admitirán también al Monarca extranjero, siendo fortalecido por los soldados de V. M., pero no harán nada para sostenerlo el día en que este apoyo llegara a faltarle, y el Monarca caería del trono elevado por V. M. como otros poderosos de la tierra caerán el día en que el manto imperial de V. M. deje de encubrirlos y escudarlos.[84]

A pesar de la desconfianza que el periódico sentía por el gobierno de Juárez, cada día deja ver con mayor evidencia la voluntad mexicana de resistir a la agresión, y la gran dificultad de establecer un régimen impuesto desde allende el mar:

> [...] se necesitaría de todo el poder de la Francia para sostener la precaria existencia de un gobierno hijo de la violencia más desacertada, y el día en que

[82] *El Eco*, 15.IX.1863. Todas las citas proceden de *La Época* de Madrid.

[83] *El Eco*, "Revista de Europa", 15.X.1863. En 1849, por orden de Louis-Napoléon Bonaparte —quien todavía no había dado el golpe que lo hizo emperador— el ejército francés entró en Roma, derrotando a los republicanos de Mazzini y Garibaldi.

[84] Reproducido en Tuñón de Lara, 1968, 164, quien no cita la fuente.

faltase el apoyo de la nación francesa, todo lo hecho caería, así como se derrumba el ruinoso edificio al faltarle las columnas que le sostenían.[85]

Los oficiales de la intervención francesa, que entendieron rápidamente la falta de apoyo de la opinión pública mexicana, ya desde mediados de año tienen idéntica visión de las cosas. Citamos, como ejemplo, una carta del teniente Pierre-Henri Loizillon a su familia, del 14 de junio de 1863: "[...] tenemos que reconocer que ocupamos México por mucho tiempo, y que no vemos el momento en que será posible repatriar las tropas, porque si se trata de pacificar el país y asegurarlo, cosa muy difícil, los veinticinco mil hombres que tenemos aquí no son un número excesivo y ni siquiera son suficientes".[86] Y el médico Jules Aronssohn escribe, el 18 de agosto del mismo año:

> Nadie duda de que estaremos en México por muy largos años, si no es que para siempre. Es un país tan arruinado, tan degenerado de todos modos, que sólo una larga paz apoyada por una ocupación puede devolverle un poco de prosperidad. [...] México será una colonia francesa y todos los Maximilianos del mundo son fantoches [*rois de paille...*][87]

Citando *El Diario de Barcelona* y cartas particulares procedentes de México, a finales de 1863 *El Eco* añade, profético, que la lucha puede eternizarse y volverse para Francia una constante sangría que acabará por debilitarla. A pesar de los grandes gastos, a pesar de la acción contraguerrillera del coronel Achille Du Pin, sólo se consigue la retirada de Juárez al interior del país, pero en vano: los franceses no pueden poner el pie fuera de la capital sin caer en emboscadas.[88] También Loizillon confirma esta opinión en una carta del 12 de agosto de 1863:

> Ya sé que una columna de un batallón con dos piezas de artillería podrá cruzar todo México sin que se le oponga una seria resistencia, pero somos tan poco numerosos en comparación con esta inmensa superficie que nunca podremos ocuparla en su totalidad. Siempre tendremos que perseguir un enemigo inalcanzable que agotará a nuestros soldados con marchas y contramarchas, y causará más muertes con ellas que con su fuego.[89]

Y Aronssohn escribe cuatro meses después, el 16 de diciembre: "Caminamos, caminamos sin cesar. Acampamos y levantamos el campo. El Judío errante

[85] *El Eco*, 31.X.1863. Véase también la crónica del 30.XI.1863.
[86] LOIZILLON, 1890, 87. En adelante, las traducciones del francés son mías.
[87] MICARD, 1927, 199.
[88] *El Eco*, 31.XII.1863.
[89] LOIZILLON, 1890, 118.

no se nos puede comparar. El enemigo no está en ninguna parte por delante; pero nos envuelve y reaparece en todas partes por detrás [...] este país nunca será seguro para nosotros y jamás podremos circular si no es armados y en tropas."[90] Una carta, fechada en la primavera de 1864 y copiada de la prensa de Madrid, expresa el mismo parecer: "Ese Imperio, por el cual se dice que están entusiasmados los mexicanos, caerá el día en que dejen de dominar a la población los 40 000 franceses que la hacen partidaria del Archiduque."[91]

Las tentativas del general François Aristide Bazaine para atraer a los liberales, aceptando "el programa impío de los puros", no hacen más que agudizar el conflicto, provocando la hostilidad de los conservadores. En esta circunstancia compleja, es posible que la internacionalización creciente del problema mexicano y el papel decisivo desempeñado por Francia le parezcan al periódico una amenaza para la presencia de España en México y la protección de sus nacionales; tal vez por eso parece inclinarse de nuevo por la causa de los liberales y su defensa de la soberanía nacional. ¿Por qué, entonces —se pregunta *El Eco* con clarividencia—, perseguir a Juárez, si "defiende él a su patria, y la misma política que adopta como suya el general Bazaine?" Y Maximiliano, que se encuentra todavía en París, concertando con el emperador Napoleón, "¿qué es lo que va a hacer allá?, ¿con qué política va a gobernar? ¿Con la de monseñor Labastida o con la de Juárez?"[92] Una carta sin firma procedente de Orizaba, de enero de 1864, rechaza las razones de intervención alegadas por Francia. En ella se recuerda que la deuda que le corresponde, pretexto de la intervención, es insignificante, y nota la contradicción existente entre los principios de ilustración, garantías individuales, justicia, ideas de humanidad, civilización, en fin, que proclama esta nación, y los actos "horribles", "crueles", "injustos" que cometen sus tropas cuando se les ve de cerca, tales que no los superan los de los negros del África.[93]

[90] MICARD, 1927, 200.

[91] *El Eco*, 24.IV.1864. Las noticias, sin embargo, se contradicen. A veces afirman que mejora la situación, y con ella la actividad comercial (15.IV.1864), y que las tropas de Juárez ya no forman sino bandas aisladas (31.V.1864 y 31.VII.1864), para desmentir tal optimismo al día siguiente. Estas últimas noticias proceden de *Le Moniteur*, periódico del imperio francés.

[92] *El Eco*, 15.III.1864.

[93] *El Eco*, 15.III.1864. La historia militar (AVENEL, 1996, 119) no disimula lo discutible de los métodos de la contra-guerrilla del coronel Achille Du Pin (o Dupin), cuyos extremos revela la que parece ser la única carta escrita por un hombre de tropa, en su barbarie ingenua: "[...] tomamos vivos a 57 y les hicimos lo mismo que hacíamos a los beduinos en África; los asamos atados en doscientos haces de leña a los que pusimos fuego, y te aseguro que se les oía balar desde lejos". COVO, 1992, 52.

EL ECO Y MAXIMILIANO (1864-1867)

La llegada del flamante Emperador y su recibimiento en Veracruz a fines de mayo de 1864, sin embargo, no despejan las dudas sobre su aceptación por parte de la opinión pública mexicana. *El Eco* muestra que las diversas interpretaciones que hace la prensa de un mismo hecho pueden tener explicaciones ideológicas: si en las mejillas de la joven Emperatriz corrían lágrimas fue, según *La Independencia Belga*, por la frialdad con que la gente la recibió, y, según *Le Mémorial Diplomatique* —partidario del gobierno imperial—, por el gran entusiasmo con el que se les acogió, a su augusto esposo y a ella.[94] Así, al no decidir entre las dos versiones de las supuestas lágrimas de Carlota, el periódico español deja abierta la posibilidad futura de pronunciarse en favor o en contra del Imperio, según sus acciones respecto de España y los españoles correspondan o no a lo que espera este periódico.

Poco después, al citar *La Correspondencia de España*, órgano ministerial de Madrid, *El Eco* confirma las ambigüedades de la situación: según noticias procedentes de México de origen privado, muy distintas de las oficiales que publica *Le Moniteur* francés, el partido clerical hace una guerra sorda a Maximiliano por sus miras liberales, al mismo tiempo que los liberales lo tachan de indeciso; el estado del país es tan intranquilo como antes, y nadie puede alejarse gran trecho de las poblaciones sin correr graves peligros ni mucho menos viajar sin disponer de una escolta de gente armada.[95] El mismo número de *El Eco* parece confirmar su reserva respecto del Imperio mexicano, al reproducir unos extractos de la respuesta de Juárez a una carta que le envió Maximiliano, en la que utiliza el título institucional de "Presidente" para designar a Benito Juárez, pero le niega a Maximiliano el título de emperador, llamándolo "archiduque". Asimismo, parece respaldar a Juárez al subrayar la dignidad de su respuesta: se niega a encontrarse con él en México por sus ocupaciones oficiales y por no confiar en el honor de "un agente de Napoleón el perjuro". Y concluye Juárez su misiva afirmando: "[...] hay una cosa que está fuera del alcance de los falsos y perversos, y ésa es la sentencia tremenda de la historia. Ella nos juzgará".[96]

Las dificultades del Emperador se agravan al vislumbrarse el próximo fin de la guerra de secesión norteamericana.[97] Además, el partido conservador le ha retirado su confianza, y los proyectos de reforma que se atribuyen a Maximiliano no contribuirán a convertirlo a la causa de los conservadores. Pero la duda que plantea el periódico "es saber si él podrá llevar a cabo sus

[94] *El Eco*, 15.VII.1864.

[95] *El Eco*, 1.X.1864.

[96] *El Eco*, 1.X.1864. Agustín Sánchez Andrés confirma, en el presente volumen, "las difíciles relaciones hispano-mexicanas durante el segundo Imperio".

[97] *El Eco*, 31.X.1864.

proyectos, cuando ningún partido consentirá en prestarle su apoyo".[98] Es interesante apuntar que el médico Aronssohn hace observaciones parecidas, cuando dice que al Emperador "se le compadece, pero todo es en gran parte culpa suya; resulta extraño que los austríacos se muestren liberales aquí, donde no conviene, y no en su país, donde sería conveniente".[99]

En los primeros meses de 1865, las noticias se hacen más escasas, factuales, contradictorias y divergentes. También escasea la correspondencia recibida de parte de los españoles residentes en México desde que su gobierno ya no está involucrado en la cuestión; tal vez las contradicciones que aparecen en las diversas fuentes citadas, y por lo tanto la dificultad de vislumbrar una salida, impidan al periódico comentar la situación y emitir opiniones propias. A fines de abril, la "Revista de América" cita *Le Moniteur* francés, según el cual la pacificación progresa y la situación se torna próspera y tranquila.[100] Dos semanas después, y citando ahora *La Correspondencia de España*, señala que abandona el país un gran número de mexicanos y españoles, "desde hace tiempo establecid[o]s allí, [...] personas muy bien acomodadas, que han realizado sus fortunas por no convenirles el estado de cosas de México". En el mismo número, una comunicación de Veracruz a un periódico de Madrid, cuyo título no se menciona, subraya la falta de recursos del gobierno imperial, su impopularidad aun con sus partidarios, el odio que le profesa el clero y "los barruntos de la tempestad que amenaza por el Norte".[101] Por su parte, los oficiales franceses expresan las mismas quejas, aunque es notable su reserva respecto del Emperador. Sin embargo, el 27 de julio de 1865, Loizillon escribe a su familia pidiéndole discreción, y habla de Maximiliano como de un "fantasma de soberano" que, "actualmente, ha bajado tanto en la opinión pública, y ha perdido hasta tal punto la confianza que se había depositado en él a su llegada, que me parece imposible su recuperación". Poco después comenta: "Realmente, parece que el Emperador hace cuanto puede para que se le crea más incapaz todavía de lo que es."[102]

Poco después, José Segundo Flórez en su "Revista de Europa" de primera plana, da cabida a los discursos de la oposición francesa, hostil a la política intervencionista de su gobierno. En efecto, si la legislación francesa del Imperio era represiva en materia de prensa —hasta 1868, año en que se liberalizó precisamente a raíz de la tragedia mexicana—, sin embargo, desde 1860 se daba publicidad a los debates del cuerpo legislativo.[103] En el momento en que se debate el presupuesto militar, *El Eco* destaca el discurso del ilustre

[98] *El Eco*, 15.XII.1864.
[99] MICARD, 1927, 212.
[100] *El Eco*, 30.IV.1865.
[101] *El Eco*, 15.V.1865.
[102] LOIZILLON, 1890, 340 y 346.
[103] BELLET, 1967, 19.

político y académico Adolphe Thiers, que con la fuerza de su oratoria y recordando el ejemplo español, pide la evacuación de México: "Sí, sufriréis en vuestro amor propio; pero sabed imitar a la España que no ha querido, por razones de amor propio, perseverar en una falta que costaba a la nación española su sangre y sus tesoros, sacrificados a una empresa que no tenía ninguna probabilidad de buen éxito."[104]

Las noticias siguen siendo contradictorias y despiertan ahora la ironía de los redactores del periódico español:

> Como se ve por las noticias que nos regala cada correo, los diarios franceses adictos a la intervención, los imperialistas mexicanos y los franceses y los austríacos y los belgas y *tutti quanti* defensores y sostenedores de Maximiliano I continúan ganando brillantes victorias contra los incalculables restos de Juárez a quien derrotan seis veces por semana, dejándole rendido, postrado y abismado [...] lo que no impide que, dos o tres días después, le vuelven a encontrar rodeado de ejércitos, los cuales son de nuevo deshechos, derrotados, muertos o prisioneros, extinguidos y aniquilados... por otros dos días más! Que ésta parece ser, en compendio, la historia oficial del moderno Imperio franco-tudesco-belga-mexicano.[105]

Tales burlas, por antífrasis, recalcan la fuerza del campo juarista que parece gozar de nuevo de la simpatía de *El Eco*; implícitamente, el periódico reitera así su aprobación a la retirada del general Prim. Sin embargo, continúa diciéndose completamente imparcial, lo cual no le impide tomar su distancia respecto del Imperio y protestar contra el decreto del 3 de octubre de 1865, que condena a la pena capital (de ejecución inmediata) a los culpables de rebelión armada. Después de cuatro años de ocupación del país —dice—, tales extremos revelan el estado de la opinión; por más que se diga lo contrario, la fuerza de Juárez aumenta cada día.[106]

En 1866, el tono del periódico es de franco desaliento: Maximiliano ha tomado sus precauciones para asegurar su fortuna personal, invirtiéndola en su residencia de Miramar; por el contrario, la Emperatriz se empeña en conservar su situación presente. *El Eco* le atribuye esa frase "varonil", conforme con el carácter decidido de la princesa: "Partid, si queréis, por mi parte estoy resuelta a permanecer aquí, aun cuando en la plaza se levantase la guillotina".[107] ¿Qué saldrá de eso? ¿Qué será cuando Maximiliano se vea reducido a sus propias fuerzas? ¿Qué harán los Estados Unidos? "Lo que parece fuera

[104] *El Eco*, 15.VI.1865. La prensa de oposición francesa también reproduce este discurso, así como el de Jules Favre; SALOMON, 1975, 61-63.

[105] *El Eco*, 30.IX.1865.

[106] *El Eco*, 15.XI.1865.

[107] *El Eco*, 24.II.1866. Se sabe que la Emperatriz se embarcó en Veracruz con destino a Francia y Roma en julio del mismo año.

de duda es que los franceses abandonarán pronto el nuevo imperio a su suerte." Los Estados Unidos apoyarán decididamente la causa de Juárez, porque a sus ojos es el único poder legítimo.[108]

En los últimos días de 1866, el distanciamiento del periódico respecto de la intervención parece definitivo: la "Revista de América-México" comenta que, según la opinión general, una vez evacuado el país por los franceses, el "Imperio apuntalado únicamente por las bayonetas de la Francia caerá por su peso". Si añade que esos rumores parecen prematuros y pura invención,[109] tal precaución retórica puede deberse a la dificultad de criticar la derrota del proyecto intervencionista del país huésped.

Posiblemente por la misma razón, o por la ausencia de datos fidedignos, en los meses que siguen las noticias escasean y se hacen más escuetas: desaparecen las referencias a la prensa de Madrid y las cartas de México. La retirada de Maximiliano al interior del país se anuncia brevemente en la "Revista de América-México" sin comentarios de la redacción.[110] Pero, cuando ya no quedan muchas dudas sobre el desenlace próximo, *El Eco* no se muerde la lengua; el 24 de mayo, cita *Le Mémorial Diplomatique*, subrayando que este órgano austriaco en París que, como tal, siempre había mostrado adhesión y fe en el Imperio mexicano, se da por vencido y ataca al "desventurado soberano ahora que le ve ya en el abismo u [*sic*] al borde del abismo". Esto es así no sin razón, comenta a continuación *El Eco*, y recuerda de nuevo los actos de "intolerante y bárbara crueldad" a los que dio lugar el decreto del 3 de octubre de 1865, actos contra los cuales han de protestar, dice, todos los hombres honrados.[111]

La "Revista de América", por conducto de la prensa de Nueva York,[112] anuncia brevemente la toma de Querétaro y la rendición del Emperador y, al mismo tiempo que formula hipótesis sobre su destino y cita rumores contradictorios, alaba, tal vez para tranquilizar a sus lectores, la humana conducta de Benito Juárez.[113] Pero por fin, el 24 de julio, comunica "el triste fin del emperador Maximiliano" a partir de noticias publicadas por *La Esperanza* de Querétaro, reproducidas luego por diarios de Nueva Orleans, y confirmadas poco después por *The New York Herald*, el *Times* de Nueva Orleans, *The Times* de Nueva York y *El Monitor Belga*, sin comentarios de su redacción.[114] El 31 de agosto de 1867, por noticias procedentes de Nueva York, *El Eco*

[108] *El Eco*, 24.XI.1866.
[109] *El Eco*, 24.XII.66.
[110] *El Eco*, 7.III.1867.
[111] *El Eco*, 24.V.1867.
[112] *El Eco*, 15.VI.1867.
[113] *El Eco*, 24.VI.1867.
[114] *El Eco*, 24.VII.1867, 31.VII.1867, 7.VIII.1867 y 15.VIII.1867.

Hispano-americano informa sin más comentarios que Juárez fue recibido con entusiasmo en México.

Con estas dos noticias se abre una nueva era en la historia mexicana y en las relaciones hispano-mexicanas, y el momento puede ser de expectativa, que probablemente matizan las simpatías renovadas del periódico por el campo liberal. Hemos dicho que desde fines de octubre de 1866 José Segundo Flórez ya no firma la "Revista de Europa", que sirve de editorial; pero en esta coyuntura, significativamente, la única información aparecida en la "Revista de América" subraya la situación de los residentes extranjeros en Mexico, citando una correspondencia procedente de México y publicada por "un diario de Bruselas". En ella nota las disposiciones "conciliadoras y aun benévolas del presidente Juárez y de su Gobierno para con los franceses residentes o establecidos en la República mexicana"; no confundió a los franceses con el gobierno de Francia, añade sin temor a la censura de Napoleón III, con tal de que no se olviden "los grandes principios de 89". Y continúa: "[...] tal proceder hace el mayor honor al gobierno republicano de México y al presidente Juárez". Aprovecha también el momento para pedir que los gobiernos del Perú, de Chile, del Ecuador y de Bolivia imiten a México revocando decretos de proscripción y de expulsión "contra españoles inofensivos, honrados y laboriosos, ajenos los más de ellos a la política, y a quienes no es posible hacer responsables de los actos del gobierno de Madrid".[115]

Se cierra así el episodio de la intervención francesa con esta constante en el discurso del periódico que parece orientar su visión del acontecer político: la preocupación por los españoles dispersados en tierras de América, es decir, por los lectores de *El Eco Hispano-americano.*

Conclusiones

A partir del momento en que ya no caben dudas acerca de las posibilidades de éxito de la aventura imperial y de su capacidad para proteger los intereses españoles en México, Maximiliano no es noticia.

Tal actitud es significativa del funcionamiento del discurso de la prensa, apenas disimulado tras una supuesta misión informativa y pretensiones de imparcialidad. Difícilmente puede un órgano de prensa librarse —si es que lo procura— de los imperativos impuestos por sus condiciones de publicación y por las expectativas de sus lectores. *El Eco Hispano-americano* se publica en París —es decir en el país protagonista de la disparatada empresa, bajo

[115] *El Eco*, 7.IX.1867.

una legislación que no deja mucha libertad a la libre emisión de las ideas. Sin embargo, a lo largo de los años que trancurren entre la renuncia de Prim y el desenlace de la aventura imperial, el contenido del periódico español muestra que sus redactores se niegan a abandonar las ilusiones abrigadas por su gobierno de que las relaciones entre México y España sean privilegiadas. Como lo mostró Antonia Pi-Suñer, *El Eco* manifestó su hostilidad a los agiotistas españoles de la deuda mexicana,[116] pero la correspondencia de México publicada en sus columnas muestra también su atención a las necesidades de protección y a los intereses de sus compatriotas residentes en ese país americano que son sus lectores —como a los de los demás españoles radicados en las antiguas colonias de Hispanoamérica— distinguiendo, tal vez, entre grandes especuladores y negociantes honrados y laboriosos.

Todo ello genera una complicada red de opiniones y motivaciones más o menos asumidas. El discurso evolutivo según las peripecias políticas, característico del periodismo en general que en cada entrega echa al olvido la anterior —excepto para el investigador—, se hace a veces ambiguo por la particular organización de *El Eco*, cuyas columnas, como lo hemos señalado ya, dan cabida a unos enunciadores distintos y a veces divergentes. La opinión del director, José Segundo Flórez, quien firma la "Revista de Europa" y los comentarios sin firma de la "Revista de América", que pueden considerarse como la voz del periódico, manifiestan una línea liberal, progresista, anticlerical a veces, sin incompatibilidad con el positivismo del que hace alarde el lema "Orden y progreso" del periódico. Globalmente, esta voz cantante respalda a los liberales mexicanos, apoya la conducta del general Prim, y no manifiesta simpatía alguna por el emperador Maximiliano, que el gobierno de Napoleón III sostiene.

En contrapunto, el examen de la demás prensa que aparece en la "Revista de América" ofrece más matices según las fuentes citadas —por ejemplo *La Época* de Madrid, próxima a la "Unión Liberal" o *Le Moniteur*, periódico oficial del Imperio francés—, aunque, como dijimos, en ella parecen predominar las que comparten ideas próximas a las de *El Eco*. Pero sobre todo, es en la correspondencia citada en la "Revista de América", procedente de residentes españoles en México ansiosos de una protección que no creen encontrar en los liberales mexicanos, donde se manifiestan en ocasiones posiciones francamente conservadoras e intervencionistas. Si esta yuxtaposición de opiniones a veces da a *El Eco* cierto aspecto de "cajón de sastre", no hay, sin embargo, incoherencia en ello: los españoles radicados en México son sus lectores, sus suscripciones le permiten vivir, y por definición y vocación el periódico ha de hacerse "eco" de sus voces, aun cuando no concuerden con su línea general.

[116] Pi-Suñer, 1993, 111 y 118.

Así, en el discurso del periódico se vislumbran tres círculos concéntricos de intereses creados que forman otros tantos cedazos por los que se ha de colar la información. El primero es, sin duda, la imposibilidad de chocar abiertamente con la política imperialista de Napoleón III, como huésped de Francia, como ciudadanos de un país aliado y como periodistas sometidos a una legislación represiva de la prensa, aun cuando el uso de un idioma extranjero haya podido proporcionarle cierta libertad. Esto era así, a pesar de que entre los propios franceses pudiera haber intereses muy divergentes, como lo demuestra esta reveladora carta del teniente coronel Loizillon, quien a pesar de su habitual lucidez, un año antes del trágico desenlace, el 8 de junio de 1866, hacía suyos los sueños franceses en contradicción con las ilusiones españolas:

> ¡Qué desgracia que Francia se haya comprometido en ese infeliz y triste asunto de México! Al emprender esta guerra, no se puede dudar de que el Emperador haya abrigado un gran pensamiento: el de oponer una barrera a las invasiones de los Estados Unidos, de instalar en México un gobierno fuerte, protegido nuestro, garante de nuestras deudas, y a quien hubiésemos tenido el derecho de pedir, por este motivo, la ocupación de Tehuantepec.
>
> Hubiéramos aprovechado esta ocupación para abrir el istmo, como se abrió el de Suez; de allí, nos hubiéramos extendido poco a poco, como gota de aceite, absorbiendo a Guatemala, llegando a Panamá sin que nadie se diera cuenta y sin dar pretexto a las reclamaciones de las demás naciones antes de consumado el hecho.
>
> Teníamos pues la más bella colonia del mundo, en el sentido de que el comercio de las Indias y de la China se hacía por esta vía, y los ingleses perdían la parte de provecho e influencia que ganábamos nosotros.
>
> Tal fue, según creo, el pensamiento del Emperador, y para aplicarlo escogió el momento en que los americanos estaban en guerra entre sí. Desgraciadamente, el Sur resultó derrotado de repente y cuando no lo esperábamos.
>
> Por otra parte, se colocó aquí a un emperador contra los deseos y las tendencias de un país que, ante todo, no quería un alemán.
>
> Además, todo se hizo mal, desde el comienzo hasta hoy.[117]

El segundo círculo lo forman las aspiraciones de los lectores españoles, de ambos lados del océano, de preservar en territorio americano cuantos intereses materiales, morales y políticos se creyeran amenazados en el momento crucial de reorganización que vivía México. Éstos incluían las personas y los bienes de los residentes españoles, cuyos negocios necesitaban de estabilidad y orden; la tradición, la religión e incluso el idioma; la influencia y el prestigio en las antiguas colonias; la salvación de la preciosa isla de Cuba ante las amenazas estadounidenses... En tal coyuntura, ¿quién representa el mejor

[117] LOIZILLON, 1890, 382-383.

baluarte?, o mejor dicho, ¿de qué lado buscar al probable vencedor, es decir, al mejor aliado futuro? ¿Juárez? ¿Los conservadores? ¿Maximiliano? Las opiniones varían con el desarrollo de la situación y, por ejemplo, en 1861, la suspensión del pago de los intereses de la deuda priva a los liberales mexicanos de la simpatía de *El Eco*, hasta que la impotencia evidente del Imperio se la devuelve progresivamente.

El tercer círculo, que contiene a los otros dos, es el de la diplomacia de Madrid respecto a México, que estudia A. Sánchez Andrés en estas mismas páginas. Inicialmente se trata de una diplomacia de participación en la intervención europea en México, propiciada por el gobierno de la Unión Liberal encabezado por O'Donnell. Entre 1863 y 1864 se pasa a la aceptación del régimen imperial como único interlocutor válido de España en México. Y finalmente se produce un progresivo distanciamiento. En este contexto hemos visto a *El Eco Hispano-americano* apoyar la expedición española a México y felicitarse del nombramiento del general Prim, amigo de José Segundo Flórez. La decisión del conde de Reus de retirarse de la aventura por negarse a implantar una monarquía en México provocó desavenencias con el gobierno unionista de Madrid; según el historiador Manuel Tuñón de Lara, la reina Isabel II impidió la promulgación de un decreto que desaprobara la conducta de Prim,[118] quien tuvo que justificarse en el Senado.[119] En esta circunstancia hemos visto a *El Eco* escoger implícitamente el campo progresista al elogiar la decisión de Prim, aunque borrando los conflictos existentes entre progresistas y unionistas, y sin desaprobar francamente la política intervencionista francesa —lo que, obviamente, no podía hacer.

En síntesis, un periódico *eco*, en mayor o menor grado, de las distintas partes involucradas en el conflicto, *El Eco Hispano-americano* es muy digno de su nombre.

[118] TUÑÓN DE LARA, 1968, 164-165.
[119] PI-SUÑER, 1996, 215-249.

REFERENCIAS

BIBLIOGRAFÍA

AVENEL, Jean
1996 *La campagne du Mexique (1862-1867)*. París: Económica.
BELLET, Roger
1967 *Presse et journalisme sous le Second Empire*. París: Armand Colin.
CARR, Raymond
1966 *España 1808-1939*. Barcelona: Ariel.
COVO, Jacqueline
1983 *Las ideas de la Reforma en México (1855-1861)*. México: UNAM.
1986 "*Le Trait d'Union*, periódico francés de la ciudad de México, entre la Reforma y la Intervención", *Historia Mexicana*, XXXV, 3, 461-476.
1992 "Colonialisme et mentalités: la 'vérité' sur le Mexique de l'Intervention et de l'Empire", en MEYRAN, dir., 37-58.
Enciclopedia universal
1964 *Enciclopedia universal ilustrada Espasa-Calpe*. Madrid: Espasa-Calpe.
ESTRADE, Paul
1994 "Observaciones a don Manuel Alvar y demás académicos sobre el uso legítimo del concepto 'América Latina'", *Rábida* (Huelva), 13, 79-82.
Historia General de México
1976 *Historia General de México*. México: El Colegio de México, 4 vols.
LIDA, Clara E.
1970 "Conspiradores e internacionalistas en vísperas de la Revolución", en Clara E. LIDA e Iris M. ZAVALA, eds.: *La Revolución de l868. Historia, pensamiento y literatura*. Nueva York: Las Americas Publishing Co., 49-63.
LIDA, Clara E., comp.
1994 *Una inmigración privilegiada: comerciantes, empresarios y profesionales españoles en México en los siglos XIX y XX*. Madrid: Alianza Editorial.
LOIZILLON, Lt-Colonel Pierre-Henri
1890 *Lettres sur l'expédition du Mexique publiées par sa soeur (1862-1867)*. París: Librairie Militaire de L. Baudoin et Cie.
MEYRAN, Daniel, dir.
1992 *Maximilien et le Mexique (1864-1867). (De l'Empire aux «Nouvelles de l'Empire»)*. Perpignan: Presses de l'Université de Perpignan.

MICARD, Etienne
1927 *La France au Mexique*. París: Les Éditions du Monde Moderne.
PI-SUÑER LLORENS, Antonia
1993 "La labor anti-intervencionista de los liberales mexicanos en París (1856-1862)", *Tempus* (UNAM), 1, 107-122.
1994 "Manuel Payno y el problema de la deuda española (1848-1862)", en *Historia Mexicana*, XLIV, 1, 37-72.
1996 *El general Prim y la cuestión de México*. México: Universidad Nacional Autónoma de México-Secretaría de Relaciones Exteriores.
SAGRA, Ramón de la
1854 *Objeto y tendencias del nuevo periódico "El Eco hispano-americano"*. París: Imprenta de Maulde y Renou.
SALOMON, Noël
1975 *Juárez en la conciencia francesa, 1861-1867*. México: Secretaría de Relaciones Exteriores, «Colección del Archivo Histórico Diplomático Mexicano».
TUÑÓN DE LARA, Manuel
1968 *La España del siglo XIX*. París: Librería Española.

SEGUNDA PARTE.
ACERCAMIENTOS Y RUPTURAS

4. CULTURA NACIONAL, CANON ESPAÑOL*

Erika Pani

La presencia cultural de los españoles en el México del siglo XIX es un tema prácticamente desconocido. Se ha estudiado a la comunidad española del México decimonónico como un grupo cuyo dinamismo económico y social hizo de él una "inmigración privilegiada".[1] Se ha analizado también la destacada aportación que ya en el siglo XX hicieron los exiliados republicanos a la vida académica e intelectual mexicana. Por otra parte, los estudios sobre la cultura del México del XIX se han centrado en lo que fue la obra titánica de los intelectuales de ese siglo: la dificultad de engendrar una "cultura nacional". Los héroes de esta historia fueron, entre otros, los miembros de la Academia de San Juan de Letrán, el equipo que publicó el *Diccionario universal*, los promotores de *El Renacimiento*, del Liceo Hidalgo y de la Sociedad Nezahualcoyotl. Estos hombres de ciencias y letras intentaban construir una cultura que reflejara y expresara el ser del mexicano. Así, en el contexto de la enorme diversidad social, étnica y cultural del país, se trataba de crear una identidad nacional que permitiera la integración de todos estos elementos heterogéneos. Los intelectuales decimonónicos, como escribe Nicole Giron, trataron de construir el nacionalismo mexicano como una "realidad sicológica y social".[2] Por esto, los escritores mexicanos abogaron porque México y sus vivencias fueran los sujetos privilegiados de la producción artística y literaria. También por estas razones querían que se exaltara a Moctezuma y a los chinacos, y no, como escribía Vicente Riva Palacio, a personajes "de la Edad Media que [amaban y luchaban] en los fantásticos castillos de los bordes del Rhin".[3] Consecuentemente, en la historia de la cultura mexicana figuran poco aquellos intelectuales españoles —periodistas, literatos, actores y dramaturgos— que, a pesar de vivir y trabajar en México, las más de las veces

* Agradezco los comentarios y sugerencias que me hicieron Nicole Giron, José Ortiz Monasterio y los demás autores de este libro, así como la orientación bibliográfica de Louise Noëlle Mereles y María Esther Pérez Salas.

[1] LIDA, 1994. Para las aportaciones ideológicas o culturales de los españoles en América en el siglo XIX, tales como la participación en la prensa y en grupos políticos, hemos encontrado solamente RIVADULLA *et al.*, 1992.

[2] GIRON, 1976, 52.

[3] La expresión es de Vicente Riva Palacio, citada en ORTIZ MONASTERIO, 1993, 62-63.

no suspiraban, a la manera de Riva Palacio y otros literatos nacionalistas como Ignacio Altamirano, porque se escribiera sobre el cuitlacoche, el zenzontle, el cacomite o el yoloxóchitl.[4]

Los creadores de la embriónica cultura nacional tenían entonces ante sí una tarea descomunal. Para México, como antigua colonia española, como país periférico de Europa, parecía extremadamente difícil romper los lazos de dependencia económica y cultural con el Viejo Continente, aun después de rotos los vínculos políticos. La inseguridad del mexicano, su continuo mirar hacia el exterior, su menosprecio por lo propio y, más específicamente, por lo indígena han sido objeto, ayer como hoy, de críticas recurrentes. Durante la segunda mitad del siglo XIX, los intelectuales nacionalistas deploraron constantemente —como puede verse en la polémica entre Francisco Pimentel e Ignacio Altamirano que se examinará más adelante— que los creadores mexicanos permanecieran atrapados en moldes ajenos y copiaran mecánicamente a los europeos. Tanto críticos contemporáneos como posteriores lamentaron la falta de originalidad de los mexicanos y los acusaron numerosas veces de mirar esclavizados hacia Francia. Desde José María Luis Mora, que en 1836 deploraba la adopción del modelo francés por parte de la sociedad mexicana, pues "los hábitos sociales franceses [eran] demasiado libres y [presentaban] mil caminos al galanteo que [era] el mayor azote del trato social",[5] hasta los revolucionarios que vituperaron al casi francés José Yves Limantour, se condenó a la élite política y social mexicana por abrazar una cultura artificial por afrancesada. Pero el afrancesamiento de la sociedad mexicana decimonónica, encarnado por palacetes porfirianos y vestidos de Worth, no debe sorprender. La Francia del barón Georges Eugène de Haussmann, de Victor Hugo, de Honoré de Balzac, de Émile Zola y de los impresionistas representaba un modelo cultural universal. En palabras de Mauricio Gómez Mayorga, México, al tomar a Francia "como faro y como guía" hacía exactamente lo mismo que el resto del "mundo civilizado".[6] Por esto, ai abordar el tema de la influencia extranjera sobre la producción cultural mexicana en el XIX, la atención de los observadores se ha centrado en la más vistosa: la francesa.

En cambio, no se ha indagado sobre el posible ascendiente cultural de su antiguo imperio, una España venida a menos. Pese a esta indiferencia por parte de los estudiosos, no debe extrañar a nadie que en la antes llamada Nueva España, la cultura, aun en el tercer cuarto del siglo XIX, siguiese siendo profundamente hispánica, tanto en lo que se refiere a tradiciones literarias

[4] Citado en ORTIZ MONASTERIO, 1993, 62-63.

[5] MORA, 1984, 128-129.

[6] GÓMEZ MAYORGA, 1965, 184-185. Este arquitecto opina que, para todo el "mundo civilizado", el XIX fue un "siglo francés".

y diversiones públicas como a la presencia destacada de españoles en los círculos productores de cultura. El Ateneo mexicano, por ejemplo, fue fundado en 1840 por, entre otros, Ángel Calderón de la Barca, primer representante de España en México. El México independiente había heredado de la así llamada Madre Patria no sólo el idioma, sino una tradición artística y literaria, y una serie de modelos, de cánones estilísticos y estéticos.

Sin embargo, tanto patriotas criollos en el siglo XVIII como literatos nacionalistas en el XIX se esforzaron por reivindicar la especificidad de una cultura propiamente mexicana, distinta de la europea y, sobre todo, de la española. Para algunos sectores de la minoría rectora, la construcción de "una conciencia nacional" debía hacerse, en gran parte, en contra del Virreinato y en contra de España.[7] Según ha demostrado David Brading, para los liberales del movimiento de la Reforma la lucha iniciada en contra de la metrópoli en 1810 debía extenderse con igual vigor al ámbito cultural.[8] México, escribía Altamirano, tenía que "dar el grito de Dolores en todas las materias".[9] La virulencia del antihispanismo de personajes como Altamirano e Ignacio Ramírez —quien consideraba que "¡Mueran los gachupines!" eran "palabras sacramentales" para los mexicanos—[10] se debió quizás a que, en su afán por cimentar una cultura nacional, se vieron obligados a luchar en contra de la cultura de raíz hispánica, entonces dominante, fuertemente arraigada y percibida como propia —o sea nacional, mexicana— por muchos sectores de la población.

De esta manera, en oposición a un Altamirano que por querer crear una cultura nacional verdaderamente original buscaba independizar el idioma de las repúblicas hispanoamericanas del español peninsular, el distinguido crítico literario y lingüista Francisco Pimentel —por demás acaudalado hacendado, heredero del título español de conde de Heras y Soto y primo de los aristocráticos Rincón Gallardo— defendía los lazos que unían a la literatura mexicana con la española, pues, hasta 1821, "nuestra literatura se [había confundido] con la de esa nación, nuestra poesía [había sido] una rama de la española, nuestros poetas pertenecían al mismo tiempo a España y a México".[11] Al igual que Altamirano, Pimentel deploraba la "imitación literal" de los escritores europeos por parte de los mexicanos. Pero, en contraste con el autor tlixteco, rechazaba de manera tajante que éstos utilizaran mexicanismos en el hablar y el escribir:[12] "Los mexicanos tenemos por idioma nacional y, en consecuencia, de nuestra literatura, el castellano, pues aunque

[7] GIRON, 1976, 62.
[8] BRADING, 1991, 714.
[9] Citado en BRADING, 1991, 721.
[10] Citado en BRADING, 1991, 715.
[11] Citado en GARZA CUARÓN, 1990, 272.
[12] GARZA CUARÓN, 1990, 271-272.

vino de Europa, se ha establecido aquí [...]. Las variaciones que el castellano presenta en México, respecto de España, no son bastantes para formar un dialecto aparte, y sí para estropear el modo de expresarse propio y correcto."[13]

La creación de una cultura nacional constituía, para los hombres de la época, el signo inequívoco de que el país había salido de la barbarie y alcanzado la madurez como nación civilizada. Esta búsqueda de una identidad propia y distinta representa, sobre todo en un contexto de descolonización, uno de los elementos clave en la formación del Estado-nación moderno, y por esto ha merecido la atención preferente de los investigadores. Sin embargo, esto los ha hecho desdeñar la otra cara de la moneda: es decir, el análisis de lo que era esa otra cultura, de origen hispánico —*a posteriori* considerada no nacional, extranjera y extranjerizante—, a partir y en contra de la cual iba a construirse la cultura mexicana.

En este ensayo, pretendemos analizar la presencia cultural de España en México durante el segundo Imperio: 1864-1867, aunque hay que aclarar que los límites cronológicos son absolutamente arbitrarios, pues los ires y venires de la cultura se inscriben en la historia subterránea, de larga duración, y raras veces coinciden con los cortes de la historia política. Sin embargo, el Imperio de Maximiliano ofrece un marco idóneo para realizar un primer acercamiento al tema. En primer lugar, porque representó uno de los últimos intentos en el continente americano por anteponer la influencia de Europa a la del Coloso del Norte; pero, sobre todo, porque el joven príncipe Habsburgo demostró estar singularmente interesado en la promoción de la llamada alta cultura —artes plásticas, literatura, teatro. Para Maximiliano era deber esencial del Estado promover la cultura, "considerando que el cultivo de las ciencias y de las bellas letras [requería] protección y estímulo, y que sus adelantos [figuraban] entre los más esenciales elementos del engrandecimiento de las naciones".[14]

Así, una primera parte de este artículo analizará el desarrollo de la cultura artística y literaria en México en un momento conflictivo y de brevísima duración, pero que puede considerarse clave. Paradójicamente, el gobierno del austriaco, supuestamente usurpador y antinacional, desplegó un vigoroso programa de producción cultural de claro y consciente cariz nacionalista.[15] En el examen de los debates que desató la creación cultural del periodo imperial se intentará descubrir el peso que los diferentes grupos daban a la raíz

[13] Citado en GARZA CUARÓN, 1990, 272. En este sentido, se repite en México la polémica en torno de la lengua en América entablada por Domingo F. Sarmiento y Andrés Bello.

[14] "Oficial. Academia Imperial", en *El Pájaro Verde*, 12.IV.1865.

[15] Hemos podido acceder prácticamente a la totalidad de la producción artística del periodo imperial gracias al excelente trabajo de Esther Acevedo, quien preparó el volumen, aunque no aparece como su autora. Por ello, en la bibliografía final colocamos su nombre entre corchetes. Véase ACEVEDO, 1995. Véase también CASANOVA y URIBE, 1982.

hispánica de México. La segunda parte pretende rescatar una polémica que contiene a la anterior, pero que es mucho más amplia y que marcó profundamente al siglo XIX mexicano: aquella que pretendió definir la naturaleza, el carácter —cultural, social, político— de la joven nación. En el contexto de este debate, España era la antigua metrópoli y pertenecía a ese Occidente del que México se reclamaba también heredero. Por esto, lo español representó a la vez un antecedente y un modelo que era imposible no tomar en cuenta, ya fuera para adoptarlo, ya para rechazarlo.[16] Sin embargo, la presencia cultural de España de este lado del Atlántico no se limitó a ser pasiva. Algunos de sus hijos transterrados participaron activamente en la construcción de la identidad ideal del México independiente. Nos ocuparemos aquí de dos de ellos: Anselmo de la Portilla y Niceto de Zamacois. A través del periodismo y del ensayo histórico, estos dos hombres entraron de lleno a la batalla para definir al México decimonónico, en un momento en que era especialmente intenso el enfrentamiento entre las diversas posibilidades de ser del joven Estado mexicano, es decir, entre las distintas opciones a que podía acceder: de monarquía o república, liberalismo o conservadurismo.

La cultura nacional y el Imperio de Maximiliano. ¿Qué era "lo mexicano"?

Las artes y las letras: en búsqueda de una identidad nacional

En lo que toca a la creación cultural, la producción del periodo imperial se inscribe dentro de este largo esfuerzo por construir una identidad mexicana, anhelo que inspiró a generaciones sucesivas de mexicanos, desde los patriotas criollos del XVIII hasta los muralistas del periodo posrevolucionario. Sin embargo, como ya se ha mencionado, el periodo 1864-1867 tuvo dos particularidades interesantes: por un lado la presencia de fuerzas extranjeras, hollando el suelo patrio, y la lucha republicana en contra del invasor. Por otro, la existencia de una política imperial de fomento a la creación artística. Dentro del eventualmente triunfante imaginario republicano, esta lucha contra los franceses y el Imperio representaría un episodio brillante de la historia patria, el glorioso remate de la empresa emancipadora de Hidalgo y Morelos.[17] Testigos de esto fueron los lienzos donde se pinta la victoria de Puebla, las festividades del 5 de mayo y la florida retórica que canta las hazañas de la "Segunda Guerra de Independencia". Sin embargo, el papel que desempeñaron la Intervención y el Imperio en la creación del imaginario nacionalista

[16] Para la visión de España como modelo político entre 1850 y 1860, véase PANI, 1998b.
[17] Ignacio Ramírez, en GIRON, 1976, 63.

deberá ser tema de otro estudio. Aquí, en cambio, nos interesa rescatar el programa cultural de los contrarios, de los vencidos; analizar, en otras palabras, la propuesta cultural del Imperio.

Como lo ha señalado Esther Acevedo, crear "un espacio para gobernar que resultase adecuado, suntuoso y brillante" era, para el joven Emperador, parte importante de sus obligaciones como soberano.[18] En consecuencia, Maximiliano llevó a cabo un amplio programa de mecenazgo y protección artística a través de la antigua Academia de San Carlos, a la sazón denominada Academia Imperial. Por primera vez en su historia, la producción académica tuvo que alinearse a las instrucciones establecidas directamente por el gobierno.[19] Por otro lado, para cimentar su trono, Maximiliano se enfrentó al problema de dotar de legitimidad histórica a un gobierno erigido con el apoyo de las armas francesas.[20] El discurso histórico oficial, instrumento privilegiado de la legitimación política, estructuró entonces tanto la producción artística como el ceremonial público.[21] Al instituir una historia oficial, al dictar cuáles eran los momentos fundadores de la vida de la nación y quiénes sus héroes y villanos, el Estado imperial estaba, de hecho, estableciendo la genealogía y la herencia legítima de los mexicanos. Ahora bien, ¿qué lugar daba el esquema cultural e histórico del Imperio al legado español?

La actitud del gobierno imperial hacia la antigua metrópoli y lo que ésta representaba en la historia de México fue bastante ambigua. Maximiliano de Habsburgo, quien estaba consciente de ser "un descendiente de Carlos V, dispuesto a sentarse sobre el trono de Moctezuma",[22] estaba orgulloso de gobernar los antiguos reinos de sus mayores. Por esto, de la misma manera en que encomendó a los artistas de la Academia que realizaran una serie de retratos de los héroes de la Independencia mexicana —Hidalgo, Allende, Morelos, Guerrero, Iturbide y Matamoros— para decorar los salones de Palacio, también les encargó que retrataran a aquellos Habsburgo que lo ligaban a México: Carlos I de España o Carlos V de Alemania, los tres Felipes e, incluso, al débil mental de Carlos II, el Hechizado,[23] lo que no deja de sorprender si se considera que Maximiliano lo que quería era rescatar las glorias familiares. A través de esta iconografía, el Emperador pretendía simbolizar

[18] ACEVEDO, 1995, 35.

[19] Desde 1843, la Academia dependía para sus ingresos de una lotería, lo que le garantizaba cierta independencia frente al Estado. Ya, en 1861, Benito Juárez había disuelto la Junta de Gobierno de la Academia —supuesto reducto de conservadores— y suspendido el producto de la lotería para encauzar la producción artística a la expresión de los postulados liberales. Este proyecto nunca despegó, dada la penuria financiera y los desórdenes constantes. RAMÍREZ, 1985, 8.

[20] PANI, 1995, 439-454.

[21] ACEVEDO, 1995, 79. Para un análisis del ceremonial público, véase PANI, 1995.

[22] Carta de Carlota a la emperatriz Eugenia, 18.VI.1864, en CORTI, 1927, 416.

[23] ACEVEDO, 1995, 128-129.

que, con su llegada, devolvía a México la sabia y benévola protección de los Austria.

No obstante esta filiación *ex profeso* con los Habsburgo españoles, el gobierno imperial prefirió no exagerar la vertiente hispana de la cultura nacional, sino que, por el contrario, llegó incluso a despreciarla. El Emperador, gran admirador de las glorias del pasado prehispánico, encantado por el exotismo de los indios[24] e influido seguramente por la visión histórica moderada y conciliadora pero inequívocamente liberal de algunos de sus colaboradores, como José Fernando Ramírez, Manuel Orozco y Berra y José María Lacunza —que eran además grandes conocedores del pasado prehispánico—, adoptó una actitud "indigenista", llegando incluso a negar cualquier aportación positiva del periodo colonial. De esta manera, en julio de 1865, al inaugurar la Academia Imperial de Ciencias y Artes, Maximiliano celebró en su discurso la época prehispánica, por sus "triunfos de ciencia y de arte" y sus "genios que se habían encumbrado en muchos puntos a una posición más elevada que la vieja Europa". Paralelamente, describió los trescientos años de dominio español como una "noche artificial de tres siglos", durante la cual no había habido, en el campo cultural, más que "algunos meteoros que iluminaron la noche [...] con una luz momentánea, sin color, sin utilidad, sin otro resultado que alarmar a los poderosos de ultramar que prolongaban [esa] noche fría y triste".[25] Pasando del discurso a la acción, Maximiliano procuró además preservar y exhibir los vestigios arqueológicos del pasado indígena, colocándolos en un museo nacional ubicado dentro del mismo palacio de gobierno. Por primera vez, el calendario azteca, otrora arrumbado en el atrio de la catedral, fue puesto al abrigo de la intemperie y transformado en pieza de exposición, digna de admiración y estudio.

De esta manera, el príncipe y sus allegados intentaron legitimar el segundo Imperio dotándolo de un pasado mexicano. Se pretendía ensalzar una tradición imperial mexicana que integraba las dos vertientes de la historia nacional: la española y la azteca. El segundo Imperio se reclamaba heredero del Imperio de Carlos V y del de Moctezuma. Así, los logros arquitectónicos y científicos de las civilizaciones precolombinas y el prestigio del imperio de la espada y la cruz alimentaban un discurso simbólico con el que se esperaba construir el imaginario que debía sostener al nuevo Imperio mexicano. Estos dos legados gloriosos —uno azteca, el otro español— confluían supues-

[24] Para una revisión de las actitudes de los Emperadores hacia los indígenas, véase PANI, 1998a.

[25] Discurso inaugural de Maximiliano en la Academia Imperial de Ciencia y Literatura, en *El Diario del Imperio*, 7.VII.1865. Según Zamacois, Maximiliano se había inspirado en los informes que sobre el estado de la educación en México había realizado Manuel Siliceo, ministro de Instrucción Pública, secretario de Fomento de Comonfort y antiguo colaborador de Manuel Doblado. ZAMACOIS, 1882, XVIII, 8.

tamente en la persona de Maximiliano, a la vez nuevo "huei tlatoani" —como se describía a sí mismo en las proclamas que publicaba en náhuatl— y descendiente de los Reyes Católicos. Como ya se ha visto, no obstante los encantos del Emperador —que, se decía, eran muchos— fue imposible crear un discurso legitimador armónico que integrara las dos vertientes opuestas del pasado de un país conquistado y resolviera, vertiéndolas en la persona del rubio archiduque, las profundas tensiones que permeaban la historia mexicana.

Tan contradictoria como la retórica oficial, pero quizá menos esquizofrénica, era la actitud de los mismos productores de la cultura en México. Muchos de estos hombres, si bien dedicados a demostrar, por medio de producciones artísticas y literarias originales y de calidad, que México no era "*pueblo de salvajes*, como gratuitamente se le [había] apellidado",[26] estaban conscientes de que ellos eran los herederos —cuando no el producto directo— de las instituciones educativas y de la cultura virreinal. Como escribía, indignado, Niceto de Zamacois, casi todos los socios de número de la nueva y flamante Academia Imperial de Ciencias y Artes —José Fernando Ramírez, Leopoldo Río de la Loza, Miguel Jiménez, Manuel Orozco y Berra, Luis G. Cuevas y José María Lacunza— se habían formado durante los últimos años de la época virreinal y habían sido educados en los colegios fundados por la monarquía española.[27]

De esta manera, era imposible, tanto para literatos como para escultores, pintores y arquitectos, divorciarse de lo español al querer construir lo mexicano. El mismo medio ambiente parecía impedírselo: Manuel Payno, al describir Orizaba, afirmaba que, en ésta, como en otras ciudades mexicanas, bastaba

> desviar un momento la imaginación de los sucesos y de los cambios presentes para considerarse en los tiempos de la dominación española [...]. A pesar del tiempo que [andaba], de la reforma que [derribaba], de la civilización que [invadía], las costumbres se [arraigaban] en los pueblos como los grandes árboles en la tierra.[28]

El Año Nuevo, interesante semanario "de literatura, ciencias y variedades" dirigido a "las señoritas mexicanas", ilustra de manera paradigmática esta ambivalencia cultural. Por un lado, este periódico, dirigido por hombres

[26] Emilio Rey, "Revista", en *El Año Nuevo*, 1865, 108; las cursivas son del original. En el tomo encuadernado de este periódico que se conserva en la Hemeroteca Nacional no figuran las fechas en que aparecieron los diferentes números de la publicación.

[27] ZAMACOIS, 1882, XVIII, 9.

[28] Manuel Payno, "Orizaba. La montaña de la estrella", en *El Año Nuevo*, 1865, 7.

de letras de la talla de José María Lafragua, José María Lacunza, Manuel Orozco y Berra y Manuel Payno proclamaba ser el heredero de aquellas publicaciones "mexicanas", como el *Mosaico Mexicano*, el *Museo Mexicano* y el *Álbum Mexicano*. Como éstas, *El Año Nuevo* quería, además de entretener y educar, ser "una especie de archivo, en donde [quedaran] recopilados los documentos curiosos de nuestra historia y las producciones literarias y científicas, tanto antiguas como modernas, de los mexicanos y extranjeros distinguidos por su saber y estudio".[29] *El Año Nuevo* publicaría, además, litografías que mostrarían "las vistas de nuestras antigüedades más notables, de nuestros volcanes y sitios pintorescos del interior, con particularidad de la frontera de Sonora y Californias, como también retratos de personajes distinguidos".[30]

De esta manera, *El Año Nuevo* pretendía cumplir con una misión patriótica: difundir, entre un público femenino no especializado, las glorias de la historia nacional —tanto moderna como antigua—, la belleza física del país y los logros alcanzados por los mexicanos en los campos literario y científico. Como el *Diccionario universal de historia y de geografía*, publicado entre 1853 y 1855, este semanario pretendía arraigar el amor a México en el conocimiento de sus cosas, pues, como habían escrito los editores del *Diccionario* más de diez años antes, era imposible amar a la patria si "nosotros mismos no sabemos ni nuestros elementos de riqueza, ni nuestras esperanzas de progreso, ni nuestros recuerdos tristes o gloriosos, ni los nombres que debemos respetar o despreciar".[31]

El Año Nuevo publicó entonces litografías de los volcanes mexicanos, una historia del "benemérito Doctor Don Servando Teresa de Mier", y la biografía de Cristóbal Colón, ilustrada "con su verdadero retrato".[32] La muerte de Moctezuma y el heroísmo de Guatimoczin fueron tema de un poema de Luis G. Ortiz.[33] Manuel Payno escribió un largo ensayo sobre los colibríes, "preciosos pajarillos que parecen los genios benéficos de las Américas", y Pío Bustamante y Rocha un sesudísimo tratado sobre "la planta vulgarmente llamada CUITLACOCHE".[34] M. López Meoqui retomó la tradicional historia de "La llorona", pero sus protagonistas principales eran "un se-

[29] *El Año Nuevo*, 1865, 1.

[30] *El Año Nuevo*, 1865, 1.

[31] *Diccionario...*, 1853, I, iii-iv.

[32] *El Año Nuevo*, 1865, 2 y 75, respectivamente. En el artículo sobre Colón se publica una carta del Almirante a Gabriel Sánchez, en castellano y en latín. Esto sugiere que las señoritas mexicanas eran quizás menos asombrosamente frívolas e ignorantes de lo que pensaban ciertas observadoras extranjeras, como la señora Calderón de la Barca y la condesa Kolonitz.

[33] Luis G. Ortiz, "Muerte de Moctezuma. Guatimoczin", en *El Año Nuevo*, 1865, 49.

[34] Manuel Payno, "El colibrí", y Pío Bustamante y Rocha, "Dictamen del que suscribe...", en *El Año Nuevo*, 1865, 143 y 180, respectivamente.

ñor español, tan sediento de oro como duro de corazón", y "la bella, la pura Yólotl", sacerdotisa de Téotl, más fiera que "la tempestad rugiente", que mataría a sus hijos antes que verlos educados como españoles y aprendiendo "a maldecir su raza, a blasfemar de sus dioses y a abjurar de todas sus tradiciones".[35]

Es interesante confrontar esta versión de la leyenda con la que escribieron, años más tarde, Vicente Riva Palacio —que tanto se quejaba de la ausencia de héroes prehispánicos en la literatura mexicana— y Juan de Dios Peza. López Meoqui exaltaba la raza indígena —"tan hermosa y noble entonces"—, condenaba la Conquista, y transformaba a la mujer mexica — la "Malinche", convencionalmente la ultrajada, cuando no la traidora a su patria— en una aguerrida "hija del Anáhuac" que de ninguna manera temía a "los afeminados hijos del sol".[36] En cambio, en la composición en verso de Riva Palacio y Peza, publicada en 1885, la protagonista es Luisa, una bella española, la que se convierte en la Llorona. Mata a sus hijos simplemente por celos y despecho, al enterarse de que su amante —don Nuño de Montes Claros— se casa con otra.[37] De esta manera, los autores expurgaban la leyenda de todo elemento indígena.

Además de estos textos nacionalistas de interés literario, histórico y científico, el semanario otorgaba un lugar preferente a las "bellísimas composiciones poéticas" de jóvenes mexicanas como Isabel Pesado, Susana Masson, Esther Tapia y Ana María Almendaro, cuyas creaciones honraban "al país que las vio nacer".[38] No obstante estos elogios, la actitud de los doctos redactores del *Año Nuevo* hacia las jóvenes poetisas tornaba manifiesta su difícil posición: querían crear una cultura mexicana original, pero sentían que ésta tendría valor sólo si se apegaba a los modelos y cánones de la época; cánones europeos y, más particularmente, españoles, pues España era, por los vínculos lingüísticos y sociales que la unían a México, el canal natural a través del cual llegaban las corrientes artísticas y culturales europeas.

Así, José María Marroquí, inspirado por el "orgullo nacional", afirmaba su deseo de que "México, tenido injustamente como la mansión escogida de la ignorancia, sacara a la luz del mundo sus talentos, y que los nombres de nuestras mexicanas se encontraran al lado de los de las señoras Avellaneda y Coronado". Sin embargo, según Marroquí, el lanzamiento internacional de las poetisas mexicanas tendría que esperar, ya que "por falta de conveniente cultivo ([...] en lo general)", sus talentos quedaban "infecundos". Si bien

[35] M. López Meoqui, "La Llorona. Tradición popular", en *El Año Nuevo,* 1865, 12. Riva Palacio y Peza, 1996, 111-130. Al parecer, esta leyenda tiene orígenes prehispánicos.

[36] Yolotl se convertirá, sin embargo, al cristianismo, por el influjo de un venerable ermitaño. M. López Meoqui, "La Llorona. Tradición popular", en *El Año Nuevo*, 1865, 12, 15.

[37] Riva Palacio y Peza, 1996, 111-130.

[38] Emilio Rey, "Revista", en *El Año Nuevo*, 1865, 108.

las damas mexicanas tenían una imaginación "viva y ardiente", una "sensibilidad exquisita, [...] entendimiento claro, agudeza, oportunidad y gracia en el decir", les faltaba estudio. De este modo, concluía el articulista, estas mujeres debían estudiar la historia y la geografía de "nuestro bello y dilatado país", pero, sobre todo, tenían que dedicarse "al conocimiento exacto de nuestra hermosa lengua", y ejercitarse "en la lectura de los clásicos españoles".[39]

De esta manera, en las producciones literarias y artísticas del *Año Nuevo* abundaban formas, paradigmas e imágenes de clara procedencia europea. A pesar de haber prometido vistas de antigüedades mexicanas y lugares pintorescos, ninguna de las litografías del semanario que sobreviven en el volumen conservado en la Hemeroteca Nacional —con la excepción de la del Pico de Orizaba— representan algún tipo humano o lugar remotamente mexicano. Aparecen figuras rococó, rubias y regordetas; señores con medias, pantalón bombacho y sombrero de pluma; y Magdalenas de larga cabellera rubia. Los poemas publicados rebosan, con singular cursilería decimonónica, de "cabellos de oro", de bocas angélicas que néctar destilaban, y "mejillas encarnadas" que figuraban "dos rosas frescas, en un tazón de alabastro".[40] El tema podía o no ser mexicano; la forma, el molde, claramente era y tenía que ser de importación.

Algo similar sucedía en el campo de las artes plásticas. El personal docente de la Academia de San Carlos había estado dominado, desde 1848, por dos españoles: los catalanes Pelegrín Clavé, director de pintura, y Manuel Vilar, director de escultura. Entre los profesores predominaba también el elemento extranjero: los directores de grabado en hueco y grabado en lámina, de pintura de paisaje —el célebre italiano Eugenio Landesio— y de arquitectura eran todos extranjeros.[41] Como era de esperarse, en la pintura académica imperaban entonces los preceptos europeos y los temas universalistas, sobre todo los de inspiración bíblica, preferidos por Clavé.[42] Esta pintura universalista, religiosa y didáctica seguiría siendo la "columna vertebral" de

[39] José María Marroquí, "A nuestras lectoras", en *El Año Nuevo*, 1865, 170.

[40] Luis G. Ortiz, "Visión celeste", y R. Ituarte, "Imitaciones del árabe", en *El Año Nuevo*, 1865, 169 y 9, respectivamente.

[41] RAMÍREZ, 1985, 7.

[42] En contraste con la Academia en la década de 1850, la Sociedad Jaliscience de las Bellas Artes —en la que participaban Juan Cordero, Jacobo Gálvez, Gerardo Suárez y otros— estaba de alguna manera más "adelantada", pues experimentaba ya con el indigenismo histórico, alegorías sociales, escenas de charrería y de costumbres; RAMÍREZ, 1985, 8. Sin embargo, cabe mencionar que, a pesar de sus pretensiones "universalistas", la pintura académica de estos años representó también un vehículo de sentidos e intencionalidades que aludían "de manera indirecta y analógica" a las circunstancias de la vida nacional. Al respecto, véanse los sugerentes artículos de RAMÍREZ y VELÁZQUEZ, 1991, y RAMÍREZ, 1994.

la producción académica durante toda la década de 1860.[43] En 1861, Benito Juárez quiso dar un giro nacionalista y liberal a la Academia y para ello nombró director de ésta a Santiago Rebull (1829-1902), uno de los más eminentes pintores mexicanos decimonónicos. Hijo de catalán y mexicana, Rebull había nacido en el barco que llevaba a su familia al exilio, tras verse obligada a salir del país por el decreto de expulsión de españoles de 1828.[44] No regresarían a México hasta 1837. Rebull fue discípulo de Clavé y estuvo pensionado en Roma entre 1852 y 1860. De Europa envió a la Academia el cuadro intitulado *El sacrificio de Isaac*,[45] cuyo tema clasicista, relacionado con el Antiguo Testamento, compaginaba perfectamente con los lineamientos establecidos por el maestro catalán. Rebull duró poco al frente de la institución, pero, con sus antecedentes, tan europeos e hispánicos, cabe preguntarse cuánto hubiera alterado, en el sentido que pretendía Juárez, los derroteros de la producción académica.

Cabe preguntarse también cómo afectó a la Academia la llegada del Emperador. Ya se ha mencionado que prácticamente por primera vez, en este periodo, los artistas académicos fueron productores de arte oficial a gran escala. Además, Maximiliano, en su papel de protector de las artes, y, como ya vimos, consciente de la importancia de éstas como signos de la grandeza nacional, manifestó una marcada preferencia por los artistas mexicanos.[46] Una vez más, Clavé fue desbancado por Rebull.[47] El Emperador encargó a este último no sólo las bacantes que decoran una de las galerías del Castillo de Chapultepec, también le pidió que dirigiera el ya mencionado proyecto de retratar a los próceres de la Independencia. Asimismo, siguiendo la línea de recurrir al pasado prehispánico como origen glorioso de la nación mexicana, Maximiliano encargó al italiano Eugenio Landesio seis frescos sobre la historia antigua de México.[48]

Sin embargo, como afirma Esther Acevedo, algunos miembros de la Academia se habían adelantado ya al joven Habsburgo en su interés por tratar temas prehispánicos. En la exposición de 1864 se premiaron los cuadros de tema precortesiano de Luis Coto, *La fundación de México* —adquirido por el Emperador y hoy resguardado en el castillo de Artstetten, en Austria—, y de José María Velasco, *La caza*, así como el bajorrelieve *Fray Bartolomé de las Casas*, del escultor Miguel Noreña.[49] En la exposición del año siguiente, Luis Coto presentó un cuadro intitulado *Netzahualcóyotl protegido por unos*

[43] Ramírez, 1985, 9.
[44] Leonardini, 1983, 26.
[45] García Barragán, 1982, 43.
[46] Ramírez, 1985, 8.
[47] Acevedo, 1995, 86.
[48] Casanova, 1987, 144.
[49] Acevedo, 1995, 101-103.

indígenas en su huida, y Velasco, su *Xochitzin propone a Huanctli para jefe de los chichimecas a fin de recobrar sus dominios, usurpados por los toltecas* —cabe preguntarse hasta qué punto, al elegir esta temática y tan largo título, el joven pintor no estaba haciendo una crítica velada del régimen imperial usurpador, impuesto por las armas francesas.[50] Se trataba de asuntos refractarios a lo que había sido la línea temática establecida por Pelegrín Clavé. En 1863, en un discurso a la Academia, el maestro catalán había manifestado un profundo desprecio por el legado artístico prehispánico. Según él, los españoles habían trasladado a México la pintura europea con el fin de "ahuyentar las pavorosas y confusas sombras terríficas de los deformes dioses sanguinarios". Era exclusivamente sobre esta tradición —española, de pintura religiosa y moralista— que, según Clavé, debía contruirse el arte mexicano.[51] En 1865, parecería que los paisajistas de la Academia, en contra de los dictámenes de su exdirector y apartándose del legado español, se entregaban al delirio prehispanista.

Sin embargo, si se analiza la manera en que estos artistas trataron el tema, su entusiasmo por lo prehispánico parece algo atenuado y su apego a las convenciones de la época manifiesto. Los cuadros de Coto y Velasco[52] representan principalmente paisajes: su objeto era reproducir la magnificencia del entorno, la belleza de la vegetación y —sobre todo en el caso de *La caza*— el dramatismo de la luz que iluminaba el Valle de México. Con excepción quizás de *La fundación de México*, los indígenas diminutos que pueblan los imponentes escenarios de Coto y Velasco apenas sugieren las dramáticas acciones que dan título a las obras.[53] Esther Acevedo afirma que durante el Imperio lo mexicano entró a la pintura "por la puerta de lo exótico".[54] Por

[50] ACEVEDO, 1995, 109. Para la reproducción de estas obras, véanse *La fundación de México*, 101; *La caza*, 102; *Netzahualcóyotl protegido por unos indígenas en su huida*, 112. Los estudios sobre José María Velasco no tocan el tema de las simpatías políticas del que fuera el gran pintor mexicano del siglo XIX. Incluso, Justino Fernández afirma que Velasco había podido alojar en el paisaje todo tipo de temas "históricos, románticos, indigenistas, costumbristas, alegóricos, naturalistas, y progesistas, con un gran sentido de medida y sin molestar a nadie, sino al contrario, con la aceptación casi general"; FERNÁNDEZ, 1976, 79. Véanse también COLÍN, 1967 y 1977, y *José María Velasco...*, 1989.

[51] Citado en ACEVEDO, 1995, 192.

[52] Desafortunadamente, se desconoce el paradero del cuadro sobre Xochitzin, y el boceto incluido en el catálogo es muy difícil de apreciar. Según Eugenio Landesio, este cuadro era "completamente histórico", pues el paisaje se apegaba rigurosamente a un relato específico; véase RAMÍREZ, 1989.

[53] En el caso del cuadro expuesto por Coto en 1865, Nezahualcóyotl era protegido en su huida por unos labriegos que lo habían escondido bajo la chía que estaban recogiendo. En el lienzo, es difícil incluso distinguir cuál de los personajes es el emperador texcocano; ACEVEDO, 1995, 112.

[54] ACEVEDO, 1995, 79.

lo que se ha visto, en lo que se refiere a los paisajes de tema prehispánico, podría más bien decirse que la antigüedad indígena entró a la pintura por la puerta trasera.

En la clase de escultura, la pieza más notable fue la de Miguel Noreña, un bajorrelieve en mármol blanco que retrataba a fray Bartolomé de las Casas catequizando a una familia azteca. Se trataba de un tema recurrente: exaltar el heroísmo y la abnegación de los protagonistas de la conquista espiritual. Los hombres del siglo XIX, nacidos y educados "en el seno de la religión romana", como los patriotas criollos, seguían considerando que esta gesta, hasta cierto punto, legitimaba la dominación española.[55] Noreña trataba pues de enaltecer el legado religioso y cultural de España en México. No obstante, el escultor incluía en su obra un ídolo prehispánico, cubierto parcialmente con el manto del fraile. Con esta original imagen, el escultor integraba a su obra, como llamativo elemento visual, un ejemplo de la producción artística de las culturas precolombinas. El prehispanismo de Noreña, sin embargo, se quedaba ahí: el ídolo representaba, a fin de cuentas, las costumbres pervertidas y viciadas que el cristianismo había venido afortunadamente no sólo a cubrir sino a extirpar. Además, se trata de un elemento aislado, ya que el escultor no hizo ningún esfuerzo para recuperar íntegramente la cultura y la sociedad indígenas que lo habían producido. De esta forma, la familia que se convierte ante un dignísimo Las Casas es un grupo de indígenas idealizados, vestidos de tilmas que parecen togas; al padre sólo le faltaba un corte de pelo para parecer romano; la hija, arrodillada frente al fraile, podría transportarse sin problema alguno a un bajorrelieve de la Antigüedad grecolatina.[56]

Según Eloísa Uribe, el mérito de Noreña es haber logrado reunir "en una sola imagen la tradición clásica, admirada como la cima de la cultura de occidente y la propia de cada país".[57] Se ha visto ya que estos creadores se querían nacionalistas y que el recurso a lo prehispánico parecía ser lo lógico, lo inevitable. Si lo que buscaban era construir una cultura y una identidad propias, nada parecía más adecuado que recurrir, como fuente, a las civilizaciones anteriores a la Conquista, por preceder cualquier forma de aculturación europea. Así, los pueblos mexica y maya representan culturas radicalmente originales, puramente mexicanas, diferentes de lo ajeno.

No obstante el potencial que tenían los antiguos imperios indígenas como elementos para la construcción de un imaginario nacionalista, se ha vis-

[55] Véase Emilio Pardo, "Cuadros históricos. Los primeros misioneros", en *El Año Nuevo*, 1865, 129-137. Para la reproducción del bajorrelieve, véase ACEVEDO, 1995, 104.

[56] Según Justino Fernández, esto refleja "la visión histórica del siglo XIX del mundo antiguo indígena de México, que a todo trance quería ver como si fuera el Olimpo"; citado en GARCÍA BARRAGÁN, 1982, 39.

[57] Citada en ACEVEDO, 1995, 105.

to ya que la recuperación de lo prehispánico como "propio" fue difícil para artistas como Noreña, Coto y Velasco. La concepción moderna de la nación considera que ésta es prácticamente eterna en su esencia. Por esto, el nacionalismo, que significa la construcción de esta "comunidad imaginaria", requiere la invención de un pasado común.[58] Así, la historia oficial mexicana del siglo XX convertiría al imperio azteca, villanamente destruido en el siglo XVI, en el antecesor directo del México moderno. Sin embargo, los artistas de la segunda mitad del siglo XIX, quizá demasiado conscientes de ser también "herederos de la raza española",[59] dificilmente podían identificarse con el pasado indígena. Se trataba de una época histórica, cultural y estéticamente difícil de domesticar, de asimilar.[60] Como en el caso de los literatos, los pintores y los escultores tampoco quisieron abandonar el lenguaje estético, las convenciones, el gusto que dictaban los cánones de Europa.

De esta manera, parecería que los miembros de la sociedad mexicana culta de la séptima década del siglo XIX se reclamaban menos herederos culturales de unos indios con plumas en la cabeza, que de una amplia y genérica tradición occidental. En este aspecto, la posición de estos productores de cultura es diametralmente opuesta a la promovida por el indigenismo posrevolucionario, que considera a los indios "representantes y guardianes de la verdadera tradición de la nación".[61] Muy ilustrativo es, por ejemplo, el caso de los arquitectos mexicanos que se reunieron con los extranjeros que habían venido con el Emperador para acordar qué estilo arquitectónico debía emplearse en la renovación urbanística de la ciudad de México.[62] Mientras el austriaco Carl Gangolf Kaiser sugería que se utilizaran los "motivos de la arquitectura azteca empleando en la ornamentación la flora mexicana", Ramón Rodríguez Arangoity, mexicano, doctor en matemáticas por la Universidad de Roma y primer arquitecto imperial, afirmaría categórico que se tenía que recurrir, no al México prehispánico, sino a los modelos de la Grecia clásica, "ir a la fuente, el renacimiento italiano pereció por haberse salido de las leyes de los antiguos [...]. No teniendo modelos donde comparar y estudiar en nuestro país necesitamos ir a la fuente para aplicar con mucha moderación la flora y los productos del país formando así al menos un estilo original y reuniendo lo verdadero, lo bello y lo útil".[63]

[58] Véanse HOBSBAWM, 1990, y ANDERSON, 1991.

[59] Emilio Pardo, "Cuadros históricos. Los primeros misioneros", en *El Año Nuevo*, 1865, 130.

[60] En relación con la dificultad que hubo para introducir lo indígena en el nacionalismo mexicano, véase LIRA, 1986.

[61] Véase RODRÍGUEZ PRAMPOLINI, 1982, 61.

[62] No deja de sorprender esta preocupación por la uniformidad en el estilo, cuando en Europa estaba tan de moda el eclecticismo, que había dominado en la nueva arquitectura de la Viena de Maximiliano.

[63] Citado en ACEVEDO, 1995, 138.

Sin embargo, escritores, pintores, escultores y arquitectos ligados a la Academia sí mostraron cierto interés por experimentar con lo mexicano, aunque fuera "con mucha moderación". En cambio, su público permaneció prácticamente inmune al contagio. Como ya se ha mencionado, *El Año Nuevo* no publicó las litografías de antigüedades mexicanas y sitios pintorescos que había prometido. Es muy posible que esto se debiera a que sus lectoras preferían que las imágenes sirvieran para ilustrar los poemas que publicaba el semanario o para mostrar la manera en que debían realizarse los peinados y vestidos de moda.[64] En cuanto a la pintura, entre aficionados y coleccionistas predominaba el gusto por lo español. Esto puede apreciarse, por ejemplo, en las exposiciones anuales de la Academia, a la que artistas externos solían enviar sus cuadros. En 1865, la mayoría de éstos —34 de 63— eran de tema religioso, y muchos eran copias de Murillo, Zurbarán y el Españoleto.[65] Estas imágenes y los cuadros costumbristas —también de tradición española— eran los que compraban los coleccionistas liberales de simpatías republicanas, como Rafael Martínez de la Torre, o los imperialistas, como el general José López Uraga, consejero de Estado, y Carlos Sánchez Navarro, ministro de la Casa Imperial.[66]

De esta manera, durante la época del segundo Imperio, escritores y artistas, impulsados por el Estado imperial, intentaron crear una literatura y un arte nacionales. Sin embargo, todos ellos se encontraron atrapados en un dilema. Por un lado procuraron valorar y rescatar el rico y pintoresco pasado de la tierra que los había visto nacer, sin lograr apropiarse plenamente de éste. Por otro, tampoco estuvieron dispuestos a repudiar la corriente cultural occidental, y específicamente hispánica, de la que México había formado parte desde el siglo XVI. Si bien la selección de la temática podía ser novedosa, era esta tradición ibérica la que daba forma a la expresión artística del México decimonónico. De esta manera, tanto la valoración puramente estética del arte prehispánico como la legitimación de cánones propios de la plástica mexicana, distintos de los de la cultura europea dominante, tendrían que esperar el renacimiento artístico que siguió a la Revolución mexicana.[67] Durante la década de 1860, la conflictiva búsqueda de un arte mexicano produjo el recurso semivergonzante a lo prehispánico, el reclamo de la herencia clásica europea y el apego a las formas convencionales de hombres como Luis Coto, José María Velasco y los redactores del *Año Nuevo*.

[64] Por ejemplo, la litografía núm. 8, que ilustraba el poema "La Magdalena", de Emilio Rey, y la núm. 12, que describía los peinados más elegantes para el baile; *El Año Nuevo*, 1865.

[65] ACEVEDO, 1995, 113.

[66] ACEVEDO, 1995, 113.

[67] EDER, 1986, 76; ACEVEDO, 1995, 193.

"Su teatro es un niño mal nutrido":[68] *el teatro mexicano y los españoles*

En las páginas anteriores hemos visto la importancia de la influencia hispánica tanto en la literatura como en la pintura del México decimonónico. Sin embargo, puede decirse que en ningún ámbito fue tan notable el hispanismo de la cultura mexicana como en el teatro. El público de la ciudad de México era "decidido partidario" de este tipo de diversión pública: el Teatro de Iturbide contaba con 1 800 localidades; el Teatro Nacional con 2 000.[69] Durante la Intervención francesa y el Imperio, el teatro siguió como si nada hubiera cambiado, "inalterable", escribe Luis Reyes de la Maza, con los mismos dramas y comedias de antes, representados por compañías españolas y mexicanas, y las tan apetecidas óperas, protagonizadas por artistas extranjeros.[70] El público tenía una marcada preferencia por los autores extranjeros y en especial por los españoles, como Manuel Bretón de los Herreros, Leandro Fernández de Moratín, José Zorrilla, Gil y Zárate y Ventura de la Vega.[71] Según Juan A. Mateos, el trabajo de los dramaturgos nacionales era doblemente difícil, pues tenían que escribir para un público exigente, "nutrido [...] con esas obras modernas de Larra, Eguilez [*sic*], Ayala y otros genios prominentes de la literatura moderna española".[72] Mateos, que en esos momentos era el único que cultivaba el género dramático en el país, ya que por esos años Riva Palacio peleaba contra los gabachos en Michoacán, reconocía con tristeza que sus composiciones aparecerían "siempre débiles" ante la genialidad de las españolas.[73]

No sólo las obras presentadas, también muchos de los actores eran españoles. Las compañías dramáticas de la Península, haciendo alarde de haber sido aplaudidas "con notable entusiasmo" por el público madrileño,[74] venían a hacer una gira por el continente americano, visitando Buenos Aires, Mon-

[68] La expresión es de José Zorrilla y aparece citada en MARIA Y CAMPOS, 1956, 28. Esta obra ha sido utilizada sobre todo por su riqueza documental, que nos ha permitido profundizar en la influencia española.

[69] ORTIZ MONASTERIO, 1993, 54.

[70] REYES DE LA MAZA, 1959, 10. Al igual que el libro de A. de Maria y Campos, esta obra ha sido utilizada sobre todo por su riqueza documental, que incluye abundantes referencias a nuestro tema.

[71] ORTIZ MONASTERIO, 1993, 52-53. Se representaban también obras de los franceses Alejandro Dumas, hijo, y Eugenio Scribe. Durante la primera mitad del siglo, obras de los mexicanos Ignacio Rodríguez Galván, Fernando Calderón y Manuel Eduardo de Gorostiza también adornaron los escenarios de la capital. Después de 1861 surgieron las obras "mexicanistas" de Juan A. Mateos y Vicente Riva Palacio.

[72] "Remitidos. Composición retirada", en *El Pájaro Verde*, 16.II.1865.

[73] "Remitidos. Composición retirada", en *El Pájaro Verde*, 16.II.1865.

[74] REYES DE LA MAZA, 1959, 113.

tevideo, Lima, La Habana y México.[75] Muchas veces los actores españoles llegaban para quedarse: según José Ortiz Monasterio, para la década de 1860, los actores eran los mismos que veinte años antes subían a los escenarios de la capital.[76] Incluso, al menos hasta principios del siglo XX, la dicción en el teatro mexicano sería igual a la castellana.[77] Y lo que era cierto para el público de la capital, "lo más granado, lo más elegante, lo más selecto de México",[78] parecía serlo también, hasta cierto punto, en ámbitos teatrales más populares. Según Armando de Maria y Campos, incluso a once años de haberse estrenado el *Don Juan Tenorio* de José Zorrilla, lo representaban cada año, en el Día de Muertos, los campesinos de las haciendas mexicanas, mezclando "otomí, castellano y andaluz".[79]

Cabe entonces preguntarse hasta qué punto este repertorio español era percibido por el público mexicano como ajeno, como "cosa de gachupines". La ópera italiana, si bien volvía locos a los mexicanos, sí era vista, claramente, como un producto de importación de lujo. México, que no contaba con "los nacionales conservatorios [...] elementos del estímulo y buenos modales de que [abundaba] la Europa" no podía esperar que sus compositores igualaran las "espléndidas particiones de Verdi".[80] En cambio, parece que la actitud hacia lo español era distinta. Llama la atención, por ejemplo, que en 1827, al presentarse por primera vez en México *El barbero de Sevilla*, del italiano Giacomo Rossini, un crítico escribiera lo siguiente:

> Ciertamente que en el ramo de la gran ópera es lo mejor que hemos visto hasta ahora, pero [el tenor Manuel] García le quitó la mejor parte del mérito al haberla ejecutado en un idioma extranjero, y lo más chocante es que siendo una ópera española [*sic*], se veía a estos [intérpretes] cantando en italiano, lo que no agradaba a la mayoría de los americanos.[81]

De manera similar, al estrenarse la ópera de un compositor mexicano, para celebrar el cumpleaños del Emperador, molestó a un periodista que Manuel Meneses no hubiera dado un tipo lo suficientemente "nacional" a su obra. Nada incomodaba al crítico que el compositor hubiera escogido como héroe del libreto al tan mexicano "Agorante, rey de Nubia". Por el contrario, lo que le irritaba era que la obra "no [hubiera] sido cantada en nuestra hermosa

[75] "Compañía dramática del gran Teatro de Tacón de La Habana", en OLAVARRÍA Y FERRARI, 1895, 372.

[76] ORTIZ MONASTERIO, 1993, 54.

[77] ORTIZ MONASTERIO, 1993, 52.

[78] La expresión es de Enrique de Olavarría y Ferrari; OLAVARRÍA Y FERRARI, 1895, II, 359.

[79] MARIA Y CAMPOS, 1956, 15-16

[80] Reseña del *Pájaro Verde*, citada en REYES DE LA MAZA, 1959, 100.

[81] Citado en ORTIZ MONASTERIO, 1993, 51.

lengua de Castilla, para darle un tipo verdaderamente nacional; lengua que sin carecer de la dulzura y suavidad de la italiana, es sin comparación mucho más fluida que la alemana y la francesa en la que se cantan las composiciones originales de los artistas de esos grandes pueblos".[82]

Así, hacia 1864, cuando llegaron a México los augustos soberanos, el nacionalismo cultural, aunque presente, daba apenas sus primeros pasos sobre los escenarios mexicanos. Los compositores de ópera escribían en italiano, y lo mismo se representaban los "chistes, gracias, escenas saladísimas, caracteres bellísimos y fácil y rica poesía"[83] de las comedias costumbristas españolas que *Un mexicano en Pekín*, función "chinesco-mexicana, zarzuela microscópica con historia", del prolífico mexicano Juan A. Mateos.[84] Como lo hizo en otros ámbitos artísticos y culturales, Maximiliano consideró que debía impulsar el aún inmaduro teatro de su recién adoptada nación. A pesar de los agobiantes problemas que debía enfrentar, el Emperador instituyó, en 1866, dos premios anuales de mil pesos: uno para la mejor comedia y otro para la mejor tragedia escritas en el Imperio. Asimismo fundó dentro del propio Palacio un Teatro Nacional para brindar protección y estímulo, dentro de su "alcázar soberano/ al ingenio y al arte mexicano".[85] El director de la empresa sería José Zorrilla, connotado poeta... español.

De esta forma, el hombre al que se había encomendado crear un Teatro Nacional era un extranjero que consideraba que el arte dramático en México "aún no [había] podido andar por entumido".[86] No obstante, el poeta castellano quedó frustrado en su deseo de quitar "los andadores" al parapléjico teatro mexicano. Zorrilla y su proyecto fueron víctimas, sobre todo, de la incapacidad financiera del segundo Imperio. Pero, si bien se quejaba amargamente por la falta de recursos, el autor del *Tenorio* insistía en que la causa principal de que el Teatro Nacional no pudiera despegar era "la oposición malévola de los que no [querían] aceptar progreso alguno que les viniera del Gobierno o de los extranjeros empleados por él". Esos malvados, escribía Zorrilla, estaban por establecer otro teatro, dándole "el colorido de teatro popular [...] en competencia del Teatro Nacional, queriendo dar a entender que aquél [era] el de la nación y no el instalado por [Su Majestad]".[87]

[82] Citado en REYES DE LA MAZA, 1959, 102.

[83] Del programa de *María y Leonor*, de Bretón de los Herreros, en REYES DE LA MAZA, 1959, 109.

[84] Del programa, en REYES DE LA MAZA, 1959, 145.

[85] Poema de José Zorrilla para inaugurar el Teatro Nacional en Palacio, citado en MARIA Y CAMPOS, 1956, 28.

[86] Poema de José Zorrilla para inaugurar el Teatro Nacional en Palacio, citado en MARIA Y CAMPOS, 1956, 28.

[87] Carta de José Zorrilla al secretario del Gabinete Civil del Emperador, citada en MARIA Y CAMPOS, 1956, 53.

Zorrilla se refería a una compañía teatral que pretendía establecer una escuela dramática en México. El país podía, según el "Prospecto" publicado por esta compañía, "representar y sostener con los elementos propios, la comedia, el Drama, la música y el Baile". ¿Por qué surgió en este momento una compañía que según sus promotores era la única capaz de ofrecer "un Verdadero Espectáculo Nacional"?[88] ¿Se trataba de un arranque de embriónico nacionalismo cultural?, ¿del rechazo visceral a un austriaco y un español que venían a pontificar sobre lo que debía ser el teatro en México? ¿O simplemente era un reflejo de la oposición de ciertos sectores a cualquier política de un gobierno percibido como ilegítimo y usurpador? Todas éstas parecen ser opciones admisibles. Un periódico de oposición inmediatamente bautizó a esta compañía con el nombre de "teatro del progreso [liberal]",[89] proclamándola así rival del proyecto cultural del bando contrario, supuestamente retrógrado, conservador y extranjerizante. Sin embargo, el autor del prospecto citado y director de esa compañía orgullosamente mexicana era el actor Eduardo González, paradójicamente... otro español.

De esta manera, tanto el Emperador como los críticos, actores y escritores de filiación política antagónica coincidían en que era necesario forjar en México un teatro "verdaderamente nacional", pues, como decía Zorrilla, "su savia feraz [fermentaba] en vasos/ que [ahogaba] aún su ensangrentada tierra".[90] Pero, una vez más, cómo en el caso de los artistas y literatos, el problema era descubrir lo que significaba esta nacionalización para los distintos sectores de la élite social e intelectual de la capital mexicana. Las obras de Juan A. Mateos y Vicente Riva Palacio, estudiadas por José Ortiz Monasterio, pretendían, como ya se ha mencionado, "mexicanizar" el teatro, exaltar las "tradiciones" del país, fomentar el amor por "las cosas de México".[91] Había, sin embargo, otros que consideraban que para crear un teatro nacional no era imprescindible poner a Cuauhtémoc en escena; ni tampoco deshacerse de todo lo español. También llama la atención que en un país en donde, según Zorrilla, era "popular el grito de mueran los gachupines",[92] causara "singular placer" a los críticos que el actor mexicano de "singular mérito", D. José Merced Morales pronunciara "a la española".[93] Es notable, sobre todo, que a los mexicanos aparentemente no les causara extrañeza alguna que,

[88] "Prospecto", en MARIA Y CAMPOS, 1956, 60-62.

[89] Carta de José Zorrilla al secretario del Gabinete Civil del Emperador, citada en MARIA Y CAMPOS, 1956, 53.

[90] Poema escrito por José Zorrilla para inaugurar el Teatro Nacional en Palacio, citado en MARIA Y CAMPOS, 1956, 8.

[91] ORTIZ MONASTERIO, 1993, 62-63.

[92] Carta de "El loco Comentador de los versos de Zorrilla" a *La Orquesta*, citada en MARIA Y CAMPOS, 1956, 71.

[93] "Variedades," en *El Pájaro Verde*, 14.III.1865.

dentro de los dos proyectos rivales, imperial y liberal, fueran españoles a los que se responsabilizaba de crear un teatro nacional mexicano.

De esta manera, tanto los debates sobre lo que debía ser el arte nacional como las vivencias del teatro capitalino y la fallida aventura imperial para crear un Teatro Nacional demuestran lo compleja y conflictiva que fue la actitud de los círculos ilustrados mexicanos frente al legado artístico y literario hispánico y a la presencia de los españoles como protagonistas de la cultura que todavía podía calificarse de dominante. Así, desde una perspectiva actual, posiblemente se condenaría a ciertos sectores de la élite social e intelectual mexicana de la década de 1860 por extranjerizantes, por "malinchistas", como se dice en el español de México. Sin embargo, como se ha señalado, visto desde la época, su falta de afecto por lo mexicano se debía menos a que prefirieran lo extranjero por encima de lo nativo, y más a que consideraran propio lo que más tarde se calificaría de extranjero. No obstante el exotismo e interés que podían ofrecer las civilizaciones prehispánicas, para la mayoría de estos hombres México, culturalmente, pertenecía —es decir, quería y debía pertenecer— al mismo mundo que las naciones civilizadas, europeas, y ellos mismos subrayaban esta idea optando ante todo por un canon artístico y literario español.

LOS ESPAÑOLES LETRADOS: ¿EXTRANJEROS EN TIERRA AJENA?

Esta conciencia de pertenecer culturalmente al mismo mundo que las naciones europeas civilizadas se reflejaba no solo en la literatura, el arte y el teatro sino también en el campo de las ideologías. La minoría rectora estaba convencida de que México seguiría los mismos caminos que los pueblos del Viejo Continente. El debate político mexicano se llevaba a cabo dentro del universo de referencias del liberalismo europeo, específicamente del francés y del español.[94] El influjo de lo español y de los españoles en la vida cultural de la élite, así como esta percepción de identidad común permitieron que se construyera la compleja y ambigua experiencia de los españoles letrados arraigados en México. Si bien Pelegrín Clavé, Manuel Vilar y Luis Rey descollaron en el ámbito artístico y literario mexicano, también algunos periodistas españoles participaron de lleno en las batallas ideológicas que se libraron en la prensa mexicana del XIX. Ya entre 1848 y 1855, el impresor catalán Rafael Rafael había sido uno de los directores del combativo diario conservador *El Universal*. Una década después, en 1867, Enrique de Olavarría y Ferrari, prácticamente recién desempacado de España, de donde llegó en 1865, dirigió el *Boletín* del gobierno de la ciudad de México, entonces ocupada por las

[94] Véanse MIRANDA, 1959, y HALE, 1968 y 1989.

fuerzas republicanas de Porfirio Díaz. Posteriormente, como historiador, cronista de teatro y miembro de la Sociedad Mexicana de Geografía y Estadística, se convirtió en una de las eminencias grises de la vida cultural del porfiriato.

Durante el Imperio también destacaron dos escritores españoles: Anselmo de la Portilla y Niceto de Zamacois. Los dos participaron activamente en el periodismo de esos años. Entre 1864 y 1867, desde las páginas de *El Cronista de México*, Zamacois defendió consistentemente —aunque sin mucha originalidad, pues su periódico por lo general no hacía más que reproducir artículos de otros periódicos capitalinos— los principios católicos y conservadores. De la Portilla fue un protagonista más sobresaliente, pues pasó de dirigir, entre finales de 1864 y principios de 1865, el órgano moderado *La Razón de México* al ser nombrado, en 1865, director del periódico oficial *El Diario del Imperio*, para luego fundar, en marzo de 1867, *La Iberia*, la más longeva de sus aventuras editoriales.[95] Zamacois fue el autor de una de las primeras historias generales de México, *Historia de Méjico desde los tiempos más remotos hasta nuestros días*, publicada en 1882. Dedicó al episodio de la Intervención y el Imperio parte importante de esa obra, relatando minuciosamente —mes por mes, y aun día por día— lo ocurrido entre 1863 y 1867.[96]

En 1864, estos dos autores estaban muy lejos de ser novatos en los quehaceres del periodismo mexicano: salvo por una corta estancia en España a finales de los cincuenta, Zamacois estaba en México desde 1840; De la Portilla había llegado dos años antes. Uno y otro habían sido rápidamente integrados a la vida periodística y cultural de la tierra que los había acogido: Zamacois, más romántico, escribió poemas —recogidos, por ejemplo, en *Ecos de mi lira* (1849)—, novelas y obras de teatro. Colaboró además en el periódico conservador *El Universal*. De la Portilla, animal político bastante ecléctico, escribió en publicaciones beatas como *El Católico*, *El Universal* y *La Voz de la Religión*, así como en el periódico liberal *El Eco del Comercio* (1848).[97] Posteriormente, los dos escribieron obras históricas: Zamacois su ya mencionada *Historia...*, y De la Portilla, la *Historia de la revolución de México contra la dictadura del general Santa Anna (1853-1855)* y *México en 1856 y 1857. Gobierno del general Comonfort*, publicadas, respectivamente, en 1856 y 1858. Estas tres obras constituyen textos clave de la historiografía mexicana.

De esta manera, tanto la experiencia mexicana de Zamacois y De la Portilla como su protagonismo durante la época del Imperio de Maximiliano

[95] Anteriormente había dirigido también *El Español* y *El Eco de España* en los años cincuenta, pero ambos habían fracasado después de poco tiempo; PI-SUÑER, 1997, 4.

[96] TORRE, 1996, 556.

[97] Para las biografías de estos dos autores, véanse TORRE, 1996, 549-572, y VILLEGAS REVUELTAS, 1996, 99-120, además de la completísima tesis de TORRE, 1990.

hacen de estos dos españoles en México interesantes sujetos de análisis para este trabajo. En el siglo XIX mexicano, el periodista fue defensor y difusor de los principios, los ideales y los modelos que propugnaban los diferentes grupos que se disputaban el poder. Como periodistas y como españoles, ¿qué lugar ocuparon Zamacois y De la Portilla en la vida política del país que los había acogido?, ¿qué nos dicen sus vivencias y visiones del Imperio sobre la importancia que tuvieron los españoles en la vida cultural del México decimonónico?, ¿qué papel desempeñaron en el polémico debate sobre lo que debía ser la cultura mexicana?

Hispanofobia vs. *hispanofilia: los españoles y la sociedad mexicana*

De las actitudes de Zamacois y De la Portilla —vizcaíno el primero, santanderino el segundo; hombres bastante distintos entre sí, aun cuando vivieron vidas paralelas— resalta un elemento común que parece haber sido básico en la formación de la experiencia de ciertos españoles transterrados: la facilidad de inserción de estos hombres en los círculos políticos y literarios mexicanos, y su subsecuente familiaridad y cercanía con los miembros de la minoría rectora de la capital. Al parecer, los españoles letrados se sentían en México como en su casa. Según Anselmo de la Portilla, era imposible para españoles y mexicanos no reconocer que formaban parte "de una misma familia con iguales vicios e idénticas virtudes".[98] Como los empresarios españoles, estos hombres de letras también capitalizaron la herencia virreinal hispánica y las sólidas redes económicas, políticas y sociales que ésta les legó.[99] La "igualdad de origen, los vínculos de sangre, idioma, religión y costumbres"[100] permitieron a los periodistas y literatos españoles entrar de lleno y prácticamente en un plano de igualdad a las empresas culturales mexicanas.

De esta manera, tanto De la Portilla como Zamacois escribieron a lo largo de su vida en periódicos mexicanos de variado color político, y participaron en proyectos de carácter netamente nacionalista, en su pretensión de contribuir a la definición de la identidad mexicana. Así, don Anselmo colaboró en la redacción del *Diccionario universal* en 1853, en tanto que, en 1855, como uno de los pretendidos "mexicanos" que se pintaron a sí mismos, Niceto de Zamacois trazaría los retratos costumbristas de diferentes tipos de la sociedad mexicana.[101] De regreso en España en 1857, en un ambiente profundamente mexicanófobo, debido a los problemas diplomáticos sus-

[98] PORTILLA, 1871, 221.
[99] LIDA, 1994, 13
[100] Instrucciones a Ángel Calderón de la Barca, citadas en GONZÁLEZ NAVARRO, 1991, 218.
[101] *Los mexicanos pintados por sí mismos* (1855), en TORRE, 1996, 551.

citados por las convenciones españolas y la virulenta campaña antimexicana que dirigía en Madrid Lorenzo Carrera, principal acreedor de éstas, así como por los asesinatos de españoles en San Vicente y Chiconcuac en 1856,[102] don Niceto, desde las páginas del madrileño *Museo Universal*, intentó informar al público español sobre la verdadera naturaleza del México moderno, tarea que le valió que José María Lafragua, representante de México en Madrid, lo felicitara por prestar "un verdadero servicio a México".[103] El apego de Zamacois a "su segunda patria"[104] llevó incluso a un grupo de políticos oaxaqueños a invitarlo para que se postulara como candidato a diputado, invitación que rehusó por pensar que estos cargos debían ocuparlos los hijos del país.[105]

De la Portilla, si bien tras bambalinas, desempeñó también un papel más destacado durante el Imperio, como ya se ha visto, y durante el gobierno liberal moderado de Ignacio Comonfort (1856-1858). Su análisis de la revolución de Ayutla de 1854 y de los años que le siguieron representa la más comprometida apología de las políticas y proyectos de los moderados en el poder.[106] Tras el golpe de estado que dio Comonfort en contra de la Constitución en diciembre de 1857, y al no poder resistir éste el embate de las fuerzas conservadoras y ser derrocado por Félix Zuloaga, De la Portilla, como muchos miembros —aunque no todos— del gabinete comonfortista, se vio obligado a salir del país, lo que sugiere el grado de cercanía del escritor español con el régimen de 1856.[107] ¿Cómo podían estos "gachupines" introducirse con tanta facilidad en la vida política de México? Parecería que, sobre todo en el caso de Anselmo de la Portilla —pues Zamacois siempre se vanaglorió de "su calidad de español"—,[108] para estos hombres la hispanidad pasaba a un plano muy secundario cuando les convenía. De manera similar, los grupos políticos mexicanos parecían integrar en su seno a españoles sin problema alguno.

Así, los dos textos de historia de don Anselmo son mucho más las explicaciones y justificaciones de un adicto a Comonfort y a su gobierno que la visión crítica e imparcial de un extranjero, quien, además, se quiere historiador. Es interesante que, durante el Imperio, los dos periódicos dirigidos por españoles —*La Razón de México* y *El Cronista de México*— se presentaran como periódicos mexicanos sin hacer alusión alguna al origen nacional de

[102] Véanse FALCÓN, 1996; PI-SUÑER, 1996.
[103] TORRE, 1996, 552.
[104] Citado en PI-SUÑER, 1992b, 56.
[105] TORRE, 1990, 69.
[106] VILLEGAS REVUELTAS, 1996, 113.
[107] VILLEGAS REVUELTAS, 1996, 113.
[108] PI-SUÑER, 1992b, 52.

sus directores.[109] De manera similar, nadie chistó cuando se nombró a un español director del diario oficial del Imperio. Esto sorprende aun más si se considera que una de las más violentas críticas que se hicieron posteriormente al gobierno de Maximiliano fue que permitió que un grupo de aventureros extranjeros, corruptos y sin antecedentes hicieran y deshicieran los destinos de México. Pero quizá la mayoría de los ciudadanos informados opinaran como Francisco de Paula Arrangoiz, conservador y crítico de Maximiliano, que "al hablar en contra de la colocación de extranjeros en los empleos de México" no debía comprenderse "a los españoles ni los hispanoamericanos, que no [podían] ser extranjeros en aquel país".[110]

Para Zamacois, su "calidad de español",

> lejos de ser una condición desfavorable para escribir la historia de Méjico, es por el contrario, una garantía de imparcialidad, puesto que ella [lo colocaba] en la ventajosa posición de poder juzgar desapasionadamente, y de apreciar, en su justo valor, los hechos de los hombres por la analogía que [existía] entre el carácter mejicano y el español.[111]

De esta manera, mientras Zamacois consideraba que su acendrada hispanidad le ofrecía una ventaja como historiador de México, De la Portilla decidía cuándo escribir como español y cuándo no. Ésta era una opción que no estaba abierta a otros miembros de la prensa extranjera, como René Masson, director del periódico francés *Le Trait d'Union* entre 1848 y 1875, quien también fue una de las luminarias del periodismo mexicano de la segunda mitad del siglo. Si bien Masson estaba quizá tan comprometido como de la Portilla con un grupo y un proyecto político —el representante del Imperio francés en México, Alexis de Gabriac, llegó incluso a afirmar que René Masson recibía un sueldo de Miguel Lerdo de Tejada—,[112] nunca podría dejar de ser "el periodista francés".[113]

De esta manera, parece ser que, como los empresarios de mediados de siglo que estudió Antonia Pi-Suñer, los letrados hispanos también sabrían

[109] Sin embargo, cabe mencionar que Zamacois había querido fundar, en 1863, un periódico dirigido a la colonia española, empresa que le fue prohibida por el mariscal Élie Forey, jefe de las fuerzas expedicionarias francesas, que temía que "un periódico puramente español pudiese ejercer algún influjo en la opinión de los mejicanos descendientes de españoles, que propusiese como candidato al trono [...] a algún príncipe español"; ZAMACOIS, 1882, XVI, 546.

[110] ARRANGOIZ, 1968, 618.

[111] Citado en PI-SUÑER, 1992b, 57.

[112] LÓPEZ CÁMARA, 1957, 272.

[113] Véase, por ejemplo, "Bulletin", en *Le Trait d'Union*, 2.X.1857. Para más sobre Masson y su periódico, véanse COVO, 1986, y PI-SUÑER, 1992a.

explotar esta "ambigüedad de nacionalidad"[114] que les permitiría compenetrarse con la sociedad mexicana o separarse de ella, según les conviniera. La posibilidad de ser de aquí o de allá tenía sus ventajas. De esta suerte, Anselmo de la Portilla, cuyo tino político dejaba que desear, había sido comonfortista convencido y después leal imperialista. Sin embargo, tras el triunfo de la República esquivó el estigma de ser llamado "golpista" y "traidor", al convertirse en el respetado decano de la prensa española en México. Don Anselmo de la Portilla "inolvidable caballero y escritor español [...] de imperecedera memoria para cuantos [respetaban] la honradez sin tacha y el talento sin límite", terminó siendo, según Enrique de Olavarría y Ferrari —y gracias a quién sabe qué clase de amnesia colectiva—, quien personificaba la "regla de conducta" que debían seguir los periodistas extranjeros residentes en México, manifestando un respeto absoluto a los "intereses mexicanos", y no tomando parte alguna "en cuestiones cuya solución [correspondía] exclusivamente a sus hijos".[115]

Fue la identidad de lengua y costumbres y el juego de ambigüedades en torno de la nacionalidad lo que permitió la vinculación de esta ***intelligentsia*** española con los distintos grupos de la elite política mexicana.[116] Esta ambigüedad era posible por la complejidad de los sentimientos nacionalistas que permeaban la sociedad mexicana. Estamos muy lejos por ahora de poder definir la naturaleza de éstos,[117] aunque sí pueden apuntarse ciertas tendencias, por lo menos para algunos sectores de la capa más alta de la sociedad capitalina. Por un lado, ciertos miembros de la aristocracia mexicana se ufanaban de su cosmopolitismo, y se sentían, quizá, miembros de una comunidad internacional que reunía a los sabios, a los cultos, en fin, a la "gente decente", con la que tenían mucho más en común que con los pelados locales. Francisco Pimentel, por ejemplo, escribía en 1865, para horror de la prensa más liberal:

> Atendiendo al espíritu de nuestra civilización [...], para mí no hay mexicanos, franceses ni ingleses, en todos lados no veo más que *hombres*, hombres lo mismo que yo. Esa idea de nacionalidad es una idea mezquina, [...] propia de los

[114] Pi-Suñer, 1994, 94.

[115] Olavarría y Ferrari, 1895, II, 403-404.

[116] No se ve esta cercanía con, por ejemplo, los franceses, el otro grupo importante de extranjeros avecindados en México en estos años. Es quizás la distancia que separaba a franceses y mexicanos lo que hizo que sus textos sobre México estuvieran permeados, como lo ha descrito Jacqueline Covo, de un chauvinismo acendrado y de una "ideología colonialista"; Covo, 1992, 37-58

[117] Como ya ha apuntado Eric Hobsbawm, pocas cosas son tan difíciles de dilucidar como el origen y la naturaleza de la "conciencia nacional" de la población en general. Estas cuestiones están cubiertas, según el historiador inglés "por la más densa neblina"; Hobsbawm, 1990, 79.

tiempos bárbaros [...] que no pueden aceptar sino los que niegan la unidad de la especie humana. Yo pienso como [...] Lamartine, *Nations, mot pompeux pour dire barbarie.* Para mí no hay más extranjero que el que me roba, me deshonra, me priva de mi libertad y mis derechos [...] los Pueblitas, los Romeros, los Rojas, es decir los ladrones y asesinos.[118]

Esta sensación de identidad con ciertos extranjeros era especialmente pronunciada en relación con los españoles. Ya se ha mencionado que Arrangoiz no consideraba a éstos propiamente extranjeros. Parecería además que la cercanía y el contacto con la colonia española de la capital eran considerados fuente de prestigio por ciertos sectores de la élite mexicana. Si hemos de creer a José Toriello Guerra, presidente del Casino Español en la década de 1870, en la época del Imperio "lo más distinguido de la sociedad mexicana [...] reputaba como una honra" que se le invitara a las veladas del Casino.[119] El diario conservador *La Sociedad* afirmaba que "todo el mundo" se afanaba por concurrir a las fiestas que ofrecía el Casino en honor del cumpleaños de Isabel II:

[...] tan poderoso es y tan fuerte el atractivo que han llegado a tener [estas tertulias] para los habitantes de la capital [...que] la buena sociedad mejicana piensa todo el año en la fiesta de la reina Isabel como si fuera fiesta suya, y no hay quien no se tenga por feliz de asistir a una solemnidad donde tantos primores despliega para contento de sus convidados la galantería española.[120]

Al parecer, existía entonces entre la clase más encumbrada y más tradicionalista de la ciudad de México, la idea de que los españoles eran como los mexicanos pero mejores, y que había que relacionarse con ellos. Así, Antonio Escandón, miembro de una de las más distinguidas familias empresariales mexicanas del XIX, nacido en Puebla de padre español y madre jalapeña, se sintió tan ligado a España y a la colonia española que en 1863, representando a los españoles, formó parte del destacamento armado de extranjeros que formaron en la Lonja de la ciudad de México para cuidar del orden.[121] Por lo menos dos de sus hermanas casaron con español —José María Landa

[118] "Suplemento al núm. 801 de *La Sociedad*", en *La Sociedad*, 1.IX.1865. *La Orquesta* consideraba casi antinatural el "cosmopolitismo" de Pimentel, pues "Dios [había] puesto en el corazón del hombre un amor instintivo al pedazo de tierra donde nace"; "Obertura a toda orquesta", en *La Orquesta*, 2.IX.1865.

[119] En *La Colonia Española*, 19.IV.1875, que consulté en la Biblioteca-Archivo del Casino Español de México (en adelante BACEM). Agradezco al doctor Ángel O'Dogherty haberme permitido el acceso a este material.

[120] "Folletín. Tertulia del Casino Español...", en *La Sociedad*, 16.III.1866.

[121] ZAMACOIS, 1882, XVI, 504. Con él estaban Francisco Solís e Isidoro de la Torre y Ortiz.

e Ignacio Arango. En 1869, al realizar el Casino una colecta para adquirir un "nuevo y más elegante local", figuraba don Antonio entre los socios que aportaban la cuota más elevada.[122]

De esta manera, las actitudes de Escandón y Pimentel, de los capitalinos que se desmayaban por bailar en los salones del Casino Español y de las mujeres que preferían casarse con españoles ponen de manifiesto lo diverso, complicado y emocionalmente cargado de las visiones y las relaciones entre mexicanos y españoles en el México del siglo XIX. Al lado de la hispanofobia real y de las "rasgaduras de la descolonización" estudiadas por Harold Sims, Florencia Mallon y Romana Falcón,[123] pervivían fuertes lazos sociales, económicos, culturales y de parentesco que dotaban a la colonia española de una situación de privilegio en comparación con otros grupos de extranjeros.[124] Como escribiría De la Portilla, los españoles en México tenían una posición de "carácter especial". Para ellos México no era

> tierra extraña [...como] lo sería cualquier otra. Todo [les recordaba] en ella el genio civilizador de [sus] padres, y todo [les decía] que ellos pasaron dejando huellas indelebles de su magnificencia. [...] Extranjeros como todos los demás [...] no obstante [sentían] doble interés que [*sic*] ninguno por la suerte de este país, porque [los ligaban] con él vínculos de familia que jamás [podría] romper el tiempo.[125]

México frente al legado de la Madre Patria: la visión de dos españoles

En la primera parte de este trabajo hemos intentado rescatar los esfuerzos realizados por la élite mexicana para definir la identidad del México independiente en el campo cultural. Ésta fue una empresa ardua, pues se trataba de fabricar una cultura nacional, una identidad mexicana común a partir de un pasado de conquista y colonización. Se ha visto lo conflictivo que fue asignar un lugar, dentro del ser nacional que pretendían crear artistas y literatos, tanto al legado indígena como al ibérico. Cabe recordar además que no se trataba simplemente de vanas disquisiciones de artistas y literatos en-

[122] Con Escandón, entre los socios de "primera categoría", que donaron $ 150 cada uno, estaban todos los peces gordos de la colonia española: Juan Alonso, Casimiro Collado, Alejandro Arena, Pío Bermejillo, Manuel Gargollo, Manuel Muñuzuri, Mariano Merodio, Raymundo Mora, José y Nicolás de Teresa, Manuel Mendoza y Cortina, Juan Martínez Zorrilla, Ramón Obregón, Manuel Rubín, Ricardo Sáinz, Cayetano Rubio, Faustino Sobrino, José Toriello Guerra e Isidoro de la Torre. "Donativo. Año 1869", en BACEM.

[123] SIMS, 1982; MALLON, 1988; FALCÓN, 1996.

[124] LIDA, 1994, FALCÓN, 1996, 9.

[125] Prospecto de *La Iberia*, II.1867, citado en OLAVARRÍA Y FERRARI, 1895, II, 405.

cerrados en una torre de marfil. La tarea de construir un nacionalismo mexicano era de carácter eminentemente político. El nacionalismo, complejo entramado de sentimientos de pertenencia, de lealtad, de identidad y de rechazo del otro, era un elemento imprescindible sin el cual no podía afianzarse el moderno Estado-nación.

En las páginas precedentes hemos visto cómo los hombres de letras españoles participaron de lleno en las polémicas políticas y culturales que agitaron los altos círculos de la sociedad decimonónica. La facilidad de inserción de hombres como Anselmo de la Portilla y Niceto de Zamacois dentro de la sociedad mexicana explica la posición particular y de cierta manera privilegiada de que gozaron. Desde esta posición, en los años que nos ocupan, ¿qué papel desempeñarían estos dos escritores en la polémica que pretendía definir la identidad del México independiente? Como se verá, el periodo 1862-1867 trajo consigo una reestructuración de las relaciones de estos hombres con la sociedad mexicana. No hay que olvidar que España participó en la Intervención tripartita, y que si bien sus objetivos eran más vagos que los de Francia e Inglaterra, esto no le quitaba el ser, inicialmente, la más belicosa de las tres naciones.[126] Consecuentemente, al fuego de esta agresión europea se consolidaría un nacionalismo republicano y acendradamente americanista, sobre todo dentro del grupo que peleaba con Benito Juárez.

Para los grupos que apoyaban el Imperio, la Intervención francesa había puesto un dique al feroz expansionismo yanqui. La presencia de Europa en México, aunque degradante para el país, era la única que podía asegurar la supervivencia de la nacionalidad mexicana. Por el contrario, para los republicanos, la Intervención no era más que una inadmisible agresión a la soberanía nacional. Asimismo, estos últimos despreciaban profundamente el sistema monárquico, régimen vigente en la mayoría de los países de Europa. En opinión de los antiimperialistas, las naciones europeas no eran más que entidades decrépitas, de las cuales los países del nuevo continente no tenían nada que aprender. Según José María Iglesias, secretario de Hacienda de Juárez, refugiado en Paso del Norte, las monarquías, "decadentes instituciones del Viejo Mundo", no podían más que perecer en tierra americana, "país de la libertad", ya que "sus hábitos, sus costumbres, sus ideas, sus enseñanzas y sus instintos eran enteramente republicanos".[127]

Para los republicanos, que lucharon en contra de la invasión europea durante más de seis años, el Viejo Continente, lejos de representar un modelo que convenía seguir, era visto como una amenaza temible; más valdría que se lo tragaran los mares. Ésta era la opinión de otro periodista, también nominalmente español, pues había nacido en Cuba: Pedro Santacilia —yerno

[126] PI-SUÑER, 1996a, 111-120.
[127] Citado en PI-SUÑER, 1996b, 165.

de Benito Juárez, "habanero, hombre de sangre tropical, apegado con calor a los ideales reformistas",[128] adicto a la emancipación de la Isla, exiliado en los Estados Unidos—, que no veía en Europa nada bueno. El injusto y criminal ataque de Francia contra México, apoyado por otras naciones del continente europeo, desmentía que las naciones de ese continente fueran civilizadas. Para Santacilia, el futuro pertenecía sin duda a la América republicana y pacífica; lo que sucediera en el continente europeo, agresivo, belicoso y pervertido, no tenía importancia alguna para el futuro de la humanidad. Así escribía a su suegro, desde Nueva York:

> Poco me importa ya (*tratándose de Europa*) que triunfen los principios de Mazzini, o que lleguen los cosacos hasta las márgenes del Sena: poco me importa la libertad de la Polonia, la independencia de la Hungría y la emancipación de la Irlanda. Lo que anhelo, lo que pido es una guerra interminable en que se derrame mucha, muchísima sangre europea y poco me importan los resultados.[129]

Así, hombres como José María Iglesias y Pedro Santacilia no sólo intentaban construir un México soberano e independiente de cualquier potencia extranjera, sino, además, totalmente aislado de cualquier influjo cultural o ideológico del Viejo Continente. En contraste, Anselmo de la Portilla y Niceto de Zamacois produjeron una visión de la aventura imperial que bien podría llamarse europeizante, y ambos escritores se convirtieron en portavoces de grupos adversos a estos republicanos americanistas. Con *La Razón* y *El Diario del Imperio*, don Anselmo intentó una vez más justificar la obra de sus viejos compañeros, los liberales moderados adictos al Imperio. En marzo de 1867, ya en plena agonía del régimen imperial, se convirtió en entusiasta defensor del "elemento español" en México. Por su parte, como ya se ha mencionado, don Niceto defendió, tanto en *El Cronista de México*, durante los años del Imperio, como posteriormente, ya en los años ochenta, en su *Historia*, la posición de los grupos más tradicionales, defensores del nacionalismo hispánico y católico.

A lo largo de su carrera periodística e historiográfica, De la Portilla tendió a leer los sucesos mexicanos como parte de un proceso universal, de esas "incesantes agitaciones que parecen ser en nuestros días el patrimonio de todos los pueblos civilizados".[130] Según este autor, la historia del siglo XIX, tanto en Europa como en América, era la de la lucha entre los principios del

[128] La expresión es de Ernesto de la Torre en su prólogo a la *Correspondencia*..., 1972, xiv.

[129] Carta de Pedro Santacilia a Benito Juárez, Nueva York, 24.XII.1865, en *Correspondencia*..., 1972, 140. Los paréntesis y las cursivas son del original.

[130] Prospecto de *La Iberia*, III.1867, citado en OLAVARRÍA Y FERRARI, 1895, II, 404.

progreso y la tradición. Todas las revoluciones "del siglo" se debían a "la exageración de los principios políticos", a "la lucha encarnizada que entre sí sostenían los hombres del pasado y los hombres del porvenir".[131] De esta manera, según lo expresaría en el periódico *La Razón de México*, para el santanderino, el advenimiento del régimen imperial, que pretendía ser conciliador y moderado, se inscribía dentro del movimiento de sano progreso que animaba a todos los pueblos de Occidente.

Las referencias y los paradigmas de De la Portilla eran los regímenes de Leopoldo O'Donnell, duque de Tetuán, en España y de Napoleón III en Francia. Estos hombres, como Maximiliano, intentaban hermanar autoridad y libertad. Era ya tiempo de que los mexicanos vieran que estas "dos palabras enemigas en boca de las facciones, a los ojos de la razón y de la filosofía [eran] dos principios hermanos, igualmente indispensables para la felicidad de los pueblos".[132] Así, el joven Emperador haría bien en seguir los pasos de O'Donnell y de Napoleón, pues "cada evolución política en las naciones modernas —añadía don Anselmo— [era] una lección para las otras, porque [constituía] la confirmación de una gran verdad cuyo abandono [traía] la muerte y cuya práctica la vida".[133]

De esta manera, al promover un régimen mixto, moderado y conciliador, como los que De la Portilla creía ver en España y Francia, *La Razón* fue el diario de la capital que mejor puso de manifiesto los principios y motivaciones que estaban detrás de la adhesión al Imperio por parte de liberales moderados, como José Fernando Ramírez, José María Cortés Esparza, Pedro Escudero y Echánove y Manuel Siliceo. Estos imperialistas que hemos calificado "del día siguiente", pues se habían mantenido al margen de la Intervención y del proyecto imperial hasta no descubrir que la propuesta de Estado de Maximiliano, lejos de ser reaccionaria, coincidía en gran medida con la suya, pues eran adictos al justo medio, se preocupaban poco por las formas políticas, eran amigos de una administración eficaz y del progreso material, desconfiaban de la política y buscaban conciliar los principios de libertad y orden.[134] En síntesis, representaban, como escribía De la Portilla en *La Razón*, esos "partidos racionales" que existían en todos los países, "más o menos amigos de la libertad, más o menos apegados a las tradiciones, más o menos entusiastas por los derechos del pueblo o por las prerrogativas del trono, pero todos liberales".[135]

Para De la Portilla, el ascenso de este tipo de hombres al poder era la causa del éxito del segundo Imperio francés y de la Unión Liberal en España.

[131] PORTILLA, 1993, I.

[132] "Introducción y prospecto", en *La Razón de México*, s.f.

[133] "Los últimos acontecimientos de España", en *La Razón...*, 26.X.1864.

[134] PANI, 1998b.

[135] "Los últimos acontecimientos de España", en *La Razón...*, 26.X.1864.

De ahí las esperanzas que cifraba en el Imperio mexicano, pues lo que había sido "verdad en España" lo sería también en México, como "en todas partes".[136] Para él, este tipo de sistema, que lograba domesticar tanto a la destructora revolución progresista como a la reacción recalcitrante, era el más razonable, pero también el más moderno, pues aseguraba el progreso, pero el progreso pacífico. En la visión del periodista español, México iba a caminar, con Maximiliano y su gabinete liberal a la cabeza, por la senda de la civilización y del progreso, común a las naciones civilizadas y modernas, cuya pauta marcaba el Viejo Mundo. Así, Europa, que para los patriotas republicanos no representaba más que un continente corrupto y sin futuro, para De la Portilla simbolizaba "el centro del mundo, foco resplandeciente de luz".[137]

De esta manera, De la Portilla intentaba atar lo que sucedía en México con lo que pasaba en el resto del mundo. Si utilizaba a España como referencia, hablaba de la España contemporánea, que "sin dejar de ser la nación caballeresca de otros siglos, [estaba] realizando en su seno todas las conquistas del siglo presente".[138] Se trataba de convertir a la España contemporánea en un modelo que los mexicanos deberían seguir por ser —según él— tan parecida a México en su carácter y desarrollo. Contrariamente, Zamacois, en su historia del Imperio, en lo que se refiere a los españoles y lo español, tuvo como objetivo principal que "Méjico" —palabra que escribió siempre con "j", a la usanza castellana— asumiera su pasado español y reconociera su raíz hispánica. La reivindicación constante del nombre de España en México fue uno de los ejes de la obra historiográfica de Zamacois.[139]

Según Zamacois, la razón fundamental del estrepitoso fracaso del Imperio había sido que Maximiliano, al ratificar solemnemente y "en la parte más odiosa las sacrílegas y atentatorias leyes [...] de *reforma*",[140] había ido en contra de la historia, la religión y las tradiciones del pueblo mexicano, y había traicionado la voluntad de la nación sobre la cual se había erigido su trono. Según Zamacois, "la adopción de la monarquía por parte de los pueblos que le habían elegido emperador, había nacido precisamente de haber visto el estado de prosperidad, de paz, de abundancia y de riqueza en que había estado el país durante el virreinato".[141] Al ratificar las leyes de reforma, que nacionalizaban los bienes eclesiásticos, desforaban al clero y al ejército,

[136] "Los últimos acontecimientos de España", en *La Razón*..., 26.X.1864.

[137] "Revista general", en *La Razón*..., 16.X.1864. De la Portilla se refería específicamente a Francia.

[138] Prospecto de *La Iberia*, III.1867, citado en OLAVARRÍA Y FERRARI, 1895, II, 404.

[139] PI-SUÑER, 1992b, 51-53. Para la original visión que Zamacois tenía de la Conquista como una "alianza" de dos razas para derrotar a un imperio opresor, véase TORRE, 1992, 65-73.

[140] Carta de los prelados de México y Michoacán, II.1865, citada en ZAMACOIS, 1882, XVII, 872. Las cursivas son del original.

[141] ZAMACOIS, 1882, XVIII, 10.

establecían el Registro Civil, etc., Maximiliano fue en contra de la memoria de la antigua metrópoli y de la más preciosa herencia de ésta: "las creencias religiosas arraigadas profundamente por espacio de tres siglos y medio en la sociedad mejicana, enteramente católica".[142] Este apego absoluto a la tradición y a las costumbres heredadas de la Colonia representaba el principio político irrenunciable de los conservadores, que hubieran "seguido siendo republicanos si en la constitución hubiese suprimido el gobierno de don Benito Juárez todo lo relativo a la religión".[143]

De esta manera, en opinión de Zamacois, el gobierno imperial, al atacar los principios religiosos, al frustrar el anhelo de "la mayoría de la población" por conservar la unidad católica y las prerrogativas de la Iglesia, había traicionado al "partido imperialista".

> Desde el momento en que dio esas leyes, [Maximiliano] vino [...] a declarar [...] que su trono era usurpado [...] que los hombres [de la] minoría opresora, eran los únicos dignos de estar al frente de la nación [...]. Al reconocer por bueno todo lo que respecto a bienes y reformas de la Iglesia había hecho el gobierno de Benito Juárez, el emperador llegaba a nulificarse moralmente.[144]

Al ratificar las leyes de Reforma, según Zamacois, el Emperador no sólo se desligó "de todos sus compromisos con los que le habían elevado al trono",[145] sino que, en su afán por modernizar y liberalizar a México, fue en contra del temple, de la naturaleza misma de la nación que, nacida de la piadosa misión evangelizadora de la España del XVI, no podía ser más que profundamente católica. Así, para Zamacois, estas características fuertemente arraigadas, de raíz hispana, sentaban los límites de lo que podía ser la reforma liberal en México. Además, aseguraba el escritor vizcaíno, el catolicismo y las instituciones liberales no eran incompatibles; bastaba con ver el ejemplo del norte de España, pues ningún país tenía "instituciones más liberales que las provincias vascongadas" y ninguno era "más católico que él".[146] Para Zamacois, el Imperio había naufragado por desdeñar el arraigo de la tradición católica e hispana en un mundo "con todos los caracteres de español y cuyo núcleo [era] verdaderamente descendiente de españoles [*sic*]".[147]

Así, el Imperio representó un momento crítico en el difícil proceso de forjar el ser político y social del México moderno. Tropas extranjeras ocupa-

[142] ZAMACOIS, 1882, XVII, 481-483.
[143] ZAMACOIS, 1882, XVII, 483.
[144] ZAMACOIS, 1882, XVII, 892.
[145] ZAMACOIS, 1882, XVII, 894.
[146] ZAMACOIS, 1882, XVII, 895.
[147] Citado en PI-SUÑER, 1992b, 61.

ban el territorio nacional y dos gobiernos se disputaban no sólo el legítimo mando del país, sino la facultad de definir el carácter del México independiente. Uno, orillado en el norte del país, encarnaba a la república radical, federalista, popular, representativa, en la que predominaba el poder legislativo. Su modelo eran los Estados Unidos; en la Europa monárquica no veían más que decadencia y decrepitud. El otro representaba un experimento inédito: una monarquía "moderada", con un príncipe extranjero al frente. Esta situación extremosa radicalizó a la clase política mexicana e hizo que los distintos proyectos de nación que albergaba se articularan con claridad, se cristalizaran.

Surgieron, como ya se ha visto, por lo menos tres grupos: los republicanos americanistas, virulentamente antieuropeos y sobre todo antiespañoles; los tradicionalistas, profundamente apegados al legado hispano y católico de la Colonia, que se sintieron defraudados por un monarca que no quiso defender lo que consideraban más importante. Fueron los principios de este grupo los que defendió hasta el cansancio Niceto de Zamacois. En una tercera posición, que podría llamarse intermedia, estaban aquellos liberales "recién convertidos", como se les llamó en la época, que querían consolidar un Estado moderno y secular, pero atendiendo al carácter y a las tradiciones de México. Su modelo era la Europa monárquica, católica y latina, y no la peculiar, anglo-sajona, protestante y temible república del norte. Ésta fue la posición del gobierno imperial y también la que sostuvo Anselmo de la Portilla en *La Razón*, por lo menos hasta septiembre de 1866 —cuando, desesperado por la salida de las tropas francesas, Maximiliano dio un giro a su política, rodeándose de conservadores. No debe sorprender, entonces, que el Emperador haya nombrado al santanderino director del periódico oficial del Imperio.[148]

De este modo, en el marco de la controversia sobre la naturaleza de la identidad mexicana que se produjo durante el Imperio, De la Portilla pretendió construir un México plenamente consciente de su pertenencia al mundo cultural europeo, orgulloso y respetuoso de su herencia peninsular, mientras que, por su parte, Zamacois quiso que la identidad nacional reconociera y ensalzara su innegable raíz hispánica y católica. Ambos dieron voz a las preocupaciones y proyectos de sectores de la élite política mexicana. Sin embargo, en 1867 triunfó definitivamente el tercer grupo, el de los republicanos americanistas. Los dueños del poder durante la República restaurada, héroes todos del triunfo sobre la ambición francesa y la usurpación del austriaco, hubieran querido incluso romper todo vínculo político y cultural con el Viejo Mundo, ya que solían declarar que los mexicanos no eran

[148] Véase PANI, 1998b.

producto del encuentro o choque de dos pueblos y de dos culturas, sino, como afirmaba Ignacio Ramírez, exclusivamente "hijos del cura Hidalgo". Ya se ha visto como el imaginario nacionalista republicano rechazaba de manera tajante el legado español y europeo del México independiente; los gobiernos de la República restaurada pasaron a los hechos, rompiendo relaciones diplomáticas con aquellos países —todos europeos— que habían reconocido al gobierno de Maximiliano.

Es probable que, en este contexto y en respuesta a este ambiente, Anselmo de la Portilla fundara, en marzo de 1867, *La Iberia*, periódico cuyo objetivo principal fue menos ser el portavoz de un sector de la opinión mexicana, que defender el "elemento español" en México. Como ya hemos visto, De la Portilla había sido apologista de proyectos políticos poco exitosos. Con el triunfo de los liberales puros —republicanos, anticlericales y perennemente desconfiados del poder ejecutivo— y la consagración de la Constitución de 1857 como marco incuestionable —aunque no siempre respetado— de la vida política mexicana, los grupos políticos que De la Portilla había vitoreado tuvieron que callar. Si el santanderino quería seguir viviendo del periodismo, tendría que encontrar un nicho que se lo permitiera. Al parecer, lo encontró dentro de la colonia española, que no podía sino sentirse agredida por el tipo de nacionalismo antigachupín que proclamaban los republicanos vencedores.[149] Fue seguramente así que surgió *La Iberia*. Las razones de don Anselmo para fundar la que sería su más exitosa empresa editorial no quedan claras. En el "Prospecto" insistía que no se necesitaba un periódico especial para publicar las noticias de la Península, pues "todos los demás lo hacían [...] con una solicitud que [revelaba] la importancia que [daban] a la nación española y a sus hijos residentes en México". Tampoco era necesario "un periódico para defender aquí el nombre y la historia de nuestra patria". El propósito de *La Iberia* se reducía entonces a "representar un humilde papel, el de ser un eco casi imperceptible de lo que aquí [podríamos] llamar el pensamiento español, que [era] un pensamiento de paz, de trabajo y de progreso". Incluso, ya en el paroxismo de la humildad, De la Portilla agregaría en ese mismo texto que "nada se perdería, en verdad, con dejar a este pensamiento desarrollarse solo y sin ruido en su territorio práctico, como lo había hecho siempre".[150]

¿Para qué crear entonces un modestísimo periódico español que, según su fundador, ni se necesitaba ni iba a servir de nada? Quizá, durante los últimos y más negros días del Imperio, el periodista español se percató de que, con el triunfo de las huestes republicanas, ese nacionalismo hispanófobo de

[149] Para la fuerza y versatilidad del antiespañolismo, véase KNIGHT, 1994, 152-153.
[150] Prospecto de *La Iberia*, III.1867, citado en OLAVARRÍA Y FERRARI, 1895, II, 403-404.

vieja cepa —motor de la masacre de Guanajuato en 1810, de las leyes de expulsión de finales de la década de 1820 y de los asesinatos de españoles en la década de 1850— iba a ser el que permearía las actitudes de la clase gobernante. Según don Anselmo, este criollismo nacionalista pretendía condenar toda herencia española, negando toda contribución positiva de la antigua metrópoli al ser del México independiente. Para los grupos políticos que emergían triunfadores de la lucha contra el Imperio y la Intervención, la Conquista había sido "una iniquidad", obra de "bárbaros" y "bandoleros" y los virreyes "unos tiranos inclementes". España, en fin, había saqueado a México, se había llevado su oro y su plata, así como los "tesoros" de su agricultura, y había monopolizado el comercio, no dejando a cambio más que "manchas de sangre y de crímenes, y el horrible recuerdo de su opresión, de su fanatismo, de su crueldad, de sus rapiñas y de sus maldades".[151]

Éstas eran las ideas que De la Portilla pretendía combatir en *La Iberia*, pues las consideraba "absurdas". Era incoherente una situación en la que "los descendientes de los conquistadores, los hijos de españoles nacidos en México [decían] que sus padres y ellos mismos [habían sido] sacrificados y despojados por la conquista". Según De la Portilla, este nacionalismo pretendía borrar los verdaderos orígenes de la nación mexicana, tanto españoles como indios. Lo que era aún más preocupante, esta patriotería fomentaba un odio hacia los españoles de antaño que no dejaba muy bien parados a los de hogaño. Por esto, hasta su muerte, acaecida en 1877, el director de la *Iberia* se dedicó a defender "la raíz española" de los mexicanos.[152] En un momento en que empezaba a afianzarse una cultura nacional que subrayaba las particularidades de un México de historia milenaria, políticamente maduro, más azteca que español, americano y republicano,[153] don Anselmo batallaba por que "nadie diera por muerto el elemento español en estas comarcas".[154]

La defensa de lo español en México que realizaron De la Portilla y Zamacois, cada uno con su particular enfoque, traducía la concepción que estos hombres abrigaban de lo que era y debía ser la nación mexicana. Pero reflejaba también ciertos intereses particulares y de grupo. Sostener la naturaleza hispánica del pueblo mexicano respondía también a las necesidades de una colonia española próspera, encumbrada, que se sentía amenazada

[151] PORTILLA, 1871, 140 y 5, respectivamente.

[152] PORTILLA, 1871, 5

[153] Según MACIEL (1991, 569-582), los orígenes de la "cultura oficial" están en la República Restaurada. Su visión es quizás exagerada, pero es cierto que la derrota política de los conservadores en 1867 permitió la construcción de una cultura nacional oficial más homogénea y más congruente, acorde con los objetivos del Estado liberal.

[154] Prospecto de *La Iberia*, III.1867, citado en OLAVARRÍA Y FERRARI, 1895, II, 404.

por la hispanofobia de los grupos políticos dominantes tras la caída de Maximiliano. Tanto los letrados como los empresarios querían preservar, en un momento en que se veían amenazadas, esas redes, esos "vínculos poderosos e indestructibles",[155] esa familiaridad entre lo mexicano y lo español que les había permitido la fácil y rápida inserción en la sociedad mexicana. No debe sorprender, entonces, que la élite de la colonia española en México protegiera, impulsara e incluso financiara las actividades de estos periodistas.[156] Consecuentemente, De la Portilla y Zamacois fueron nombrados miembros honorarios del Casino Español y, al final de la vida de De la Portilla, el Casino realizó una colecta para apoyar al periodista, que estaba gravemente enfermo. Era evidente que la conservación de los privilegios de la colonia española estaba cifrada en la supervivencia de un México cuyas formas, referentes, modelos e ideales eran hispánicos.

CONCLUSIONES

Este recorrido por el arte, las letras, el periodismo y la historiografía del segundo Imperio mexicano ha tenido como fin contraponer las visiones que los contemporáneos tenían de lo que debía ser la nación mexicana y del lugar que debían ocupar España y sus hombres dentro de ella. Su propósito también ha sido demostrar qué tan complejas, fértiles y conflictivas fueron las actitudes de la élite intelectual y política mexicana frente a la antigua metrópoli. Las minorías rectoras se hallaban enfrascadas en la tarea de crear un imaginario nacional, un sentimiento de identidad y de pertenencia propia para los mexicanos. Como escribía Emilio Pardo en *El Año Nuevo*, se trataba de que los mexicanos descubrieran su "peculiar autonomía".[157] Difícil tarea fue para estos hombres, como se ha visto, construir un pasado armónico para una nación mexicana, renacida en 1810 después de trescientos años de supuesta opresión, cuando su lenguaje, sus preceptos formales y estéticos, sus maestros, su "carácter" mismo, como escribía Niceto de Zamacois, les venían de España, la opresora.

Estas tensiones se vieron exacerbadas durante la época estudiada, pues resultaba paradójico que el gobierno de Maximiliano se creyera al mismo

[155] La expresión es de Anselmo de la Portilla; PORTILLA, 1871, 220.

[156] De la Portilla publicaba *La Iberia* gracias la subvención que le otorgaban empresarios españoles como Juan Alonso, Alejandro Arena, Pío Bermejillo, Félix Cuevas, Ignacio Escandón, Facundo Gómez, Juan Madrid, Juan Martínez Zorrilla, Longinos Benito Muriel, Santos Peláez, Rosendo Prado, Cayetano Rubio, Ricardo Sáinz, José y Nicolás de Teresa, José Toriello Guerra e Isidoro de la Torre. Agradezco esta información a Adriana Gutiérrez.

[157] Emilio Pardo, "Cuadros históricos. Los primeros misioneros", en *El Año nuevo*, 1865, 129.

tiempo heredero de la paternal administración de los Austria hispánicos y del glorioso imperio mexica. También fue contradictorio que el Emperador, al optar por la vertiente mexicanista —más bien prehispanista y por lo tanto antiespañola—, no tuviera otro remedio que recurrir a las herramientas del lenguaje, el estilo y el canon que manejaban los creadores mexicanos, quienes, como se ha visto, eran, en sentido amplio, europeos y, en sentido más estricto, españoles. Por otra parte, el triunfo de la República acarrearía el éxito de un nacionalismo oficial xenófobo y en particular hispanófobo. En contra de éste, se manifestaron Zamacois y De la Portilla, hombres de letras españoles que hasta entonces habían podido participar en posición de igualdad dentro de los círculos culturales e intelectuales mexicanos. Estos hombres defendieron la importancia indudable de lo español en la formación de un carácter y una cultura mexicanos. Como se ha visto, las ideas de estos españoles tuvieron amplio eco entre algunos sectores de la opinión mexicana.

De este modo, este trabajo sugiere lo pesado y lo denso que en ese momento eran el legado cultural español y la presencia física de los españoles como productores de cultura e ideologías. La obra de hombres como Clavé, Vilar, Zorrilla, Zamacois y De la Portilla y la actitud de muchos intelectuales mexicanos demuestran que, en el intento de crear lo mexicano, en el siglo XIX, no se podía —y en muchos casos no se quería— separar radicalmente lo mexicano de lo español. Esto último representaba para muchos un elemento legítimo del bagaje cultural propio. México y España pertenecían a un mismo mundo, si bien algunos mexicanos realizaban esfuerzos importantes por desgajarse de él. Finalmente serían estos últimos los que emergerían triunfantes de la contienda a la que se puso fin en 1867.

Así, a partir de entonces, la cultura oficial intentaría, a grandes rasgos, construir un México republicano y no monárquico; americano y no europeo; azteca y no español. Habría que esperar hasta el porfiriato, con su prosperidad, sus afanes de civilización y refinamiento, y su preocupación por contrarrestar la creciente hegemonía de los Estados Unidos, para que el México oficial y de la élite mirara "sin recelo" hacia Europa.[158] Esta vez, el modelo cultural sería Francia. Porfirio Díaz quería transformar a la ciudad de México en un pequeño París; una comisión de señoras —presidida por la esposa de Díaz—, encargada de recaudar fondos para elaborar la corona con la que el Papa iba a ceñir la cabeza de la virgen de Guadalupe nombrándola "Emperatriz de América", mandó hacer la insignia real a París, con el joyero Edouard Morgan.[159] Sin embargo, la fiebre zarzuelística de la década de 1870 y el en-

[158] Véase COSÍO VILLEGAS, 1965, 209-217. Cabe mencionar, sin embargo, que el modelo francés como modelo *político* —ya que no cultural—, a diferencia del español, permanece vigente a lo largo del siglo XIX; REYES HEROLES, 1961; HALE, 1968 y 1989; PI-SUÑER, 1992a; PANI, 1998b.

[159] TENENBAUM, 1994; BEEZELEY, 1994, 13.

tusiasmo que provocaría entre los políticos mexicanos e intelectuales y políticos españoles, como Emilio Castelar, sugieren que el sustrato español que permeaba la cultura mexicana en la época estudiada no desapareció. Al parecer, incluso a finales del siglo XIX, ya en pleno porfiriato, la sociedad mexicana conservó el legado español, calladamente, como quien guarda algo propio.

SIGLAS Y REFERENCIAS

ARCHIVOS

BACEM: Biblioteca-Archivo del Casino Español de México.

BIBLIOGRAFÍA

[ACEVEDO, Esther]
1995 *Testimonios artísticos de un episodio fugaz. (1864-1867)*. México: Instituto Nacional de Bellas Artes.

ALBERRO, Solange, Alicia HERNÁNDEZ CHÁVEZ y Elías TRABULSE
1992 *La Revolución Francesa en México*. México: El Colegio de México-Centro de Estudios Mexicanos y Centroamericanos.

ANDERSON, Benedict
1991 *Imagined communities. Reflections on the Origin and Spread of Nationalism*. Londres-Nueva York: Verso (ed. revisada).

ARNAIZ Y FREG, Arturo, y Claude BATAILLON, eds.
1965 *La intervención francesa y el imperio de Maximiliano. Cien años después, 1862-1962*. México: Asociación Mexicana de Historiadores-Instituto Francés de América Latina.

ARRANGOIZ, Francisco de Paula de
1968 *México desde 1808 hasta 1867*. Pról. de Martín Quirarte. México: Editorial Porrúa.

Arte, historia...
1994 *Arte, historia e identidad en América. Visiones comparativas*, XVII Coloquio Internacional de Historia del Arte, 2 ts. México: Universidad Nacional Autónoma de México.

BEEZELEY, William H.
1994 "Dining with Díaz and Crowning the Virgin: Forging Images of Mexico's New Society" (mecanuscrito, cortesía del autor).

BEEZELEY, William H., Cheryl ENGLISH MARTIN y William E. FRENCH, eds.
1994 *Rituals of Rule, Rituals of Resistance. Public Celebrations and Popular Culture in Mexico*. Wilmington: Scholarly Resources Inc.

BRADING, David
1991 *Orbe indiano. De la monarquía católica a la República criolla, 1492-1867*. México: Fondo de Cultura Económica.

CAMP, Roderic A., Charles A. HALE y Josefina Z. VÁZQUEZ, eds.
1991 *Los intelectuales y el poder en México*. México: El Colegio de México-UCLA Latin American Center Publications.
CASANOVA, Rosa
1987 "1861-1876", en URIBE, coord., 185-204.
CASANOVA, Rosa y Eloísa URIBE
1982 "Maximiliano y el liberalismo a pesar de los conservadores, 1860-1867," en MANRIQUE, fascs. 71-72, 1-27.
COLÍN, Mario
1967 *Homenaje a José María Velasco en Temascalcingo*. Atlacomulco: Testimonios de Atlacomulco.
1977 *José María Velasco*. Toluca: Gobierno del Estado de México.
Correspondencia...
1972 *Correspondencia Juárez-Santacilia, 1858-1868*. Pról. de Ernesto de la Torre. México: Secretaría de Marina.
CORTI, Egon Ceasar Conte
1927 *Maximilien et Charlotte du Méxique. D'après les archives secrètes de l'empereur Maximilien et autres sources inédites, 1860-1865*. París: Librarie Plon.
COSÍO VILLEGAS, Daniel
1965 "Francia y México. Amor y recelo. 1867-1880", en ARNAIZ FREG y BATAILLON, eds., 209-217.
COVO, Jacqueline
1986 "Le Trait d'Union, periódico francés de la ciudad de México, entre la Reforma y la Intervención", en *Historia Mexicana*, XXXV, 3 (enero-marzo), 461-476.
1992 "Colonialisme et mentalités: la 'vérité' sur le Méxique de l'Intervention et de l'Empire", en MEYRAN, dir., 37-58
Diccionario...
1853 *Diccionario universal de historia y geografía. Obra dada a luz en España por una sociedad de literatos distinguidos y refundida y aumentada considerablemente para su publicación en México con noticias históricas, geográficas, estadísticas y biográficas sobre las Américas en general y especialmente sobre México*. 7 ts. más apéndice. México: Librería Andrade.
EDER, Rita
1986 "Las imágenes de lo prehispánico y su significación en el debate del nacionalismo cultural", en *El nacionalismo...*, 72-90.
El nacionalismo...
1986 *El nacionalismo y el arte mexicano*, IX Coloquio de Historia del Arte. México: Universidad Nacional Autónoma de México.

En torno...
1976 *En torno a la cultura nacional.* México: Instituto Nacional Indigenista-Secretaría de Educación Pública.

FALCÓN, Romana
1996 *Las rasgaduras de la descolonización. Españoles y mexicanos a mediados del siglo* XIX. México: El Colegio de México.

FERNÁNDEZ, Justino
1976 *José María Velasco.* Toluca: Gobierno del Estado de México.

GARCÍA BARRAGÁN, Elisa
1982 "El pintor Pelegrín Clavé y la renovación de la Academia de San Carlos", en MANRIQUE, dir., fascs. 72-73, 28-47.

GARZA CUARÓN, Beatriz
1990 "Francisco Pimentel, precursor de las historias de la literatura mexicana", en *Nueva Revista de Filología Hispánica,* XXXVIII, 1, 265-276.

GIRON, Nicole
1976 "La idea de la cultura nacional en el siglo XIX: Altamirano y Ramírez", en *En torno...,* 51-83

GÓMEZ MAYORGA, Mauricio
1965 "La influencia francesa en la arquitectura y el urbanismo en México", en ARNAIZ FREG y BATAILLON, 183-197.

GONZÁLEZ NAVARRO, Moisés
1991 "Españoles, no vayáis a México", en HERNÁNDEZ CHÁVEZ y MIÑO GRIJALVA, I, 217-238.

HALE, Charles A.
1968 *Mexican Liberalism in the Age of Mora, 1821-1853.* New Haven-Londres: Yale University Press.
1989 *The Transformation of Liberalism in Late Nineteenth Century Mexico.* Princeton: Princeton University Press.

HERNÁNDEZ CHÁVEZ, Alicia y Manuel MIÑO GRIJALVA, coord.
1991 *Cincuenta años de historia en México.* 2 vols. México: El Colegio de México.

HOBSBAWM, Eric J.
1990 *Nations and Nationalism since 1780. Programme, Myth, Reality.* Cambridge-Londres-Nueva Rochelle-Melbourne-Sidney: Cambridge University Press.

José María Velasco...
1989 *José María Velasco. Homenaje.* México: Universidad Nacional Autónoma de México.

KNIGHT, Alan
1994 "Peasants into Patriots: Thoughts on the Making of the Mexican Nation", en *Mexican Studies/Estudios Mexicanos* X, 1 (invierno), 135-161.

LEONARDINI, Nanda
1983 *El pintor Santiago Rebull. Su vida y su obra (1829-1902)*. México: Universidad Nacional Autónoma de México.
LIDA, Clara E., comp.
1994 *Una inmigración privilegiada. Comerciantes, empresarios y profesionales españoles en México en los siglos* XIX *y* XX. Madrid: Alianza Editorial.
LIRA, Andrés
1986 "Los indígenas y el nacionalismo mexicano", en *El Nacionalismo...*, 19-34.
LÓPEZ CÁMARA, Francisco
1957 "Los socialistas franceses en la Reforma mexicana", en *Historia Mexicana*, VI, 2 (octubre-diciembre), 269-273.
MACIEL, David R.
1991 "Los orígenes de la cultura oficial en México: los intelectuales y el Estado en la República Restaurada", en CAMP *et al.*, eds., 569-582.
MALLON, Florencia E.
1988 "Peasant and State Formation in Nineteenth-Century Mexico: Morelos, 1848-1858", en *Political Power and Social Theory*, VII, 1-54.
MANRIQUE, Jorge Alberto, dir.
1982 *Historia del arte mexicano*. 120 fascs. México: Secretaría de Educación Pública-Instituto Nacional de Bellas Artes-Salvat Mexicana de Ediciones.
MARIA Y CAMPOS, Armando de
1956 *El emperador y el poeta (Maximiliano y José Zorrilla)*. México: Editorial Helio.
MATUTE, Álvaro, ed.
1992 *Historiografía española y norteamericana sobre México (coloquios de análisis historiográfico)*. México: Universidad Nacional Autónoma de México.
MEYRAN, Daniel, dir.
1992 *Maximilien et le Mexique (1864-1867) (De l'Empire aux "Nouvelles de l'Empire")*. Perpignan: Presses de l'Univesité de Perpignan.
MIRANDA, José
1959 "El liberalismo mexicano y el liberalismo europeo", en *Historia Mexicana*, VIII, 4 (abril-junio), 512-523.
MORA, José María Luis
1984 "Una visión de la sociedad mexicana," en *Espejo de discordias. La sociedad mexicana vista por Lorenzo de Zavala, José María Luis Mora y Lucas Alamán*. Sel., introd. y notas de Andrés Lira. México: Secretaría de Educación Pública, 71-142.

OLAVARRÍA Y FERRARI, Enrique
1895 *Reseña histórica del teatro en México*, t. II. México: Imprenta, Encuadernación y Papelería la Europea, 2 ts.
ORTIZ MONASTERIO, José
1993 *Historia y ficción. Los dramas y novelas de Vicente Riva Palacio*. México: Universidad Iberoamericana-Instituto de Investigaciones Dr. José Mª Luis Mora.
PANI, Érika
1995 "El proyecto de Estado de Maximiliano a través de la vida cortesana y del ceremonial público", en *Historia Mexicana*, XLV, 2 (octubre-diciembre), 423-460.
1998a "¿'Verdaderas figuras de Cooper'? o ¿'Pobres inditos infelices'? La política indigenista de Maximiliano", en *Historia Mexicana*, XLVII, 3 (enero-marzo), 571-604.
1998b "Para nacionalizar el Segundo Imperio. El imaginario político de los imperialistas". México: El Colegio de México (tesis doctoral).
PI-SUÑER, Antonia
1992a "La prensa, difusora de los ideales de Ayutla", en ALBERRO *et al.*, 171-178.
1992b "Niceto de Zamacois y su anhelo de reconciliación de la sociedad mexicana", en MATUTE, ed., 51-64.
1994 "Negocios y política a mediados del siglo XIX", en LIDA, comp., 75-96.
1996a *El general Prim y la cuestión de México*. México: Universidad Nacional Autónoma de México-Secretaría de Relaciones Exteriores.
1996b "José María Iglesias", en PI-SUÑER, coord., 155-170.
1997 "Anselmo de la Portilla y el periodismo español en México", ponencia presentada en el Coloquio René Masson y el *Trait d'Union*. Actores y Modelos Franceses en México (mecanuscrito, cortesía de la autora).
PI-SUÑER, Antonia, coord.
1996 *Historiografía mexicana*, vol. IV: *En busca de un discurso integrador de la nación, 1848-1884*, Juan A. Ortega y Medina y Rosa Camelo, coords. grals., México, Universidad Nacional Autónoma de México.
PORTILLA, Anselmo de la
1871 *España en México. Cuestiones históricas y sociales*. México: Imprenta de I. Escalante y Cía. (ediciones de La Iberia).
1993 *Historia de la revolución de México contra la dictadura del general Santa Anna (1853-1855)*. Pról. de Andrés Henestrosa. México: Fundación Miguel Alemán-Fondo de Cultura Económica.
RAMÍREZ, Fausto
1985 *La plástica del siglo de la Independencia*. México: Fondo Editorial de la Plástica Mexicana.

1989 "Acotaciones iconográficas a la evolución de episodios y localidades en los paisajes de José María Velasco", en *José María Velasco...*, 15-86.
1994 "'La cautividad de los hebreos en Babilonia': pintura bíblica y nacionalismo conservador en la Academia mexicana a mediados del siglo XIX", en *Arte, historia...*, II, 279-295.

RAMÍREZ, Fausto, y Angélica VELÁZQUEZ
1991 "Lo circunstancial, trascendido: dos respuestas pictóricas a la constitución de 1857", en *Tiempo...*, 165-192.

REYES HEROLES, Jesús
1961 *El liberalismo mexicano*. 3 ts. México: Universidad Nacional Autónoma de México.

REYES DE LA MAZA, Luis
1959 *El teatro en México durante el Segundo Imperio, 1862-1867*. México: Imprenta Universitaria.

RIVA PALACIO, Vicente y Juan de Dios PEZA
1996 *Tradiciones y leyendas mexicanas*. México: Consejo Nacional para la Cultura y las Artes-Universidad Nacional Autónoma de México-Instituto de Investigaciones Dr. José María Luis Mora-Instituto Mexiquense de Cultura.

RIVADULLA, Daniel, Jesús Raúl NAVARRO y Mª Teresa BERRUEZO
1992 *El exilio español en América en el siglo XIX*. Madrid: Editorial Mapfre.

RODRÍGUEZ PRAMPOLINI, Ida
1982 "La figura del indio en la pintura del siglo XIX. Fondo ideológico", en *La iconografía en el arte contemporáneo (Coloquio Internacional de Xalapa)*. México: Universidad Nacional Autónoma de México, 51-71.

SIMS, Harold
1982 *Descolonización en México. El conflicto entre mexicanos y españoles, 1821-1831*. México: Fondo de Cultura Económica.

TENENBAUM, Barbara
1994 "Streetwise History: The Paseo de la Reforma and the Porfirian State", en BEEZELEY *et al.*, 127-150.

Tiempo...
1991 *Tiempo y arte*. XIII Coloquio de Historia del Arte. México: Universidad Nacional Autónoma de México.

TORRE, Judith de la
1990 "Niceto de Zamacois y la búsqueda de la reconciliación de la sociedad mexicana". México: Universidad Nacional Autónoma de México (tesis de licenciatura).
1992 "El rescate de las naciones del Anáhuac por un hispano-mexicano: Niceto de Zamacois", en MATUTE, ed., 65-74.
1996 Niceto de Zamacois", en PI-SUÑER, coord., 549-572.

URIBE, Eloísa, coord.
1987 *Y todo por una nación. Historia social de la producción plástica de la Ciudad de México, 1761-1910*. México: Instituto Nacional de Antropología e Historia.
VILLEGAS REVUELTAS, Silvestre
1996 "Anselmo de la Portilla", en PI-SUÑER, coord., 99-120.
ZAMACOIS, Niceto de
1882 *Historia de Méjico desde los tiempos más remotos hasta nuestros días, escrita a la luz de todo lo que de irrecusable han dado a luz los más caracterizados historiadores, y en virtud de documentos auténticos, no publicados todavía, tomados del Archivo Nacional de Méjico, de las bibliotecas públicas, y de los preciosos manuscritos que, hasta hace poco, existían en los conventos de aquél país*. 18 ts. en 20 vols. Barcelona-México: J. Parres y Compañía Editores.

HEMEROGRAFÍA

El Año Nuevo. Periódico semanario de literatura, ciencias y variedades. México, 1865.
La Colonia Española. México, 1875.
El Diario del Imperio. México, 1865.
La Orquesta. Periódico omniscio, de buen humor y con caricaturas. México, 1865.
El Pájaro Verde. Religión, política, literatura, artes, ciencias, industria, comercio, medicina, tribunales, agricultura, minería, teatro, modas, revista general de la prensa europea y la del Nuevo mundo. México, 1865-1866.
La Razón de México. Periódico político y literario. México, 1864-1865.
La Sociedad. Periódico político y literario. México, 1864-1866.
Le Trait d'Union. Journal universel français. México, 1857.

5. LOS ESPAÑOLES DE LA CIUDAD DE MÉXICO DURANTE EL SEGUNDO IMPERIO

Sonia Pérez Toledo

Guillermo Prieto, al referir en sus memorias la expulsión de españoles en los primeros años de república en México, dejó su visión de un inmigrante español en un breve retrato literario: "En mi familia y bastante allegados había varios españoles; uno entre todos, noble y generoso sobre toda ponderación, vino al país oliendo a brea, casi sin calzado y con la guitarra al hombro cantando la *cachucha* y el *trágala.*"[1]

En su narración, Prieto agrega que este español se casó en México e hizo una fortuna a fuerza de arduo trabajo. Como sabemos, muchos de los españoles que llegaron a México desde la temprana colonización eran personas que vinieron en busca de un mejor destino. Algunos de ellos lograron acumular fortunas y hacerse de una posición como propietarios, mineros, comerciantes o funcionarios; pero no todos los españoles corrieron con la misma suerte, por lo que hubo un grupo de inmigrantes que se insertó en condiciones menos favorables a la sociedad novohispana y más tarde mexicana.

Aunque no tenemos cifras exactas del número de españoles, sabemos que México contó siempre con una población en la que éstos eran una minoría. Durante la Colonia, e incluso en el siglo XIX, el flujo inmigratorio desde la Península fue constante pero no masivo, lo que ocasionó que la presencia española en México fuera numéricamente escasa, mas no por ello poco importante.[2]

Si bien es cierto que existen pocos trabajos que se ocupen de manera sistemática de los inmigrantes de la península ibérica a México en el siglo XIX, no lo es menos que los trabajos recientes se centran en el estudio de españoles que se insertaron en la vida económica y social del país en sus esferas más altas. Así, conocemos algo del pequeño grupo de destacados comerciantes y prestamistas vinculado con los diferentes gobiernos,[3] o bien de los

[1] PRIETO, 1985, 43. Las cursivas son del original.

[2] LIDA, 1997, 47 y 49-51. Sobre la importancia de algunos españoles en el ámbito cultural durante el segundo Imperio, véanse en este volumen el trabajo de Erika Pani y el Apéndice.

[3] La vinculación de españoles con miembros del gobierno o comerciantes y prestamistas mexicanos supuso en muchos casos lazos de parentesco, prácticas matrimoniales y compadrazgos,

empresarios que invirtieron en la minería o en la naciente industria y que poco a poco ampliaron y diversificaron su área de influencia hacia otras actividades o sectores de la economía mexicana del siglo XIX.[4] Sin embargo, es aún escaso el conocimiento que tenemos de los españoles que no formaron parte de la "inmigración privilegiada". Los rostros de éstos se desdibujaron con el paso del tiempo y los archivos apenas nos permiten delinear una tenue imagen colectiva.

Este trabajo centra su atención en los inmigrantes españoles asentados en la ciudad de México y se ocupa especialmente de algunos que radicaban en la capital entre 1864 y 1867. Se trata de un ejercicio de análisis cuantitativo de una muestra significativa de españoles sobre los que se pudo encontrar información en diversos fondos y acervos documentales, para un periodo especialmente conflictivo y sobre el cual todavía hay mucho que estudiar: el segundo Imperio.

Como sabemos, los datos sobre población disponibles para la mayor parte del siglo XIX son heterogéneos y contradictorios, y el manejo de las cifras se torna aún más complicado cuando se trata del estudio de problemas como el de los movimientos migratorios y de extranjeros para un periodo que carece de estadísticas.[5] Si bien las fuentes con que contamos no proporcionan series continuas sí arrojan algunos datos útiles que, a pesar de ser fragmentarios, permiten iluminar aspectos del problema que aquí nos ocupa. En otras palabras, conocemos las limitaciones de estas fuentes pero creemos que si las sometemos a la crítica y a un trabajo riguroso pueden constituirse en un punto de partida para la construcción de explicaciones más amplias sobre la inmigración española a México.

Este trabajo se divide en cuatro partes. En la primera se presenta la información existente sobre la población española en México durante el siglo XIX con la finalidad de contar con un marco aproximativo del tamaño de la población española durante la Intervención y el segundo Imperio. Este apartado se ocupa también de las disposiciones legales sobre extranjeros que se emitieron entre 1863 y 1866. La segunda parte aborda el estudio específico de la presencia española en la ciudad de México. En la tercera se presenta un análisis de las características de los inmigrantes, y en la cuarta, la información sobre el lugar de origen de los españoles que vivieron en la capital entre 1864 y 1867.

---

como lo muestran los estudios sobre Manuel Escandón, la casa Martínez del Río, Isidoro de la Torre, Gregorio Mier y Terán, entre otros. Véanse URÍAS, BEATO, HUERTA, MEYER, OYARZÁBAL, en CARDOSO, coord., 1981; así como LADD, 1984; KICZA, 1986; WALKER, 1986; LUDLOW y MARICHAL, eds., 1986.

[4] Al respecto, véanse BRADING, 1975; CARDOSO, coord., 1981; LIDA, comp., 1994 y 1997; CERUTTI, 1995; FALCÓN, 1996.

[5] LIDA, 1997, 51.

LOS ESPAÑOLES Y LA LEGISLACIÓN MEXICANA

En los últimos años de la Colonia se calculó que el total de europeos en la Nueva España se aproximaba a 8 000 individuos.[6] Para 1821, ya consumada la Independencia, se calculaba que el número de españoles en México apenas llegaba a 10 000 y que su proporción se redujo en los años siguientes como resultado de la aplicación de las leyes de expulsión, en especial las de 1827 y 1829. De tal suerte que para este primer año Harold Sims reporta un total de 6 610 varones en todo el país, e indica que los peninsulares constituyeron aproximadamente 0.1% de la sociedad mexicana en estos primeros años.[7]

Aunque en los años siguientes tenemos pocos datos debido a las dificultades para el registro de ingreso de españoles, a lo que se agregan los cambios en la definición jurídica de nacionalidad y extranjería,[8] no es aventurado afirmar que la proporción de españoles se mantuvo más o menos constante en las décadas posteriores al restablecimiento de las relaciones diplomáticas entre México y España. Un elemento que sustenta esta afirmación es la información acerca de 5 141 españoles que tomaron carta de seguridad ante el Ministerio de Relaciones en 1855.[9] Considerando que no todos los españoles realizaron este trámite, se puede suponer que la presencia española en México era mayor a esta cifra y que su proporción fluctuó entre 5 000 y 6 500 durante los años comprendidos entre la primera expulsión de españoles y la década de 1870.[10] Esto apunta a que el flujo migratorio de españoles a México no se interrumpió a pesar de los diversos conflictos del periodo, y sugiere que éste permaneció más o menos constante a lo largo de las cinco décadas posteriores a la Independencia.

Si bien es cierto que aún no conocemos realmente cómo afectaron los conflictos de orden político mexicanos, las relaciones diplomáticas entre las dos naciones y las disposiciones españolas los movimientos migratorios hacia

[6] Para una discusión acerca de la composición étnica de la población de la Nueva España hasta 1810, inclusive, véase LERNER, 1964, en especial los cuadros IV y V. La autora analiza las cifras aportadas por Alejandro de Humboldt y Fernando Navarro y Noriega.

[7] SIMS, 1974, 16-17 y 31-33, y 1990, 16; véase también LIDA, 1994, 27-29.

[8] LIDA, 1994; GONZÁLEZ NAVARRO, 1993. Sobre la legislación acerca de los extranjeros y sus modificaciones desde los últimos años del periodo colonial hasta 1857, puede verse PARDO, 1998.

[9] HERMOSA, 1991, 29. Juan Nepomuceno Almonte indica que en 1850 los españoles que tomaron carta de seguridad ante el Ministerio fueron 3 047; ALMONTE, 1997, 486. Para una discusión de las diversas cifras de este periodo, véase LIDA, 1994, 27-29.

[10] El número de españoles reportado por Telesforo García en 1877 era de 6 400. De acuerdo con Clara Lida, el dato que aporta este contemporáneo es bastante confiable, pues él fue un cronista bien informado y miembro de la colonia española; LIDA, 1994, 29. Sobre la grafía de "Telesforo" véase el señalamiento en el Apéndice a este volumen.

México, estudios recientes muestran que durante el siglo XIX se observan momentos en los que variaron el flujo migratorio y la importancia social de los españoles. A partir de la información que aparece en estos estudios se pueden distinguir por lo menos tres momentos que responden a coyunturas específicas. El primero comprende de 1810 a 1836 y se caracteriza por el éxodo emigratorio asociado a la guerra de Independencia y a la política hispanófoba de los primeros gobiernos republicanos, que se concretó en las leyes de expulsión de 1827, 1829, 1833 y 1834, ya mencionadas. El segundo, que abarca de 1837 a 1857 muestra un incremento del flujo inmigratorio; tal incremento corresponde al periodo de restablecimiento de las relaciones diplomáticas entre México y España y al inicio del proceso de regularización de la situación de los españoles en el país a través de su legación. Y el tercero, de 1857 a 1877, en el que se observa un descenso de la inmigración española respecto del periodo anterior debido a los conflictos generados por la guerra de Reforma, la Intervención y el establecimiento del Imperio.[11]

En este último periodo —especialmente de 1862 a 1867—, que es el que nos ocupa, el estado de guerra y la lucha emprendida por el gobierno republicano encabezado por Benito Juárez, en contra de las fuerzas francesas, primero, y, más tarde, las del Imperio de Maximiliano incidieron negativamente en el proceso de regularización de la población extranjera y por supuesto sobre los españoles. Si bien las disposiciones legales sobre extranjeros expedidas durante estos años por uno y otro gobierno hacían referencia a la legislación de la década de 1840, también muestran los conflictos inherentes al periodo y la posición de los bandos en contienda.

En 1863, por ejemplo, el presidente Juárez expidió un decreto en el que se ratificó que todo extranjero debía registrarse y contar con la constancia de nacionalidad, certificada por el agente o diplomático consular respectivo, para obtener el documento oficial de la República mexicana emitido por el Ministerio de Relaciones. En cuanto a los españoles, el mismo decreto confirmaba las declaraciones de nacionalidad hispánica que hubieran cumplido "en tiempo y modo" con lo dispuesto por el decreto del 10 de agosto de 1842.[12] Más tarde, en 1866, desde Chihuahua y en condiciones menos favorables para el gobierno republicano, Juárez decretó que todos los extranjeros que se trasladaran a la "República" o que residieran en ella podrían hacer valer sus derechos en juicios u otorgar escrituras aun cuando no se hubieran inscrito en la "matrícula de extranjeros" ni contaran con el certificado de su

[11] En el segundo periodo se estima que hubo un incremento promedio de 100 españoles al año, mientras que en el tercero el incremento se reduce 50%; LIDA, 1994, 27-29.

[12] "Decreto de Gobierno. Prevenciones respecto de extranjeros, por lo relativo a su inscripción", México, 13.III.1863, en DUBLÁN y LOZANO, 1876, IX, 597-598. Este decreto puede verse también en AGN, Gobernación, sin sección (en adelante s. sec.), vol. 493, exp. 9.

nacionalidad. Sin embargo para gozar de "los derechos de extranjería" debían inscribirse y tener su certificado.[13]

Por su parte, en agosto de 1863 la Regencia del Imperio en la capital decretó que, para evitar los inconvenientes provocados por la falta de documentación oficial para los extranjeros, se abriría un registro en la Secretaría de Estado y Negocios Extranjeros en el cual se los matricularía. También se estableció el plazo de seis meses para que los extranjeros radicados en el Imperio acudieran a realizar el trámite y una multa de diez pesos a quienes dejaran de hacerlo. Para realizar el registro, los extranjeros debían probar su nacionalidad con el pasaporte de ingreso o con un certificado del agente diplomático o consular de su nación. Igualmente se dispuso que los capitanes de los puertos y los prefectos de las ciudades fronterizas debían informar sobre las personas que ingresaran al Imperio, además de que tenían la obligación de dar cuenta de su nacionalidad y oficio.[14]

A pesar de la confusión que pudieron haber provocado las disposiciones republicanas y las del Imperio antes referidas, así como las dificultades de orden diplomático que existían entre México y España,[15] la información acerca del ingreso de españoles a México entre 1862 y 1866 muestra cómo, incluso en los tiempos de mayor convulsión y conflicto, los españoles continuaron ingresando al país. Un ejemplo de ello es el del asturiano Manuel Noriega Lamas, soltero de 21 años y dependiente de comercio, que se trasladó a México en 1863 después de haber obtenido un pasaporte del gobernador de La Habana.[16] De hecho sabemos que durante 1864 México recibió por lo menos a 602 españoles y en el transcurso de 1866, al menos a 349.[17]

[13] En el artículo 2 del decreto quedó establecido lo siguiente: "En lo que se refiera al tiempo anterior a la fecha en que se inscriban y obtengan el certificado de matrícula no podrán hacer valer ningunos derechos, ni se deberá admitirles ningunas gestiones bajo el carácter de extranjeros". Véase "Decreto del Gobierno: sobre la inscripción de extranjeros en el registro de Matrícula", en DUBLÁN y LOZANO, Chihuahua, 6.XII.1866, t. IX, 748-749.

[14] "Decreto: Palacio de la Regencia del Imperio", en AGN, Gobernación, s. sec., vol. 496, exp. 13, sin folio (en adelante s. fol.).

[15] Sobre las relaciones diplomáticas entre México y España, véase en este volumen el artículo de Agustín Sánchez. Y en cuanto a la forma en que las relaciones diplomáticas se imbricaron con el problema de la deuda y las reclamaciones de súbditos españoles, véase, también en este libro, el trabajo de Antonia Pi-Suñer y PI-SUÑER, 1996.

[16] "El Gobernador de La Habana concede libre y seguro pasaporte a D. Manuel Noriega Lamas", México, 4.XI.1863, en AGN, Segundo Imperio, caja 20, vol. 45.

[17] Las cifras para cada uno de los años se obtuvieron de la suma de españoles ingresados en cada uno de los meses de 1864 y 1866. Los datos aparecen registrados en los volúmenes que concentran la información o las noticias de entrada y salida de buques y pasajeros por diversos puertos mexicanos. Véase AGN, Movimiento Marítimo, vols. 39, 40 y 41. Por su parte, Antonia Pi-Suñer indica que en 1866 "la Legación en México registró la llegada de 452 españoles, lo cual demuestra que el flujo nunca cesó"; PI-SUÑER, 1994, 79.

Asimismo, como resultado del decreto expedido por Maximiliano el 3 de agosto de 1863, los españoles —como lo hicieron los de otras nacionalidades— acudieron a registrarse en la matrícula de extranjeros y solicitaron su certificado de nacionalidad. Otros, los que no cumplieron dentro del plazo establecido, se hicieron acreedores a la multa correspondiente; éste fue el caso del peninsular José Álvarez que, en 1866, solicita "a su M. Imperial le conceda la gracia de inhibirlo de la multa a que se ha hecho acreedor por no haber sacado su carta de naturaleza en su debido tiempo".[18]

Al igual que Álvarez, en los años siguientes varios españoles solicitaron se les eximiera del pago de la multa. La razón que esgrimieron algunos, como Agustín Fernández o Evaristo González, fue que no habían podido matricularse porque se encontraban "en localidades ocupadas por los disidentes".[19] Sin embargo, otros indicaron simplemente el desconocimiento del decreto o la falta de recursos para pagar la multa. En relación con este aspecto, el ministro Martín del Castillo informó, en abril de 1866: "[...] la ignorancia de la ley ha sido alegada por otras personas a quienes V. M. ha tenido a bien agraciar la dispensa de la multa, mas para esto se ha tomado en consideración como causa principal, o su absoluta falta de recursos o una situación precaria".[20]

Los españoles en la capital

El 12 de junio de 1864 Maximiliano de Habsburgo y su esposa entraron a la ciudad de México. De acuerdo con Francisco de Paula de Arrangoiz, ese domingo fue un día festivo en el que la ciudad se engalanó para recibir dignamente a sus soberanos.[21] En los preparativos para la recepción de la pareja imperial participó el cuerpo edilicio. Por su parte, el prefecto municipal Miguel María Azcárate y otros funcionarios del Ayuntamiento firmaron una proclama dirigida a la población de la ciudad; en ella indicaban que

[18] "Francisco Pacheco a nombre del súbdito de Su M. C. José Álvarez", México, 17.II.1866, en AGN, Segundo Imperio, caja 20, vol. 66.

[19] En el caso de González, el vicecónsul de España en la capital dio testimonio de verdad acerca de la razón expuesta por el solicitante. Véase "Se eleva al conocimiento de V. M. las peticiones de varios súbditos extranjeros", México, IV.1866, en AGN, Relaciones Exteriores, caja s.n., 1866. Este tipo de solicitudes se encontró también para 1865.

[20] Esta aclaración del ministro Castillo aparece en la solicitud de Pelegrín Clavé, quien pidió no pagar la multa porque, según él, ignoraba la existencia de la ley y porque se encontraba "exclusivamente dedicado a su arte y a la dirección de sus discípulos". Véase "El súbdito español Pelegrín Clavé, Director y profesor de pintura en la Academia Imperial de S. Carlos", México, 18.IV.1866, en AGN, Relaciones Exteriores, caja s.n., 1866.

[21] ARRANGOIZ, 1985, 616 y 678-685; Véanse también KOLONITZ, 1976, 90-93; DÍAZ, 1976, 138-140; GARCÍA CUBAS, 1986, 494-498; VIGIL, s.f., X.

llegaba "el fausto día en que México ha de saludar por vez primera a sus monarcas[:] el magnánimo Maximiliano y la virtuosa Carlota".[22]

La comunidad española de la ciudad de México, aunque muy minoritaria en relación con la población mexicana, participó también en los festejos de recepción de los nuevos monarcas. Por un informe enviado a Madrid se sabe que muchos españoles dieron un recibimiento colosal a los emperadores.[23]

Si bien en los años sesenta el espacio físico de la urbe todavía conservaba rasgos de la ciudad colonial, la modernidad se hacía presente y se imbricaba con la tradición. La traza original de la antigua capital novohispana ya había sido rebasada y la ciudad, que era la parte más poblada de la municipalidad de México, empezaba a crecer a costa de algunas haciendas y ranchos, después de varias décadas de estancamiento en las que varió muy poco el tamaño de su población y el de su espacio. Para estos años, como al inicio del siglo XIX, el espacio geográfico comprendido por la ciudad, sus barrios, ranchos y haciendas formaba parte del Municipio de México. Éste, junto con otros municipios, como los de Tacuba, Tacubaya, Guadalupe, San Ángel y Tlalpan, formaba parte del Distrito Federal.

Una muestra de los cambios que se dejaban sentir en la ciudad fue la modificación significativa de la estructura de los grupos de propietarios como resultado del proceso de desamortización. Así, entre 1848 y 1864 aumentó el número de medianos propietarios y se fue imponiendo la propiedad individual sobre la propiedad corporativa, con el consiguiente efecto en la configuración del espacio urbano.[24]

De estos cambios por supuesto participaron los extranjeros y en particular los de origen hispánico cuya identidad de lengua y costumbres y "ambigüedad de nacionalidad" desde la consumación de la Independencia, como afirma Erika Pani, los hacía acercarse o separarse de la sociedad mexicana. Un ejemplo de la manera en que participaron algunos connotados empresarios españoles en los cambios de este periodo es precisamente el que tiene que ver con el proceso de transformación de la propiedad corporativa en individual en la ciudad de México.[25]

En 1864 Gregorio Mier y Terán era propietario de 22 casas cuyo valor era superior a los 600 000 pesos, el monto más alto de todos los acumulados por los propietarios particulares. Otros propietarios de predios en la capital eran los españoles Miguel Buch, Isidoro de la Torre, Manuel Gargollo, Caye-

[22] *La Sociedad*, México, 11.VI.1864, 4.

[23] FALCÓN, 1996, 269.

[24] MORALES, 1996, 165-175.

[25] TENENBAUM, 1985. Sobre los conflictos relativos a las deudas y las constantes reclamaciones sobre su pago durante el segundo Imperio, véase Pi-Suñer en este libro.

tano Rubio y Faustino Sobrino, entre otros.[26] Sin embargo, la importancia de estos españoles, en tanto parte del sector económicamente privilegiado de inmigrantes, contrasta con la de otro amplio grupo menos acomodado de peninsulares transterrados que también vivió la instauración del Imperio.

Se ha calculado que en ese momento la población de la ciudad era de 200 000 habitantes; pero, de acuerdo con fuentes más confiables, es más probable que para entonces la capital del Imperio contara con una población aproximada de 130 000, apenas 10 000 más que al inicio de la década de 1840.[27] La estructura social de la urbe era heterogénea y compleja. En ella convivían la opulencia y la mendicidad, así como las diferencias étnicas y de nacionalidad que también imponían diferencias en el ámbito cultural de la ciudad.[28] Así, a pesar de la igualdad decretada en la legislación mexicana del siglo XIX, la desigualdad y la heterogeneidad fueron una constante a la que se agregó, como se indicó antes, la falta de claridad jurídica acerca de los extranjeros y los vaivenes en las disposiciones que sobre la materia trataron de regular el ingreso, la movilidad, el acceso a la propiedad y el ejercicio de determinado tipo de actividades de los extranjeros.

A pesar de que contamos con cálculos aproximados del número de españoles radicados en el país, no es fácil establecer la cantidad de inmigrantes que se asentaron en la ciudad de México. En 1793 se calculaba que la capital del virreinato tenía poco más de 2 300 españoles. Mientras que, para 1827, Harold Sims calcula que el Distrito Federal contaba con algo más de un millar de ellos.[29]

Sin embargo, estas cifras presentan varios problemas. El primero es que los datos correspondientes a la última década del siglo XVIII provienen en su forma original de los resúmenes del censo de Revillagigedo y de los cálculos realizados por Alejandro de Humboldt sobre la base de este censo. Al respecto conviene señalar que, pese a que los cálculos del viajero alemán han sido criticados, éstos y los de Fernando Navarro y Noriega son prácticamente los únicos de que disponemos para los primeros años del siglo XIX.[30] Un segundo problema surge en relación con lo calculado en 1827, ya que las

[26] Véase MORALES, 1996, cuadro 5, 172-173, en ILLADES Y RODRÍGUEZ, comps. Véase también el Apéndice.

[27] "Noticias estadísticas sobre las propiedades fabricadas (casas, fábricas, manufacturas, etc.), Distrito del Valle de México. Prefectura Municipal". México, 1864, en AHCM, Calles Padrón Índice, vol. 491. Para una discusión sobre la evolución demográfica de la ciudad de México de 1811 a 1864, véase PÉREZ TOLEDO, 1996, especialmente 45-46.

[28] Algunas de estas variantes en el segundo Imperio se estudian en PANI, 1995. Para el caso de los españoles, véase también el artículo de Erika Pani en este volumen.

[29] SIMS, 1974, 31-33 y 1990; LERNER, 1964.

[30] Existen diversos trabajos que han criticado el censo de Revillagigedo y los cálculos de Humboldt; LERNER, 1968; MIÑO, 1992.

cifras se refieren a un espacio geográfico mucho más amplio que el que correspondía propiamente a la ciudad de México, pues, como se indicó antes, a lo largo del siglo XIX el Distrito Federal comprendía otras municipalidades además de la de México. Por otra parte, las cifras de la primera década de vida republicana corresponden, como ya vimos, a un periodo especialmente crítico para la población española y poco documentado en términos numéricos. Y finalmente, un tercer problema es que si contrastamos los datos correspondientes a los últimos años del siglo XVIII con los de 1827, podría desprenderse a primera vista una drástica reducción de españoles en la ciudad que conviene explicar, pues Sims se refiere a un territorio más amplio que el que en principio se indica para los últimos años del siglo XVIII, y sus fuentes son más fragmentarias.

Los datos de 1827 para la ciudad dan cuenta de la emigración española que acompañó a la Independencia de México y a la política que sobre los españoles siguieron los gobiernos de Guadalupe Victoria y Vicente Guerrero.[31] Pero sabemos que si bien muchos españoles salieron en estos años, otros negociaron su permanencia y fueron eximidos o regresaron más tarde. Estas consideraciones introducen matices que requieren de criterios más amplios para medir los flujos y reflujos del movimiento migratorio español en México.

Por otra parte, con la finalidad de no crear una falsa imagen de la presencia hispánica en el país, es necesario tomar en cuenta que en los albores de la época independiente hubo españoles que ya no eran considerados como extranjeros porque en 1821 juraron el Acta de Independencia, o porque así quedó establecido en los Tratados de Córdoba (1821), o bien porque optaron por la nacionalidad mexicana como una forma de asegurar sus bienes o para poder ejercer libremente cierto tipo de actividades como el comercio y la industria.[32] Éste es el caso de más de un centenar de españoles que entre 1830 y 1857 solicitaron cartas de naturaleza al Ministerio de Relaciones Exteriores.[33]

En este sentido conviene hacer hincapié en que en los años posteriores a la Independencia privó la falta de claridad acerca del problema de la ciudadanía, lo cual se refleja incluso en las negociaciones entre la legación española y el gobierno mexicano a partir de la quinta década del siglo XIX. Esta falta de claridad, aunada a los conflictos internos y a las intervenciones norteame-

[31] SIMS, 1974; COSTELOE, 1975.

[32] La carta de seguridad o permiso de estancia expedida por el Ministerio de Gobernación concedía protección a los extranjeros para que éstos ejercieran el comercio o la industria, pero no los facultaba para adquirir bienes; PI-SUÑER, 1994, 76-78.

[33] Durante esos años, 110 españoles solicitaron y obtuvieron cartas de naturalización. Las solicitudes son abundantes a partir de 1842, cuando se prohibió el comercio al menudeo por parte de extranjeros; PARDO, 1998, cuadro 3.

ricana y francesa, nos permite comprender las dificultades del periodo para determinar la cantidad de españoles avecindados en la capital.[34]

Con todo, a partir de la información que ofrece el Padrón de la Municipalidad de México de 1842, se sabe que en la porción de la municipalidad correspondiente al espacio que comprendía propiamente la ciudad de México (dividida en 8 cuarteles mayores y en 32 menores, con un total de 245 manzanas) había poco más de un millar de españoles (1 058).[35] Los datos que proporciona esta fuente sobre los españoles que radicaban en la ciudad para los años de 1842-1843 son bastante confiables, dado que no se trata de un simple cálculo aproximado realizado por contemporáneos, sino del resultado del empadronamiento general que se efectuó casa por casa con el fin de determinar el tamaño de la población para la elección de diputados al Congreso.[36]

En 1842, como antes, los españoles que residían en la capital eran mayoría entre los inmigrantes de otros países; los peninsulares conformaban el 62% y eran población fundamentalmente masculina, en edad de trabajar, concentrada en buena proporción en actividades ligadas al comercio, cuyo lugar de residencia era principalmente la zona central de la ciudad.[37]

Sin embargo, para los años que van de la Intervención al segundo Imperio es más difícil calcular el tamaño de la población peninsular en la ciudad de México, pues los padrones del periodo no proporcionan el lugar de origen de los individuos. No obstante, dadas las características de la época en relación con la inmigración española, el ritmo de crecimiento de la población de la ciudad, el ciclo vital de los individuos y la serie de conflictos podemos fundadamente suponer que los españoles radicados en la capital en la década de 1860 no debieron ser menos de los contabilizados en 1842; ya que, como hemos indicado, el flujo inmigratorio de peninsulares fue una constante his-

[34] PI-SUÑER, 1994, 76-79.

[35] "Padrón de la Municipalidad de México de 1842", en AHCM, vols. 3406 y 3407. Para una crítica acerca del Padrón de la Municipalidad de México y un análisis preliminar sobre las características demográfico-sociales de la ciudad de México en 1842, véase PÉREZ TOLEDO y KLEIN, 1996. En la tabla sobre "Principales lugares de origen de los residentes de la ciudad de México en 1842" se reportan 520 españoles. Sin embargo, el Padrón incluye en sus dos volúmenes hojas de registro de extranjeros en las que se contabilizan 760 inmigrantes más de origen español, pero algunos se repiten. La cifra referida aquí no considera la información duplicada. Véase PÉREZ TOLEDO y KLEIN, 1996, 263, y PARDO, 1998, cap. IV.

[36] Si bien puede atribuirse un subregistro de españoles nativos debido a que algunos de ellos se naturalizaron en los años previos al levantamiento del padrón, los datos sobre las cartas de naturalización expedidas hasta 1850 muestran, como se indicó antes, que los españoles que optaron por la nacionalidad mexicana no fueron muchos.

[37] Más de 80% de los extranjeros registrados en el Padrón vivían en los cuarteles menores centrales de la capital. Este porcentaje se calculó a partir de la información sobre extranjeros por manzana y cuartel menor elaborada por Claudia Pardo. Véase PARDO, 1998, cap. IV.

tórica. De hecho, se sabe que años más tarde, en 1882, en la ciudad de México se empadronaron 1 595 españoles.[38]

En suma, la información sobre la importancia social de los españoles desde el inicio del siglo XIX y prácticamente hasta el porfiriato muestra con claridad que la migración de peninsulares hacia México fue constante, y nos permite afirmar con fundamento que, a pesar de la crítica situación mexicana durante la intervención francesa y el Imperio, la presencia española se mantuvo. En tales circunstancias, la cifra de 1 058 españoles constituye la base numérica de análisis y el punto de partida para el estudio de los inmigrantes españoles durante los años que comprenden la Intervención y el segundo Imperio. En este sentido consideramos que la presencia española en México, por lo menos a lo largo de las seis primeras décadas del siglo XIX, fluctuó alrededor de 0.1% sobre el total de la población en el país, tal como lo ha calculado Harold Sims para las primeras décadas de vida republicana.[39] Pues si partimos del total de la población con que contaba la ciudad de México en 1864 (cerca de 130 000 habitantes), no sería descabellado pensar que los españoles que radicaban en la capital se aproximaban a la cifra de 1 300 en ese año.[40]

¿UNA INMIGRACIÓN NO PRIVILEGIADA?

Como ya se dijo, en respuesta al decreto de la Regencia del Imperio de agosto de 1863, durante 1864 y 1867 muchos españoles solicitaron ante las autoridades del Imperio, a través del Ministerio de Asuntos Extranjeros, su registro como súbditos de la Corona española. La constancia de trámite del certificado de nacionalidad española, como por ejemplo la de Julián de Chavarri, indica que éste era originario del pueblo de Gordejuela en Vizcaya. De acuerdo con la información consignada el 15 de abril, en 1867 Julián contaba 18 años y era un joven dedicado al comercio que residía en la ciudad de México.[41]

[38] JARQUÍN, 1981, cuadro 3. De acuerdo con la información que aportan los padrones de la ciudad de México de 1842 y 1882, el aumento de españoles que radicaban en la capital fue de 537 individuos, lo que significa que en promedio llegaban 13.4 españoles al año.

[39] SIMS, 1990, 16.

[40] Para 1877 Pérez Herrero aporta la cifra de 1 300 españoles en el Distrito Federal; creemos que la población peninsular está subestimada; véase PÉREZ HERRERO, 1981, cuadro 3.

[41] "Certificado de Nacionalidad de D. Julián de Chavarri", 15.IV.1867, en AGN, Relaciones Exteriores, caja s.n., s. fol. La mayoría de los certificados de nacionalidad española localizados en los fondos del Archivo contienen los siguientes datos: nombre, lugar de procedencia, edad, estado civil, oficio o actividad y los datos de filiación personal, como color de cabello y ojos, barba, tipo de nariz, entre otros.

Julián de Chavarri, como antes otros españoles jóvenes, seguramente vino a México a probar fortuna, a "hacer la América", al igual que el español del que nos dejó testimonio Guillermo Prieto. Él, como la gran mayoría de los casos registrados como súbditos españoles en estos años, no eran inmigrantes que formaran parte del grupo económicamente privilegiado de comerciantes, empresarios o profesionales de origen español en México durante este periodo.

Los certificados de nacionalidad que localizamos proporcionan información sobre poco más de 630 españoles que residían en la ciudad de México durante el segundo Imperio.[42] Los datos que éstos ofrecen permiten analizar algunas de las características de los inmigrantes y de los movimientos migratorios a México. Aunque a ello están destinadas las siguientes páginas, antes de entrar en materia es importante señalar que esta muestra es lo suficientemente representativa, ya que calculamos que probablemente incluye 40% de los españoles avecindados en la capital del Imperio, ello en consideración del número de peninsulares registrados en 1842 y, como hemos señalado antes, en correspondencia con el total de la población de la ciudad de México en 1864. En relación con la muestra es necesaria una aclaración más que se desprende del análisis: la gran mayoría de los españoles que estudiamos fueron probablemente inmigrantes recién llegados a suelo mexicano, se trata de hombres jóvenes que apoyados en las redes de paisanaje y parentesco establecidas por sus antecesores transterrados empezaban a insertarse en una sociedad en donde la hispanidad aún era sinónimo de diferenciación social y una alternativa de movilidad ascendente.

Sabemos que, una vez consumada la Independencia, algunos españoles se ampararon en su nacionalidad extranjera para intentar protegerse de los constantes conflictos políticos o porque así convenía a sus intereses. Pero no sabemos en qué proporción acudieron a registrarse como súbditos españoles a lo largo del siglo XIX, pues, aunque de acuerdo con las disposiciones legales tenían la obligación de hacerlo, con frecuencia no lo hacían, como se deduce de la reiteración en los diversos decretos para que los extranjeros se matricularan.[43] Sin embargo, creemos que el número proporcionalmente elevado

[42] Los certificados de nacionalidad se encuentran dispersos en varios ramos del Archivo General de la Nación. La base de análisis de 634 españoles se conformó con los documentos de este tipo localizados en AGN, Gobernación, vol. s.n., 1864; AGN, Segundo Imperio, vols.: 37, caja 20; 44, caja 20; 73, caja 20; s.n., caja 20, correspondientes a los años 1866, 1862-1864, 1865, 1862-1866, respectivamente; AGN, Relaciones Exteriores, caja s.n., 1864, 1866 y 1867.

[43] Las leyes y decretos sobre el registro de extranjeros de la República en el periodo de la Intervención y el segundo Imperio hacían referencia al decreto del 10 de agosto de 1842 sobre la materia y a la Ley del 6 de marzo de 1861. Véase "Decreto de Gobierno. Prevenciones respecto de extranjeros, por lo relativo a su inscripción", México, 13.III.1863, y "Decreto del Gobierno:

de certificados de nacionalidad española que se localizó para estos años responde no sólo al decreto del 3 de agosto de 1863, sino también a los problemas específicos que impuso el establecimiento de un Imperio bastante débil, que desde el principio no gozó de un amplio reconocimiento externo y que internamente fue combatido por las fuerzas republicanas. Es muy probable que los españoles de la capital, incluso los más pobres, como otros que residían en el resto del territorio, en tales circunstancias se sintieran más seguros y mejor respaldados en su nacionalidad española, pues mientras un buen número de españoles solicitó la matrícula de extranjero, pocos fueron los peninsulares que optaron por la nacionalidad mexicana durante el periodo comprendido entre 1862 y 1867.[44]

David Brading ha señalado que el comercio era una actividad atractiva para los inmigrantes europeos, particularmente los peninsulares. Asimismo indica que en muchos casos aun los que lograron hacerse ricos iniciaron su carrera como aprendices de comerciantes o cajeros en el establecimiento de un pariente o paisano. Estos españoles, de acuerdo con el autor, llegaron a formar en el periodo colonial una "selecta casta" fortalecida por el matrimonio y otras prácticas endogámicas como el paisanaje.[45]

Si bien la apreciación de Brading sobre los comerciantes españoles al término de la Colonia se extiende a las primeras décadas del siglo XIX, debe analizarse a la luz de las particularidades que imprimieron los cambios del amplio periodo de gestación del nuevo Estado mexicano. ¿Cuál era el perfil migratorio de los españoles que llegaron a la ciudad de México y cuánto varió después de casi siete décadas?

Estado civil y situación económica

La información que proporcionan los certificados de nacionalidad, sin ser lo abundante que se quisiera, permite afirmar que durante el segundo Imperio los españoles que residían en la ciudad de México seguían siendo una población mayoritariamente masculina, formada por solteros en edad de trabajar, y que en México se vinculó fundamentalmente a actividades de tipo mercantil. Es cierto que había pocas mujeres de origen español en la ciudad, pe-

---

sobre inscripción de los extranjeros en el registro de matrícula", México, 6.XII.1866, en DUBLÁN y LOZANO, 1876, IX, 597-598 y 748-749, respectivamente.

[44] Durante la búsqueda realizada en el Archivo General de la Nación se localizó un buen número de certificados de españoles que residían en otros lugares del país. Por su parte ni en este archivo ni en el de Relaciones Exteriores encontramos más de cincuenta solicitudes de naturalización en este periodo.

[45] BRADING, 1975, 147-151.

ro las fuentes de la época, en particular las que analizamos para estos años, no nos permiten acercarnos a las inmigrantes del sexo femenino.[46]

CUADRO 1
Estado civil de los españoles (1864-1867)

Estado	*Núm.*	%
Solteros	505	81.98
Casados	94	15.26
Viudos	17	2.76
Total	616	100.00

FUENTE: Elaborado a partir de Certificados de Nacionalidad, AGN.

Como se muestra en el cuadro 1, más de 80% de los españoles radicados en la capital eran solteros y, aunque la soltería siempre se asocia a la juventud, por el rango de edad en que se encuentran podemos considerarlos parte del mercado matrimonial. Sin embargo, es bastante probable que muchos de ellos pospusieran el matrimonio hasta obtener una mejor posición económica, pues salvo contadas excepciones la gran mayoría no figuraba en esos años como propietarios de inmuebles, de establecimientos comerciales ni industriales.[47] Seguramente muchos de los peninsulares se encontraban en la misma situación que el "dependiente" de comercio Juan Arroyo, quien a los 29 años y con poco tiempo de residir en México aún no había contraído nupcias.[48]

[46] La esposa del primer ministro español en México, Francis Calderón de la Barca, dejó algunos testimonios sobre algunas españolas avecindadas en la capital, pero el estudio de la inmigración femenina a México hasta los años setenta es aún un estudio pendiente, pues ya para el porfiriato se han emprendido algunos estudios gracias a la disponibilidad de fuentes como el Padrón de 1882, que para la ciudad de México ha estudiado María Teresa Jarquín. Véanse CALDERÓN DE LA BARCA, 1987, y JARQUÍN, 1981.

[47] El listado que se formó con los datos que proporcionan los certificados de nacionalidad fue cuidadosamente cotejado con la información relativa a los establecimientos comerciales e industriales que existían en la ciudad de México en el periodo. Igualmente se cotejó con listas de comerciantes, contribuyentes y padrones. Véanse "Lista general de las profesiones y de los comerciantes e industriales del Imperio Mexicano", en MAILLEFERET, 1992; O'FARRIL, 1895; *Almanaque Bouret*, 1992; "Padrón de la Municipalidad de México de 1842", en AHCM, vols. 3046-3047; "Dictamen de la Comisión de Hacienda del Exmo. Ayuntamiento" I-II.1848, en AHCM, Actas de Cabildo, vol. 170-A; "Padrón de la Municipalidad de México, 1863", en AHCM, vol. 3414; "Padrón formado por las Comisarías de Cuartel de la clase media y alta", 1866, en AHCM, Imperio Mexicano-Maximiliano-Documentos diversos, vol. 2314, t. I, leg. 2, exp. 17; "Calificación de establecimientos industriales de la ciudad de México", 1865, en AGN, Padrones, caja 94. Agradezco el apoyo de Norma Angélica Sánchez Cano y Graciela Bernal Ruiz, quienes colaboraron en el cotejo de estos documentos.

[48] Véase "Expedición de pasaporte de Juan Arroyo, súbdito español", México, 1.IX.1863, en AGN, Segundo Imperio, caja 20, vol. 45, s. fol.

Existen otros elementos que nos informan de la situación económica de la mayor parte de estos inmigrantes, y todos ellos indican que una alta proporción estaba constituida por españoles de escasos recursos. Esta situación eventualmente pudo incidir en que el matrimonio se realizara a edad más avanzada, ya que con frecuencia jóvenes solteros, como el asturiano José María Fernández, de 22 años, e incluso otros, como Manuel Castillo, quien tenía 30 y había nacido en Pamplona, obtuvieron el certificado "gratis por ser pobre[s]".[49] Esta leyenda se repite en un número significativo de los registros de certificados de nacionalidad española y contrasta con, a lo sumo, una decena de casos en los que aparece el monto pagado por el certificado.[50]

En este sentido, la "pobreza" o la escasez, e incluso la falta de recursos, fueron los argumentos que utilizaron algunos inmigrantes españoles para evitar el pago de la multa a la que, de acuerdo con el decreto de 1863 sobre la materia, se habían hecho acreedores por no registrarse a tiempo.[51] Así lo demuestran los casos de Francisco de las Piedras y Eduardo Alonso, quienes solicitaron a su Majestad Imperial que se les exentara del pago de la multa, "que la ley del 3 de agosto de 1863 impone", debido a "sus escasos recursos".[52]

Por otra parte, la baja proporción de casados guarda estrecha relación con la edad y apoya la idea expuesta líneas arriba, pues la mayoría de los hombres casados tenía una edad promedio superior a los 35 años.[53] Por desgracia no es posible aportar mayor información respecto a las prácticas matrimoniales de los españoles en este periodo, pues nuestra fuente no proporciona datos sobre los cónyuges.[54]

[49] "Certificado de Nacionalidad de D. José María Fernández" y "Certificado de Nacionalidad de D. Manuel Castillo", México, 10.IV.1867 y 13.IV.1867, respectivamente, en AGN, Relaciones Exteriores, caja s.n.

[50] Solamente localizamos dos casos en los que la suma erogada para adquirir el certificado ascendió a 38 pesos; uno de ellos corresponde al pintor y director de pintura en la Academia de San Carlos, Pelegrín Clavé. Véase "Certificado de Nacionalidad de D. Pelegrín Clavé", México, 7.III.1866, en AGN, Relaciones Exteriores, caja s.n. Sobre la importancia y el lugar que ocupó este pintor en el periodo, véase en este volumen el artículo de Erika Pani.

[51] El decreto de 1863 estableció un plazo de cuatro meses a partir de su publicación para que los extranjeros acudieran a matricularse; la multa por incumplimiento era de 10 pesos y uno más por cada mes que transcurriera. Véase "Decreto: Palacio de la Regencia del Imperio", en AGN, Gobernación, s. sec., vol. 496, exp. 13, s. fol., artículos 2º y 6º.

[52] Véase "Los súbditos españoles D. Francisco de las Piedras y D. Eduardo Alonso piden ser agraciados", México, 25.I.1866, en AGN, Segundo Imperio, caja 20, vol. 65. En esta caja aparecen varias solicitudes del mismo tenor.

[53] Incluso en años posteriores, la mayoría de la población española avecindada en la ciudad de México estaba formada por solteros. En 1882, por ejemplo, de los 1 595 españoles censados, 1 057 no habían accedido al matrimonio. Véase JARQUÍN, 1981, 182-184.

[54] Sin duda la información que sobre matrimonios se encuentra en los archivos parroquiales aportará mayores datos al respecto. Éste es aún un trabajo pendiente.

GRÁFICA 1
Estado matrimonial de españoles, 1864-1867

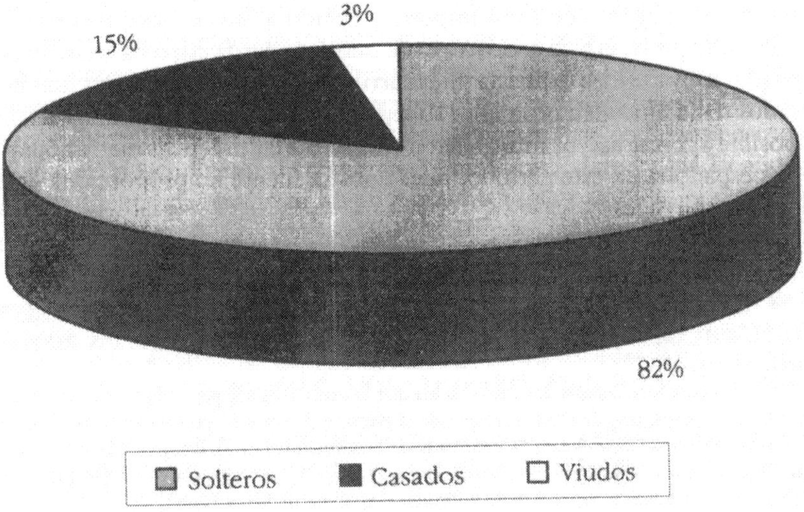

FUENTE: AGN, Certificados de Nacionalidad.

Como se señaló antes, la información sobre el estado matrimonial y la edad de estos españoles indica que los inmigrantes que analizamos tenían poco tiempo de radicar en México. Sin embargo, dado el reducido número de españolas que vivía en la capital es posible deducir que muchos de ellos se incorporaron a la sociedad mexicana casándose tal vez con mexicanas.

Edades de los inmigrantes

La información acerca de la edad de los inmigrantes consignada en el cuadro 2 muestra claramente que este grupo de peninsulares estaba formado por jóvenes. A este respecto podemos afirmar que la emigración española hacia México tuvo características constantes a lo largo del tiempo.[55] Eran hombres solos, y no familias, los que salían de España.

CUADRO 2
Grupos de edad de españoles (1864-1867)

Grupos de edad	*Núm.*	%
10-14	20	3.2
15-19	119	19.04
20-24	132	21.12
25-29	93	14.88
30-34	94	15.04
35-39	61	9.76
40-44	43	6.88
45-49	31	4.96
50-54	18	2.88
55-59	5	0.80
60-64	5	0.80
65-69	–	–
70 o más	4	0.64
Total	625	100.00

FUENTE: Elaborado a partir de Certificados de Nacionalidad, AGN.

Ello se desprende de la ausencia casi total en esos años de solicitudes de certificados de nacionalidad por parte de mujeres. Por otro lado, el número de niños de entre 10 y 14 años de edad originarios de España durante esos

[55] Todavía en 1882 los inmigrantes españoles de la ciudad de México eran en gran parte hombres jóvenes y solteros. La población masculina alcanzaba en este año cerca de 85% y casi 75% de ellos eran solteros; JARQUÍN, 1981, 183.

años suma un total de 15, todos provenientes de Asturias. Seguramente los restantes 5 menores de 14 años que reportaron "México" como lugar de origen durante el cuatrienio 1864-1867 eran hijos de peninsulares que optaron por la nacionalidad española. En ente sentido, hay que recordar que aunque se hubiera nacido en territorio mexicano la legislación permitía optar por la nacionalidad española si se era hijo de padres españoles.[56]

Las principales actividades económicas

Si se examina el cuadro 2, es evidente que casi 65% de los inmigrantes españoles asentados en la capital del Imperio oscilaban entre los 18 y los 30 años de edad. Es justamente a esas edades que encontramos a la mayor parte de comerciantes que, como se ha expuesto, en esta época no integraba el grupo económicamente privilegiado. Resulta difícil creer que fuera de otra manera puesto que 95% de los españoles entre 15 y 19 años declararon dedicarse al comercio.[57] Con toda seguridad la mayor parte de éstos eran dependientes o cajeros que trabajaban en algún establecimiento comercial de la ciudad, e iniciaban su carrera detrás del mostrador como tradicionalmente lo habían hecho muchos otros inmigrantes hispánicos que los precedieron. Sobre éstos Lorenzo de Zavala había escrito varias décadas antes:

> La mayor parte de los que dirigían el comercio eran con pocas excepciones [...] jóvenes pobres que salían de las provincias de España para pasar a América, llevando por todo vestido un pantalón, un chaleco y una chaqueta con dos o tres camisas [...]. Iban consignados a un pariente que había hecho allí un negocio y entraban en su noviciado.[58]

Por el análisis de la información que se presenta en la gráfica 2, en la que comparamos el número de españoles que reportaron como actividad el comercio con las edades agrupadas por quinquenios, creemos que estos "comerciantes" menores de 25 años, que suman más de 240, en realidad eran empleados, como los describió mucho antes Lorenzo de Zavala. Además, por diversos testimonios, al igual que por la evidencia que resulta del análisis del lugar de origen de los inmigrantes, no es difícil inferir que los transterrados de la península ibérica, de los que dan cuenta estas fuentes, formaron parte de una inmigración *libre y en cadena.*[59]

[56] El número total de certificados de nacionalidad en los que aparece "México" como lugar de origen es de 58.

[57] De las 119 personas de entre 15 y 19 años, 113 aparecen como comerciantes.

[58] ZAVALA, 1985, 66-67.

[59] LIDA, 1997, 36-37.

GRÁFICA 2

Comerciantes españoles por grupos de edad

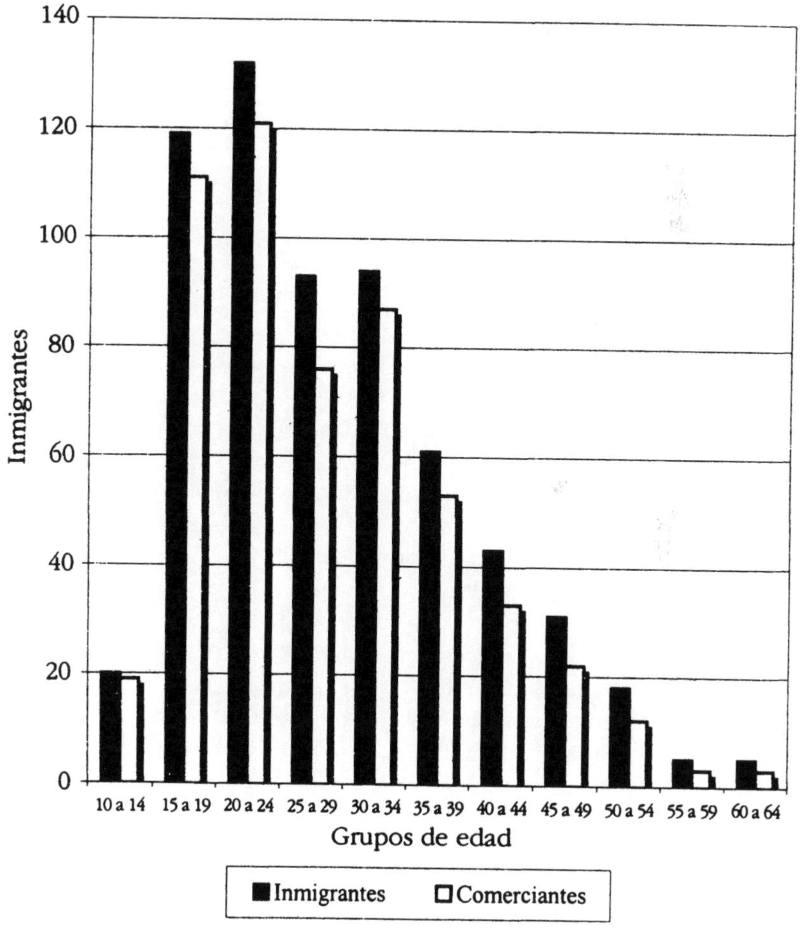

FUENTE: AGN, Certificados de Nacionalidad.

Si se observa el cuadro 3, resulta evidente que el segundo lugar de las actividades lo ocupan —muy por debajo de los comerciantes— las profesiones liberales. Si bien el porcentaje de inmigrantes agrupados en esta categoría parece elevado en comparación con la información que se tiene para otros periodos, es razonable si consideramos que se estudia a los inmigrantes avecindados precisamente en la capital del Imperio,[60] es decir, los que radicaban en la ciudad más grande del país y centro político y administrativo.

CUADRO 3
Actividades de los inmigrantes (1864-1867)

Actividades	*Núm.*	%
Comercial	551	89.74
Profesiones liberales	29	4.72
Agrícola	14	2.28
Artesanal	11	1.80
Propietarios	8	1.30
Eclesiástica	1	0.16
Total	614	100.00

FUENTE: Elaborado a a partir de Certificados de Nacionalidad, AGN.

Los peninsulares que se ubican en esta categoría se encontraron distribuidos de forma más o menos homogénea entre los 19 y 50 años de edad, lo cual se explica dada la naturaleza de las actividades. Si bien no son muchos, entre ellos se encuentran algunos estudiantes, abogados, médicos, ingenieros y profesores, como es el caso del pintor Clavé.

Una de las características de los inmigrantes españoles en México ha sido su inserción en el mundo urbano, por lo cual no es gratuito que en nuestra muestra sólo 14 personas —es decir, un reducido porcentaje de españoles— se dedicaran a las actividades de tipo agrícola. Para el caso de los 8 labradores registrados debemos recordar que, como se indicó antes. a pesar de que el paisaje empezaba a modificarse mediante el fraccionamiento y la formación de nuevas colonias, la ciudad de México ofrecía todavía espacios de trabajo pues, además de las huertas y hortalizas, había ranchos y hacien-

[60] El porcentaje de españoles dedicados a actividades de este tipo en México y en otras ciudades mexicanas en años posteriores a los aquí estudiados es menor que el computado para la ciudad de México. Para 1882, los españoles que se encuentran en esta categoría constituían 1.6% del total censado en este año, pero su número era de 22. En el país, durante el decenio 1926-1936, el porcentaje de profesionales de origen hispánico era de 2.28; véase JARQUÍN, 1981, 197, y LIDA, 1997, 61. Para el caso de los inmigrantes españoles avecindados en Puebla hacia 1930, véase GAMBOA OJEDA, 1994, 202-205.

das localizados en los perímetros de la traza urbana, y todos eran todavía parte del ámbito cotidiano.[61]

Es probable que se requiera más información para saber con certidumbre el lugar que ocuparon los inmigrantes españoles en la producción artesanal y manufacturera de la ciudad durante estos años, ya que el número de personas dedicadas a las actividades de este tipo es muy pequeño. Esto se podría deber al estado de decaimiento en que se encontraban los artesanos y la producción y a la competencia que impusieron las manufacturas extranjeras, factores que inhibieron la incorporación de inmigrantes de la península ibérica a este sector. Sin embargo, vale la pena agregar que la calificación del trabajo artesanal, que supone un proceso paulatino de aprendizaje del oficio, se refleja en el rango de edad que va de los 25 a los 45 años.[62]

Finalmente, solo encontramos el certificado de un presbítero de origen español, lo cual bien puede deberse a que uno de los grandes problemas del Imperio fue la falta de reconocimiento del Vaticano, así como a los conflictos que se generaron con la Iglesia por la posición de Maximiliano de Habsburgo respecto de las leyes de Reforma relativas a la desamortización de los bienes eclesiásticos.[63]

Redes migratorias

La evidencia reunida indica que los españoles que vinieron a México mantuvieron durante casi todo el siglo XIX las antiguas prácticas descritas por David Brading para el periodo colonial, es decir, la formación de redes de inmigrantes sustentadas en el parentesco y el paisanaje. Un claro ejemplo de ello es el caso del vizcaíno Eusebio Jica y Morua, que a la edad de 17 años se trasladó a México desde Bilbao para reunirse con su tío José Ángel Morua.[64]

Así, el grupo de comerciantes estudiado en este trabajo, que, como se muestra en el cuadro 3, alcanza casi 90%, responde en lo general a esta caracterización. Seguramente una amplia mayoría fue empleada por otros inmigrantes españoles ya que, de acuerdo con Augusto Génin, en los tiempos de la Intervención los abarrotes al por mayor y al menudeo se encontraban "exclusivamente en manos de españoles".[65] Por desgracia, las fuentes que tra-

[61] MORALES, 1981 y 1996.

[62] PÉREZ TOLEDO, 1996.

[63] CORTI, 1974; IGLESIAS, 1972. Véanse también los artículos de Agustín Sánchez y de Antonia Pi-Suñer en este volumen.

[64] "Pasaporte de Eusebio Jica y Morua", Bilbao, 22.IX.1864, en AGN, Segundo Imperio, caja 20, vol. s.n., s. fol.

[65] Véase "Augusto Génin. El comercio extranjero", en GORTARI y HERNÁNDEZ, 1988, III, 242. Sobre los trabajadores empleados en los comercios, Guillermo Prieto escribió: "El personal

bajamos no nos señalan el lugar de residencia de estos peninsulares, pero no sería difícil pensar que, tal como se observa en 1842, éstos vivieran en el centro de la ciudad.

Como se indicó antes, en 1842 más de 80% de los extranjeros vivían en la zona central de la ciudad. En esta parte de la urbe, particularmente en las calles cercanas al Zócalo, estaba ubicada la mayor parte de los establecimientos comerciales. Probablemente muchos de los inmigrantes españoles que hemos estudiado en estos años a partir de los certificados de nacionalidad tuvieron como lugar de residencia la zona central de la capital del Imperio. Esto es especialmente cierto si consideramos que eran jóvenes dedicados al comercio y no formaban parte de la inmigración económicamente privilegiada, por lo cual lo más seguro es que vivieran en las tiendas, trastiendas o viviendas de un paisano o pariente, como se muestra en las descripciones que dejaron Lorenzo de Zavala y Guillermo Prieto. Además, todavía en 1882, cuando las modificaciones del espacio urbano se aceleraron, en esta parte de la ciudad radicaba la mayor proporción de españoles.[66]

Antes de analizar la información sobre el origen regional de los españoles, hay que agregar que el reducido número de propietarios contribuye a apoyar la idea de que la gran mayoría de estos inmigrantes no formaban parte del sector económicamente privilegiado del que se han ocupado otros estudios.[67] Esta apreciación se refuerza con la información acerca de los súbditos españoles que solicitaron la condonación de la multa por no haber tramitado a tiempo su certificado de nacionalidad y acudido a registrarse al Ministerio. Conviene al respecto recordar las palabras del ministro Castillo sobre los extranjeros, en particular los peninsulares a los que se perdonó el pago de la multa. De acuerdo con él, la causa principal por la que se condonaba la multa era la "absoluta falta de recursos o una situación precaria".[68] Sin duda el Ministro estaba bien informado al respecto, pues entre 1865 y 1866 fue precisamente él quien se encargó de evaluar las solicitudes y elaborar los acuerdos que se remitían para la firma del Emperador.[69]

---

de estos comerciantes conservaba con rigurosa exactitud las tradiciones españolas"; GORTARI y HERNÁNDEZ, 1988, III, 369.

[66] De un total de 1 595 españoles censados en este último año, 1 189 vivían en los cuarteles mayores centrales, es decir, 74.5 por ciento. Véase JARQUÍN, 1981, 182, cuadro 2.

[67] LIDA, 1994. Véase *supra* n. 3 y el Apéndice.

[68] Véase "El súbdito español Pelegrín Clavé, Director y profesor de pintura en la Academia Imperial de S. Carlos", México, 8.IV.1866, en AGN, Relaciones Exteriores, caja s.n., año 1866.

[69] De acuerdo con el ministro Castillo, en 1866 el español Ángel Muna expuso que no le era "posible satisfacer la multa a que se ha hecho acreedor por su omisión, a causa de que sus escasos recursos apenas le son suficientes para atender a sus necesidades, o las de su familia". En este caso, como en el de otros extranjeros, la solicitud fue amparada por "el Sr. Vicecónsul de S. M. C.", por lo que el Ministro preparó el acuerdo en el que se indicaba: "Siendo en mi opinión

En conjunto, estos elementos nos permiten concluir que el grupo de españoles que estudiamos estaba formado en su mayoría por hombres jóvenes, quienes en estos años no gozaban de una posición económica holgada y menos privilegiada, como la que tenían otros peninsulares. Sin embargo, todo parece indicar que pronto se incorporaron a la vida económica de la urbe gracias a los vínculos familiares y personales, y que capitalizaron las redes establecidas por otros transterrados de la península ibérica. Desde esta perspectiva, la posibilidad de que este grupo de inmigrantes encontrara un empleo en la ciudad de México gracias al pariente o al paisano era sin duda una situación de privilegio, al menos frente al amplio grupo de inmigrantes mexicanos que también llegaban a la capital en busca de un mejor destino.[70] Así, para este grupo de españoles el privilegio no radicaba en la posición económica sino precisamente en el acceso a un empleo que abría la posibilidad de ascenso económico. Dada la edad de estos españoles y el número relativamente alto de peninsulares que conforman nuestra muestra, resulta aventurado pensar que todos alcanzaron el nivel de los grandes y connotados comerciantes, prestamistas y empresarios, como Gregorio Mier y Terán o Cayetano Rubio. Sin embargo, quizás algunos de ellos llegaron años después a una situación semejante, o por lo menos desahogada.

ESPAÑA EN MÉXICO: EL ORIGEN REGIONAL DE LOS INMIGRANTES[71]

Desde tiempos muy tempranos de la Colonia, la inmigración española provino especialmente de ciertas regiones de España. Aproximadamente tres cuartas partes de la población colonizadora del siglo XVI la conformaron andaluces, castellanos y extremeños.[72] De acuerdo con David Brading, al finalizar el siglo XVIII la mayoría de los inmigrantes que llegaban a México

---

legales las razones expuestas [...] y hallando en ellas causa justa para ser tomadas en consideración, tengo la honra de someter a la firma de V. M. el adjunto acuerdo". Véase "El español D. Ángel Muna hace presente", México, 5.VI.1866, en AGN, Relaciones Exteriores, caja s.n., exp. s.n. y s. fol., año 1866.

[70] De acuerdo con Alejandra Moreno Toscano, la ciudad de México del siglo XIX se caracterizó por una situación generalizada de desocupación y de inestabilidad en el empleo para una amplia mayoría de los trabajadores; MORENO TOSCANO, 1990, 326-332. Sobre los inmigrantes mexicanos en la ciudad de México, véase PÉREZ TOLEDO, 1996

[71] Agradezco el apoyo técnico y los conocimientos que generosamente me brindó Óscar Armando Huerta Toledo para la elaboración de los mapas que se incluyen en este trabajo.

[72] Elsa Malvido, apoyada en catálogos de viajeros recabados por Peter Boyd Bowman, indica que Andalucía aportó 29%; Castilla la Vieja, 18%; Extremadura, 18%, y Castilla la Nueva, 8%. MALVIDO, s.f. Agradezco a la autora haberme proporcionado una copia de este trabajo de próxima publicación.

Mapa 1
Emigración española a México durante el segundo Imperio por regiones

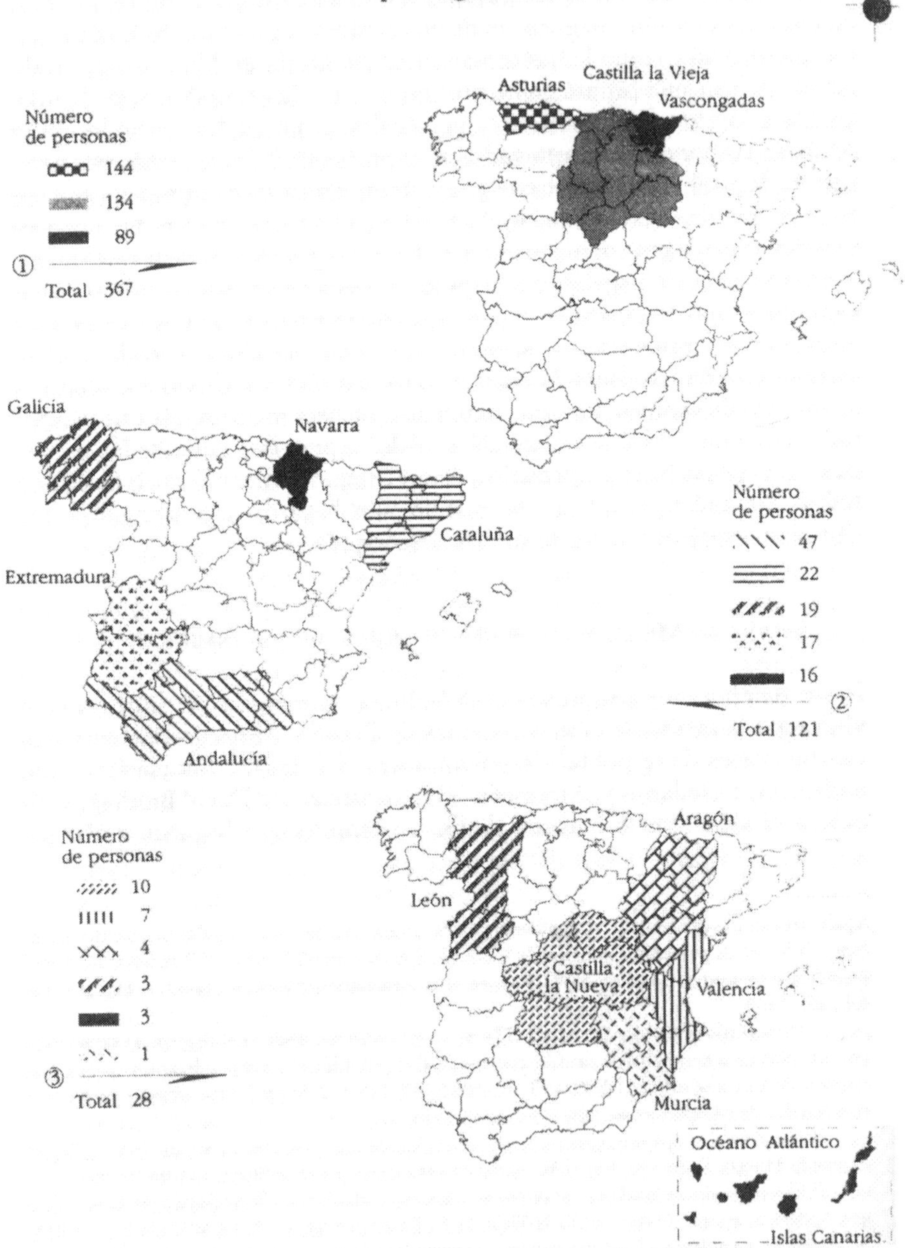

Fuente: "Mapa de España, Geografía Política, Administración", en *Nuevo atlas de España*. 1961, pp. 142-143. Elaborado a partir de Certificados de Nacionalidad, en AGN

eran campesinos del norte de la península ibérica que provenían de la región cantábrica: Asturias, Navarra y Montañas de Burgos, fundamentalmente.[73]

De esta manera, por lo menos desde el siglo XVIII y hasta antes de la guerra givil española, el predominio de inmigrantes del norte de la Península, en particular de la zona cantábrica, es una constante de la presencia española en México.[74] Y la inmigración asentada en la ciudad de México durante el segundo Imperio no es la excepción, como se puede apreciar si se comparan los porcentajes de españoles por región que aparecen en la siguiente serie de mapas (véase mapa 1).

Como se puede observar, las regiones de Asturias, Castilla la Vieja y las Vascongadas aportaron poco más de 70% de los inmigrantes radicados en la ciudad de México que solicitaron certificados de nacionalidad española entre 1864 y 1867. De estas regiones destacan las provincias de Oviedo y Santander, y de esta última el partido del mismo nombre (véase mapa 2). La proporción de santanderinos es la más elevada, pues constituye poco más de 20% del total de los españoles residente en la capital del Imperio. En cambio, la diferencia que, en términos porcentuales, coloca a los asturianos por encima de los originarios de Castilla la Vieja es realmente mínima.

Del cruce de la información relativa a la actividad declarada con la del lugar de origen observamos que prácticamente todos los originarios de Santander se ocupaban en el comercio. El porcentaje de quienes se definen como comerciantes provenientes de esta provincia alcanza poco más de 95% y la edad de más de la mitad de éstos corresponde a hombres jóvenes de entre 15 y 29 años. Lo mismo sucede en el caso de los asturianos y los vascos, pues entre los de Asturias sólo 1 de 144 informó de una actividad diferente del comercio y más de 60% de estos llamados comerciantes se encontraron en un rango de edad de entre 15 y 19 años. En cuanto a los vascos, el análisis de las variables de origen, edad y actividad arroja los siguientes datos: 95.5% de los oriundos de las Vascongadas eran comerciantes y cerca de la mitad tenía entre 15 y 29 años. Con respecto a los inmigrantes de esta región, conviene señalar que la mayoría indicó como lugar de origen la provincia de Vizcaya, con una diferencia realmente considerable respecto de otras provincias de la misma región, cuya presencia numérica era muy escasa.

Todo lo anterior permite afirmar que los movimientos de inmigración española a México mantuvieron en lo general las características claramente delineadas desde la segunda mitad del siglo XVIII, a pesar de las fluctuaciones que se observan durante el siglo XIX. Se trata, pues, de movimientos *en cadena*, fundamentalmente de inmigrantes del norte de España, que eran indi-

[73] BRADING, 1975, 147-148.

[74] Para los últimos años del siglo XIX y las primeras décadas del XX, véanse LIDA, 1994 y 1997.

MAPA 2
Emigración española a México
durante el segundo Imperio
por provincias

FUENTE: "Mapa de España, Geografía Política, Administración", en *Nuevo atlas de España*. 1961, pp. 142-143. Elaborado a partir de Certificados de Nacionalidad, en AGN

viduos dedicados principalmente al comercio —basta recordar la importancia de la presencia española en el comercio colonial, así como la del Consulado de Comerciantes de la Ciudad de México y sus divisiones internas entre vascos y montañeses.[75]

Finalmente, es importante hacer un comentario más sobre la información relativa al origen de los inmigrantes en relación con el grupo de andaluces y extremeños, que en estos años era de 47 (9.1%) y 17 (3.3%), respectivamente. La información obtenida a partir de nuestras fuentes indica que, al menos hasta el término de la década de 1860, se mantuvo en México la presencia histórica de peninsulares procedentes de las regiones de Andalucía y Extremadura que, como vimos antes, caracterizó a la inmigración peninsular desde el periodo colonial. En cambio, de acuerdo con los estudios realizados por Clara Lida, para el porfiriato y las tres primeras décadas del siglo XX prácticamente desaparece la presencia española de estas dos regiones.[76]

REFLEXIONES FINALES

Si bien la presencia española en la ciudad de México durante el segundo Imperio fue escasa en comparación con la población total de la capital, los españoles constituyeron el grupo mayoritario de extranjeros. De éste, una proporción reducida integró parte de la élite y llegó a acumular grandes fortunas mediante el comercio, el crédito y otras actividades económicas, como las manufactureras. Estos comerciantes, empresarios y propietarios se vincularon a la sociedad mexicana a través de viejas y conocidas prácticas matrimoniales y relaciones personales, aprovechando el sistema tradicional de redes establecido por los inmigrantes de la península ibérica desde la Colonia. En este sentido formaron parte de lo que otros estudios han denominado una inmigración privilegiada.

Sin embargo, como se ha intentado demostrar en las páginas anteriores, una amplia mayoría de los españoles que residían en la ciudad de México entre 1864 y 1867 no formaba parte de esta élite. De acuerdo con la información que hemos analizado en este trabajo, éstos eran españoles de escasos recursos que vinieron a México en busca de un mejor destino y, seguramente, con la expectativa de alcanzar una situación económica más favorable que la que probablemente les esperaba en su propio país. Ellos, como otros peninsulares antes, aprovecharon y capitalizaron también el sistema de redes y cadenas personales y familiares que les permitió insertarse en la sociedad

[75] BRADING, 1975; VALLE PAVÓN, 1997; SOUTO, 1994 y 1997.

[76] Véase la información sobre el lugar de origen obtenida del Registro Nacional de Extranjeros en estos años en LIDA, 1997.

mexicana con mayor facilidad y en condiciones relativamente favorables. Creemos posible aventurar que no todos alcanzaron una posición económica como la de otros connotados españoles de la época, pero sí podemos asegurar que gozaron del privilegio que significaba acceder a un empleo. Después de todo, iniciar una carrera detrás de un mostrador de una tienda de abarrotes o de cualquier otro giro y contar con un lugar donde comer y dormir fue sin duda un privilegio en una ciudad en la que el contraste entre la pobreza y la riqueza era enorme.

Desde esta perspectiva, los españoles, incluso los más pobres, disfrutaron del privilegio que resulta de una inmigración libre y en cadena. A ello habría que agregar que precisamente por su origen hispánico, e incluso a pesar de la política xenófoba de los primeros gobiernos republicanos en México, en el siglo XIX su incorporación a la sociedad mantuvo una continuidad y resultó menos difícil de lo que las circunstancias auguraban.

En este sentido, México ofreció a muchos españoles una alternativa de vida y de movilidad ascendente, incluso durante el segundo Imperio. Como ya lo mostramos, los conflictos internos y externos que caracterizaron este periodo no fueron un obstáculo para que nuevos inmigrantes de la península ibérica —en su mayoría adultos jóvenes en edad de trabajar— llegaran a establecerse en la ciudad de México. La presencia española fue continua y, por lo menos hasta la década de 1880, mantuvo muchos de los rasgos característicos de la época virreinal. Después de estos años, probablemente la modernidad del porfiriato y la estabilidad política influyeron en las características de la inmigración española a México, y contribuyeron a modificar el perfil histórico de los españoles en este país.

SIGLAS Y REFERENCIAS

AGN: Archivo General de la Nación: Fondos de Gobernación, Movimiento Marítimo, Padrones, Relaciones Exteriores y Segundo Imperio.

AHDF: Archivo Histórico del Distrito Federal.

AHSRE: Archivo Histórico de la Secretaría de Relaciones Exteriores.

BIBLIOGRAFÍA

Almanaque Bouret

1992 *Almanaque Bouret para el año 1897*. México: Instituto de Investigaciones Dr. José María Luis Mora, ed. facs. [1ª ed.: 1897].

ALMONTE, Juan Nepomuceno

1997 *Guía de forasteros y repertorio de conocimientos útiles*. México: Instituto de Investigaciones Dr. José María Luis Mora, ed. facs. [1ª ed.: 1852].

ARRANGOIZ, Francisco de Paula de

1985 *México desde 1808 hasta 1867*. México: Editorial Porrúa, «Sepan Cuantos..., 82» [1ª ed.: 1968].

Atlas geográfico

1997 *Atlas geográfico universal y de México*. Barcelona: Océano Grupo Editorial.

BEATO, Guillermo

1981 "La casa Martínez del Río: del comercio colonial a la industria fabril, 1829-1864", en CARDOSO, coord., 57-106.

BLÁZQUEZ, Carmen, Carlos Contreras CRUZ y Sonia PÉREZ TOLEDO, comps.

1996 *Población y estructura urbana en México, siglos XVIII y XIX*. México: Instituto de Investigaciones Dr. José María Luis Mora-Universidad Veracruzana-Universidad Autónoma Metropolitana Iztapalapa.

BRADING, David A.

1975 *Mineros y comerciantes en el México borbónico (1763-1810)*. México: Fondo de Cultura Económica.

CALDERÓN DE LA BARCA, Madame

1987 *La vida en México*. México: Editorial Porrúa, «Sepan Cuantos..., 74» [1ª ed. ingl.: 1843].

CARDOSO, Ciro, coord.

1981 *Formación y desarrollo de la burguesía en México. Siglo XIX*. México: Siglo XXI Editores.

CERUTTI, Mario
1995 *Empresarios españoles y sociedad capitalista en México (1840-1920)*. Colombres: Archivo de Indianos, «Cruzar el Charco, 15».
CORTI, Egon Caesar
1974 *Maximiliano y Carlota*. México: Fondo de Cultura Económica [1ª ed.: 1924].
COSTELOE, Michael P.
1975 *La primera república federal de México (1821-1835)*. México: Fondo de Cultura Económica.
DÍAZ, Lilia
1976 "El liberalismo militante", en *Historia general de México*, t. 3. México: El Colegio de México.
DUBLÁN, Manuel y José María LOZANO
1876 *Legislación mexicana o colección completa de las disposiciones legislativas expedidas desde la Independencia de la República*. México: Imprenta de Comercio, 34 vols.
FALCÓN, Romana
1996 *Las rasgaduras de la descolonización. Españoles y mexicanos a mediados del siglo* XIX. México: El Colegio de México.
GAMBOA OJEDA, Leticia
1994 "Los españoles en la ciudad de Puebla hacia 1930", en LIDA, comp., 190-217.
GARCÍA CUBAS, Antonio
1986 *El libro de mis recuerdos*. México: Editorial Porrúa, «Biblioteca Porrúa, 86» [1ª ed.: 1904].
GONZÁLEZ NAVARRO, Moisés
1993 *Los extranjeros en México y los mexicanos en el extranjero, 1821-1970*. México: El Colegio de México, 3 vols.
GORTARI, Hira de y Regina HERNÁNDEZ, comps.
1988 *Memoria y encuentros: La ciudad de México y el Distrito Federal (1824-1928)*, t. 3. México: Departamento del Distrito Federal-Instituto de Investigaciones Dr. José María Luis Mora.
HERMOSA, Jesús
1991 *Manual de geografía y estadística de la República Mexicana*. México: Instituto de Investigaciones Dr. José María Luis Mora, ed. facs. [1ª ed.: 1857].
HUERTA, María Teresa
1981 "Isidoro de la Torre: el caso de un empresario azucarero, 1844-1881", en CARDOSO, coord., 164-186.
IGLESIAS, José María
1972 *Revistas históricas sobre la intervención francesa en México*. Intr. e índice temático de Martín Quirarte. México: Editorial Porrúa.

ILLADES, Carlos y Ariel RODRÍGUEZ, comps.
1996 *Ciudad de México. Instituciones, actores sociales y conflicto político, 1774-1931.* México: El Colegio de Michoacán-Universidad Autónoma Metropolitana.
JARQUÍN, María Teresa
1981 "La población española en la ciudad de México según el padrón general de 1882", en LIDA, coord., 175-225.
KICZA, John E.
1986 *Empresarios coloniales, familias y negocios en la ciudad de México durante los borbones.* México: Fondo de Cultura Económica.
KOLONITZ, Paula
1976 *Un viaje a México en 1864.* México: Secretaría de Educación Pública, «SepSetentas, 291».
LADD, Doris M.
1984 *La nobleza mexicana en la época de la independencia, 1780-1826.* México: Fondo de Cultura Económica.
LERNER, Victoria
1964 "Consideraciones sobre la población de la Nueva España (1793-1810), según Humboldt y Navarro y Noriega", en *Historia Mexicana*, XVII, 3: 67 (enero- marzo), 327-348.
LIDA, Clara
1994 "El perfil de una inmigración: 1821-1939", en LIDA, comp., 25-51.
1997 *Inmigración y exilio. Reflexiones sobre el caso español.* México: Siglo XXI Editores-El Colegio de México.
LIDA, Clara, comp.
1994 *Una inmigración privilegiada. Comerciantes, empresarios y profesionales españoles en México en los siglo* XIX *y* XX. Madrid: Alianza Editorial, «Alianza América, 34».
LIDA, Clara, coord.
1981 *Tres aspectos de la presencia española en México durante el porfiriato.* México: El Colegio de México.
LUDLOW, Leonor y Carlos MARICHAL, eds.
1986 *Banca y poder en México (1800-1925).* México: Editorial Grijalbo.
MAILLEFERT, Eugenio
1992 *Directorio del comercio del Imperio mexicano para el año de 1867.* México: Instituto de Investigaciones Dr. José María Luis Mora, ed. facs. [1ª ed.: 1897].
MALVIDO, Elsa
s.f. "La evolución de la población mexicana, 1520-1992" (copia mecanográfica).

MEYER, Rosa María
1981 "Los Béistegui, especuladores y mineros, 1830-1869", en CARDOSO, coord., 108-138.
MIÑO GRIJALVA, Manuel
1992 "El censo de la ciudad de México de 1790", en *Historia Mexicana*, 164, 4 (abril-junio), 665-670.
MORALES, María Dolores
1981 "Francisco Somera y el primer fraccionamiento de la ciudad de México, 1840-1889", en CARDOSO, coord., 188-229.
1996 "Espacio, propiedad y órganos de poder en la ciudad de México en el siglo XIX", en ILLADES y RODRÍGUEZ, comps., 155-190.
MORENO TOSCANO, Alejandra
1990 "Los trabajadores y el proyecto de industrialización, 1810-1867", en *La clase obrera en la historia de México. De la Colonia al Imperio*. México: Siglo XXI Editores, 302-350.
Nuevo atlas...
1961 *Nuevo atlas de España*. Madrid: Aguilar.
O'FARRIL y Cía. R.
1895 *Reseña histórica estadística y comercial de México y sus estados. Directorio General de la República*. México: Imprenta Reina Regente de J. de Elizalde y Cía.
OYARZÁBAL, S. Shanti
1981 "Gregorio Mier y Terán en el país de los especuladores, 1830-1869", en CARDOSO, coord., 140-161.
PANI, Erika
1995 "El proyecto de Estado de Maximiliano a través de la vida cortesana y del ceremonial público", en *Historia Mexicana*, XLV, 2: 178 (octubre-diciembre), 423-460.
PARDO, Claudia Patricia
1998 "Los extranjeros en la ciudad de México, 1821-1857". México: Universidad Autónoma Metropolitana Iztapalapa (tesis de maestría).
PÉREZ HERRERO, Pedro
1981 "Algunas hipótesis del trabajo sobre la inmigración española a México: los comerciantes", en LIDA, coord., 103-141.
PÉREZ TOLEDO, Sonia
1996 *Los hijos del trabajo. Los artesanos de la ciudad de México, 1780-1853*. México: El Colegio de México-Universidad Autónoma Metropolitana, Iztapalapa.
PÉREZ TOLEDO, Sonia y Herbert S. KLEIN
1996 "La estructura social de la ciudad de México en 1842", en BLÁZQUEZ, CONTRERAS CRUZ y PÉREZ TOLEDO, comps., 251-275.

PI-SUÑER, Antonia

1996 *El general Prim y la cuestión de México. México*: Universidad Nacional Autónoma de México-Secretaría de Relaciones Exteriores.

1994 "Negocios y política a mediados del siglo XIX", en LIDA, comp., 75-96.

PRIETO, Guillermo

1985 *Memorias de mis tiempos*. México: Editorial Porrúa, «Sepan Cuantos..., 481» [1ª ed.: 1906].

SIMS, Harold D.

1974 *La expulsión de los españoles de México, 1821-1828*. México: Fondo de Cultura Económica.

1990 *The Expulsion of Mexico's Spaniards, 1821-1836*. Pittsburgh: University of Pittsburgh Press.

SOUTO, Matilde

1994 "Los comerciantes españoles en Veracruz: del Imperio colonial a la República", en LIDA, comp., 52-74.

1997 "La política y el comercio de una corporación tardía: el Consulado de Veracruz (1781-1824)". México: El Colegio de México (tesis doctoral).

TENENBAUM, Barbara A.

1985 *México en la época de los agiotistas, 1821-1857*. México: Fondo de Cultura Económica.

URÍAS, Margarita

1981 "Manuel Escandón: de las diligencias al ferrocarril, 1833-1862", en CARDOSO, coord., 25-55.

VALLE PAVÓN, Guillermina del

1997 "El consulado de comerciantes de la ciudad de México y las finanzas novohispanas, 1592-1827". México: Centro de Estudios Históricos, El Colegio de México (tesis doctoral).

VIGIL, José María

s.f. "La Reforma", en *México a través de los siglos*, t. X. México: Editorial Cumbre [1ª ed.: 1889].

WALKER, David W.

1986 *Kinship, Business, and Politics. The Martínez del Río Family in Mexico, 1824-1867*. Austin: University of Texas Press.

ZAVALA, Lorenzo de

1985 *Ensayo histórico de las revoluciones de México desde 1808 hasta 1830*. México: Instituto Cultural Helénico-Fondo de Cultura Económica, ed. facs. de la 2ª ed. de 1845.

APÉNDICE

SEMBLANZAS DE ESPAÑOLES DESTACADOS

Adriana Gutiérrez Hernández

Las treinta y tres semblanzas biográficas que aquí se presentan se hicieron con el propósito de ofrecer mayor información sobre algunos de los españoles —entre ellos, dos españolas— radicados en México durante el segundo Imperio, quienes por diversos motivos destacaron no sólo en los negocios, sino también en los ámbitos político, militar, periodístico, histórico, eclesiástico, literario y artístico.

Cabe señalar que las biografías están todas organizadas de la misma forma. Primero, en orden cronológico, se asientan los datos concernientes a las actividades empresariales; después, las intelectuales o culturales, y al final se apunta la información que se obtuvo sobre la sociabilidad de cada uno de ellos dentro de la colonia española.

Es importante mencionar que la información que se localizó es muy desigual para cada personaje; en algunos casos, como los de Casimiro del Collado y Cayetano Rubio, se encontraron más de diez referencias bibliográficas, mientras que, por ejemplo, para Raimundo[1] Mora y Francisco Guati, quienes también fueron figuras destacadas en el periodo estudiado, apenas se pudieron obtener algunos datos. De las españolas avecindadas en México sólo hemos encontrado datos de Rosa Peluffo de Armenta e Isabel Prieto de Landázuri. Por estas razones la investigación no está, ni con mucho, agotada. No obstante, esta aproximación puede servir de guía para trabajos futuros.[2]

BARRIO Y RENGEL, José María del (1825-1881)

Nació en Málaga. Hijo de Felipe Neri del Barrio y Larrazábal y de Rafaela de Rengel y Fagoaga, condesa de Alcaraz. Llegó a México en 1832, y en 1836 partió a Stonyhurst, Inglaterra, para estudiar con los jesuitas. Regresó a tierras mexicanas en 1845, ingresó al seminario y después se recibió de abogado.

[1] En algunas referencias mexicanas recientes el nombre aparece escrito con "y", pero en la época que aquí se estudia era "Raimundo".

[2] Hemos localizado datos precisos sobre varios de los personajes, en ORTEGA Y PÉREZ GALLARDO, 1908, lo cual nos ha permitido corregir errores que aparecen en algunas obras recientes, como el *Diccionario Porrúa*.

En 1849 entró al Oratorio de San Felipe Neri. En 1861 fue desterrado con su padre a Guatemala. De ahí pasó a España y a Roma, donde fue camarero del papa Pío IX. En 1863 regresó de nuevo a la ciudad de México y entró a la Insigne Colegiata de Santa María de Guadalupe, de donde fue canónigo. Debido a su producción literaria, en pleno Imperio fue nombrado socio honorario de la Sociedad Mexicana de Geografía y Estadística. En 1872 fue magistral y se dedicó al apostolado entre los ingleses, tanto católicos como protestantes. Murió en 1881 y fue sepultado en Zacatenco, al norte de la ciudad de México. Orador muy estimado en su tiempo, dejó impresos varios sermones.

FUENTES: *Diario del Imperio*, I, 21, 26.I.1865, 82; *Diario del Imperio*, I, 77, 3.IV.1865, 310; GARCÍA RIVAS, 1972, 56 y 58-59; *Diccionario Porrúa*, 1986.

BASSOCO Y HERAS, José María de (1795-1877)

Nació en Madrid. Hizo sus primeros estudios en el Seminario de Vergara; se encontraba en plena adolescencia cuando las fuerzas napoleónicas invadieron España y su padre decidió trasladarse a la Nueva España. Llegaron en 1810 y José María sirvió al Virreinato como cadete del ejército realista. En 1814, muerto su padre, heredó una cuantiosa fortuna, dejó el servicio militar y se dedicó de lleno al estudio de la agricultura y a administrar sus haciendas. Su tío, Antonio de Bassoco y Castañiza, le heredó el título de conde de Bassoco y todas sus riquezas. En 1815 fue admitido en el Consulado de la Ciudad de México. Desde 1829 se convirtió en prestamista del gobierno. Incursionó en el sector minero y fue accionista de la Compañía Minera de Real de Catorce, en San Luis Potosí; para 1834 era el dueño mayoritario de los créditos del Fondo Dotal de Minería y, en 1850, cuando dicho fondo quedó incorporado a las rentas de la federación, José María de Bassoco fue el apoderado que se encargó de vigilar su administración. Sus créditos contra el erario sumaban un total aproximado de 450 000 pesos y fueron incorporados a la segunda Convención española, firmada en octubre de 1851. Como acreedor del gobierno mexicano fungió, desde el 19 de septiembre de 1860, como representante de los acreedores españoles, al ser nombrado miembro de la Junta Menor Permanente de la Convención española, junto con Raimundo Mora, Cándido Guerra y Casimiro del Collado.

Bassoco destacó también en el ámbito intelectual mexicano: estudió la gramática castellana, los clásicos latinos y españoles, el latín y el hebreo. En 1853 colaboró en el *Diccionario universal de historia y de geografía*, en el que publicó *Noticias biográficas del Excmo. Sr. D. Lucas Alamán*. Durante el Imperio, en diciembre de 1864, la Sociedad Mexicana de Geografía y

Estadística lo nombró socio honorario, y en abril de 1875, cuando se instaló en México la Academia Mexicana de la Lengua correspondiente a la Española, Bassoco fue designado su primer director. Dejó importantes estudios en los periódicos *El Siglo Diez y Nueve*, *El Heraldo*, *La Sociedad* y *La Iberia*, donde, algunas veces, utilizaba para firmar sus escritos el seudónimo de "Venus" o las iniciales J. M. B.

En cuanto a su relación con las instituciones de la colonia española, fue miembro de la Sociedad Española de Beneficencia desde su fundación en octubre de 1842, fecha en que fue nombrado vocal propietario de la Junta Directiva; poco tiempo después fue vicepresidente, y de 1853 a 1856 fue presidente de la misma. Además fue socio del Casino Español de México, y en 1869, cuando dicho establecimiento cambió de domicilio, Bassoco y Heras contribuyó con 50 pesos para los gastos de la nueva casa. Murió en la ciudad de México el 18 de noviembre de 1877. Justo Sierra se refirió a él como un español excepcional y "exquisito volteriano".

FUENTES: "Donativo. Año 1869", en BACEM; *Diario del Imperio*, I, 21, 26.I.1865, 82; PAYNO, 1857, 67 y vii; *Apuntes*, 1869, 54-55; CARREÑO, 1942, 77, 386; LAGUARTA, 1955, 220; TAMAYO, 1965-1971, XIII, 88; PERALES OJEDA, 1975, 134-136; GONZÁLEZ NAVARRO, 1977, 232; LIDA, 1981, 170; RUIZ CASTAÑEDA, 1985, 30; *Diccionario Porrúa*, 1986; *Enciclopedia de México*, 1987; SIERRA, 1989, 188; GONZÁLEZ NAVARRO, 1994, I, 434; FALCÓN, 1996, 259-260.

BÉISTEGUI ARROSPIDE, Juan Antonio de (?-1865)

Nació en la Villa de Mondragón, provincia de Guipúzcoa. Sus padres fueron Ignacio de Béistegui y Ana Rosa Arrospide. Se ignora la fecha de su nacimiento, así como la de su llegada y primeras actividades en México. Aquí se casó —probablemente antes de 1816— con Paula García y Covián, natural de Silao, Guanajuato, con la que tuvo diez hijos: Nicanor, Isidro, Concepción, Luciana, Genaro, Juana Gregoria, Loreto, Magdalena, Matías e Isabel. Tuvo varios cargos administrativos durante el gobierno virreinal: fue miembro del Ayuntamiento de Guanajuato y fungió en diversas ocasiones como presidente del mismo durante 1820 y 1821. De 1820 a 1846 sus principales actividades fueron el comercio y la especulación. De 1847 a 1865, siguió dedicándose a estas actividades, pero su importancia aumentó debido a que las operaciones realizadas fueron de mayor significación. Asimismo incursionó en los ramos de la industria textil, la minería, el estanco del tabaco y la propiedad urbana. Fue importante prestamista de varias firmas empresariales, tales como Martínez del Río Hermanos y Manning y MacKintosh. Se le reconoce además como uno de los prestamistas mayores del gobierno mexicano. En la segunda Convención española, firmada en octubre de 1851, se incorporó un crédito por 4 100 pesos a favor de él. Por lo que se refiere a la especulación con bonos, acciones y obligaciones en distintas empresas, se cuenta con un inventario de sus bienes al morir, en 1865: en cuanto a la deuda pública, Béistegui poseía $132 593.84 en bonos de la Convención Inglesa; $59 992.51 en bonos de la Convención del padre Morán; $9 643.65 en bonos de la Convención española; $1 314.50 en bonos de la deuda interior; $884.20 en bonos del 26%; $720.00 en bonos del cobre y $49 237.51 en bonos para la importación de algodón, todo lo cual da un total de 254 386.21 pesos. Estos créditos contra el gobierno no sólo le permitieron especular con la deuda pública, sino obtener diversos privilegios que el mismo gobierno se vio obligado a otorgarle ante la imposibilidad de cubrir la deuda. El capital que poseía en fondos públicos europeos era también enorme y representaba la mayor parte de la fortuna de este hombre de negocios al momento de su muerte. Los primeros nexos que se han encontrado con sus representantes en el extranjero son de 1854, cuando estaba asociado con Francisco Azurmendi, representante de sus intereses en España, y con C. de Murrieta y Cía., representantes de sus intereses en Londres. En 1859, en su calidad de socio principal de la casa de comercio Béistegui e Hijos, otorgó poder a Hottinguer y Cía. —banqueros de París— para que se encargaran de todos los intereses que tenía dicha casa en Francia. Béistegui murió en la ciudad de México, dejando como herederos únicos y universales a sus hijos, a quienes legó la cantidad de 7 607 034.56 pesos.

Como vasco, de 1836 a 1839 formó parte de la Mesa de Aránzazu, que patrocinaba al Colegio de San Ignacio, conocido como de las Vizcaínas. Como dato curioso puede mencionarse que la condesa Paula Kolonitz, dama de compañía de Carlota, en su libro *Un viaje a México en 1864*, afirma que Juan Antonio de Béistegui era "el hombre más rico de México", pero su reputación, la "de ser el avaro más odioso y más cruel".

FUENTES: Testamento de Juan Antonio de Béistegui, 10.X.1857, en AGNCM, lib. 2881, protocolo 426, fojas 376-378; PAYNO, 1857, vii; OLAVARRÍA Y FERRARI, 1889, [120]; CARDOSO, 1978, 109-139; KOLONITZ, 1984, 132; TENENBAUM, 1985, 93, 97, 123-124, 202; WALKER, 1991, 271, 283, 286-288; MEYER COSÍO, 1994, 219, 251, 255; PI-SUÑER LLORENS, 1994, 80.

BENITO MURIEL, Longinos

Acaudalado español, acreedor del gobierno mexicano. Sus créditos, que sumaban aproximadamente 57 267 pesos, fueron incorporados a la segunda

Convención española, firmada en octubre de 1851. En septiembre de 1864, Maximiliano expidió un decreto que establecía una sección en el Ministerio de Hacienda para la clasificación y reconocimiento de la deuda interior. La sección se instaló y los acreedores presentaron sus créditos. Manuel Payno señala que en 1865 le fueron pagados a Longinos Benito Muriel 185 093.32 pesos, crédito procedente "de algún negocio de bonos Peza y que se hallaba todavía ilíquido, habiendo quedado viva la responsabilidad de la casa por el resultado del abono".

Por lo que se refiere a su relación con otros españoles residentes en México, puede decirse que en 1867 subvencionó, junto con otros ricos españoles, el periódico *La Iberia*, de Anselmo de la Portilla.

FUENTES: PAYNO, 1857, vii; *Apuntes*, 1869, 55; MARIA Y CAMPOS, 1960, 26; PAYNO, 1981, 837-849.

BERMEJILLO, Pío

Se desconocen las fechas de nacimiento y muerte y el lugar de origen. Empresario azucarero del antiguo distrito de Morelos, estado de México. En 1851 compró a la señora Eguía, esposa del español Anacleto Polidura, las haciendas de Dolores, Chiconcuac y San Vicente, ubicadas en el hoy estado de Morelos, por la cantidad de 450 000 pesos. Bermejillo invirtió en maquinaria para rehabilitar el molino de Dolores y buscó un uso más intensivo de las tierras. El 17 y 18 de diciembre de 1856, en las haciendas de Chiconcuac y San Vicente fueron asesinados varios españoles, entre ellos Nicolás y Juan Bermejillo, hermano y sobrino de Pío, respectivamente. Se sabe que, durante la guerra de Intervención, Pío Bermejillo era propietario de minas en Michoacán y uno de los extranjeros que especuló con bienes eclesiásticos.

En cuanto a su presencia dentro de la colonia española, puede decirse que de 1854 a 1860 formó parte de la Mesa de Aránzazu, que patrocinaba al Colegio de San Ignacio, conocido como de las Vizcaínas. En 1859 fue vicepresidente y en 1861 y 1864 presidente de la Sociedad Española de Beneficencia. En 1867, una vez restaurada la República, subvencionó, junto con otros ricos españoles, el periódico *La Iberia*, de Anselmo de la Portilla. También fue socio del Casino Español y en 1869, cuando dicho establecimiento cambió de domicilio, contribuyó con 150 pesos para los gastos de la nueva casa.

FUENTES: "Donativo. Año 1869", en BACEM; OLAVARRÍA Y FERRARI, 1889, [122-123]; CARREÑO, 1942, 97-99, 386; LAGUARTA, 1955, 230; MARIA Y CAMPOS, 1960, 26; GONZÁLEZ NAVARRO, 1977, 315 y 1994, I, 431 y 461-

462; CARDOSO, 1978, 178; LIDA, 1981, 170; PI-SUÑER LLORENS, 1994, 80; FALCÓN, 1996, 105, 108, 141-142, 144, 293.

BUCH, Miguel (*c.*1790-?)

Nació en Villa de Calella, provincia de Gerona. Pasó a la Nueva España y pronto se vinculó con la rica familia criolla González Echeverría. En agosto de 1818 contrajo matrimonio con Francisca González Echeverría, natural de Veracruz, con la que tuvo seis hijos: Ángela, que casó con Ángel González y Escalante; Miguel y Francisco, que casaron con Javiera y Margarita Echeverría y Cubas, respectivamente, y Emilia, Sofía y María. Con esta unión, Miguel Buch aumentó su influencia en los medios socioeconómicos y políticos mexicanos. En 1825, junto con su concuño, el gaditano Francisco Agüero, casado a su vez con Antonia González Echeverría, y sus dos cuñados, José y Ángel González Echeverría, formó la casa comercial Agüero, González y Compañía, con un capital inicial de 150 000 pesos. Esta sociedad se convirtió en una de las más importantes en su ramo y no tuvo cambio de socios a lo largo de sus 37 años de existencia. Al principio el negocio tuvo una casa en la ciudad de México y otra en Alvarado, Veracruz; para 1830 había aumentado mucho su capital y se había ramificado, contando con tres casas más: una en el puerto de Veracruz, otra en La Habana y la tercera en Cádiz. Si bien el comercio fue su actividad principal, la compañía se enriqueció rápidamente con los préstamos hechos al gobierno, convirtiéndose en una de las firmas más involucradas en la especulación con la deuda pública y más beneficiadas por las concesiones hechas por las administraciones de los presidentes Anastasio Bustamante y Antonio López de Santa Anna. Los negocios con la deuda pública, sobre todo en los años treinta y principios de los cuarenta, le proporcionaron enormes ganancias.

A partir de 1835, la casa Agüero incursionó también en el campo de la minería, comprando cargas del mejor metal proveniente de las minas de Fresnillo, Zacatecas. El gobierno de Antonio López de Santa Anna otorgó el arrendamiento de dichas minas a un grupo de particulares que formaron la Compañía Zacatecano-Mexicana de Fresnillo. Esta compañía celebró un contrato con el gobierno, en septiembre de 1835, por medio del cual se constituyó en aviadora de las minas de Fresnillo y ofreció al gobierno la cantidad de 1 300 000 pesos en calidad de préstamo, mismo que se iría amortizando con la tercera parte de las ganancias que obtuviera la compañía; de las otras dos terceras partes de las utilidades, una pertenecía al gobierno y la otra a la compañía. Gran número de las acciones de ésta pertenecían a Agüero, González y Cía.; además, su dirección quedó a cargo de José González Echeverría. En 1841, al morir Francisco Agüero, al frente de la casa Agüero quedaron

Miguel Buch y los González Echeverría, pero fue Buch quien acabó administrándola hasta su disolución en 1862. En 1843, el gobierno vendió la mitad de sus acciones de la Compañía Zacatecano-Mexicana a la Compañía Empresaria de la Renta Nacional del Tabaco, como parte del pago de la deuda que tenía con ella. Esta empresa estaba integrada, desde 1837, entre otros socios, por Agüero, González y Cía. Para 1848, los socios principales de la Compañía Zacatecano-Mexicana, de acuerdo con el número de acciones que poseían, eran la casa Agüero, Anselmo Zurutuza y Cándido Guerra. En septiembre de 1849, Miguel Buch fungió, por parte de la compañía Agüero, como representante de los acreedores del Fondo Dotal de Minería ante la Cámara de Diputados. La casa Agüero también participó en la Compañía Aviadora de la Mina de la Quebradilla en Zacatecas. Cabe señalar que fue accionista de otras compañías aviadoras de minas en la República, tales como la de Real del Monte, en el estado de Hidalgo, y la de Tlalpujahua, en Michoacán. Agüero, González y Cía. también tuvo un papel muy importante como casa de comercio; uno de los rubros en los que se especializó fue la importación de algodón, tanto en rama como en hilaza, y obtuvo en ese campo excelentes condiciones. En 1843 estas importaciones estaban prohibidas, sin embargo, el gobierno de Santa Anna autorizó a la casa Agüero la importación de 60 000 quintales de algodón.

En 1856, Miguel Buch fue miembro de la junta nombrada por el ministro de Fomento para contribuir con todos los trabajos hidráulicos necesarios en la ejecución de las obras de desagüe. En septiembre de 1860, Buch fue nombrado agente general de los acreedores españoles de la tercera Convención española, firmada a finales de 1853. En julio de 1862, la casa Agüero se disolvió por divergencias ideológicas, ya que Buch, muy identificado con los conservadores mexicanos, no coincidía con la política seguida por su socio y cuñado, José González Echeverría, quien, en 1861, había llegado a ser ministro de Hacienda del presidente Benito Juárez. Miguel Buch, que en ese momento era gerente de la casa, quedó encargado de liquidar los negocios y cobrar todas las cuentas activas y pasivas de la compañía. La casa Agüero fue poseedora de numerosas fincas rústicas y urbanas, créditos y valores. Por otra parte, también en ese año de 1862 Buch fue desterrado por órdenes de Manuel Doblado, por negarse a pagar la contribución forzosa de 100 000 pesos, impuesta por el gobierno de Juárez sobre las casas comerciales. Ante la presión del general Juan Prim, comandante de las fuerzas intervencionistas españolas —que poco tiempo antes había manifestado que con los ataques a su familia los republicanos lo ponían en un conflicto—, la orden de destierro fue revocada. De 1863 a 1868 defendió los intereses de los acreedores españoles a la Convención de 1853, tanto ante el gobierno de Maximiliano de Habsburgo como, después, ante el juarista. Ignoramos la fecha de su fallecimiento.

FUENTES: Testamento de Miguel Buch, 14.XI.1846, en AGNCM, lib. 1011, protocolo 169, fojas 1025-1027; TAMAYO, 1965-1971, VI, 145-147, XI, 896; MEYER COSÍO, 1994, 221-222, 226-233, 249; PI-SUÑER LLORENS, 1994, 81-83; FALCÓN, 1996, 226, 259-260, 308.

BUXÓ, Juan (?-1895)

De origen catalán, arribó a Veracruz en 1852 junto con José Morales, en representación de la casa Editorial Gaspar y Roig, de Madrid. Un año después de fundar en la ciudad de México la Librería Madrileña en el Portal del Águila de Oro, núm. 5, José Morales se separó de Buxó para establecer en el Portal de Agustinos una librería religiosa, en unión de José María Andrade. Desde entonces la Librería Madrileña quedó a cargo exclusivo de Buxó, quien la trasladó a un local en la esquina de la actual calle de 16 de Septiembre y Motolinía, en donde perdura el título de La Madrileña, como recuerdo de la librería original que funcionó hasta 1907. Durante la vida mercantil de dicha casa, Buxó proporcionó su estímulo y apoyo a toda iniciativa editorial; él introdujo en su casa particular, en la calle de Mesones, el primer taller de fotograbado que se instaló en México en 1893. Buxó fue socio del Casino Español de México, y en 1869 participó con una pequeña aportación para los gastos de la nueva casa de dicho establecimiento.

FUENTES: "Donativo. Año 1869", en BACEM; *Diccionario Porrúa*, 1986.

CLAVÉ, Pelegrín (1810-1880)

Nació en Barcelona. Estudió primero en su ciudad natal y más tarde, gracias a sus aptitudes, la Cámara de Comercio Catalana lo pensionó para que estudiara pintura en la Academia de San Lucas, en Roma, bajo la dirección de Tomás Minardi, de quien aprendió los principios de la escuela clasicista que imperaron en Europa en la primera mitad del siglo XIX. En 1843, el general Antonio López de Santa Anna expidió un decreto para reorganizar la Academia de San Carlos en México. Una vez sentadas las nuevas bases de la institución, dos maestros catalanes fueron los primeros en ser contratados: Pelegrín Clavé, como director de pintura, y Manuel Vilar, para la dirección de escultura; ambos llegaron a México en 1846. Inmediatamente se ocuparon en revisar los planes de estudio y encontraron que la enseñanza en la Academia estaba reducida a la copia de reproducciones impresas. Pronto establecieron el dibujo del natural, el anatómico, la perspectiva y el paisaje, el empleo de modelos vivos y de maniquíes, todo de acuerdo con los métodos de las academias europeas. Antes de completarse el cuadro de profesores de la Academia, Clavé tuvo que hacerse cargo personalmente de las clases de pintura, de la inspección de las de dibujo, copia de yeso, estudio del natural, claroscuro, anatomía perspectiva y paisaje; tenía que enseñar y hacer producir. Algunos de sus alumnos más destacados fueron Santiago Rebull, Felipe Rodríguez Gutiérrez, Felipe Castro, José Obregón, Tiburcio Sánchez y José Salomé Pina, su predilecto. Formó a sus discípulos según los principios académicos, orientándolos en el idealismo sentimental de Johann F. Overbeck, y les hizo producir obras de carácter religioso, principalmente basadas en el Antiguo Testamento, que llamaron la atención y gustaron al público mexicano. También hizo que pintaran composiciones con temas de la historia antigua de México, como *El descubrimiento del pulque*, de José Obregón, y *El Senado de Tlaxcala*, de Rodríguez Gutiérrez. Enseñó la pintura de paisaje antes de que llegara el maestro paisajista Eugenio Landesio. En cuanto a su propia obra de pintor, la inició con un cuadro histórico: *Isabel de Portugal* (1855), y ejecutó principalmente retratos de damas y personajes de la sociedad mexicana. Son todos ellos de excelente dibujo y factura, y la época y moda románticas les dan un atractivo singular. Los retratos de la señora y de la señorita Echeverría y los del arquitecto Lorenzo de la Hidalga y de su esposa son buenos ejemplos del arte de Clavé en la línea del clasicismo francés a la manera de Jean Auguste Ingres. En diciembre de 1863, cuando tuvo lugar una ceremonia de distribución de premios a los alumnos de la Academia de San Carlos, Clavé aún era director de la clase de pintura.

En 1864 se formó la Comisión Científica, Literaria y Artística de México para crear las condiciones que permitieran el desarrollo de las artes y las ciencias. Dicha comisión tuvo diez secciones. Pelegrín Clavé fue el vicepresidente de la sección décima, que estaba constituida por las Bellas Artes: pintura, escultura, arquitectura, música y grabado. El deseo de revivir la pintura monumental, en muros y bóvedas, estaba vivo en México, y si bien el primero en ejecutar obras de esta naturaleza fue Juan Cordero, Clavé por su parte, con un grupo de discípulos, realizó en 1867 las pinturas de la cúpula del Templo de la Profesa, que fueron destruidas por el fuego en 1915. Pelegrín Clavé pasó en México por altas y bajas; se le admiró primero y se le censuró después durante el régimen de Benito Juárez; Maximiliano nunca lo aceptó y no pudo gozar de su gracia, por lo cual, abatido, resolvió regresar a Europa con su familia a principios de 1868, después de veintidós años de residencia en la ciudad de México. Las pinturas de la cúpula de La Profesa fueron su último trabajo en México. Murió en Barcelona.

FUENTES: *Catálogos*, 1963, 353-356; FERNÁNDEZ, 1983, 41-42, 56-60; *Diccionario Porrúa*, 1986; *Enciclopedia de México*, 1987; *Testimonios*, 1995, 55, 81-83, 100.

COLLADO Y DE ALVA, Casimiro del (1822-1898)

Nació en Santander. De 1833 a 1835 estudió en las Escuelas Pías del Real del Valle de Carriedo. Llegó a México en 1836 y se dedicó a los negocios mercantiles. Casó con Emilia Gargollo. En los años cincuenta formó parte de la sociedad, que con el nombre de Compañía Restauradora del Mineral del Oro de Tlalpujahua, Michoacán, se desempeñaba empleando los métodos de explotación más adelantados de la época. También fue miembro de la Junta Menor de la Compañía Zacatecano-Mexicana de Fresnillo. Fue un importante acreedor del gobierno y, como tal, introdujo créditos en la Convención española de 1851, por la cantidad aproximada de 24 160 pesos. Asimismo, a partir del 19 de septiembre de 1860, junto con José María de Bassoco, Cándido Guerra y Raimundo Mora, fungió como representante de los acreedores españoles, al ser nombrado vocal suplente de la Junta Menor Permanente de la Convención Española.

Por lo que se refiere a su actividad intelectual, en 1841 fundó, al lado de José María Lafragua, el periódico *El Apuntador*, y a partir de ese año figuró entre los miembros más constantes de la Academia de San Juan de Letrán y perteneció al Ateneo Mexicano, en cuyo periódico tuvo el cargo de secretario de redacción y destacaron sus colaboraciones poéticas. En algunos de sus artículos periodísticos utilizó los seudónimos de Fabricio, F. Núñez, Fabricio Núñez y, posiblemente, el de El Español, además de las iniciales C. C., F. N. y N. En 1870 y 1871 fue corresponsal en México de la Real Academia Española. En 1872 era socio honorario de la sociedad literaria La Concordia y colaboró en *La Esperanza*, revista de dicha sociedad. En abril de 1875 se instaló la Academia Mexicana de la Lengua correspondiente de la Española y Casimiro del Collado figuró entre el primer grupo de académicos que la integraron. En ese mismo año, José Martí lo propuso como miembro de la Sociedad Alarcón. También perteneció al Liceo Mexicano Científico y Literario. Entre sus escritos destacan "El cuento de la vieja" y "Oriental" en *El Liceo Mexicano* (1844); "Jesús", en *El Renacimiento* (1869); *Poesías* y *Últimas poesías 1852-1894* (1895).

En cuanto a su relación con la colonia española puede decirse que fue socio del Casino Español de México, al cual donó, en 1869, la cantidad de 150 pesos para contribuir con los gastos del nuevo local de dicho establecimiento. De 1870 a 1871 fue presidente de la Sociedad Española de Beneficencia. De 1886 a 1888 fue vocal de la Junta Directiva del Colegio de San Ignacio, conocido como de las Vizcaínas. También se sabe que acudió con frecuencia a las reuniones de comerciantes, sobre todo originarios de Santander, realizadas en la Cámara de Comercio y de Industria Española de México. Murió en la ciudad de México en 1898. Romántico en su juventud fue, en opinión de Marcelino Menéndez Pelayo, "acicalado hablista, maravilloso versificador, espléndido poeta descriptivo". Justo Sierra se refirió a él como un español excepcional y "poeta correcto y dulce".

FUENTES: "Donativo. Año 1869", en BACEM; PAYNO, 1857, 68, vii; *Apuntes*, 1869, 54-55; OLAVARRÍA Y FERRARI, 1889, [125-126]; CARREÑO, 1942, 386; TAMAYO, 1965-1971, XIII, 88; GARCÍA RIVAS, 1972, 225-226; CARDOSO, 1978, 86-87, 169; PERALES OJEDA, 1975, 51, 58, 60, 86, 131, 134, 136, 137, 148, 164; GONZÁLEZ PEÑA, 1981, 141; LIDA, 1981, 168; RUIZ CASTAÑEDA, 1985, 55; *Diccionario Porrúa*, 1986; *Enciclopedia de México*, 1987; SIERRA, 1989, 188; GONZÁLEZ NAVARRO, 1994, I, 506.

GARCÍA RUIZ, Telesforo[3] (1844-1918)

Nació en Puentenansa, Santander, y desde 1865 vivió en México. Pablo Lorenzo Laguarta afirma que llegó de España "a refugiarse en el nuevo continente, huyendo de la situación política de la Península; republicano fervoroso, íntimo amigo de [Emilio] Castelar, de formación liberal y de ideas democráticas", fue abogado, literato, publicista y empresario comercial. Se casó con la mexicana Luz Castañeda y Nájera. En 1873 fue fundador, junto con Adolfo Llanos y Alcaraz, del periódico *La Colonia Española*. En 1874 colaboró como redactor, al lado de Ignacio Ramírez, Ignacio Manuel Altamirano y Justo Sierra, en el periódico *El Precursor*. Ese mismo año formó parte de la directiva del Liceo Hidalgo, como tesorero. En 1875, por propuesta de José Martí, fue socio honorario de la Sociedad Alarcón. Fue íntimo amigo de los hermanos Santiago y Justo Sierra, a quienes apoyó en la fundación del periódico *La Libertad. Diario Liberal Conservador*, que se publicó de enero de 1878 a enero de 1885. Fue director de este diario desde enero de 1883 hasta su desaparición. El 14 de julio de 1879 se naturalizó mexicano, y ese mismo año fundó el periódico *El Centinela Español*, cuyo primer número salió el 1º de diciembre de 1879. García Ruiz fue director, propietario y responsable de esta publicación que estuvo dedicada "a la defensa de los intereses españoles" en México. Adicto a las doctrinas de Augusto Comte, propagó en México las ideas del positivismo, y colaboró en varios periódicos, especialmente en la *Revista Positiva*. Publicó, entre otros opúsculos: *¿Garantiza mejor el progreso el sistema metafísico que el experimental?* (1881); *Política científica y política metafísica* (1887 y 1898); *Don Gabino Barreda y la integración de la nacionalidad mexicana* (1901).

Defendió la amistad hispano-mexicana en sus folletos *España y los espa-*

[3] En algunas referencias mexicanas recientes el nombre aparece escrito con acento ("Telésforo"), pero en la época era "Telesforo".

ñoles en México (1872) y *Por la raza* (1902). Fue el decimoquinto presidente del Casino Español de México, y en 1869, cuando el Casino cambió de domicilio y se solicitó a los socios que cooperaran para formar un fondo de reserva de 6 000 pesos con el fin de cubrir los gastos de la nueva casa, Telesforo García contribuyó con 50 pesos. Ese mismo año su nombre empezó a aparecer en las actas de la Junta Directiva de la Sociedad Española de Beneficencia. En el bienio 1892-1894 fue presidente de la Cámara de Comercio Española de México. De 1899 a 1906 fungió como tesorero de la Junta Directiva del Colegio de San Ignacio, conocido como de las Vizcaínas. Filántropo de inagotable generosidad, en su vejez declinó el título nobiliario con el que el rey de España deseaba honrarlo. Murió en la ciudad de México en 1918. Fue muy amigo y protector de Emilio Castelar quien dijo de García Ruiz que era "patriota entre patriotas y un pensador profundo". Charles Hale señala que "tal vez hay que considerar a este autodenominado líder de la colonia española de la ciudad de México como la encarnación del lazo entre la España liberal y la política científica en el México porfiriano".

FUENTES: "Donativo. Año 1869", en BACEM; LAGUARTA, 1955, 238; MARIA Y CAMPOS, 1960, 59-62; GARCÍA RIVAS, 1972, 231; PERALES OJEDA, 1975, 91, 148; LIDA, 1981, 136, 168; *Diccionario Porrúa*, 1986; *Enciclopedia de México*, 1987; HALE, 1991.

GARGOLLO, Manuel

Se desconocen las fechas de nacimiento y muerte y el lugar de origen. En 1829, la Cámara de Diputados lo eximió de cumplir con las leyes de expulsión dictadas contra los españoles residentes de México por el gobierno mexicano. En 1835, cuando el presidente Antonio López de Santa Anna decidió incautar las minas de Fresnillo, Zacatecas, Manuel Gargollo fue acusado de haberse coludido con el propio Presidente y con Lorenzo Carrera para llevar a cabo el despojo. Una vez establecida la Compañía Zacatecano-Mexicana de Fresnillo, Gargollo figuró entre los accionistas principales. Fue un importante acreedor del gobierno mexicano; se tiene noticia de que hizo préstamos desde 1836. Sus créditos, que sumaban un total aproximado de 140 000 pesos, fueron incorporados a la segunda Convención española, firmada en octubre de 1851. Asimismo, fue miembro de la Junta Menor Permanente, creada a raíz de dicha Convención, y en 1856 se le acusó de haber cometido fraude, en compañía de Lorenzo Carrera, con los dividendos que entregaba el gobierno para ser repartidos entre los diversos acreedores incluidos en ésta. Manuel Gargollo también destacó en el sector de los transportes por ser poseedor de varias compañías de diligencias.

En cuanto a su relación con la colonia española puede decirse que en 1865 fue presidente de la Sociedad Española de Beneficencia. En 1869, el Casino Español cambió de domicilio y solicitó a sus socios que contribuyeran para formar un fondo de reserva de 6 000 pesos con el fin de "completar el menaje y adorno de la casa". Se establecieron cuatro categorías para las cuotas que los socios aportarían. Manuel Gargollo aparece en la lista de la primera categoría, la cual debía aportar 150 pesos, lo que permite suponer que pertenecía al grupo de españoles más acaudalados que residían en México.

FUENTES: "Donativo. Año 1869", en BACEM; *Diario del Imperio*, I, 21, 26.I.1865, 83; PAYNO, 1857, vii; *Apuntes*, 1869, 54-55; CARREÑO, 1942, 386; LIDA, 1981, 170; MEYER COSÍO, 1994, 221, 228, 233, 249; PI-SUÑER LLORENS, 1996, 64.

GUATI PALENCIA, Francisco (?-1867)

Nació en la provincia de Vizcaya. No se conoce la fecha de su llegada a México, pero se sabe que a partir de 1836 fungió como tesorero de la Mesa de Aránzazu que ejercía el patronato del Colegio de San Ignacio, conocido como de las Vizcaínas. En enero de 1861, el gobierno de Juárez excluyó de las confiscaciones impuestas por las leyes de nacionalización a dicho Colegio; sin embargo, como la Cofradía de Aránzazu tuvo que dejar de existir se instituyó entonces la Junta Directiva en la que Guati siguió fungiendo como tesorero hasta su muerte, el 13 de junio de 1867. Es muy posible que Guati haya incursionado en el campo de la minería, puesto que en 1864 era miembro de la Junta Menor de acreedores del Fondo Dotal de Minería, junto con Miguel Buch y José María de Bassoco.

FUENTES: OLAVARRÍA Y FERRARI, 1889, 185, [120-124]; FALCÓN, 1996, 259-260.

HIDALGA Y MUSITU, Lorenzo de la (1810-1872)

Nació cerca de Vitoria, provincia de Álava. Formado en Madrid, recibió su título de arquitecto en la Real Academia de San Fernando, tras una brillante carrera. En 1836 viajó a París y durante dos años estuvo en contacto con los arquitectos Eugène Emmanuel Viollet-Le-Duc, Henri Labrouste y Charles Blanc. En marzo de 1838 llegó a México, donde contrajo matrimonio con Ana García Icazbalceta, hermana del historiador, y contó con el apoyo del general Antonio López de Santa Anna y de los hombres de negocios. En 1843 ganó un concurso para levantar un monumento a la Independencia frente al Palacio Nacional, pero sólo se construyó un zócalo, razón por la cual ha sido tradición llamar con ese nombre a la Plaza Mayor. En 1844 fue socio y tesorero del Ateneo Mexicano, y estuvo a cargo de la sección de dibujo lineal y arquitectura del periódico de ese mismo nombre.

La obra que dio fama a De la Hidalga fue el Teatro Nacional, también llamado Teatro de Santa Anna, inaugurado en 1844, después de dos años de trabajos, y que Manuel G. Revilla califica como "la mejor obra arquitectónica del México independiente". El 3 de abril de 1845, un gran temblor derribó la cúpula de la iglesia de Santa Teresa; a Lorenzo de la Hidalga le fue confiada la reposición de la cúpula destruida. Llevó a cabo la obra con fina elegancia, con la sencillez que le era característica y dándole especial interés. Por su estructura, sus elegantes proporciones y su sobriedad es excelente ejemplo de la arquitectura académica de mediados del siglo XIX. Asimismo, a causa del temblor, el Colegio de San Ignacio, conocido como de las Vizcaínas, sufrió grandes daños, aunque sin arruinarse porción alguna de su vasta área; su restauración estuvo también a cargo de Lorenzo de la Hidalga. Otro proyecto de importancia fue el nuevo ciprés de la Catedral Metropolitana, que sustituyó al que se había demolido cuando la preferencia por el estilo neoclásico echó por tierra el antiguo ciprés barroco. El erigido por De la Hidalga entre 1848 y 1849 no corrió con mejor suerte y fue demolido en 1943, al emprenderse diferentes obras en el interior de la Catedral. También construyó el mercado de El Volador, ya desaparecido, y la plazuela Guardiola. Como ya se indicó en la semblanza de Pelegrín Clavé, en 1864 el gobierno imperial formó la Comisión Científica, Literaria y Artística de México, convocada por el mariscal Aquiles Bazaine, cuyo fin era crear las condiciones para el desarrollo de las artes y las ciencias en México. La comisión tuvo diez secciones que cubrían todos los campos del saber, y De la Hidalga fue presidente de la sección décima y Clavé su vicepresidente. A fines del mismo año de 1864, Maximiliano lo nombró "arquitecto del Palacio" y le encargó las obras de remodelación del Palacio y de Chapultepec; sin embargo, en abril de 1865 renunció al cargo y en un artículo publicado en el periódico *La Sociedad* dio a conocer su desacuerdo con las críticas de que era objeto su trabajo.

En cuanto a su relación con la colonia española de México, De la Hidalga fue diputado de la Mesa de Aránzazu y rector del Colegio de San Ignacio de 1840 a 1841. El 9 de octubre de 1842 quedó establecida la Sociedad Española de Beneficencia; Lorenzo de la Hidalga fue electo vocal suplente de la Junta Directiva, y en 1867 fue el presidente de dicha sociedad. Murió en la ciudad de México en 1872. Justino Fernández afirma que Lorenzo de la Hidalga "tuvo positiva personalidad y su obra es sincera y respetable; no sólo se ocupó en construir, sino que, con una alerta conciencia, promovió el adelanto de la arquitectura en México, influyendo para que viniera algún profesor europeo de composición arquitectónica a la Academia de San Carlos. En su conjunto su labor fue atinada y benéfica".

FUENTES: OLAVARRÍA Y FERRARI, 1889, [120-121]; CARREÑO, 1942, 77, 386; LAGUARTA, 1955, 220; PERALES OJEDA, 1975, 59-61; LIDA, 1981, 170; FERNÁNDEZ, 1983, 118-120; *Diccionario Porrúa*, 1986; *Enciclopedia de México*, 1987; LUCA DE TENA, 1990, 72; *Testimonios*, 1995, 55, 117, 119-120, 135.

LANDA Y URQUIZA, José María de (1781-?)

Nació en Abando, condado de Ayala, en el señorío de Vizcaya. Desde muy joven llegó a la Nueva España. Casó con Francisca Escandón y Garmendia, hermana de los ricos hombres de negocios Antonio y Manuel Escandón. En 1856 fue nombrado agente de la Convención española por el ministro de Hacienda Manuel Payno. En julio de 1863 formó parte de las 215 personalidades que integraron la Junta de Notables para determinar la forma de gobierno que convenía a México. El día 10 de ese mes, la Junta aprobó por aclamación el dictamen que declaraba que la nación mexicana adoptaba como forma de gobierno la monarquía hereditaria, con un príncipe católico, y que la corona imperial se le ofrecería al archiduque Fernando Maximiliano de Habsburgo. José María de Landa también fue integrante de la comisión mexicana que viajó a Miramar a ofrecer dicha corona al príncipe austriaco en octubre del mismo año. Ya en México, la emperatriz Carlota integró su Corte y nombró a la esposa de Landa, Francisca Escandón, su dama de honor.

FUENTES: ARRANGOIZ, 1985, 547; *Diccionario Porrúa*, 1986; PI-SUÑER LLORENS, 1996, 55.

LASQUETTY, Ricardo de (1800?-?)

Casó en México con María Dolores de Moncada y de Mendívil, del marquesado del Jaral de Berrio. Fue monárquico, ligado a los conservadores mexicanos, y en 1846 se le comisionó para buscar en Europa un príncipe para el trono de México. Era inversionista, dueño de teatros y otras empresas. En 1856 se asoció con Cayetano Rubio. En cuanto a su presencia dentro de la colonia española, en 1869 contribuyó con una módica cantidad para los gastos del nuevo local del Casino Español de México.

FUENTES: "Donativo. Año 1869", en BACEM; *Diccionario Porrúa*, 1986.

MENDOZA CORTINA, Manuel

Importante y acaudalado español, dueño de haciendas azucareras en el antiguo distrito de Morelos, estado de México. Fue arrendatario, y luego dueño, del ingenio de Coahuixtla, que, según Falcón, "se convirtió en la avanzada tecnológica del dulce y de la producción de aguardiente". Por otra parte, fue socio de Faustino Sobrino en las fábricas de hilados que, según el embajador español Juan Jiménez de Sandoval, marqués de la Ribera, eran las principales del Imperio. En octubre de 1867 contrajo matrimonio con Dolores Cortina Chávez. En 1878 fue presidente de la Junta Directiva de la Compañía del Ferrocarril de Morelos. Durante el porfiriato tuvo grandes vinculaciones con la construcción de líneas férreas.

Por lo que se refiere a su relación con la colonia española de México, Manuel Mendoza Cortina fue presidente de la Sociedad Española de Beneficencia en diversas ocasiones: en 1863, de 1877 a 1879 y en 1880. Asimismo, fue el segundo presidente del Casino Español de México y, aunque no ha sido posible conocer la fecha exacta en que tomó posesión del cargo, hay documentos del propio Casino, fechados entre 1864 y 1869, que lo señalan como tal. En 1867 subvencionó, junto con otros ricos españoles, el periódico *La Iberia*, de Anselmo de la Portilla.

FUENTES: BACEM; *La Iberia*, 2, 174, 15.X.1867, 3; CARREÑO, 1942, 386; MARIA Y CAMPOS, 1960, 26; LIDA, 1981, 139, 168, 170; FALCÓN, 1996, 105, 108-109; ARIAS GÓMEZ, 1998.

MIER Y TERÁN Y ALONSO, Gregorio (1796-1869)[4]

Nació en San Juan de Redondo, Palencia. Contrajo matrimonio con Mariana de Celis y Docal, con la que tuvo cinco hijos: Luisa, Antonio, Manuel, María Teresa y Dolores. Llegó a México en 1818 y de inmediato contó con el apoyo de su tío Antonio Alonso Terán, también español emigrado a México en las postrimerías de la Colonia y miembro prominente del Consulado de Comerciantes de la ciudad de México. La posición económica de Gregorio Mier y Terán y de Antonio Alonso Terán —junto con la de los integrantes de los principales grupos de terratenientes, mineros y comerciantes españoles radicados en México—, como acreedores de los gobiernos del recién independizado país, les permitió eludir la amenaza de expulsión que se cernía

[4] Según ORTEGA Y PÉREZ GALLARDO, 1908, el apellido original de esta familia era Mier de Terán.

sobre ellos a raíz de las leyes de expulsión decretadas por los gobiernos en los años de 1827 y 1829 contra los españoles establecidos en el país.

La actividad de Gregorio Mier y Terán fue en gran medida la continuación de la realizada por su tío Antonio, quien al morir en 1835 le legó las haciendas y ranchos de Atlamajac, El Carrizal y anexas, así como varias fincas en la ciudad de México. Esta herencia constituyó en gran medida una sólida base material que facilitó en los años siguientes la vinculación de Gregorio Mier con diferentes sectores de la sociedad mexicana, siguiendo en todo momento los lineamientos que definía la actividad de prestamista. En una época de constante crisis financiera esta actividad lo llevó a relacionarse, en calidad de acreedor, con el gobierno del país. La adquisición de bonos y créditos diversos contra el erario le posibilitó un amplio marco de especulación en diversas actividades. El carácter de las relaciones mantenidas con los distintos gobiernos mexicanos facilitó posteriormente a Mier y Terán el acceso a otros campos de la economía, por lo que empezó a invertir en el financiamiento de varias ramas de la industria, así como a adquirir bienes de distinto tipo —fincas urbanas, ranchos y haciendas—, con lo que amplió su campo de inversión inicial, sin abandonar en ningún momento su actividad principal como prestamista. Desde la década de 1830 se le llamaba el "Rothschild mexicano", por lo acaudalado de su fortuna y sus numerosas empresas.

En el círculo en el que se movía, Mier y Terán era considerado como mexicano. En 1839 formó parte de una sociedad patriótica, presidida por Andrés Quintana Roo, para defender a la República en la guerra contra Francia. Incluso fue electo para diversas comisiones relacionadas con la recaudación de fondos para la defensa de la causa. Perteneció a la Junta Nacional Legislativa, integrada por 80 notables, que estuvo encargada de redactar, en 1843, las *Bases de organización política de la República Mexicana*, promulgadas como la cuarta constitución de la República y la segunda centralista, conocida como las "Bases Orgánicas". En 1847 donó cuantiosas sumas para el sostenimiento de la guerra contra los Estados Unidos. Cuando el país fue invadido y ocupada la capital, se negó a entregar al invasor semillas de su Hacienda de San Nicolás Peralta. Terminada la guerra y considerando que los habitantes de Laredo, Texas, se habían quedado sin ciudad, donó terrenos en la Mesa de Villarreal para que en ellos se fundara Nuevo Laredo. En 1850 fue diputado suplente por el estado de México y fungió como representante de los cultivadores del tabaco ante el gobierno mexicano. Ese mismo año, el ministro de Hacienda Manuel Payno estableció un Comité de Crédito Público, cuyo presidente fue Gregorio Mier y Terán. Sus créditos sumaban un total de 1 068 323 pesos, por lo cual se colocó entre los cuatro acreedores individuales que poseían mayor cantidad de créditos contra la nación. En 1854 obtuvo de parte del gobierno el derecho a importar 2 500 quintales de algodón, aunque en la época estaba totalmente prohibido hacerlo. Las ideas conservadoras de Mier y Terán lo impulsaron a formar parte del efímero Consejo de Estado formado por Ignacio Comonfort en diciembre de 1857, a raíz del golpe de estado dado por éste, y más adelante fue también consejero del presidente conservador Miguel Miramón en 1860. En 1861, con motivo de la ley de suspensión de pagos del 17 de julio, Mier fue nombrado miembro de la Junta Superior de Hacienda. Como fue uno de los principales acreedores del gobierno desde los años treinta hasta 1863, se le consultaba constantemente cuando se trataba de tomar una decisión respecto de la deuda pública, y en varias ocasiones se le ofreció el Ministerio de Hacienda, oferta que nunca aceptó, aunque sí participó constantemente en diversas comisiones para tratar asuntos financieros. En 1864 Mier y Terán se adhirió al Imperio. Murió en la ciudad de México en 1869, dejando un capital de 6 251 966 pesos.

FUENTES: Testamento de Mariana Celis Mier, 19.II.1857, en AGNCM, lib. 1026, protocolo 169, fojas 138-140; *Diario del Imperio*, I, 56, 9.III.1865, 228; CARDOSO, 1978, 140-163; TENENBAUM, 1985, 93, 97, 100, 109-110, 202; *Diccionario Porrúa*, 1986; *Enciclopedia de México*, 1987; MEYER COSÍO, 1994, 226, 234, 241-244, 255.

MORA, Raimundo

Acaudalado español, acreedor del gobierno mexicano. Desde septiembre de 1860, junto con José María de Bassoco, Cándido Guerra y Casimiro del Collado, fue miembro de la Junta Menor Permanente de la Convención Española, que fungía como representante de los acreedores españoles.

En cuanto a su presencia dentro de la colonia española de México, en 1866 y 1867 Raimundo Mora fue socio y vocal propietario de la Junta Directiva de la Sociedad de Beneficencia Española. También fue socio del Casino Español de México, y en diciembre de 1867 la Junta General lo nombró quinto vocal de la mesa directiva que administraría dicha sociedad durante 1868 y 1869. Cuando el Casino cambió de domicilio, Mora donó la cantidad de 150 pesos para los gastos de la nueva casa, lo que permite suponer que en ese momento figuraba entre los españoles más ricos de México.

FUENTES: "Donativo. Año 1869", en BACEM; *El Cronista de México*, 3ª época, VI, 5, 5.I.1866, 3; *La Iberia*, II, 225, 13.XII.1867, 4; TAMAYO, 1965-1971, XIII, 88.

OLAVARRÍA Y FERRARI, Enrique de (1844-1918)

Nació en Madrid. Antes de los 17 años obtuvo el título de bachiller. Empezó la carrera de abogado, y en 1865 ganó por oposición un puesto en el Banco de España; sin embargo, no lo ocupó; en diciembre de ese año se trasladó a México y pronto se unió al partido liberal. Su compatriota, Anselmo de la Portilla, lo introdujo al medio cultural mexicano y lo invitó a colaborar en *La Iberia*. Fue redactor del diario *El Boletín Republicano*, en el que tuvo la oportunidad de publicar fogosos artículos sobre la caída del Imperio y la entrada triunfal de Porfirio Díaz a la capital. En uno de estos artículos, que tuvo gran resonancia y fue reproducido por toda la prensa, pedía a los vencedores clemencia para con los vencidos. Unos cuantos meses después, *El Boletín* lanzaba la candidatura de Porfirio Díaz. Más tarde abandonó dicho periódico y pasó a ser jefe de redacción de *La Idea Progresista*, con revistas semanarias llenas de gracia e interés. Colaboró también en *El Siglo Diez y Nueve*, *El Globo*, *El Correo de México*, *La Revista Universal* y *El Federalista*. Algunos de sus escritos los firmó con los seudónimos Fernando Álvarez Prieto, Antonio de Padua, Antonio María de Padua, Eduardo Ramos, Enrique Ramos, posiblemente también utilizó el de Mefistófeles y las iniciales E. de O.

A la vez que se daba a conocer como periodista, también lo hacía como literato. Seguidor de Ignacio Manuel Altamirano, participó activamente en el movimiento literario promovido por éste; dicho movimiento daría lugar a la publicación del periódico literario semanal *El Renacimiento* (1869) en su primera época, con el propósito fundamental de crear una literatura nacional. En 1868 adaptó al teatro la obra de Paul Féval, *El jorobado*, que fue estrenada con mucho éxito en el Teatro Principal. También en ese año publicó su novela histórica *El tálamo y la horca*, participó en las Veladas Literarias, donde presentó su novela los *Misioneros del amor*, y escribió varias más que fueron elogiadas por Altamirano. En 1872 se casó con Matilde Landázuri. Entre 1872 y 1876 fue socio honorario de la sociedad literaria La Concordia. En 1874 se fue a Europa y permaneció en España hasta 1878. Allí colaboró en periódicos y revistas de Madrid, Málaga y Sevilla y desempeñó el cargo de comisario oficial en los archivos de Indias de Sevilla y General de Simancas, por designación del gobierno mexicano. En 1875 fue socio corresponsal de la Sociedad de Escritores Dramáticos Manuel Eduardo de Gorostiza. Para dar a conocer en España la actualidad literaria de México, publicó *El arte literario en México* (Málaga, 1877, y Madrid, 1878) y la antología *Poesías líricas mexicanas* (1878). De regreso en México volvió al periodismo y colaboró en *El Cronista de México* y en la *Revista Nacional de Ciencias y Letras*. De 1880 a 1883 escribió y publicó la primera serie de los *Episodios históricos mexicanos*, al estilo de Benito Pérez Galdós; luego la completó con otra. Esta obra se publicó completa entre 1886 y 1887, en Barcelona, en cuatro tomos. Fueron en total 36 novelas pequeñas que recrean la historia de México de 1808 a 1838, y constituyen la obra más extensa de este género en México. Los datos para esta serie de novelas fueron tomados de la *Gaceta de México* y de la obra de historiadores como Carlos María de Bustamante y Lucas Alamán. Seguramente debido a éstas fue que se le encomendó terminar el tomo cuarto de la obra *México a través de los siglos*, titulado *México independiente 1821-1855*, iniciado por Juan de Dios Arias. En 1889 fue socio fundador del Liceo Altamirano. En 1892 dedicó los capítulos de su libro *Presente amistoso* a los socios del Liceo Mexicano Científico y Literario. Fue amigo de Juan A. Mateos, Vicente Riva Palacio e Ireneo Paz, con quienes compartió el gusto por escribir novelas históricas.

Fue profesor de literatura en la Escuela Normal para Señoritas; en el Conservatorio de la Sociedad Filarmónica Mexicana y en la Escuela de Artes y Oficios lo fue de geografía e historia universal y de geografía e historia de México. Administró, durante más de treinta años, el Colegio de las Vizcaínas, del cual escribió una reseña histórica titulada *El Real Colegio de San Ignacio de Loyola vulgarmente Colegio de las Vizcaínas, en la actualidad Colegio de la Paz* (1889). Además de las obras ya mencionadas, entre su nutrida producción literaria destacan también sus *Ensayos poéticos* (1871); *Venganza y remordimiento* (novela, 1869); *Lágrimas y sonrisas* (novela, 1870); *La Venus negra* (comedia, 1880); *Don Fernando el emplazado* (drama, en colaboración con Justo Sierra). Escribió también la *Crónica del Undécimo Congreso Internacional de Americanistas, primero reunido en México en octubre de 1895* (1896), y la reseña histórica *La Sociedad Mexicana de Geografía y Estadística* (1901). Formó una *Guía metódica para el estudio de la lectura superior* y un *Compendio de gramática general y comparada*. En sus últimos años escribió la *Reseña histórica del teatro en México*, que abarca de 1538 a 1911 y que apareció por primera vez en el periódico *El Nacional*, en forma de folletín durante los años de 1880 a 1884. Murió en la ciudad de México en 1918.

FUENTES: OLAVARRÍA Y FERRARI, 1961, I, ix-xii; PERALES OJEDA, 1975, 131, 145, 163, 168; GONZÁLEZ PEÑA, 1981, 227; RUIZ CASTAÑEDA, 1985, 179; *Diccionario Porrúa*, 1986; *Enciclopedia de México*, 1987.

PELUFFO DE ARMENTA, Rosa (1800-?)

Nació en Cartagena, Murcia. De niña se trasladó a Barcelona donde recibió lecciones de declamación de Andrés Prieto y Manuela Molina; en Madrid fue discípula de Joaquín Cabrera y luego trabajó en el teatro como segunda dama. En Sevilla figuró, por primera vez, como primera actriz, y con igual categoría pasó en 1829 al Teatro del Príncipe, en la corte española. Casada con el actor español Francisco Javier Armenta, después de lucida temporada en Cádiz se embarcó en 1830 para La Habana y Puerto Rico. Regresó a Europa y permaneció en París estudiando a los artistas franceses durante un año; de nuevo figuró en Barcelona y Madrid, y por segunda vez partió para La Habana. Permaneció en Cuba hasta 1842, año en que fue contratada para venir a México. "Su ameno trato —afirma Enrique de Olavarría y Ferrari—, sus finos modales, su conversación viva y agradable, granjeáronle numerosos amigos, satisfechos de encontrar en ella una dama inteligente e instruida. Sus aficiones literarias y perfecto conocimiento del idioma francés, la impulsaron a traducir y acomodar a la escena los dos dramas *El Destructor* y *Claudio Stock*". Esta última obra fue estrenada el 3 de noviembre de 1842 y a su representación asistió el general Nicolás Bravo, que en ese momento era presidente interino de México. También en ese año, Guillermo Prieto dedicó a la diva varios versos. En 1847, durante la invasión norteamericana, Rosa Peluffo dejó de actuar en el teatro y, según Olavarría y Ferrari, ella manifestó "que mientras México estuviera sufriendo la ocupación americana [...] ni aún en el interior de su casa abriría el piano, ni aún para su propio recreo". En 1850 dejó temporalmente la Compañía Dramática del Gran Teatro y recorrió los teatros del interior de la República. Rosa Peluffo cubrió toda un época de la escena mexicana; desafortunadamente no ha sido posible encontrar información sobre sus actividades en la época que nos ocupa ni de la posterior, excepto un programa del Teatro de Hidalgo para el 17 de marzo de 1867, en el que se anuncia la función de la comedia en un acto titulada *El viaje a la Luna o una boda en Tacubaya*, "arreglada a la escena española por la siempre aplaudida actriz doña Rosa Pelufo". Murió de edad muy avanzada.

FUENTES: REYES DE LA MAZA, 1959, 189; OLAVARRÍA Y FERRARI, 1961, I, 398, 404-405, 462, 496; GARCÍA RIVAS, 1972, 102-103; *Diccionario Porrúa*, 1986.

PORTILLA, Anselmo de la (1816-1879)

Nació en el pueblo de Sobremazas, provincia de Santander; sus padres fueron Juan Ramón de la Portilla y Teresa Rodríguez. Hizo sus primeros estudios en Santa María de Cudeyo y después en un colegio de Burgos. A los 14 años pasó a América. Llegó a México en 1840 trayendo consigo una recomendación para Agustín Eguía, rico hacendado de aquel tiempo, que a su vez lo recomendó a José Ramón Ibarrola. Éste era dueño de una de las tiendas de ropa más acreditadas en México, Los Tres Navíos, y en ella entró a trabajar

De la Portilla como "tenedor de los libros", es decir, contador. Poco después dejó los negocios mercantiles para dedicarse al periodismo.

Su primera colaboración apareció en *El Eco del Comercio*, y al desaparecer esta publicación, el importante impresor y periodista catalán Rafael Rafael le pidió que fuera redactor de *El Universal*. También por entonces (1848-1849) fue fundador, redactor o colaborador de los periódicos religiosos y literarios *El Católico*, *El Despertador Literario* y *El Espectador de México*, en los cuales dio a luz multitud de escritos de todos los géneros, tales como novelas, críticas, biografías, artículos bibliográficos, históricos, etc. En febrero de 1849 murió su primera esposa, Eulalia Villegas, y poco tiempo después contrajo matrimonio con Delfina Villegas, hermana de Eulalia. De 1850 a 1853, De la Portilla se hizo cargo de la redacción de *La Voz de la Religión*. También en 1850 fundó *El Español*, y después *El Eco de España*, con el propósito de fomentar la amistad hispano-mexicana. Entre 1853 y 1856 colaboró con varios artículos en el *Diccionario universal de historia y de geografía*. Desde 1855 escribió en la notable revista religiosa y literaria *La Cruz*; entre 1856 y 1857, en el diario *El Estandarte Nacional*, portavoz del gobierno de Ignacio Comonfort, y en 1858, tras el golpe de estado del presidente, salió de México, se detuvo en La Habana, donde dirigió por poco tiempo *El Diario de la Marina* y, finalmente, radicó en Nueva York. En esta ciudad fundó y redactó el periódico *El Occidente*, publicó su novela *Virginia Stewart, la cortesana. Historia de amor, vicio y sangre*, así como su obra *Méjico en 1856-1857. Gobierno del general Comonfort*, que era un segundo texto de historia contemporánea, pues en 1856 ya había publicado la *Historia de la revolución de México contra la dictadura del general Santa Anna (1853-1855)*.

En 1862 regresó a México, pero pasó antes por La Habana, donde, en compañía de José Zorrilla, hizo planes para fundar un periódico. Ya en Veracruz, después de solicitar el permiso del general Juan Prim, comandante de las fuerzas intervencionistas españolas, fundó *El Eco de Europa*, que se publicó hasta el mes de abril de aquel año. Al establecerse el gobierno imperial en 1864, De la Portilla publicó la obra *De Miramar a México*, que es la relación del viaje de los soberanos, de los festejos con que fueron recibidos a su llegada a la ciudad de México, así como la transcripción de diversos artículos, discursos y odas que proliferaron en la prensa del momento. También fundó el periódico *La Razón de México*, que se publicó de octubre de 1864 a enero de 1865, cuando fue llamado por el emperador Maximiliano y trabajó en la secretaría privada del monarca. En la prensa, dirigió el *Diario del Imperio* durante 1865 y 1866, y escribió la "Revista quincenal de México", que se enviaba regularmente al extranjero.

A principios de 1867, Anselmo de la Portilla habló con Faustino Sobrino para fundar el periódico *La Iberia*. Éste, entusiasmado con la idea, convocó a una junta en el Casino Español, en la que se resolvió que se publicara el periódico con una subvención que aportaría cierto número de españoles, por la cantidad de cien pesos cada uno, de los cuales se entregarían veinticinco pesos cada mes. El primer número salió el 1º de marzo de 1867 y pronto polemizó con los periódicos *The Mexican Times*, *El Siglo Diez y Nueve* y *El Federalista*. En el folletín de *La Iberia* se publicó la Biblioteca Histórica, sección en la que aparecieron obras antiguas, inéditas o muy raras, de capital importancia para la historia nacional; entre ellas, las *Instrucciones que los virreyes de la Nueva España dejaron a sus sucesores* (1873). Victoriano Agüeros afirma que en "*La Iberia* encontraban eco todos los grandes pensamientos y tenían apoyo las más útiles y convenientes iniciativas; se discutían los asuntos de México con brillantez y acierto, y se encontraban en todo señales del interés que esta nación inspiraba al Sr. Portilla. *La Iberia* fue también el constante defensor, el adalid más solícito y patriota de la colonia española en México; y muchas veces libró a ésta, con una palabra de prudencia, de conflictos enojosos". A pesar del éxito periodístico, la empresa económica falló y el periódico dejó de publicarse el 30 de junio de 1876.

De la Portilla fue miembro de varias sociedades literarias, como la Sociedad Alarcón, el Liceo Hidalgo y La Concordia. En 1877, Anselmo de la Portilla sustituyó a José María de Bassoco como integrante de la Academia Mexicana de la Lengua correspondiente a la Española. Murió en la ciudad de México el 3 de marzo de 1879. Un mes después, según Agüeros, el diputado Joaquín M. Alcalde presentó al Congreso de la Unión una propuesta para declarar que "el ilustre escritor español, el insigne fundador y director de *La Iberia*, Sr. D. Anselmo de la Portilla, había merecido el bien de México [*sic*]". José Zorrilla lo calificó como el "primer periodista de las Américas y el más leal y claro defensor de los intereses españoles en México"; Justo Sierra se refirió a él como un español excepcional y "eximio escritor"; Enrique de Olavarría y Ferrari señaló que De la Portilla fue un "inolvidable caballero y escritor español, de imperecedera memoria para cuantos respetan la honradez sin tacha y el talento sin límite"; Emeterio Valverde Téllez señaló que fue "uno de los más simpáticos escritores que México ha tenido: [...] Treinta y nueve años de incesante labor, estudiando y escribiendo, siempre juicioso, siempre con recta intención, siempre en pos de un ideal, el amor a la religión católica, la unión entre españoles y mexicanos, bien merecen el respeto y la gratitud de ambos pueblos".

FUENTES: AGÜEROS, 1880; MARIA Y CAMPOS, 1960, 25-37; GARCÍA RIVAS, 1972, 210; PERALES OJEDA, 1975, 92-93, 129-131, 134-135, 147-148; GONZÁLEZ PEÑA, 1981, 178-179; *Diccionario Porrúa*, 1986; *Enciclopedia de México*, 1987; SIERRA, 1989, 188; VALVERDE TÉLLEZ, 1989, I, 183-184; FALCÓN, 1996, 22, 23, 46, 95, 117, 124, 171, 235, 309; VILLEGAS REVUELTAS, 1996, 99-105.

PRIDA, Francisco M. de

Realizó sus estudios primarios en Santander e hizo estudios clásicos latinos en el Colegio Cántabro. En 1843 viajó a La Habana. Llegó a Veracruz en 1845 y entró a trabajar en una tienda de ropa, propiedad de Ramón Vicente Vila. En 1847, durante la invasión norteamericana, la tienda de Vila fue "el centro de confianza de los patriotas" que por conducto de ella dirigían sus comunicaciones y pedidos de parque. Prida tomó parte activa en la guerra al convertirse en agente de los guerrilleros de aquella zona, y con él se entendieron el padre Celedonio Dómeco de Jarauta, Vicente Chico Sein y otros, a fin de que les proporcionara elementos para luchar contra los invasores. Concluida la guerra se separó de la casa Vila para establecer su propio negocio. En 1851 pasó a Oaxaca donde casó con Josefa Arteaga y Mantecón Pacheco, marquesa de Arteaga. Volvió a Veracruz después de la revolución de Tuxtepec y finalmente, dada su amistad con Porfirio Díaz, radicó en la ciudad de México. Prida era considerado mexicano por haber pedido el Ayuntamiento de Veracruz este título para él, por los servicios prestados durante la invasión norteamericana y la intervención francesa. Fue fundador del Círculo Mercantil de Veracruz y presidente de la Junta Patriótica en 1873, cuando estuvo a punto de estallar la guerra entre España y Estados Unidos a causa de la captura del vapor Virginius. Fue socio fundador, accionista y vocal del Banco Mercantil Mexicano que abrió sus puertas en marzo de 1882 y más tarde se transformó en el Banco Nacional de México. También estableció la fábrica de cerillos La Central y trajo a México el jai-alai, juego vasco de pelota y cesta.

Por lo que se refiere a su actividad social dentro de la colonia española de México, se sabe que en 1842 fue uno de los fundadores de la Sociedad Española de Beneficencia y que acudía con frecuencia a las reuniones de comerciantes, sobre todo originarios de Santander, realizadas en la Cámara de Comercio y de la Industria Española de México. En 1888, Ireneo Paz escribió: "Francisco Prida es en suma uno de los más respetables negociantes de México por su crédito, por sus relaciones, por su caudal y por su conducta siempre leal, generosa y prudente".

FUENTES: PAZ, 1888, 407-408; *Diccionario Porrúa*, 1986; *Enciclopedia de México*, 1987.

PRIETO DE LANDÁZURI, Isabel Ángela (1833-1876)

Nació en Alcázar de San Juan, provincia de Ciudad-Real. A los cinco años vino a México con sus padres y radicó en Guadalajara, Jalisco, donde recibió muy buena educación. Pocos años después mostró sus dotes literarias, y a partir de 1850, en *La Aurora Poética de Jalisco*, se publicaron, de forma anónima, algunas de sus primeras producciones. Además de conocer la literatura española de su época, leyó a los clásicos españoles, como Garcilaso de la Vega, fray Luis de León, Gaspar Melchor de Jovellanos, Lope de Vega, Tirso de Molina, Juan Ruiz de Alarcón y Pedro Calderón de la Barca, entre otros. Asimismo, el dominio que tuvo del francés, inglés e italiano le permitió conocer en su idioma original a los grandes poetas de esas literaturas. Para 1860, cuando sus composiciones líricas ya eran conocidas en todo el país, decidió incursionar en el campo de la literatura dramática con el impulso de José María Vigil. El 19 de diciembre de 1861, en el Teatro Principal de Guadalajara, fue puesta en escena —con el mejor éxito, señala Vigil— la comedia titulada *Los dos son peores*; después fueron representadas, también en Guadalajara, *Oro y oropel, La escuela de las cuñadas* y *¿Duende o serafín?* En 1865, Isabel Prieto contrajo matrimonio con su primo, el político y diplomático mexicano Pedro Landázuri.

Isabel perteneció a varias sociedades literarias de su época; entre ellas, La Falange de Estudio de Guadalajara. Se le consideró la primera romántica mexicana y en su época se le comparó elogiosamente con Sor Juana Inés de la Cruz. En su obra, tanto lírica como dramática, presentó temas de dolor, miseria, pasiones, todo en un sutil lenguaje poético lleno de influencias románticas, lo cual le valió la admiración de José Zorrilla, Gaspar Núñez de Arce y Juan Eugenio Hartzenbusch. Su producción consta de quince obras, dramáticas y cómicas, en su mayor parte escritas en verso. De sus obras impresas sólo llegaron a la capital *Las dos flores* y *Los dos son peores*. Tradujo poemas de Federico Schiller, Johann Wolfgang Goethe, Percy Bysshe Shelley, Vittorio Alfieri y Pierre de Ronsard. Murió en Hamburgo, el 28 de septiembre de 1876, donde Pedro Landázuri cumplía una misión diplomática. Una colección de sus poemas, junto con sus versiones líricas de Victor Hugo, Alphonse Marie de Lamartine y André Chénier, realizada por José María Vigil, se publicó con el título de *Obras poéticas de la señora doña Isabel Prieto de Landázuri* (México, Imprenta de Ireneo Paz), en 1883. En un artículo biográfico publicado en *El Ateneo* en 1874, José María Vigil señala: "Desde las primeras composiciones que escribió fácil fue reconocer la superioridad de su genio: notable corrección del lenguaje, versificación rica y armoniosa, abundancia de imágenes, verdad de pensamiento, claridad y elegancia de estilo, y sobre todo, poderosa inspiración".

FUENTES: WRIGHT DE KLEINHANS, 1910, 517-528; GARCÍA RIVAS, 1972, 91, 117; GONZÁLEZ PEÑA, 1981, 156-157, 165; *Diccionario Porrúa*, 1986; *Enciclopedia de México*, 1987; PALACIO, 1993, 59.

RÉGULES, Nicolás de (1826-1895)

Nació en Quintanilla-Sopeña, provincia de Burgos. Hizo sus primeros estudios en Segovia y Alcalá de Henares. Desde muy joven se alistó en el ejército popular que combatía a los carlistas, fue ascendido a capitán y formó parte del estado mayor del general Baldomero Espartero. Por sus ideas liberales emigró a La Habana, pasó luego a los Estados Unidos y llegó a México en 1846. El 17 de octubre se incorporó al ejército mexicano con el grado de capitán de caballería y en 1847 combatió contra la invasión norteamericana, distinguiéndose en las batallas de la Angostura, Padierna, Molino del Rey y Chapultepec. En 1853 se retiró del ejército al subir al poder el general Antonio López de Santa Anna, pero tomó de nuevo las armas al iniciarse, en marzo de 1854, la revolución de Ayutla, y participó en la campaña de Michoacán bajo las órdenes del general Epitacio Huerta, tras lo cual fue ascendido a comandante de escuadrón. En 1858 se le concedieron los grados de teniente coronel y coronel, y ese mismo año se casó con la michoacana Soledad Solórzano. Durante la guerra de Reforma luchó en el bando liberal. En la batalla de Silao, Guanajuato (10 de agosto de 1860), tuvo una intervención decisiva al lado del general Jesús González Ortega, quien le otorgó el grado de general de brigada. También se distinguió en Calpulalpan, y en 1861 recibió un diploma por su comportamiento en la guerra de Tres Años. Al iniciarse la Intervención tripartita, para no combatir contra España solicitó su retiro, pero al quedar Francia sola volvió al servicio. En abril de 1865, cuando se aprestaba a atacar Tacámbaro, que estaba en poder de los belgas, éstos colocaron a su esposa y a sus hijos, que estaban prisioneros, frente a las trincheras para tratar de disuadir al general; pero éste avanzó con mayor denuedo, salvó a su familia, derrotó a los imperiales y tomó gran número de prisioneros que esperaban ser pasados por las armas. Régules, sin embargo, reprimió todo impulso de venganza y los trasladó a un lugar seguro en Zirándaro. En noviembre de ese año recibió la banda de general de división, la Cruz de Honor por su desempeño en el sitio de Puebla y la Espada de Honor del gobierno de Michoacán. Fue uno de los jefes más distinguidos que lucharon contra el Imperio en ese estado. A la muerte del general José María Arteaga Magallanes, Régules quedó al frente del ejército del Centro, sujeto a las órdenes del general Ramón Corona, jefe del ejército de Occidente y concurrió al sitio de Querétaro, donde también tuvo una destacada participación. Después del triunfo de la República se hizo cargo de la Primera División del Centro con sede en Morelia, y después ocupó la vicepresidencia de la Suprema Corte de Justicia. Régules se retiró del activo del ejército en 1882 y murió en la ciudad de México en 1895.

FUENTES: *Diccionario Porrúa*, 1986; *Enciclopedia de México*, 1987; TAYLOR HANSON, 1987, 209, 212, 217; CORTI, 1993, 564.

REY, Emilio (1826-1871)

Nació en Santander. Llegó a México muy joven y se incorporó al ejército. En marzo de 1858 alcanzó el grado de coronel de caballería en el ejército juarista. Durante la Intervención tripartita, si bien fue partidario de la República, no tomó las armas. Se dedicó, en cambio, al periodismo y publicó algunos de sus poemas. Al caer el Imperio fue electo diputado al Congreso de la Unión, cargo que ocupó hasta su muerte. Fue miembro de varias sociedades literarias, tales como la Academia de San Juan de Letrán, el Liceo Hidalgo, donde figuró entre los primeros socios inscritos en 1850, y La Falange de Estudio de Guadalajara. Además de colaborar en varios periódicos de su época, publicó *Recuerdo de Anáhuac. Colección de cantos históricos mexicanos* (1852) y *Poesías* (1868). Murió en la ciudad de México el 4 de septiembre de 1871.

FUENTES: *La Iberia*, IV, 384, 8.VII.1868, 3; *La Iberia*, IV, 396, 22.VII.1868, 3; *Diccionario Porrúa*, 1986; SIERRA, 1989, 188; PALACIO, 1993, 60.

RUBIO, Cayetano (1792-1876)

Nació en Cádiz. Muy joven se trasladó a México y se estableció en Tampico, donde fundó la casa de comercio Rubio Hermanos y Compañía. En 1837 su nombre empezó a aparecer en transacciones en la ciudad de México y muy pronto se convirtió en uno de los más destacados comerciantes, industriales y prestamistas de su época. En enero de aquel año, el presidente Anastasio Bustamante, siempre necesitado de dinero, decidió restablecer el monopolio del tabaco y otorgó su administración al recién creado Banco Nacional de Amortización a través de un consorcio de prestamistas. Se fundó entonces la Compañía Empresaria de la Renta Nacional del Tabaco, cuyos socios fueron, en partes iguales, los hermanos Rubio —Cayetano y Francisco—, Benito Maqua, Juan María Flores, la Casa Agüero, González y Cía., Felipe Neri del Barrio y Manuel Escandón. Si bien este contrato fue para tomar el asiento de tabacos de los departamentos de México, Michoacán, Puebla, Oaxaca, Querétaro y Veracruz, en enero de 1839 los empresarios propusieron al gobierno hacerse cargo de la administración del estanco en toda la República, concesión que se les otorgó, excepto en Chiapas y Yucatán. En 1838, Cayetano Rubio compró el Molino Colorado, ubicado en el estado de Querétaro, con el objeto de formar una fábrica de hilados y tejidos de algodón, a la que llamó El Hércules, con equipo importado de Inglaterra que era movido por energía hidráulica. La empresa empezó a trabajar en 1840 y llegó a ser una de las más grandes del país durante el siglo XIX. Su costo, al inicio de las actividades, había sido de 800 000 pesos. Con la construcción de la fábrica comenzó la formación del pueblo de Hércules; en los alrededores de la fábrica se asentó la población de trabajadores.

Un elemento que contribuyó a la consolidación de Rubio dentro de la industria textil fue su participación en el monopolio del algodón. La especulación sobre esta materia prima había llevado a la ruina a varios industriales, entre ellos a Esteban de Antuñano. Al comienzo de los años cuarenta la escasez de algodón en el país había obligado a algunos industriales a paralizar parte de su maquinaria y en ocasiones al cierre de las fábricas. La importación del algodón en rama estaba prohibida y sólo algunos especuladores lograban obtener un permiso de importación. En 1843 el gobierno autorizó a Cayetano Rubio importar "mil tercios de algodón en rama". Por otro lado, Rubio aseguraba el aprovechamiento de materia prima refaccionando directamente a los productores, comprando sus cosechas y financiando la instalación de una máquina despepitadora. La especulación algodonera permitió a Rubio ampliar la producción de sus fábricas y obtener ganancias mediante el monopolio, lo que lo situó en una posición privilegiada frente a otros empresarios.

La dependencia de los gobiernos respecto de los prestamistas otorgó a éstos gran influencia y les facilitó la obtención de privilegios y concesiones. El caso de Cayetano Rubio es un ejemplo de ello. Tuvo el monopolio de la explotación de la sal en Zacatecas, pues en 1835 había obtenido del gobierno de Antonio López de Santa Anna la concesión para explotar las salinas del Peñón Blanco, que eran las que abastecían las minas de Zacatecas y San Luis Potosí. En 1842 Rubio compró definitivamente las salinas y obtuvo el monopolio para explotarlas. Por otra parte, en 1843, cuando Julián Juvera era gobernador de Querétaro, hubo un sonado escándalo en relación con la venta de la Hacienda de Esperanza, propiedad que había sido legada por doña María Josefa Vergara y Hernández para que a su muerte fuera utilizada en obras de beneficencia. Dicha hacienda era, pues, propiedad del Estado; sin embargo, Antonio López de Santa Anna accedió a la proposición de compra que le hiciera Cayetano Rubio y, usando todo su poder, pasó por encima de las airadas protestas de los queretanos y del propio gobernador. Cayetano Rubio fue diputado suplente por Querétaro, en representación de la clase industrial, en el Congreso Nacional Extraordinario, que tuvo lugar entre junio y agosto de 1846.

A partir de los años cincuenta, Rubio consolidó su posición como empresario de la rama textil; sus fábricas aumentaron en número y capacidad productiva mediante la adquisición de maquinaria más moderna y una mayor inversión en obras hidráulicas para la fuerza motriz. Sin embargo, ésta sólo fue una de sus actividades, pues era también activo cultivador de tabaco e incursionó en el campo de la minería. En 1854, con Manuel Lizardi, tomó en arriendo durante varios años la Renta del Tabaco; en ese mismo año adquirió el Molino Blanco, que se ubicaba muy cerca de Hércules, para destinarlo a una nueva fábrica de hilados y tejidos. Cayetano Rubio vivía cortas temporadas en Querétaro. El manejo de sus fábricas fue familiar. Primero fue su hermano Francisco el encargado de los negocios. En 1851, Rubio dio poder a su sobrino Manuel para atender sus asuntos hasta el 13 de agosto de 1860, cuando Carlos María Rubio, hijo de Cayetano, se convirtió en el apoderado de su padre. En 1857, Cayetano Rubio remató y manejó por varios años las Casas de Moneda de Real de Catorce y San Luis Potosí.

A partir de la ocupación de la ciudad de México por los franceses, en junio de 1863, una casa de su propiedad, ubicada en la calle de Puente de Alvarado números 22 y 23, fue ocupada por el general Elías Federico Forey; una vez relevado éste, el mariscal Aquiles Bazaine habitó dicha casa entre noviembre de 1863 y marzo de 1864. En 1864, cuando Maximiliano decidió celebrar el aniversario de la Independencia en Dolores Hidalgo, Guanajuato, hizo una visita a Querétaro en agosto. El Emperador fue alojado en la casa de Cayetano Rubio, quien le habló de un proyecto acariciado desde hacía años: la construcción de un camino que uniera Querétaro con Tampico y fuera un estímulo para la vida económica de la localidad. Maximiliano lo escuchó complacido y se convenció de la bondad de la idea, por lo que ordenó que se iniciaran los preparativos para realizarla y otorgó un subsidio en oro a su anfitrión y a otros encargados de la construcción de la ruta. En 1865, Cayetano Rubio formaba parte de la Junta de Administración y Vigilancia de la compañía de seguros mutuos sobre la vida La Bienhechora. Aún hacia el final de su vida, a los 81 años de edad, Rubio seguía involucrado en grandes negocios; por ejemplo, se sabe que era accionista de la Compañía Limitada Mexicana que en 1873 logró un excelente contrato con el gobierno de Sebastián Lerdo de Tejada para la construcción de ferrocarriles.

Por lo que se refiere a su relación con instituciones españolas en México, puede decirse que el 9 de octubre de 1842, cuando quedó establecida la Sociedad Española de Beneficencia, Rubio fue electo segundo vocal de la Junta Directiva y en 1848 fue presidente de dicha Sociedad. En 1867, junto con otros ricos españoles subvencionó el periódico *La Iberia*, de Anselmo de la Portilla. Fue el cuarto presidente del Casino Español de México, y en 1869, cuando el Casino cambió de domicilio, Rubio contribuyó con 150 pesos para los gastos de la nueva casa de dicho establecimiento. Cayetano Rubio murió en la ciudad de México en 1876.

FUENTES: "Donativo. Año 1869", en BACEM; *Diario del Imperio*, I, 40, 17.II.1865, 163; CARREÑO, 1942, 77, 386; LAGUARTA, 1955, 219-220; MARIA Y CAMPOS, 1960, 26; LIDA, 1981, 168-169; PAYNO, 1981, 382, 385-387; *Diccionario Porrúa*, 1986; RINCÓN FRÍAS *et al.*, 1986, 102; *Gobernantes*, 1987, 31, 43, 94, 104, 117; MEYER COSÍO, 1994, 230, 242; PI-SUÑER LLORENS, 1994, 84-86; BLASIO, 1996, 211, 251, 257-258; FALCÓN, 1996, 261; SUÁREZ CORTEZ, 1998, 15-103.

SÁNCHEZ RAMOS, Delfín (1828-1898)

Nació en Alba de Tormes, provincia de Salamanca. Sus padres fueron Andrés Sánchez e Isabel Ramos. Hizo sus estudios primarios en Cabezón de la Sal; en 1843 estudió ciencias y letras en el Colegio de Villacarriedo, donde obtuvo el título de bachiller en artes; posteriormente tomó algunos cursos de leyes en Santander. Entre 1854 y 1856 viajó a La Habana y se dedicó al comercio; permaneció en Cuba hasta 1864, año en que se trasladó a México donde continuó con sus actividades comerciales. Fue amigo del acaudalado asturiano Vicente de la Fuente con quien se asoció en sus negocios. Entre 1864 y 1867, Delfín Sánchez conoció y se hizo amigo de comerciantes españoles establecidos en México y de mexicanos de renombre, tales como Vicente Riva Palacio, Justo Benítez, Ezequiel Montes, Benito Juárez y Porfirio Díaz; también se relacionó con el político liberal y escritor cubano Pedro Santacilia. Durante esa época se dedicó a vender armas a los republicanos. En abril de 1868 se casó con Felícitas Juárez Maza, hija del presidente Benito Juárez, con la que tuvo dos hijas, Isabel y Carmen, las cuales contrajeron matrimonio tiempo después con Ramón Corona y Javier Algara, respectivamente.

En agosto de ese año estableció una casa de comercio en la ciudad de México, y en septiembre solicitó su carta de naturalización mexicana, que le fue concedida en octubre. Para 1869 era amigo de Manuel Mendoza Cortina, uno de los hacendados azucareros más ricos del estado de Morelos, y se asoció con José Vidal Maza bajo la razón social Delfín Sánchez y Compañía. En 1873 Sánchez Ramos fue socio importante de la Compañía de la Zarzuela, junto con José Joaquín Rosas, quien era administrador de los teatros Nacional y Principal. En 1875 Felícitas Juárez de Sánchez, para apoyar a su esposo en la dinámica de los negocios, solicitó un préstamo de 16 000 pesos al importante hacendado azucarero y comerciante español Pío Bermejillo. Su amistad con él y con Manuel Mendoza Cortina, Porfirio Díaz y Carlos Pacheco, quien fue gobernador del estado de Morelos, le abrió el camino para relacionarse con otros miembros del grupo de poder azucarero morelense, y para iniciar su participación en él, a fines de los años setenta, para construir el ferrocarril de Morelos. En 1878 Delfín Sánchez fue vocal de la Junta Directiva y superintendente general de la Compañía del Ferrocarril de Morelos, desde cuyo mando, según M. E. Arias Gómez, "demostró tal eficiencia y habilidad que se fue definiendo como el prototipo del empresario promotor de obras ferroviarias de la época". En los años ochenta obtuvo concesiones del gobierno para aumentar ramales o crear otros ferrocarriles; en esos años y parte de los noventa, destacó aún más como empresario por su contribución sustancial al ramo de las comunicaciones. En 1883 se fusionaron las empresas del Ferrocarril Nacional Interoceánico y la de los Ferrocarriles Unidos de Morelos, Irolo y Acapulco para formar una compañía bajo la denominación de Ferrocarril Interoceánico de Acapulco, Morelos, México, Irolo y Veracruz, en la que también tuvo una participación destacada Sánchez Ramos como organizador de la empresa, pues, en su calidad de gerente de la firma Delfín Sánchez y Cía., se hizo cargo de la construcción de dicho ferrocarril, que se realizó entre 1884 y 1888. Delfín Sánchez también figuró como contratista del Ferrocarril Nacional de Tehuantepec. En 1889 tuvo la concesión del ferrocarril de Izúcar de Matamoros al puerto de Acapulco. Sánchez Ramos aprovechó las oportunidades que el gobierno le ofreció como concesionario ferrocarrilero para realizar una serie de operaciones comerciales que le permitieron acumular una importante fortuna; entre 1888 y 1898 adquirió gran cantidad de propiedades y acciones mediante diversos mecanismos. Debido a sus actividades logró obtener crédito financiero de las principales firmas bancarias de México y Europa.

En cuanto a su relación con otros miembros de la colonia española se sabe que en 1869, cuando el Casino Español de México cambió de domicilio y se formó un fondo de reserva de 6 000 pesos para los gastos de la nueva casa, Sánchez Ramos contribuyó con 50 pesos; tiempo después fue el decimoprimer presidente de dicho establecimiento. Murió en la ciudad de México el 27 de agosto de 1898. En 1888 Ireneo Paz escribió que Sánchez Ramos era emprendedor y laborioso, "el dinero no se queda nunca estancado en sus manos y por eso puede ser considerado como uno de los capitalistas que más servicios prestan a la sociedad en que viven. Delfín Sánchez es además por carácter, servicial y generoso, pudiéndose asegurar que son muchas las lágrimas que ha enjugado y muchos los pobres que ha protegido, sin distinguir al estender [*sic*] la mano para hacer el bien, si aquellos a quienes lo hace son españoles o mexicanos".

FUENTES: "Donativo. Año 1869", en BACEM; PAZ, 1888, 347-348; LIDA, 1981, 168; ARIAS GÓMEZ, 1998.

SOBRINO, Faustino

Acaudalado español, socio de Manuel Mendoza Cortina en las fábricas de hilados que, según el embajador español Juan Jiménez de Sandoval, marqués de la Ribera, eran las principales del Imperio. Tanto él como su hermano Luis Sobrino destacaron como accionistas de empresas bancarias en la ciudad de México. Faustino Sobrino fue accionista y vocal suplente del Banco Mercantil Mexicano, que fue inaugurado en marzo de 1882.

En cuanto a su relación con la colonia española, se sabe que en marzo de 1867 apoyó con entusiasmo a Anselmo de la Portilla en la fundación del periódico *La Iberia*, ya que fue el responsable de convocar a los españoles ricos radicados en México para pedirles una aportación pecuniaria con el fin de subvencionar la publicación. En 1869, Sobrino era socio del Casino Español y formó parte del grupo de miembros que más dinero aportaron para los gastos por el cambio de domicilio del mismo. En 1874 fue vicepresidente y en 1876 presidente interino de la Sociedad Española de Beneficencia.

FUENTES: "Donativo. Año 1869", en BACEM; CARREÑO, 1942, 163, 386; MARIA Y CAMPOS, 1960, 26; LIDA, 1981, 170.

TERESA, José de

Se sabe que en la época del Imperio fue uno de los extranjeros que especularon con bienes eclesiásticos. Por lo que se refiere a su relación con la colonia española, en 1867 subvencionó, junto con otros ricos españoles, el periódico *La Iberia*, de Anselmo de la Portilla. En 1869 el Casino Español de México cambió de domicilio y solicitó a sus socios que cooperaran para formar un fondo reserva de 6 000 pesos para cubrir los gastos de la nueva casa. Se establecieron cuatro categorías para las cuotas que los socios iban a aportar; José de Teresa aparece en la lista de la primera categoría, la cual debía aportar 150 pesos, por lo que puede suponerse que era de los miembros más acaudalados de la colonia española radicados en México.

FUENTES: "Donativo. Año 1869", en BACEM; MARIA Y CAMPOS, 1960, 26; GONZÁLEZ NAVARRO, 1977, I, 461-462.

TORIELLO GUERRA, José

En 1878 fue importante accionista y vocal de la Junta Directiva de la Compañía del Ferrocarril de Morelos. Por lo que se refiere a su presencia dentro de la colonia española, fue el primer presidente del Casino Español de México, fundado en 1862. En 1867 subvencionó, junto con otros ricos españoles, el periódico *La Iberia*, de Anselmo de la Portilla. En 1869, el Casino Español cambió de domicilio y solicitó a sus socios que contribuyeran a formar un fondo de reserva de 6 000 pesos para "completar el menaje y adorno de la casa". Se establecieron cuatro categorías para las cuotas que los socios aportarían. José Toriello Guerra aparece en la lista de la primera categoría, que debía aportar 150 pesos, lo que permite suponer que pertenecía al grupo de españoles más ricos residentes en México. En 1859 fue tesorero de la Junta Directiva de la Sociedad Española de Beneficencia, y en 1881 presidente de la misma.

FUENTES: "Donativo. Año 1869", en BACEM; CARREÑO, 1942, 99, 386; LAGUARTA, 1955, 230; MARIA Y CAMPOS, 1960, 26; LIDA, 1981, 168, 170; ARIAS GÓMEZ, 1998.

TORRE Y CARSI, Isidoro de la (?-1881)

Natural del Puerto de Santa María, provincia de Cádiz, estaba emparentado con comerciantes apellidados De la Torre Gil, miembros del consulado de Veracruz. Al parecer, los De la Torre salieron del país al decretarse la expulsión de españoles y se establecieron en Burdeos. No es posible precisar cuándo ni cómo volvieron a México, aunque es factible que fuera al reanudarse las relaciones diplomáticas entre México y España. De la Torre y Carsi casó con Luisa Mier y Celis, hija de Gregorio Mier y Terán, con la que tuvo seis hijos: Susana, Isidoro, Tomás, Concepción, Esperanza y José Ignacio. Se inició como empresario vinculándose con Tomás de la Torre, posiblemente su tío, y con un sobrino suyo llamado Isidoro de la Torre y Ortiz.

De conformidad con la práctica económica de la época, De la Torre diversificó sus actividades e inversiones de capital. En la primera fase de su actividad se vinculó más al exterior a través del comercio; empezó como comerciante y prestamista junto con Juan Bautista Jecker —asociado con él, desde 1847, a través de la razón social Tomás de la Torre, Jecker y Cía., que luego se transformó en Jecker-Torre y Cía.— porque era usual que de la actividad comercial se derivara la especulación financiera, a la vez favorecida por el desorden existente en el sistema fiscal y por la permanente inestabilidad política. A mediados del siglo XIX, la firma Jecker-Torre y Cía. se vinculó al sector minero por la vía del préstamo. El financiamiento a mineros y la comercialización de la plata introdujeron a esta firma en el control de otros aspectos inherentes a la producción minera. En 1855 la sociedad se disolvió, pero la práctica mercantil y financiera desplegada por ella permitió a Isidoro de la Torre invertir las ganancias obtenidas en el fomento de otras empresas, especialmente dentro del sector agrícola y comercial. La inversión en propiedades rústicas y en el incremento de su nueva casa de comercio, Isidoro de la Torre y Cía., lo definieron como hacendado y comerciante. En el lapso comprendido entre 1855 y 1881, De la Torre adquirió nueve haciendas, algunas azucareras y otras trigueras, situadas en el hoy estado de Morelos y el estado de México. En 1870 fue socio de la Compañía del Ferrocarril México-Toluca y Cuautitlán y de la asociación denominada Compañía del Ferrocarril de Morelos, fundada en 1878 por los hacendados del estado con el fin de ampliar las líneas ferrocarrileras en la entidad. Isidoro de la Torre murió en Vichy, Francia, en vísperas de que la red ferroviaria y la introducción de maquinaria modernizaran el sector agrícola azucarero de Morelos, donde se encontraban las haciendas de San Carlos y Santiago Tenextepango, que durante el porfiriato se convirtieron en unidades agrícolas modelo y confirieron a los De la Torre un alto rango social.

Por lo que se refiere a su presencia dentro de la colonia española, puede decirse que en 1860 De la Torre figura entre los súbditos influyentes que ofrecieron "medio millón de duros" al gobierno isabelino, después de la guerra de España con Marruecos. En 1867 subvencionó, junto con otros ricos españoles radicados en México, el periódico *La Iberia*, de Anselmo de la Portilla. Poco después fue presidente del Casino Español de México, y en 1869, cuando el Casino cambió de domicilio, donó la cantidad de 150 pesos para los gastos de la nueva casa.

FUENTES: "Donativo. Año 1869", en BACEM; *Apuntes*, 1869, 54; MARIA Y CAMPOS, 1960, 26; CARDOSO, 1978, 164-187; LIDA, 1981, 168; FALCÓN, 1996, 206.

ZAMACOIS, Niceto de (1820-1885)

Nació en Bilbao, provincia de Vizcaya. Sus padres fueron Miguel Zamacois y Ramona de Urrutia. Llegó a México en 1840 y pronto se dio a conocer por sus poemas románticos. En 1843 contrajo matrimonio con la mexicana Francisca Rubio, con la que tuvo dos hijos. A sus versos siguió un incontable número de obras para teatro y zarzuela, traducciones del francés al español, ensayos, artículos costumbristas y periodísticos, novelas satíricas e históricas. Abordó temas de religión y moral en sus obras *La educación de la juventud. Salud del alma* —que es un devocionario en verso— y *El libro de la educación religiosa y moral*. Se relacionó con los intelectuales mexicanos de la época, sin importar si eran liberales o conservadores. Judith de la Torre afirma que los años cincuenta fueron los más prolíficos de la producción literaria de

Zamacois, "en la que, al lado de la exaltación de la esencia mexicana, honró el patriotismo y emprendió la obsesiva búsqueda por reconciliar a los mexicanos". Después de la publicación de su libro *Los misterios de México*, entre 1850 y 1851, ya se aprecia la existencia de estos lineamientos literarios. En 1855 colaboró, al lado de Hilarión Frías y Soto e Ignacio Ramírez, en la redacción de la obra *Los mexicanos pintados por sí mismos*; también en ese año escribió el texto "La plaza de San Juan", que formó parte de *Méjico y sus alrededores*. En 1856 fue editor y redactor del periódico *La Espada de Don Simplicio*. En 1857, al romperse las relaciones entre México y España, Zamacois regresó a su natal Bilbao, donde trabajó para el periódico vasco *Irurac-Bat*, y más tarde, al trasladarse a Madrid, colaboró en *El Museo Universal*, desde el cual abogó por la reconciliación de México y España. Regresó a México en 1860 y en junio de 1863, durante la intervención francesa, participó en un proyecto para publicar un periódico español titulado *La España*, el cual no fue autorizado por Alphonse Dubois de Saligny. Agustín Rivera y Sanromán señala que fueron los españoles residentes en la capital los que querían establecer dicho periódico y nombraron redactor en jefe a Niceto de Zamacois. Durante la época del Imperio colaboró en *El Cronista de México*, y en 1867 fundó *La Sociedad Mercantil*. Judith de la Torre afirma que, contrariamente a lo que siempre se ha señalado, Niceto de Zamacois permaneció en México hasta 1872; a mediados de ese año hizo un viaje a Europa y regresó a México en enero de1873. Formó parte de la Sociedad Católica de México, escribió su obra *La destrucción de Pompeya*, publicó un considerable número de artículos en los periódicos de la época, y recopiló el material necesario para escribir su magna obra historiográfica. Al regresar a España se dedicó a escribir y editar su *Historia de Méjico, desde sus tiempos más remotos hasta nuestros días, escrita en vista de todo lo que de irrecusable han dado a luz los más caracterizados historiadores, y en virtud de documentos auténticos, no publicados todavía, tomados del Archivo Nacional de Méjico, de las bibliotecas públicas, y de los preciosos manuscritos que, hasta hace poco existían en las de los conventos de aquel país* (Barcelona, 1880). En 1883 volvió a la ciudad de México en donde murió en octubre de 1885. Fue sepultado en el Panteón del Tepeyac y más tarde sus restos fueron trasladados al Panteón Español.

FUENTES: GARCÍA RIVAS, 1972, 88; PERALES OJEDA, 1975, 63, 144; *Diccionario Porrúa*, 1986; *Enciclopedia de México*, 1987; RIVERA Y SANROMÁN, 1994, 134-135; TORRE RENDÓN, 1996, 549-553.

ZORRILLA Y MORAL, José (1817-1893)

Nació en Valladolid, pero radicó en Madrid donde se dedicó al estudio de las letras. Allí se dio a conocer, en febrero de 1837, al leer un poema suyo en el entierro del famoso Fígaro, Mariano José de Larra. Ese poema le abrió las puertas de los círculos literarios y obtuvo la amistad de Antonio García Gutiérrez, Ventura de la Vega, Juan Eugenio Hartzenbusch y, sobre todo, de José Espronceda, quien tuvo gran influencia sobre él. Encauzada ya su carrera literaria, viajó a Francia, Inglaterra y México, en donde desembarcó en Veracruz el 9 de enero de 1855, con una carta de Bartolomé Muriel para el poeta José María Esteva que vivía en ese puerto. El 14 de ese mismo mes llegó a la ciudad de México en la que permaneció once años. Recién instalado en la capital, se le acusó de haber escrito unos versos en los que denigraba a México y a sus gobernantes. Zorrilla recurrió a la Embajada de España en México y solicitó la intervención de Ramón Lozano y Armenta, a la sazón ministro plenipotenciario de España. Zorrilla fue exonerado por Antonio López de Santa Anna, en ese momento presidente de la República, y finalmente el suceso no tuvo mayores consecuencias. Se sabe que durante los años que permaneció en México, Zorrilla vivió básicamente de la ayuda de varios de sus amigos. Así, desde Cuba, Isidoro Lira, director del *Diario de la Marina* de La Habana, le enviaba mensualmente 250 pesos. En México vivió de algunos préstamos, y de la generosidad de sus anfitriones, José Gómez de la Cortina, hasta su muerte en 1861, y José Adalid.

En junio de 1864, Zorrilla presenció la entrada de Maximiliano y Carlota a la ciudad de México; su encuentro con el Emperador tuvo lugar unos meses después, cuando el ministro de Estado, Joaquín Velázquez de León, le pidió que escribiera un poema para ser leído ante los soberanos en un acto académico en el Palacio de Minería. Zorrilla aceptó y el 18 noviembre de 1864, en el marco de la celebración anual de distribución de premios del Colegio Nacional de Minería, llamado en ese entonces Escuela Imperial de Minas, leyó un poema en el que exhortaba a la juventud a que olvidara las disputas históricas, proponía una reconciliación total entre España y México y perseverancia en la amistad hispano-mexicana; hacía también votos para que la ley alejara la guerra y suplicaba a la Divinidad que amparara a la nación mexicana e iluminara al emperador Maximiliano para que fuera un verdadero rey ilustrado e hiciera la felicidad de sus súbditos. Desde un principio, Maximiliano dio a Zorrilla pruebas de afecto y el 6 de julio de 1865 lo nombró oficial de la Orden de Guadalupe. En octubre de ese mismo año, Maximiliano expresó al ministro de Instrucción Manuel Siliceo su propósito de crear en la corte un Teatro Nacional, bajo la dirección de Zorrilla. El 4 de noviembre se inauguró el Teatro de Palacio con la representación de *Don Juan Tenorio*; asistieron a la función unos 200 invitados y Zorrilla fue en todos sentidos el protagonista de la velada. El 29 de noviembre el poeta quedó formalmente nombrado director del Teatro Nacional; sin embargo, las vicisitudes políticas impidieron que pudiera llevar a cabo su proyecto. Zorrilla se aburría y, además, dice Armando de Maria y Campos, "como venteaba la catástrofe, quería regresar cuanto antes a España. Después de manifestar al emperador con insistencia su propósito de emprender el viaje a España, presentó su dimisión del cargo de director de aquel imaginario teatro, que por cierto le valía tres mil quinientos pesos de sueldo y también el de Lector Imperial". Después de recibir un año adelantado de paga, Zorrilla se fue a España el 13 de junio de 1866. En 1885, tomó posesión de su nombramiento como Académico de la Lengua, y poco después, en 1889, fue coronado en Granada como poeta nacional. Murió en Madrid en 1893.

Cabe señalar que en cuanto a su presencia dentro de la colonia española de México, Zorrilla fue un asiduo asistente al Casino Español, en donde, en 1864, en una sesión especial, leyó varios poemas, el más importante de los cuales fue uno titulado "Dios". Sobre México escribió "México y los mexicanos", que es un capítulo de *La flor de los recuerdos*, y sobre los emperadores, *Drama del alma. Algo sobre Méjico y Maximiliano*, en el que aparecen unas cartas dirigidas a Pedro Antonio de Alarcón donde afirma: "[Maximiliano] nos prodigó —aquí Zorrilla se refiere a sí mismo como "el poeta" y como "el loco comentador"— las más cariñosas muestras de cordialidad, mientras pudo sin riesgo nuestro manifestarnos en público su amistad: y nos apartó de sí cuando vio que se acercaba la hora del peligro. Nosotros, humillándonos ante los juicios del Omnipotente como cristianos, nos preciamos de ser de los pocos (no osamos decir los únicos) que conservaremos hasta nuestra última hora una religiosa veneración por la memoria del mártir, una profunda gratitud por los favores del Soberano, una lealtad sincera a la cordialidad del amigo [...]".

FUENTES: ZORRILLA, 1867; AGÜEROS, 1888, 16; MARIA Y CAMPOS, 1956; GARCÍA RIVAS, 1972, 102; PAYNO, 1981, 719-721; *Diccionario de literatura universal*, 1985, 654-656; *Diccionario Porrúa*, 1986; *Enciclopedia de México*, 1987; LUCA DE TENA, 1990, 77, 115-119; *Anuarios*, 1994, xlii-xliii; *Testimonios*, 1995, 55; BLASIO, 1996, 96-97, 113.

SIGLAS Y REFERENCIAS

Archivos

BACEM: Biblioteca-Archivo del Casino Español de México.
AGNCM: Archivo General de Notarías de la Ciudad de México.

Bibliografía

AGÜEROS, Victoriano
1880 *Don Anselmo de la Portilla.* México: Imprenta de Ignacio Escalante.

Anuarios
1994 *Anuarios del Colegio Nacional de Minería 1845, 1848, 1859, 1863.* México: Universidad Nacional Autónoma de México, Coordinación de Humanidades, Facultad de Ingeniería, «Al Siglo XIX, Ida y Regreso», ed. facs.

Apuntes
1869 *Apuntes sobre la Convención española formados en 1859 y 1868.* México: Imprenta de Ignacio Escalante y Cía.

ARIAS GÓMEZ, María Eugenia
1998 "Un empresario español en México: Delfín Sánchez Ramos (1864-1898)" (mimeo.).

ARRANGOIZ, Francisco de Paula
1985 *México desde 1808 hasta 1867.* México: Porrúa, «Sepan Cuantos…, 82».

BLASIO, José Luis
1996 *Maximiliano íntimo. El emperador Maximiliano y su Corte. Memorias de un secretario.* México: Universidad Nacional Autónoma de México, Coordinación de Humanidades, Dirección General de Publicaciones, «Al Siglo XIX, Ida y Regreso» [1ª ed.: 1905].

CARDOSO, Ciro F., coord.
1978 *Formación y desarrollo de la burguesía en México. Siglo XIX.* México: Siglo XXI Editores, «Sociología y Política».

CARREÑO, Alberto María
1942 *Los españoles en el México independiente. (Un siglo de beneficencia).* México: Imprenta Manuel León Sánchez, S. C. L.

Catálogos
1963 *Catálogos de las exposiciones de la Antigua Academia de San Carlos de México (1850-1898).* Ed. de Manuel Romero de Terreros. México:

Universidad Nacional Autónoma de México, Instituto de Investigaciones Estéticas, Imprenta Universitaria, «Estudios y Fuentes del Arte en México, 14».

CORTI, Egon Caesar Conte

1993 *Maximiliano y Carlota.* México: Fondo de Cultura Económica, «Grandes Obras de Historia».

Diccionario de literatura universal

1985 *Diccionario de literatura universal.* Madrid: Ediciones Generales Anaya.

Diccionario Porrúa...

1986 *Diccionario Porrúa de historia, biografía y geografía de México.* México: Porrúa, 5ª ed. corr. y aum. con un supl. [1ª ed.: 1964], 3 vols.

Enciclopedia de México

1987 *Enciclopedia de México.* México: Enciclopedia de México-Secretaría de Educación Pública. Ed. especial [1ª ed.: 1977], 14 vols.

FALCÓN, Romana

1996 *Las rasgaduras de la descolonización. Españoles y mexicanos a mediados del siglo* XIX. México: El Colegio de México.

FERNÁNDEZ, Justino

1983 *El arte del siglo* XIX *en México.* México: Universidad Nacional Autónoma de México-Instituto de Investigaciones Estéticas.

GARCÍA RIVAS, Heriberto

1972 *Historia de la literatura mexicana.* México: Textos Universitarios.

Gobernantes

1987 *Los gobernantes de Querétaro. Historia (1823-1987).* México: J. R. Fortson y Cía., S. A., Editores.

GONZÁLEZ NAVARRO, Moisés

1977 *Anatomía del poder en México, 1848-1853.* México: El Colegio de México, «Centro de Estudios Históricos, nueva serie, 23».

1994 *Los extranjeros en México y los mexicanos en el extranjero, 1821-1970.* México: El Colegio de México, 3 vols.

GONZÁLEZ PEÑA, Carlos

1981 *Historia de la literatura mexicana desde sus orígenes hasta nuestros días.* México: Porrúa, «Sepan Cuantos..., 44».

HALE, Charles A.

1991 *La transformación del liberalismo en México a fines del siglo* XIX. México: Vuelta.

KOLONITZ, Paula

1984 *Un viaje a México en 1864.* México: Fondo de Cultura Económica-Secretaría de Educación Pública, «Lecturas Mexicanas, 41» [1ª ed.: 1976].

LAGUARTA, Pablo Lorenzo
1955 *Historia de la beneficencia española en México (síntesis).* México: Editorial España en América.
LIDA, Clara E., coord.
1981 *Tres aspectos de la presencia española en México durante el porfiriato. Relaciones económicas, comerciantes y población.* México: El Colegio de México.
LIDA, Clara E., comp.
1994 *Una inmigración privilegiada: comerciantes, empresarios y profesionales españoles en México en los siglos XIX y XX.* Madrid: Alianza Editorial, «Alianza América, monografías, 34».
LUCA DE TENA, Torcuato
1990 *La ciudad de México en tiempos de Maximiliano.* México: Planeta, «Ciudades en la Historia».
MARIA Y CAMPOS, Armando de
1956 *El Emperador y el poeta (Maximiliano y José Zorrilla).* México: Colección de Temas Teatrales.
1960 *Reseña histórica del periodismo español en México (1821-1932).* México: Cía. Editora y Distribuidora de Ediciones, S. A.
MEYER COSÍO, Rosa María
1994 "Empresarios españoles después de la independencia", en ROJAS, coord., 218-255.
OLAVARRÍA Y FERRARI, Enrique de
1889 *El Real Colegio de San Ignacio de Loyola vulgarmente Colegio de las Vizcaínas en la actualidad Colegio de la Paz.* México: Imprenta de Francisco Díaz de León.
1961 *Reseña histórica del teatro en México. 1538-1911.* México: Porrúa, 3ª ed. ilus. y puesta al día de 1911 a 1961 [1ª ed.: 1880-1884 (*El Nacional*)], «Biblioteca Porrúa, 21», 5 vols.
ORTEGA Y PÉREZ GALLARDO, Ricardo
1908 *Historia genealógica de las familias más antiguas de México.* México: Imprenta de A. Carranza y Cía., 3ª ed. corr. y aum., 3 vols.
PALACIO, Celia del
1993 *La primera generación romántica en Guadalajara: La Falange de Estudio.* Guadalajara: Universidad de Guadalajara, «Fundamentos».
PAYNO, Manuel
1981 *Cuentas, gastos, acreedores y otros asuntos de la intervención francesa y el imperio. 1861 a 1867.* México: Secretaría de Hacienda y Crédito Público-Miguel Ángel Porrúa, ed. facs. [1ª ed.: 1868].
1857 *Memoria sobre la Convención española.* México: Imprenta de Ignacio Cumplido.

PAZ, Ireneo
1888 *Los hombres prominentes de México.* México: Imprenta y Litografía de La Patria.
PERALES OJEDA, Alicia
1975 *Asociaciones literarias mexicanas. Siglo XIX.* México: Universidad Nacional Autónoma de México, Imprenta Universitaria.
PI-SUÑER LLORENS, Antonia
1996 *El General Prim y la cuestión de México.* México: Universidad Nacional Autónoma de México-Secretaría de Relaciones Exteriores.
1994 "Negocios y política a mediados del siglo XIX", en LIDA, comp., 75-96.
PI-SUÑER LLORENS, Antonia, coord.
1996 *En busca de un discurso integrador de la nación, 1848-1884.* México: Universidad Nacional Autónoma de México, Instituto de Investigaciones Históricas, «Historiografía Mexicana, 4».
REYES DE LA MAZA, Luis
1959 *El teatro en México durante el segundo Imperio.* México: Universidad Nacional Autónoma de México-Instituto de Investigaciones Estéticas-Imprenta Universitaria, «Estudios y Fuentes del Arte en México, 10».
RINCÓN FRÍAS, Gabriel, José Rodolfo ANAYA LARIOS y María Isabel GÓMEZ LABARDINI
1986 *Breve historia de Querétaro.* Querétaro: Instituto Nacional de Educación para Adultos-Universidad Autónoma de Querétaro, «Documentos de Querétaro, 1».
RIVERA Y SANROMÁN, Agustín
1994 *Anales mexicanos. La Reforma y el Segundo Imperio.* México: Universidad Nacional Autónoma de México, Coordinación de Humanidades, «Al Siglo XIX, Ida y Regreso» [1ª ed.: 1891].
ROJAS, Beatriz, coord.
1994 *El poder y el dinero: grupos y regiones mexicanos en siglo XIX.* México: Instituto de Investigaciones Dr. José María Luis Mora.
RUIZ CASTAÑEDA, María del Carmen
1985 *Catálogo de seudónimos, anagramas, iniciales y otros alias usados por escritores mexicanos y extranjeros que han publicado en México.* México: Universidad Nacional Autónoma de México, «Instituto de Investigaciones Bibliográficas, Instrumenta Bibliographica, 6».
SIERRA, Justo
1989 *Juárez. Su obra y su tiempo.* México: Porrúa, «Sepan Cuantos..., 146» [1ª ed.: 1905].
SUÁREZ CORTEZ, Blanca Estela
1998 "Poder oligárquico y usos del agua: Querétaro en el siglo XIX (1838-1880)", en SUÁREZ CORTEZ, coord., 15-103.

SUÁREZ CORTEZ, Blanca Estela, coord.
1998 *Historia de los usos del agua en México. Oligarquías, empresas y ayuntamientos (1840-1940)*. México: Comisión Nacional del Agua-Centro de Investigaciones y Estudios Superiores en Antropología Social-Instituto Mexicano de Tecnología del Agua.

TAYLOR HANSON, Lawrence Douglas
1987 "Voluntarios extranjeros en los ejércitos liberales mexicanos, 1854-1867", en *Historia Mexicana*, XXXVII, 2: 146 (oct.-dic.), 205-237.

TAMAYO, Jorge L.
1965-71 *Benito Juárez. Documentos, discursos y correspondencia*. México: Secretaría del Patrimonio Nacional.

TENENBAUM, Barbara A.
1985 *México en la época de los agiotistas 1821-1857*. México: Fondo de Cultura Económica, 15 vols.

Testimonios
1995 *Testimonios artísticos de un episodio fugaz (1864-1867)*. México: Instituto Nacional de Bellas Artes-Museo Nacional de Arte.

TORRE RENDÓN, Judith de la
1996 "Niceto de Zamacois", en PI-SUÑER LLORENS, coord., 549-572.

VALVERDE TÉLLEZ, Emeterio
1989 *Bibliografía filosófica mexicana*. México: El Colegio de Michoacán, ed. facs. [1ª ed.: 1903], 2 vols.

VILLEGAS REVUELTAS, Silvestre
1996 "Anselmo de la Portilla", en PI-SUÑER LLORENS, coord., 99-120.

WALKER, David W.
1991 *Parentesco, negocios y política. La familia Martínez del Río en México, 1823-1867*. México: Alianza Editorial, «Alianza Raíces y Razones».

WRIGHT DE KLEINHANS, Laureana
1910 *Mujeres notables mexicanas*. México: Tipografía Económica.

ZORRILLA, José
1867 *El drama del alma. Algo sobre México y Maximiliano*. Burgos: Imprenta de D. T. Arnaiz.

HEMEROGRAFÍA

El Cronista de México. Periódico de política, de noticias religiosas, nacionales y extrangeras, de ciencias, literatura, variedades y avisos. México, 1862-1867.

Diario del Imperio. México, 1865-1867.

La Iberia. Periódico de política, literatura, ciencias, artes, agricultura, comercio, industria, y mejoras materiales. México, 1867-1876.

SOBRE LOS AUTORES

JACQUELINE COVO es doctora de Estado en Letras y profesora titular de literatura y civilización hispanoamericana en la Universidad Charles de Gaulle/ Lille 3 (Francia). Allí dirige el centro de investigaciones CREATHIS (Creación e Historia en el Mundo Hispánico e Hispanoamericano), que estudia las modalidades de representación de la historia en los diversos lenguajes de la creación y donde editó varios libros colectivos. En 1983, la Universidad Nacional Autónoma de México publicó su libro *Las ideas de la Reforma en México (1855-1861)*. También es autora de varios artículos en publicaciones especializadas. Su tema de investigación actual es la escritura de la historia, y especialmente la prensa y los libros de texto mexicanos.

ADRIANA GUTIÉRREZ HERNÁNDEZ. Pasante de la carrera de Historia en la Facultad de Filosofía y Letras de la Universidad Nacional Autónoma de México y miembro del Seminario de Bibliografía Mexicana del siglo XIX del Instituto de Investigaciones Bibliográficas de la misma Universidad, en varias de cuyas publicaciones ha colaborado. Actualmente escribe su tesis de licenciatura: "La colonia española en la ciudad de México durante el Imperio de Maximiliano".

CLARA E. LIDA es profesora-investigadora de El Colegio de México y miembro del Sistema Nacional de Investigadores y de la Academia Mexicana de Ciencias. Sus investigaciones se han centrado en los movimientos sociales españoles y en el trasvase de poblaciones europeas a América. Es autora de numerosos artículos y varios libros, entre los que se cuentan *Anarquismo y revolución en la España del siglo XIX*, *Antecedentes y desarrollo del movimiento obrero español*, *La Mano Negra*, *La Casa de España en México*, *Inmigración y exilio*. También ha compilado, entre otros, *Tres aspectos de la presencia española en México durante el porfiriato*, *Una inmigración privilegiada. Comerciantes, empresarios e intelectuales españoles en México*.

ERIKA PANI es doctora en Historia por El Colegio de México e investigadora de tiempo completo en el Instituto de Investigaciones Dr. José María Luis Mora. Estudia las ideas políticas mexicanas en el siglo XIX y el segundo Imperio. Entre sus publicaciones se encuentran los artículos "El proyecto de Estado de Maximiliano a través de la vida cortesana y del ceremonial público" y "¿'Verdaderas figuras de Cooper' o 'Pobres inditos infelices'? La política indigenista de Maximiliano", publicados en *Historia Mexicana*, en 1995 y 1998, respectivamente, y "Una ventana sobre la sociedad decimonónica: los periódicos católicos, 1845-1857", aparecido en *Secuencia. Revista de historia y ciencias sociales.* Actualmente prepara para publicación su tesis doctoral: "Para nacionalizar el Segundo Imperio. El imaginario político de los imperialistas".

SONIA PÉREZ TOLEDO es doctora en Historia por El Colegio de México. Ha publicado *Los hijos del trabajo. Los artesanos de la ciudad de México, 1780-1853* (México, 1996) y varios artículos sobre temas de historia social y urbana del siglo XIX mexicano en publicaciones especializadas. Es investigadora nacional del Sistema Nacional de Investigadores y profesora-investigadora en la Universidad Autónoma Metropolitana-Iztapalapa.

ANTONIA PI-SUÑER LLORENS es doctora en Historia de México por la Facultad de Filosofía y Letras de la Universidad Nacional Autónoma de México y actualmente es catedrática en esta misma institución. Es especialista en historia de México y de España en el siglo XIX y sus investigaciones giran en torno de la historiografía mexicana y la historia diplomática hispano-mexicana en ese siglo. Entre sus estudios publicados se encuentran *México y España durante la República Restaurada* (1985) y *El general Prim y la cuestión de México* (1996), ambos editados por la Secretaría de Relaciones Exteriores de México.

AGUSTÍN SÁNCHEZ ANDRÉS es doctor en Historia por la Universidad Complutense de Madrid. Ha permanecido durante prolongados periodos en la Universidad de Puerto Rico, en la Universidad del Valle de Guatemala y en El Colegio de México, especializándose en el estudio de las relaciones diplomáticas entre España y América Latina durante el siglo XIX. En la actualidad es investigador del Centro de Estudios Históricos del Consejo Superior de Investigaciones Científicas de Madrid. Ha publicado *Diplomacias en conflicto. América Latina frente a la cuestión cubana (1895-1898)* (México, 1998) y numerosos artículos en revistas especializadas internacionales sobre la diplomacia española en América.

ÍNDICE ONOMÁSTICO

Este facsimilar de
España y el imperio de Maximiliano. Finanzas, diplomacia, cultura e inmigración
es propiedad de El Colegio de México
y se terminó de imprimir en Librántida bajo el
modelo de distribución bajo demanda.
www.librantida.com

Made in United States
Orlando, FL
04 November 2026

90201490R00213